U0854963

网络零售视角下
现代供应链运营策略研究

潘 林 著

中国纺织出版社有限公司

内 容 提 要

本书对网购供应链、消费者行为及其影响因素进行研究。在网络均衡模型及其应用的研究现状梳理与总结的基础之上，从消费者网购行为研究入手，分析了不同情况下网购供应链系统均衡问题，对网络零售、电子商务等方面的研究者和从业人员具有学习与参考价值。

图书在版编目（CIP）数据

网络零售视角下现代供应链运营策略研究 / 潘林著
. -- 北京 : 中国纺织出版社有限公司 , 2020.9
ISBN 978-7-5180-7537-9

Ⅰ . ①网… Ⅱ . ①潘… Ⅲ . ①网上销售 – 供应链管理 – 研究 Ⅳ . ① F713.365.2

中国版本图书馆 CIP 数据核字 (2020) 第 108513 号

责任编辑：王慧　　责任校对：王花妮　　责任印制：储志伟

中国纺织出版社有限公司出版发行
地址：北京市朝阳区百子湾东里 A407 号楼　邮政编码：100124
销售电话：010—67004422　传真：010-87155801
http：//www.c-textilep.com
中国纺织出版社天猫旗舰店
官方微博 http：//weibo.com/2119887771
定州启航印刷有限公司　各地新华书店经销
2020 年 9 月第 1 版第 1 次印刷
开本：710 × 1000　1/16　印张：19.25
字数：322 千字　定价：88 元

凡购本书，如有缺页、倒页、脱页，由本社图书营销中心调换

前言 PREFACE

在对网购供应链、消费者行为及其影响因素、网络均衡模型及其应用的研究现状梳理与总结的基础之上，笔者从消费者网购行为研究入手，分析了不同情况下网购供应链系统均衡问题，并且笔者考察过很多行业，如家电、手机、汽车、大型设备、快速消费品、零售贸易、纺织服装、跨境电商，发现它们的业务看上去区别很大，但供应链的问题却惊人的相似，而解决方案都能在供应链的三道防线上找到答案。需求预测是第一道堤坝，希望能把80%左右的洪水拦住，拦不住的就溢出来，进入第二道堤坝；安全库存是第二道堤坝，希望把10%～20%的洪水拦住，拦不住的就溢出来，进入第三道堤坝；供应链执行是第三道堤坝，用来对付那5%～10%的洪水。这是良性的三道防线。但在实践中，计划上的先天不足加上执行上的拖泥带水，导致这三道防线没法建好，出现结构性的问题，给供应链执行带来莫大挑战。

最常见的就是需求预测准确度太低，第一道防线习惯性地失守，被需求的“洪水”一下子冲垮，那作为第二道防线，安全库存自然就顶不住，导致所有的“石头”都落到执行者的头上，供应链就不可避免地陷入救火模式。而计划就不得不花费大量的精力管理供应，如催货加急，导致花在需求预测、库存计划上的时间更少；计划上的资源投入不足，导致需求预测和库存计划做得更差，给后续的执行带来更多问题。这就陷入恶性循环。于是笔者就开始总结这些行业的共性，提炼、完善供应链的三道防线方法论，并在最后分析研究了在“一带一路”背景下我国的供应链发展问题，以期在新时代发展中供应链体系能够与时俱进、创新发展、科学发展，希望更多的企业、更多的职业人能够受益。

本书也是一本较为系统地介绍网络零售视角下现代供应链运营发展的著作，从消费者、产品、购物网站、感知风险、网店服务和顾客评论等方面研究网络零售环境下现代供应链运营策略，既有相关知识，也有实证研究结果，以与读者分享。

本书在编写过程中参考和吸收了国内外相关的书籍和文献，并引用了互联网上一些具有独到见解的资料，以增加本书的新鲜感和趣味性，启发读者深入探讨具有前瞻性的问题。

潘　林

2020 年 6 月

目录

CONTENTS

第 1 章　网络零售发展概况　/　1

1.1　网络零售的基础理论　/　1
1.2　网络零售平台系统架构　/　9
1.3　传统零售和网络零售的对比　/　26
1.4　我国网络零售发展的历程　/　30

第 2 章　供应链运营基础理论　/　38

2.1　供应链的基础理论　/　38
2.2　供应链管理及发展趋势　/　52
2.3　我国供应链管理的问题及对策　/　58

第 3 章　供应链运营三道核心防线　/　76

3.1　第 1 道防线：精准需求预测　/　76
3.2　第 2 道防线：合理库存计划　/　120
3.3　第 3 道防线：供应链运营战略执行　/　147

第 4 章　供应链运营管理战略　/　176

4.1　供应链运营管理与核心竞争力　/　176
4.2　供应链运营管理战略的生成和发展　/　179
4.3　供应链管理的战略运营体系理论　/　188
4.4　“一带一路”背景下供应链发展战略　/　213

第 5 章　网络零售供应链理论现状研究　/　221

5.1　网购供应链基础理论　/　221
5.2　消费者网购现状和行为因素　/　223
5.3　网络消费者购买意愿　/　226
5.4　消费者网购行为和购买意向关系研究　/　237

第 6 章　网络零售下供应链网络构建　/　243

6.1　网络零售下供应链网络基础问题　/　243
6.2　网络零售下供应链网络节点的确定及布点方法　/　250

第 7 章　网络零售环境下现代供应链运营及管理策略　/　261

7.1　现代供应链整合与响应策略　/　261
7.2　构建现代化供应链战略联盟　/　278
7.3　重构弹性供应链　/　286

参考文献　/　292

第 1 章 网络零售发展概况

1.1 网络零售的基础理论

1.1.1 网络零售的概念

电子商务的兴起，首先冲击的是传统零售业。以亚马逊为代表的网络零售业是电子商务的最初表现形式。零售业和电子商务的结合出现了电子零售业（ER：Electronic Retail），传统零售也由此开始了一场数字化的革命。电子商务的兴起对传统批发商、零售商、代理商的地位产生了重大的影响，并引发了从百货商店、超级市场、连锁商店演进而来的以“网上商店”为标志的第 4 次零售革命。从 2004 年 6 月 30 日开始，我国统一启用新版的《零售业态分类》标准，“网上商店”作为一种新的零售业态被正式纳入零售业。

电子商务中的 BtoC（Business to Consumer）方式即网上零售，通过互联网为厂商和顾客提供双向互动式的信息交流，开辟新的交易平台，为消费者提供了一种新的购物方式。这种方式可以使购物时间随意化，顾客可以打破地区、国界的限制，实现商品的全球购买；可以使购买过程更便利、更快捷，大大缩短了交易时间；可以为顾客提供充分的商品信息，从而扩大了选择的余地。从媒体的信息中可以看出，很多人认为网上零售是零售业的一个创新，它对传统零售业将会造成很大的冲击，大有取而代之的趋势，从而必将引发一场零售革命。那么，网上零售的这些优势和创新，是否突破了原有的技术边界线呢？是否会引发零售业的一场革命呢？笔者认为，BtoC 并不是一种新兴的零售业态，它甚至不具有费用结构的优势。所以，从业态竞争的角度来看，它对传统零售业态并不构成威胁和冲击。

首先，网络销售公司大都没有清晰的盈利模式。

目前我国购物网站有 600 多家，约占电子商务网站总数的 60% 左右。在购物网站中，不仅有商品种类齐全的综合类网上购物商城，还出现了许多销售特定产品的网络专卖店，如以销售图书为主的当当网等。

目前，多数网络销售公司缺乏产业支撑，没有明确的盈利模式，而是靠访问者的点击次数和广告赢利。更多的网络销售公司的投资者看到纳斯达克股市的上涨，而纷纷进入这个市场，建网站的目的不是从经营中获利，而是希望通过公司上市从资本市场“圈”到钱，至于上市以后怎么做却没有考虑。

实际上，网络公司在经营的目的上与传统企业没有丝毫区别，不同的是在传统的商业流通领域引入网络技术而已，网络只是改变了企业赚钱的手段，而经营目的则没有任何变化。没有明确的盈利模式，公司必然不能持久。当网络经济的泡沫散去之后，网络公司开始出现向经营基本规则复归的趋势。

其次，BtoC 对传统的无店铺销售业态没有实质性的突破。多数网上零售实际上与商品目录邮寄销售、电视销售等传统的无店铺销售方式是相同的营业形态，是邮购的一项替代选择。

邮寄销售最初是城市大型百货店为了满足农村分散的消费者（农民）的需求而兴起的。19 世纪末，之所以能在美国迅速成长起来，其直接原因是当时美国铁路和邮电事业的迅速发展，运输费用大大降低。原来农村消费者只能依赖备货差、价格高的一般商店（杂货店）和行商人来满足需求。邮寄销售业者大幅度降低了进货和销售费用，并且创建了配送中心，大大提高了邮寄销售的效率。1970 年代后半期又一次兴起的现代邮寄销售，是以电子计算机的发展、科学技术的进步、送货系统的发达、信用卡的普及、受话者付费电话的出现等供给方面的技术创新为背景的。另一方面，社会需求条件也发生了变化，如希望节省购物时间的职业妇女的增加、消费者需求的多样化等，邮寄销售能根据不同类型的消费者很容易地进行更细分化的备货。由此可见，一种新型业态的兴起必须要有技术创新的支持，并由此带来费用结构优势，使交易成本大大降低。网上零售到目前为止，并没有显示出费用结构的优势，无论是从供给方面还是从需求方面来看，条件都没有发生太大的变化。所以，网上销售还不能看作是新兴业态，是否能由此引发零售革命，还有待商榷。

由国家质量监督检验检疫总局（2018 年改革为国家市场监督管理总局）和国家标准化管理委员会联合颁布的新标准《零售业态分类》于 2004 年 6 月 30 日起开始实施。

新标准按照零售店铺的结构特点，根据其经营方式、商品结构、服务功能，以及选址、商圈、规模、店堂设施、目标顾客和有无固定营业场所等因素将零售业分为食杂店、便利店、折扣店、超市、大型超市、仓储会员店、百货店、专业店、专卖店家居建材商店、购物中心、厂家直销中心、电视购物、邮购、网上商店、自动售货亭、直销、电话购物等18种业态，并规定了相应条件。新标准主要增加了网上商店、自动售货亭、电视购物、电话购物、邮购、直销6种无店铺零售方式。以“网上商店”为代表的店铺零售业借助先进科技，越发显示出与传统零售业不一般的活力。

这种新的分类方式符合国内外零售业的发展趋势，反映和概括了零售业态发展的现状，对于国家的宏观调控和企业规范化管理具有重要意义，促进了国家标准更好地与国际接轨，为有效引导商业投资，推动城市商业网点规划建设工作提供了管理工具。

1.1.2 网络零售业类型

网络零售是电子商务活动的一种重要形式，更多的是直接面对消费者，因而本书基于交易主体，将网络零售业细分为C2C与B2C两种交易模式。

1. C2C网络零售

C2C（Customer to Customer）网络零售，即消费者与消费者之间的电子商务，通过网络进行交易，一个消费者把商品出售给另外一个消费者，此种交易类型就称为C2C网络零售。C2C电子商务最初是在二手商品市场或拍卖市场的基础上发展起来的，是一种个人与个人之间的交易方式。C2C网络零售平台通过建立购物交流工具、信用评价机制、交易支付系统等，在卖家与买家之间搭建沟通的桥梁，为消费者提供所需商品及服务，最终保证交易顺利完成。淘宝网、拍拍网和易趣网都是C2C网络零售行业的代表。

2. B2C网络零售

B2C（Business to Customer）网络零售，即电子商务活动中企业与消费者之间进行的交易模式，是企业借助于互联网开展的一种在线销售活动，是直接面向消费者销售产品和服务的零售模式。B2C零售模式发展迅速，将逐渐成为我国未来网络零售业发展的主要模式。B2C网络零售主要分为平台式与自营式，平台式网络零售是企业为商家提供平台服务，以天猫商城为主要代表；自营式网络零售是以标准化的要求，对其在平台交易的经营产品进行统一生产或采购，再通过物流将产品配送给最终消费群体，此类经营模式以京东商城为主要代表。

1.1.3 网上零售的特征

网上零售与传统零售相比具有如下几方面的突出特征。

1. 方便

在网络零售中，消费者对选中的商品只要用鼠标轻轻一点，再把它加入到网络中的“购物车”里就可以了。在付款时，消费者只需要输入自己的姓名、家庭地址以及银行卡号码，一按回车键，整个付款完成。这样，整个网上购物流程也就完成了。当然，若是实物还需要物流部门的介入才能算最终完成。

2. 省时

在电子购物中（从商家的角度来讲是网上零售），其实际操作过程，即从顾客输入订单后开始到拿到销售商出具的电子收据为止的全过程仅用 5 ～ 20 秒的时间。购物过程经过信用卡公司和商业银行的多次身份确认、银行授权、各种财务数据交换和账户往来等，但所有业务活动都是在极短的时间内通过网络传送完成的。

3. 安全、可靠

在网络零售的环境中，购物过程（也是商品的销售过程）改变了传统的面对面交易、一手交钱一手交货及面谈等购物方式，是一种崭新而有效的、保密性好和安全可靠的电子购物流程。利用各种电子商务保密服务系统，就可以在网络上使用自己的银行卡放心大胆地购买物品。当然，对于零售企业而言，它也实现了一次安全可靠的网上销售。

4. 经济

网络零售即利用网络开展销售减少了很多交易成本，如商务谈判成本、运输成本等，这就大大提高了零售企业的经济效益。

5. 绿色

发展网络零售，利用网络进行销售、服务等环节减少了对环境的污染，也减少对人体的直接伤害。基于以上情况，网络零售业可以说是新世纪的绿色行业。

1.1.4 网络零售的模式

网络零售属于 B2C，主要有两种模式：传统零售企业开展电子商务和纯网络型零售企业。

模式一：传统零售企业开展电子商务业务

典型例子：沃尔玛、北京西单商场

信息流：网络最大的优势就在于信息的交互，因此信息服务是网上销售一个重要的特点。比如，西单商场的 igo5 网站上，不仅有每一种产品的基本信息介绍，还有关于产品的各种参数以及产品的外观图片等。又如太平洋 online 网站上，还有专家点评和消费者反馈。从这个角度上来说，网上销售可以比传统销售做得更好。另一方面，网上销售可以方便地实现一些信息统计，包括热门商品、销售排行、关键顾客等。这些信息可以使商家的决策和经营更加有效。

物流：传统的零售企业凭借其多年经营建立起比较完善的物流链，包括与供应商的关系，快速、低廉的分销和送货渠道，在“商务”方面占了先机。特别是像沃尔玛这样的连锁店，可倚仗其独有的优势，实现送货上门，或者顾客到店取货等发货方式。这是纯网络零售企业所难以做到的。总体来说，物流方面与传统供应链形式基本上相同，从供应商到厂商、分销商，再到用户，而不同之处在于流动速度和及时性。信息是影响物流的重要因素，依靠网上平台，信息能够实现快速互动，即时交流，减少了很多的中间环节，从而大大地提高了物流的速度，使货物能够按时送到，因此库存减少，成本降低，物流链整体速度加快。

资金流：传统企业开展网上业务，大大扩大了顾客的来源。沃尔玛新型交互式网站开通时，美国著名经济杂志《商业周刊》的网络专家分析，这一网站使沃尔玛相当于新建了 25 个大型的商场，同时使消费者网上购物的选择范围扩大将近两倍。这样必然加快库存产品的销售，使资金快速回笼。

安全性：安全性是电子商务存在的主要问题，包括网上支付、个人信息的保密，以及产品的质量和售后服务等方面。传统零售商依靠多年的经营，积累了多年的品牌信誉等无形资产，得到了一大批顾客的信赖。而且，传统的连锁店分布各地，方便对商品进行质量保证和售后服务，如沃尔玛公司规定：顾客如果对在沃尔玛网站购买的任何商品不满意，可以带上所购商品和相关的单据直接到当地的沃尔玛商店的客户服务中心办理。这是纯粹的网络销售企业无法办到的。

小结：显然，传统零售企业开展电子商务业务具有多方面的优越条件：完善的供应链、快速的物流、使顾客放心的售后服务等。另一方面，因为大型传统的零售企业同时经营传统销售业务，所以订货量比较大，因此价格低廉，具有强大的竞争力。

大型传统零售企业似乎成为电子商务的大势所趋。有一些纯网络型零售企业也开始建立它们的离线店，进行模式转换的探索。北斗手机网已经在全国开了10家“落地店”（电子商务体验店），线上和线下结合，同时接纳网络和传统渠道两部分客流。北斗手机网运营总监李强认为：“我只能说这个模式在现阶段是成功的，最后会怎样还有很多的不确定性，因为现在还处于探索期。”

模式二：纯网络型零售企业

典型例子：亚马逊、当当网、卓越网、MY8848

信息流：跟模式一的基本一样。通过互联网实现信息的快速流动，从而指导物流等其他环节的展开。

物流：物流方面，一般可以跳过分销商，直接向厂商要货，然后售给用户。因为去掉了中间的多级批发商，因此更容易实现低价。影响价格的一个重要方面是商品进货的数量。目前存在“大而全”和“小快灵”两种经营方式。而笔者比较倾向于“小快灵”经营。笔者认为“大而全”的经营必然不能实现大批量采购，价格相对比较昂贵，与离线店的价格相差不大，消费者可能更愿意去离线店购买。而且“大而全”不利于信息的反馈，难以确定主要消费对象以及难以进行库存管理、成本控制，甚至可能会出现两个人、一辆卡车只是为了进一瓶矿泉水的情况。在美国，信息化程度很高，亚马逊可以通过互联网直接查询几个大供货商库房是否有存货，因此有可能实现零库存。送货方面，纯网络型零售企业主要通过邮寄、快递方式，有一些企业在少数大城市设有配送中心，可以实行送货上门服务。

资金流：主要采用网上支付，资金快速流动。不少企业，如当当网等实行会员制服务，会员可以预存现金到个人账户上，转换为点数，实现点数消费。这样无形中就增加了企业的流动资金，有利于企业的发展。

安全性：网上支付的安全，一直是此类企业的心头大患。信用机制的出现，为此开拓了一条光明大道，典型的是淘宝的支付宝。支付宝对外正式公开宣布“你敢用，我敢赔”，确实使很多消费者更加放心在网上购物。质量问题方面，随着信用机制的出现，像支付宝一样，顾客先付款给支付宝，然后支付宝通知卖方发货，顾客收到货以后，确认货物没有问题再确认付款给卖方，给广大消费者打了一支强心针。其中可能还存在一些纠纷问题，需要在以后的发展中逐渐完善信用机制解决。

小结：总的来看，纯网络型零售企业经过网络泡沫以后，生存下来得到快速发展的为数不多。其原因主要在于很多企业只懂得“电子”，不懂“商务”，简单以为建个网站就可以经营。只有那些很好地把“电子”与“商务”结合起来的企业才能够生存下来。而一些纯网络型零售企业开始走由虚拟到实体之路，或者建立自己的实体店，或者与传统连锁店结盟等。电子商务实体化是否要一统天下，这个问题值得我们去探讨。

总结：电子商务的发展必然给传统零售业带来全方位的影响，企业要在电子商务时代得到发展，必须尽快加快企业信息化建设，进行相关的业务重组，改变观念，适应电子商务的要求。同时，物流的建设、安全性等电子商务的瓶颈需要逐渐解决，需要全社会的努力。

1.1.5 我国网络零售业发展趋势

（1）商业模式差异化发展。商业模式差异化发展是各平台为了突出自身优势而逐步采取的模式。例如，商业模式差异化发展后经营型模式与平台型模式可能会在物流、支付等方面逐步分化，其产品和服务也会逐渐具有明显的差别，而这个差别在未来也会成为各网络零售企业的核心竞争要素之一，使得企业能够形成独特的发展战略，以区别于竞争对手。

而在商业模式差异化发展的趋势之下，各发展模式唯一的共同点将会聚焦在目标市场的价值认同上，无论采取何种商业模式，最终的目的都是为了得到市场认可。而在这一趋势的推动之下，网络零售企业可以在双边市场中选择任一方具有差异化，如选择卖方市场差异化则是通过在零售业务领域实现创新，通过网络交叉外部性从而带来新的市场需求。

（2）商业模式的延伸发展。当前无论是何种电子商务发展模式都需要向外延伸发展，这是由于电子商务市场与实体市场一样，具有边际成本递减和边际效益递增的经济特征，即扩大市场规模可以降低成本投入，同时增加企业收入。因此当前无论是采取平台型发展模式的企业还是采取经营型的发展企业，都在不断地向外扩张。例如，经营型和平台型发展模式相结合的京东就通过与线下实体零售进行合作来扩张自己的业务范围，如与便利店的合作。而这一延伸业务不仅可以迅速占领便利店等新兴零售业态市场，而且可以降低自己的物流成本，增加自身的盈利。而在当前网络零售模式的利润空间已经见底的情况之下，未来各网络零售企业会将业务范围扩展到更多的领域，不断充实网络零售产业。

（3）商业模式的融合发展。在电子商务蓬勃发展的早期，网络零售曾经与实体零售水火不容。但是随着网络零售业务的井喷式增长，网络零售业态与实体零售业态开始逐步融合发展。例如，当前在平台型发展模式下，越来越多的实体零售商家开始加入到电子商务领域，如天猫商城所拥有的 70 000 余品牌就是这一发展趋势的最佳体现。除了传统零售实体加入到网络零售发展中来之外，更多的网络零售企业开始向线下渠道进军。例如，许多在网络平台兴起的品牌开始开设实体店铺，将客户群体从网络扩张到现实，让更多的人能够了解、体验。而在未来，商业模式的融合发展将会是网络零售业发展最具有创新力的趋势。

1.1.6 我国网络零售业创新发展路径

（1）整合资源协同发展。在零售业融合发展的趋势之下，网络零售企业有必要整合资源与线下零售业实现协同发展，将网络零售的便利与线下零售的体验相结合，并利用互联网技术进行对接，从而更好地满足消费者需求，形成可持续发展的商业模式。在未来线上线下实现双向融合的发展过程之中，线上线下价格将会越来越接近，并非是网络零售失去了价格优势，而是让实体零售通过资源的整合来实现低价销售，而随着融合的深入发展，应当重新定义实体店和电商平台，两者应当可以作为相互的延伸，将网络零售企业的零售和服务市场、范围、时间扩大化，品牌供应商和零售商应当实现线上线下的无缝对接。例如，消费者可以在实体店对商品进行体验，可以选择当场购买，也可以使用网络支付；若是消费者不想当场购买，则可以在任意时间、地点使用网络购物，并享受送货上门的服务。无论是线上还是线下购买，都应当享受同样的售后服务。

（2）优化企业关系网络。传统的网络零售价值链是供应商 / 品牌商——零售平台 / 企业——消费者——售后服务。而创新的网络零售价值链应当是具有双向特征的价值链体系。首先，供应商应当与企业或平台共享生产、存货等关键信息，而零售企业或平台又通过大数据为供应商提供生产、消费等数据。品牌商则是负责扩充零售企业或平台的品类市场，而零售企业或平台又为品牌商提供展示、销售等平台。其次，零售企业或平台应当建立起消费者维权平台与客户管理系统，提供优质的客户服务，而消费者在获得了优质服务的前提下又带来大量的数据流量以及销量，帮助零售企业或平台发展。最后，客户通过售后服务解决自己遇到的问题，而零售企业或平台通过售后服务获得数据反馈，改进自身的不足。

在每一个环节之中都需要网络零售企业建立优质的关系网络。例如，零售企业或平台与客户之间的体系建设不仅涉及商品价格、商品质量，还涉及消费者权益保护等。因此，为了优化关系网络，网络零售企业应当加强价值链环节的关系，利用资源优势获得具有差异性的竞争力。

（3）创新盈利模式。当前，无论是平台型发展模式还是经营型发展模式，利润增速都有所放缓，而要想获得利润进一步增长则必须创新盈利模式。当前最具有发展前景的O2O 模式无疑是最好的选择。随着我国人均消费水平的提高以及人们对物质精神需求的提升，未来线上购买、线下消费将会大大地提升人们的生活水准。而当前我国的O2O 发展模式涵盖了多个领域，未来应当深入扩展O2O 领域，使之进一步融入人们的消费生活之中。

1.2 网络零售平台系统架构

1.2.1 网络零售平台系统的内涵

1. 网络零售平台的概念及分类

网络零售具有以互联网为媒介，以最终消费者为终端，物流、信息流和资金流同时流转的三个主要特点。网络零售平台是以互联网为媒介，为卖家和买家提供网络零售交易环境和相应服务的营利性中介组织。在网络零售领域，卖家是通过网络零售平台出售商品的个人或企业；买家是通过网络零售平台购买商品的最终消费者。网络零售平台通过发挥中介组织的作用为网络零售交易活动提供所需的网络交易环境，是完成网络零售交易的核心。

网络零售平台以所有权归属和商业模式为标准可以分为不同的类别。

（1）按照网络零售平台的所有权归属可以分为卖方平台、买方平台和第三方电子商务交易平台。其中，卖方平台是指由卖方建设、经营并维护，用于实现网络零售功能的电子商务平台。一般情况下，具有一定影响力和实力的企业均会建设公司的官方网站，官方网站除了介绍企业的发展和品牌的演进等功能外，最为重要的就是针对消费者的产品销售功能。比如，苹果（中国）官方在线商店除了介绍企业基本信息、帮助查找中国各地的官方授权零售店和帮助学习苹果产品的各项功能操作等以外，最主要并最为醒目的界面就是选购 Mac、选购 iPhone、选购 iPad、选购 iPod 和选购配件五个功能区，为使用苹果产品的最终用户提供网络零售的功能。

卖方平台的优势一方面可以保证产品的售前、售中和售后的全程优质服务，对于产品的真伪和质量具有基本保障，另一方面是品牌的宣传和推广具有较强力度，公司可以通过官方网站的整体和细节设计，打造品牌发展的独特视角。与此同时，官方网站的维护需要一定的人工和大量的费用，这就对中小企业设定了较高的实施门槛，并且官方网站面对的客户群体多数是公司产品的使用者，并不具有多品牌或者多产品比对的功能，面对的使用群体数量较第三方交易平台具有较大差距。

买方平台是指由买方建设、经营并维护，用于实现网络零售功能的电子商务平台。由于作为买方的终端消费者分散而无经营利益的激励，因此此种类型的网络零售平台一般的原始雏形是以论坛或者贴吧等以信息交流和信息分享为主要基调的网站，随着作为网站主体的网民对某一领域问题的探讨和交流，逐步发展成为对这一领域商品的网上传播。比如，冰城宝宝论坛起初就是一个典型的具有明显区域特征的妈妈论坛，参与人员数量很少，妈妈们通过论坛记录自家宝宝的成长日记，发表或者分享育儿经验和育儿常识，表达和交流感情，共享宝宝看病就医等基本信息和发表母婴用品的使用感想。随着论坛会员人数的不断增加和知名度的不断提升，现在冰城宝宝论坛已经发展成为一个集论坛、道具、家园、应用、排行榜、任务、图片秀等为一体的综合性网站，目前论坛开设专家在线、家有宝贝、幸福家园、闲情逸致、宝贝购物街、冰城推荐、冰城之家等专题讨论区，每一讨论区下又分别下设10 余个题目供大家分享交流。而宝贝购物街就是专门开辟出的购物平台，购物平台的卖方和买方均是论坛的会员，通过分享产品信息，可单独出售产品或组织团购，并且支持闲置产品交易。买方平台的优势在于平台通过信息交流与分享推动商品的交易活动，交易之前买家间可以通过充分的交流掌握商品信息和商品使用说明，与此同时，由于买家平台一般具有较强的区域性，因此购物往往采用货到付款方式，交易过程和售后比较有保障。但是，基于论坛和贴吧等形成的买家平台，网站的基本功能仍是以信息的交流和共享为主，缺少购物网站对购物整体的规则限定，如果一旦发生纠纷，较难解决。

第三方交易平台是指由第三方建设、经营并维护，用于实现电子商务功能的平台。它与产品或服务的供给者和需求者相互独立，以网络作为发展媒介，有权制定专属于网站的交易与服务规则，同时为供给者和需求者提供信息发布平台、制定商品交易流程中的物流和资金流的实现过程。第三方交易平台具有明显的独立性、中介性和专业性等特点。现阶段，第三方电子交易平台按照行业划分可以分为综合性和专业性两类。目前我国综合性的第三方交易平台主要有淘宝集市、天猫商城、京东商城、当当网、苏宁易购、亚马逊中国等大型网站。其中，淘宝集市和天猫商城依托最大的买方用户群体，提供全方位的商品交易服务。而其他综合类的商城，如京东商城、当当网和苏宁易购等，均属于以特色领域见长的综合性平台，京东商城从 IT 类产品，到手机数码产品，再到家电百货，产品线一路增加，现已发展成为综合性的第三方交易平台；当当网依托国内著名出版机构科文公司等投资方，以图书音像为平台主要优势，继而向美妆、家居、服装等大类发展；苏宁易购以苏宁的强大后台为支撑，通过线上线下相结合，从家电类商品逐步拓展到多个领域。专业性的第三方电子交易平台也延伸至各个领域，如主要经营 3C 类产品的新蛋网、国美电器网上商城等；经营图书音像的有 99 网上书城、文轩网等；经营服装的网站主要有麦网、梦芭莎等；经营美妆的主要有乐蜂网、天天网等；经营母婴用品的主要有红孩子、乐友孕婴童等；经营钻石珠宝的主要有珂兰钻石网、九钻网等；经营鞋类的主要有淘鞋网、乐淘网等；经营酒水的主要有也买酒、酒仙网等；经营眼镜的主要有爱戴网、亿超眼镜等；经营奢侈品的主要有唯品会、尚品网等。按照区域性可以分为地方性和全球性两类。目前由于各国对于商品贸易的规则和规范不同，无法直接与国际对接，因此我国第三方交易平台一般属于地方性的第三方平台。但是在国家积极鼓励外贸型电子商务发展的举措下，大型公司开始尝试官方网站全球化电子商务战略，同时出现大量如阿里巴巴旗下速卖通等专门作全球性第三方电子交易的平台。相较于卖方平台和买方平台而言，第三方交易平台能够聚集更多的供给者和需求者，能够更加有效地利用和分配资源，显示出更加强劲的发展态势。但是，由于我国目前存在显著的电子商务交易渠道垄断现象，因此对于新进卖家，尤其是中小卖家还存在较大的进入壁垒。同时，网络购物中的侵权行为和欺诈行为也屡见不鲜。

（2）按照网络零售平台的商业模式划分可以分为 B2C 网络零售平台和 C2C 网络零售平台。B2C 网络零售平台是以网络为媒介的企业与消费者之间形成交易的商业模式。B2C 网络零售平台的发展是在不同的时空格局下网络零售系统不断演化所产生的结果，时空格局下的外部因素对B2C网络零售平台的发展历程起到了关键的影响作用。汪明峰、卢珊（2009）在研究中阐述了B2C网络零售平台发展的路径是在零售业的历史轨迹、空间格局、政策法律环境、消费文化传统以及零售技术背景五个要素的综合作用下不断演进的过程。

1999年5月，中国第一家B2C电子商务网站“8848”诞生，当年融资260万美元。2000年5月，卓越网成立。2004年8月，卓越网被亚马逊以7500万美元收购，成为现在的网络零售平台亚马逊（中国）。2007年，京东商城获得国际资本融资1000万美元，并在3C产品网络零售领域进行了大胆的尝试，获得了巨大的成功。2008年4月淘宝网推出全新的B2C平台——淘宝商城。同年，服饰类百货大举进入网络零售产业，以VANCL、李宁等为行业代表的纵向一体化或公众式网络零售B2C平台不断涌现，成为网络零售领域规模最大的商品领域，对传统服装零售业产生巨大的冲击。2009年5月，当当网成为我国第一个实现盈利的网络零售平台，收益率达20%。2010年1月，苏宁电器宣布公司的B2C网购平台“苏宁易购”将于2月1日正式上线。同年，麦考林、当当网的成功上市引发的第一波B2C上市浪潮。2012年1月，淘宝商城正式宣布更名为“天猫”。至此，B2C网络零售平台市场格局基本形成。至2013年，中国B2C网络零售平台已经初步完成大规模的兼并重组，市场格局基本稳定，网络零售平台（纵向一体化平台和公众平台）排名前三位的分别是天猫商城、京东商城和苏宁易购，分别占总市场规模的50.1%、22.4%和4.9%。

C2C网络零售平台是以网络为媒介的消费者与消费者之间形成交易的商业模式。何文宣（2013）[1]根据C2C网络零售平台发展所经历的阶段概括性地总结了C2C平台发展所需的经济、社会、技术和法律环境，并对日本、美国、中国的优势C2C平台及其发展模式进行详细的介绍和比较分析，强调关注用户使用体验、高效并安全的支付系统、物流环节的全面提升以及信用评价体系的优化是C2C未来发展的重要着眼点。王贤文、徐申萌（2011）[2]对我国C2C网络零售模式区域发展进行的研究表明，经济贸易因素、经济文化环境、科技发展水平和交通物流的发展水平均会对发展C2C网络零售起到重

[1] 何文宣.C2C电子商务的国际化发展模式研究[D].杭州：浙江工业大学,2013.

[2] 王贤文,徐申萌.我国C2C电子商务的地理格局及其演化机制[J].经济地理,2011,31(7):1064-1069,1106.

要的作用。在实践中，我国C2C网络零售平台的发展主要经历了以下重要事件：1999年8月，国内首家C2C电子商务平台“易趣网”成立。2002年3月，美国最大的C2C网络零售平台eBay耗资3000万美元收购我国易趣网33%股份。2003年5月，阿里巴巴集团旗下的淘宝网正式上线，初期总投资1亿元人民币。2003年6月，美国eBay网全面并购易趣网。2005年，腾讯科技成立C2C网络零售平台“拍拍网”，依托强大的社交网络优势迅速打开国内市场，我国C2C网络零售领域三足鼎立之势初见端倪。2008年5月，易趣网面对淘宝网的免费攻势，也宣布对网络零售卖家采取免费策略，C2C市场的竞争更加剧烈。至2010年，淘宝网在平台类购物网站市场交易规模占比中，以85.4%份额占绝对优势。截至2013年12月淘宝份额升至96.5%，在C2C市场占据垄断地位。

2. 网络零售平台系统的概念界定

目前，以网络零售系统为研究对象的研究数量十分有限，因此网络零售系统概念的界定尚属空白。由于网络零售系统是电子商务系统中的一个子系统，而电子商务系统的研究相对较多。笔者通过文献分析整理发现，我国最早的电子商务系统的定义和研究并不是将电子商务视为一个社会经济系统，而是看作信息技术系统，因此早期研究的电子商务系统的概念界定主要围绕构建电子商务的技术系统。而以社会经济系统的视角分析电子商务系统最早的是王聪丽（2000）[1]，其文章虽然没有明确的电子商务系统定义，但明确指出电子商务系统是一个复杂的社会系统，并提出电子商务系统要素之间的协调和与环境的协调所包含的内容。此后对电子商务系统的经济管理学研究较少。直至2006年，杨韵、谢金生等[2]在国外学者对商务生态系统的研究基础上提出电子商务生态系统这一概念，认为共同进化是电子商务生态系统的主要特征。

本节通过对学者提出的电子商务系统和电子商务生态系统概念的界定，将网络零售平台系统定义为以网络零售平台为核心，与网络零售卖家、网络零售买家、第三方支付平台、快递公司等主体共同组建的复杂系统，系统内部主体在外部环境的不断影响下，通过多种作用机制的交互和信息反馈形成一个有机的复杂体系。

[1] 王聪丽．电子商务系统观[J]．系统辩证学学报，2000,8(3):87-89.

[2] 杨韵，谢金生．电子商务生态系统中企业战略研究[J]．商场现代化，2006(10):84-85.

1.2.2 我国网络零售平台系统的构成体系

1. 我国网络零售平台系统的构成模型

我国网络零售系统是由网络零售平台、网络零售卖家、网络零售买家、银行、第三方支付平台、快递公司等主体共同组建的复杂系统，内部主体在外部政策、经济、文化、社会和技术环境的不断影响下，通过多种作用机制的相互作用和信息反馈形成一个有机的复杂体系。我国网络零售系统的要素之间的作用具有一定的结构与层次（图 1.1）。本节主要将我国网络零售平台系统分为三个不同的层次，即核心体系、支撑体系和外部环境。核心体系由网络零售平台、网络零售卖家和网络零售买家构成，三个主体之间通过基本的信息传输和反馈，达成网络零售的基本交易形式，是网络零售行为中必不可少并且不可替代的关键主体要素。支撑体系是网络零售平台系统为了实现完整的交易行为，促成除信息流之外的物流和资金流的合理流动和反馈，并通过分工提高网络零售的效率，在系统中引入快递公司、银行和第三方支付平台等辅助性主体要素。[1] 网络零售系统的核心体系和支撑体系形成了网络零售平台完整的交易行为。与此同时，网络零售平台系统的形成和演进并不是一个独立行为，它同时受到政策环境、经济环境、文化环境、社会环境、技术环境、重要事件和传统零售业等综合条件的支撑作用，是一个开放性的具有正负反馈机制的复杂系统。

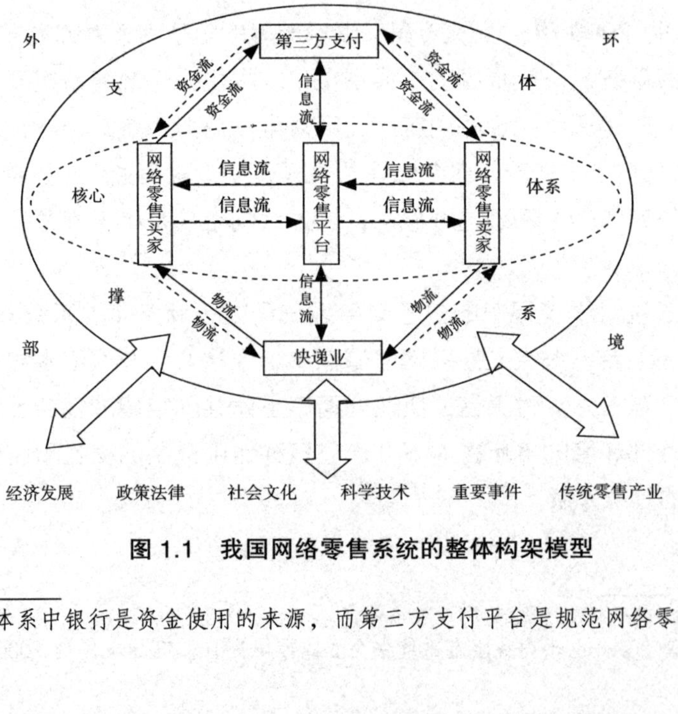

图 1.1 我国网络零售系统的整体构架模型

[1] 在支撑体系中银行是资金使用的来源，而第三方支付平台是规范网络零售交易行为的重要保障。

2. 我国网络零售平台系统的核心体系——构成基本交易链条

传统零售业的基本交易链条是直接从零售商到终端消费者，零售企业通过对于目标消费者需求的把握，在商品品类、店铺位置、店铺规模、店铺形态、价格策略、销售方式、管理手段等方面提供差异化的产品和服务。而网络零售是交易双方以互联网为媒介开展零售活动，因此相较于传统零售业而言，网络零售需要具有网络交易环境，帮助网络零售卖家和网络零售买家通过信息技术实现非面对面交易，由此网络零售平台成为网络零售的必要组成部分和核心要素。

互联网的媒介功能表面上延长了零售业的基本交易链，实际上却为零售业的发展带来了巨大的突破，颠覆了传统零售业受到的时间、空间、局部信息等多重因素的限制，打破了购物局部最优的格局，实现第一时间商品信息发布，智能化最大范围的全方位必选，购物行为无限制、低成本、便捷化等多重优势。网络零售基本交易链的优势关键体现在交易信息的全方位优化。就获取信息的时间而言，终端消费者获取传统零售业商品信息大多存在滞后现象，虽然传统零售商也会利用信息技术手段第一时间发布商品信息，但是能够接收的终端消费者范围还是十分受限（往往限于 VIP），并且进一步获取商品详细信息仍需花费一定的时间和物 质成本。而网络零售商可以在零售平台上第一时间发布商品信息，终端消费者只需以极低的时间和物质成本就可无障碍地获得商品的详细信息。就获取信息的完整性而言，传统零售业由于受到地理空间和交易形式的限制，终端消费者获取的信息往往是局部的商品比选信息，如价格信息、质量信息、售后信息等。但网络零售系统的巨大优势体现在突破了传统地理空间的局限，为终端消费者提供了一个近乎完全竞争的市场，帮助他们在提供详细的商品价格信息、质量信息和售后信息的零售平台上开展全国甚至全球范围内的商品采购。就获取信息的效率而言，网络零售平台强大的信息发布功能和信息定制功能，打破了传统零售业信息发布的滞后性或信息获取的随机性，显示出强大的便捷、高效特性。

3. 我国网络零售平台系统的支撑体系——形成完整交易行为

我国网络零售平台系统的支撑体系，即在已有的由网络零售卖家、网络零售平台和网络零售买家形成的网络零售平台系统核心体系达成基本交易意向及签订交易合同之后，为其达成完整交易、履行交易合同所提供的商品和资金流通的渠道。我国网络零售平台系统的支撑体系主要包括具有物流和资金流功能的第三方物流公司❶、银行和第三方支付平台。

与传统零售业相同的是，网络零售交易行为的发生也需要信息流、物流和资金流的一体化整合构成完整的网络零售交易模型。网络零售平台系统中的信息流是从对现代电子信息技术研究、发展和应用的角度而言的，是信息通过计算机系统和通信网络的交互流动。网络零售平台中的物流一方面指传统物流实体网络中的由第三方物流公司和交通枢纽等在区域地理范围上的布局，另一方面也指基于信息流的物流信息网络，即由第三方物流公司、网络零售平台和网络零售卖家将物流实体网络连接而形成的信息发布、共享网络。网络零售平台中的资金流是指伴随网络交易的实现而完成的资金往来流程。信息流构筑起网络零售平台系统的骨架，形成基本的交易意向，支撑起整个网络零售平台系统核心的行为基础；物流和资金流是以信息流为基础的网络零售平台系统的有效完善，是践行信息流结果的有力保障。

在传统零售业中，信息流、物流和资金流与交易合同的订立几乎同步完成，并且交易合同的履行不需依靠第三方的辅助就能实现。与传统零售业不同，网络零售中的信息流、物流和资金流的流转虽然具有固然的内部联系，却是间隔完成的相对独立的行为。所谓相对独立是指信息流、物流和资金流仍然是交易中必不可少的查询、交易、交付三个方面，但是这三个方面不再是同时完成的行为，而是通过不同的第三方平台并需要一定的时间间隔完成的行为。其中，查询需要依托第三方网络零售平台，交易需要依托第三方支付平台，交付需要依托第三方物流公司，并且对查询、交易、交付等行为的发生时间具有较为宽松的时间限制。

4. 我国网络零售平台系统的外部环境——影响整个产业发展

1999 年我国第一家网络零售平台成立，2009 年当当网成为我国首家全面实现盈利的网络零售平台，2013 年我国网络零售交易额超过 1.85 万亿元，成为全球最大网络零售市场。❷我国网络零售平台系统经历了二十多年的发展历程，尤其是在近几年，实现了爆炸式增长，而这种产生、成长与高速发展的演进过程并不是系统内部依靠核心要素之间的不停地互动与自组织能够

❶ 虽然部分网络零售平台也具有物流功能，但是现有平台自有物流功能在仓储能力、配送范围等方面很难满足现有网络零售的需求，我国网络零售的物流仍以第三方物流公司为主。

❷ 中华人民共和国商务部．中国电子商务报告(2013)[M]．北京：中国商务出版社，2014.

实现的，更多的是依赖外部环境的支撑与作用的结果。汪明峰、卢珊（2009）认为网络零售的发展路径依赖过程主要体现在包括零售业的历史轨迹、空间格局、政府法律环境、消费者文化传统以及零售技术背景五个方面的综合作用。马超（2010）认为影响我国零售业演变与发展的主要因素有经济体制因素、经济发展因素、市场需求因素、消费者购买力因素、商业竞争因素和科学技术因素六种。吕玉明、吕庆华（2013）认为我国网络零售业主要从 2000 年以后才开始发展起来，所以剔除了经济体制因素，并提出对网络零售产业演化路径起到影响的产业结构因素、消费者因素、政策法规因素和技术因素四个方面。根据上述研究成果，在把握我国网络零售平台系统的发展脉络后，笔者认为我国网络零售平台系统的成长和发展路径主要依赖于经济发展环境、政策法律环境、社会文化环境、科学技术环境、重要事件推动以及网络零售产业六个主要因素。

（1）经济发展环境。资本的完善、传统零售业竞争的加剧以及个人可支配收入的逐步增加是我国网络零售平台系统发展的重要经济因素。研究发现，我国网络零售平台发展中的每一次大规模的兼并重组、系统内部结构调整均离不开国内外资本市场和企业对网络平台企业的投融资作为重要保障。而传统零售业中，国外零售企业的入驻对我国传统零售企业带来了巨大的竞争压力，尤其是中小零售企业的发展举步维艰，为网络零售平台的发展带来了重要的市场资源；但同时网络零售业的发展却会对实体零售企业带来巨大的挑战。另外，我国经济的高速发展使得个人可支配收入逐年增加，消费需求逐年递增。

（2）政策法律环境。任何一个新的商业模式的发展必须依赖政府政策的支持和法律体系的健全。在网络零售平台系统中，网络购物规则的制定和维护、对于终端消费者基本权益的保护、对于网络商品知识产权的维护以及个人信息安全等方面，都是影响网络零售平台系统健康、高速发展的重要保障。

（3）社会文化环境。网络购物对终端消费者的社会生活模式进行了颠覆性的改变，与此同时，终端消费者的购物习惯和需求也在潜移默化地改变网络零售平台和网络零售卖家的营销和服务手段。以往以低成本取胜的传统零售业的购物模式已经随着消费者购物文化的改变逐步向以诚信、便捷、体验、服务为营销亮点的购物模式转变。

此外，社交网络的兴起和普及，推动如微店等网络零售模式的创新，进一步满足了终端消费者的社会文化需求。

（4）科学技术环境。网络零售平台系统是以互联网为媒介开展的交易行为，因此电子信息技术的发展是网络零售平台系统发展的最为重要的硬件基础。与此同时，信息技术的不断发展迎来了大数据时代，又为网络零售平台系统带来了崭新的信息软环境。

（5）重要事件推动。笔者通过对网络零售平台系统发展脉络的研究发现，网络零售系统成长和发展的关键性变革均是起源于重要事件的推动，如 2003 年开始我国爆发"非典"，网络零售产业获得了初期的成长空间；2007 年开始的全球性经济危机，使得网络零售的价格优势更加获得终端消费者的青睐，进一步促进了网络零售产业的爆发性增长；2010 年，苹果公司推出 iPhone4 手机取得全球性成功，由此终端消费者逐步接受移动终端消费方式。

（6）传统零售产业。截至 2013 年的统计数据显示，我国网民数量已经达到 6.18 亿人，较 2012 年网民数量增加 5 358 万人，至此我国互联网的普及率达到 45.8%；同样截至 2013 年，我国网络购物人数已经达到 3.02 亿人，较 2012 年增长 6%，伴随互联网普及率的逐步提高，这一数值必将持续快速攀升。数据表明，我国网络零售市场从兴起至今已经得到了很大程度的发展，已经进入成熟阶段。网络零售市场凭借其低购物成本、少购物限制和高购物时尚度对传统零售产业带来了巨大的冲击。

与此同时，网络零售模式也为传统零售产业的发展带来了巨大的契机。新的经济模式为传统零售业的提升提供了极大的空间，传统零售业可以利用新技术推广和应用获得产业的第二次成长空间。目前，以苏宁电器为代表的传统零售企业已经采用电子商务模式，为传统零售企业带来了在传统业务领域之外的巨大机遇。

1.2.3　我国网络零售平台系统的构成要素

1. 我国网络零售平台系统核心体系的构成要素

（1）网络零售平台。网络零售平台是由计算机硬件和软件共同构成的进行网络零售活动的系统及其操作环境，是网络零售交易活动所需的承载环境。网络零售平台是承载网络零售活动的载体，是研究网络零售系统的核心要素。

我国网络零售产业起步较晚，但其发展速度却不容忽视。根据中国网络购物市场研究报告所示，2006 ～ 2013 年，我国网络购物市场交易规模从

258 亿元上升至 18 477 亿元，年平均增长率达 103%。[1] 2013 年，我国已经超越美国，成为世界最大的网络零售市场。

我国网络零售平台数量也在不断攀升，从 2008 ~ 2013 年，我国网络平台数量从 5 450 家增长至 29 303 家，年平均增长率 52.3%。由于我国近年来网络零售市场的格局已经基本形成，竞争逐步加剧，因此大规模网络零售平台的兼并重组及退出造成我国网络零售平台数量年增长率呈递减趋势。

2013 年，我国网络零售市场交易规模为 18 851 亿元，其中 B2C 市场交易规模为 13 000 亿元，C2C 市场为 5 851 亿元，B2C 市场相较于 C2C 市场的优势逐步体现出来。表 1–1 列举出我国网络零售市场中排名前十位的商务平台及其交易规模，排在前十位的网络零售平台的市场交易规模占我国网络零售平台市场交易规模的 92.7%。此表同时显示出我国网络零售市场的发展格局并不均衡，其中天猫商城、淘宝集市和京东商城三家占我国网络零售市场交易总规模的比重为 80%，而这三家也是我国网络零售市场中交易规模超千亿的网络零售平台，三足鼎立的格局基本形成；与此同时，天猫商城和淘宝集市的市场交易规模分别为 6 513 亿元和 5 646 亿元，占网络零售市场总交易规模的 64.5%，阿里巴巴集团在我国网络零售市场垄断地位已经形成。此外，在排名前十位的网络零售平台中，只有淘宝集市和拍拍网两家网络零售平台属于 C2C 模式，可见 B2C 模式是未来网络零售平台发展的重要方向。

表1–1　2013年我国网络零售平台市场交易规模前十位排名

排　名	网络零售平台名称	网络零售平台交易规模
1	天猫商城	6 513 亿元
2	淘宝集市	5 646 亿元
3	京东商城	2 912 亿元
4	苏宁易购	637 亿元
5	腾讯电商	403 亿元
6	亚马逊中国	351 亿元
7	1 号店	338 亿元
8	唯品会	299 亿元

[1] 数据来源：根据电子商务市场监测报告和艾瑞网数据整理。

（续 表）

排 名	网络零售平台名称	网络零售平台交易规模
9	拍拍网	199 亿元
10	当当网	182 亿元

（数据来源：根据电子商务市场监测报告和艾瑞网数据整理）

（2）网络零售卖家。网络零售卖家的概念易与网商的概念相混淆。网商的概念最初是泛指以信息和通讯技术所构建的网络作为经营商业的平台进行采购、销售、产品展示等信息传递的企业或个人。2004 年，阿里巴巴总裁马云先生提出网商是指那些在互联网上进行商务活动的企业或个人。此后，又有学者将网商的概念定义为专业在网络上从事商业经营活动的企业或个人，或者认为网络使那些不具备经营条件的人成为网商。网商的众多定义所覆盖的企业或个人的范围有所不同，本书较为认同马云先生对网商的定义。以此为基准，那么网络零售卖家则是网商所指范围中的一部分，即在互联网上针对终端消费者经营商业活动的企业或个人。目前对于网络零售卖家的研究主要集中在网络零售卖家的空间分布、竞争以及信誉三个主要问题。钟海东、张少中、华灵玲等（2014）[1] 就中国 C2C 电子商务卖家空间分布模式进行了研究，结果显示我国 C2C 卖家存在着区域集聚、城市集聚的现象，而区域经济发展水平、区域居民受教育程度和相关辅助产业发展状况等要素均影响着卖家的空间分布。

Kandori[2] 、Ellison[3] 等学者通过博弈论的方法研究了信誉传播在市场交易中的影响程度，研究表明，只要在规模有限的范围内，信誉传播的信息渠道较为畅通，可以依靠信誉传播保证交易的顺利进行。随后，Mc Millan 和 Woodruff 研究表明[4]，如果信息传播的范围比较大，依赖中介组织进行信誉

❶ 钟海东，张少中，华灵玲，等．中国 C2C 电子商务卖家空间分布模式 [J]. 经济地理，2014,34（4):91−96.

❷ KANDORI M. Social norms and community enforcement[J]. The Review of Economic Studies, 1992,59（1): 63−80.

❸ ELLISON G. Cooperation in the prisoner’ s dilemma with anonymous random matching[J]. The Review of Economic Studies, 1994,61（3): 567−588.

❹ MC MILLAN J, WOODRUFF C. Private order under dysfunctional public order[J]. Michigan Law Review, 2000,98（8): 2421−2458.

传播对交易有正面影响。Baron[❶] 针对 eBay 购物网站进行研究发现，在中介平台上发生欺诈行为的概率较低，信用评价体系对交易机制起到了非常正面的作用。李维安、吴德胜、徐皓等（2007）[❷] 对网络零售卖家信誉问题进行了研究，研究表明网络购物中卖家个人信誉与卖家所属商盟信誉都在一定阶段对网络交易行为起到正面的影响作用，并提出搜索成本较大从而降低了信用机制发挥作用的猜测。彭慧、吴洪（2011）[❸] 对卖家诚信问题进行研究，研究表明交割方式、平均交易量、平均价格和投诉可能性对卖家的信用表现有显著影响，标准化程度、品牌率和商品的易仿程度对卖家信用有一定影响，建议 C2C 市场的信用评级体系应该和商品特性挂钩，以防卖家在不同细分市场利用信用评级发生套利行为。薛有志、郭勇峰（2012）[❹] 强调 C2C 平台中的卖家同时接受实体店和同类商品网店的双重竞争，应对竞争卖家可以选择从产品优选战略、聚类战略、成本领先战略、信誉领先战略和单品制胜战略五种战略着手创造竞争优势。任晓丽、刘鲁、吕成功（2013）[❺] 对 C2C 环境下卖家竞争中的差异化策略进行研究，表明卖家的被搜索成本、信用度和上个月的销量对本月销量有显著影响，卖家可以通过信用度和被搜索成本上的差异进行竞争。

目前对于网络零售卖家的研究主要有两个突出特点：一是研究对象主要集中在 C2C 网络零售购物平台，即主要以个人卖家为主。然而网络零售系统是一个整体的体系，仅研究 C2C 模式而区分开网络零售卖家的特性而进行分析稍显偏颇，并且对于实践的指导意义并不充分。二是主要通过案例研究的方法对网络零售卖家的特征和行为进行分析。网络零售系统的研究离不开对实践的分析和研究，以求指导实践的目的，因此立足案例分析的方法能够更加充分地验证理论分析的结果。

（3）网络零售买家。网络零售买家是通过互联网购物的终端消费者。我国网络零售买家规模在 2006 年至 2013 年间，人数从 0.33 亿人增长至 3.12

---

❶ BARON D P. Private ordering on the Internet: the eBay community of traders[J]. Business and Politics, 2000,4（3): 245-274.

❷ 李维安，吴德胜，徐皓．网上交易中的声誉机制——来自淘宝网的证据 [J]. 南开管理评论 .2007,10（5):36-46.

❸ 彭慧，吴洪．诚信的条件——C2C 电子商务市场中卖家诚信度对商品特性的依赖 [J]. 管理世界 ,2011（4):182-183.

❹ 薛有志，郭勇峰 .C2C 电子商务卖家的竞争战略研究——基于淘宝网的分析 [J]. 南开管理评论 ,2012,15（5):129-140.

❺ 任晓丽，刘鲁，吕成功．C2C 环境下卖家差异化策略对销量的影响——基于两阶段决策的买家购物决策分析 [J]. 管理评论 ,2013,25（2):88-97.

亿人，平均年增长率达到 45.41%。2008 年之前，我国网络零售买家规模上升势头明显，自 2008 年之后网络零售买家规模增速有所缓和，这主要由于 2005 年至 2008 年间是我国互联网发展最为迅速的时期，在人均消费能力不断提升的条件下，互联网费用和电脑价格不断下降，网民数量激增，随后必然带来增长势头的减缓。但与此同时，自 2007 年之后我国网购渗透率从 22.1% 上升至 2013 年 48.9%。这主要是由于 2007 年之后爆发全球性经济危机，为网络零售市场带来了巨大的发展机会，越来越多的网民尝试以网络购物渠道降低生活成本、保障生活质量、提高时间效率。

同样，根据报告分析显示，我国网络零售买家通过网络零售交易行为主要购买的产品以服装、日用百货、3C 产品、箱包、美容产品、图书音像、家用电器、食品保健品和文体用品九个大类为主，这也正是网络零售平台中竞争最为激烈的九大领域。其次，我国网络零售买家的特征有年龄主要集中在 20 ～ 40 岁，学历主要集中在高中以上学历，收入水平在 1 000 ～ 5 000 元之间。此外，影响网络零售买家作出购物决策的主要原因依次为用户评价、网站知名度和口碑、价格高低、购物网站的品牌、配送速度与售后服务、自己以往的购物经历和优惠力度的大小。

目前对网络零售买家的研究主要集中在网络零售买家的购买意愿、购买行为以及权益保护等几个方面。张亚明、刘海鸥、赵培卿（2012）[1] 从八个宏观和微观影响因素进行比较分析，找出对中美网络消费者行为差异影响较大的文化、法律和收入三个因素，并对我国电子商务企业走出去提出合理化建议。王崇（2007）[2] 提出感知利益、感知风险、购买成本三个感知价值的影响因子，并分析其余网络零售买家购买意愿的内在联系。朱光婷、朱君璇（2014）[3] 的文章强调大数据环境将对网络零售行业产生巨大的变革，在此背景下，理清网络消费者的行为特点和影响因素将对网络零售行业产生巨大的影响。现阶段对网络零售买家的研究主要是从网络零售平台的视角出发，提出对网络零售平台具有针对性的可行性建议，对网络零售买家本身特性的深度挖掘的研究还较少。研究同样表明，大数据时代的来临已经成为网络零售不可规避的事实，如何充分利用海量信息深入研究网络零售买家的行为将成为这一领域的研究趋势。

---

❶ 张亚明，刘海鸥，赵培卿．中美网络消费者消费行为分析 [J]. 企业经济，2012(6): 123-127.

❷ 王崇．网络消费者购买意愿影响因素模型研究 [D]. 哈尔滨：哈尔滨工业大学，2007.

❸ 朱光婷，朱君璇．大数据环境下网络消费者行为研究 [J]. 统计与决策，2014(23): 59-61.

2. 我国网络零售平台系统支撑体系的构成要素

（1）第三方支付平台。第三方支付平台是指获得国内外银行信任并签约的第三方交易支持平台，主要用于交易中的结算功能。上文中表明在网络零售系统的核心层交易合同签订之后，结算和验货并不能同步、同时进行，这造成先行支付的一方（卖家支付商品或买家支付货币）的权益往往很难保障。为了适应网络零售系统结算与交货异步流程的需要，第三方支付平台产生了。第三方支付平台是买卖双方在有限信息情况下资金结算的中介平台，网络零售买家将货款给付给卖方以外的第三方，在网络零售买家收到货品并确认交易完成时，再由第三方将货款支付于卖家，完成整个网络零售交易过程。第三方支付平台实际上起到了中介托管的功能，确保网络零售行为的顺利完成。

我国第三方网络零售支付平台是伴随着网络零售平台的产生而出现的。据统计数据，自 2009 年至 2013 年，我国网络零售第三方支付规模从 2 808 亿元上升至 18 913 亿元，四年间增长了 6 倍，年平均增长率达到 89%。但从 2011 年至 2013 年的年增长率看，出现了递减的情况。这主要是由于网上银行和信用卡等其他支付方式逐步被网络零售买家接受，部分地代替了网络零售的第三方支付功能。同样地，我国网络零售第三方支付占互联网第三方支付的比重自 2009 年至 2013 年从 48% 下降至 35.2%，虽然 2012 年略有提升，但仍不能影响整个下滑的趋势。数据表明，我国第三方支付平台所涉及的领域已经更加广泛，交易金额增长很快。目前网络零售第三方支付虽然仍是互联网第三方支付的主要实施领域，但是航空客票等领域的第三方支付功能也已经占有相当比例（13.2%）。值得注意的时，2013 年互联网金融的兴起更是带动了互联网第三方支付的发展，基金申购等互联网第三方支付刚刚兴起就已经占到互联网第三方支付的 10.5%，后期发展趋势不容忽视。

就 2013 年互联网第三方支付平台的市场份额来看，支付宝仍然以 48.70% 的市场份额处于行业的领先地位，其后财付通占 19.4%，银联在线占 11.2%，快钱占 6.7%，汇付天下占 5.8%，易宝支付占 3.4%，环迅支付占 2.9%，其他占 1.9%。由此看出，互联网第三方支付竞争格局已经初步形成，随着第三方支付平台涉足领域的增多，平台间竞争将更加激烈。

（2）快递业。在网络零售领域，第三方物流企业是指为网络零售卖家提供全部物流服务的外部供应商，一般包括运输和配送两个环节，由于其独立于网络零售卖家和网络零售买家，因此称为第三方物流企业。网络零售领域的快递企业与广义上的第三方物流企业不同，它一般不需要为客户提供仓储功能。

2007 年至 2009 年间，我国邮政业业务收入由 967.1 亿元上升至 2 547.8 亿元，年均增长率 30%。我国邮政业主要包括邮政普遍服务业务和快递业务两类。网络零售业相关的物流业务属于快递业务范畴，2007 至 2013 年我国快递业务收入从 342.6 亿元上升至 1 441.7 亿元，年增长率 33%。数据表明，我国快递业的发展速度要高于邮政业整体发展速度。2007 年至 2013 年我国快递业务总收入占邮政业务总收入的比重从 35.43% 上升至 56.59%，快递业对邮政业整体发展的带动作用日益显现。

现阶段，我国快递业得到了迅猛发展，自 2007 年至 2013 年我国快递业年增长率从 19.3% 上升至 36.6%，整体高于邮政业年增长速度，尤其是自 2010 年以来，快递业的增长速度更是得到了提升。根据中国电子商务研究中心的数据统计显示，近年来我国快递业务收入有 50% 以上来自电子商务，可见网络购物对快递业务的强大的带动作用。

2013 年，我国快递业务量达 91.9 亿件，约为 2007 年 12 亿件的近 8 倍，尤其是自 2010 年以来，我国快递业务量的年增长率始终保持在 50% 以上。快递业务量不断增加的同时，快递企业的管理水平也得到了大幅提升，快递在网络购物的投诉热点问题已由 2011 年的 6% 下降到 2013 年的不足 3%。

3. 我国网络零售平台系统外部环境的构成要素

我国网络零售系统经历了多年的发展历程，尤其 2009 年之后实现了高速的增长，而这种产生、成长与高速发展的演进过程是需要根植于外部环境的土壤的。本书在把握我国网络零售平台系统的发展脉络及各发展时期中国发展的大背景后，认为我国网络零售平台系统的成长和发展路径主要依赖于经济发展环境、政策法律环境、社会文化环境、科学技术环境、重要事件推动和传统零售产业六个主要因素，具体论述内容见前文。

1.2.4 我国网络零售平台系统的特征

1. 我国网络零售平台系统的结构特征

（1）系统的开放性和动态性。网络零售平台系统是以网络零售平台为中介和核心的多层次要素的集合，是由多种链路关系组织起来的复杂系统。系统同时受到万维网虚拟信息系统和实际经济、社会和政治系统的双重影响，不断地与外部环境进行信息交换，通过正负反馈机制，不断调整和更新网络零售平台的结构与功能，完善网络零售平台管理机制。同时，系统中的各要素享有自由的进退机制。

网络零售平台系统的发展一方面表现为系统突破低级阶段的明显特质向高级阶段演进，表现为一种打破已有稳定的非平衡状态；另一方面表现为系统在一定时期会持续处于某一阶段，虽然表面处于一种稳定状态，实际上网络零售平台系统内部以及与外部环境仍在不断进行交互演替，属于动态的平衡。

（2）要素的层次性和异质性。网络零售平台系统包括两个不同层次的要素集合，第一个层次是网络零售平台、网络零售卖家和网络零售买家要素，网络零售平台是网络交易的桥梁和中介，直接服务于网络零售交易，为买卖双方提供信息搜索、匹配、签约、履约、支付、评价等交易过程，并把配套服务融入各个环节，每一个卖家的行为需要遵守交易平台的规则，每一个买家节点按照交易平台的购买流程进行消费活动，通过平台服务获得更加安全可靠的购物保障。第二个层次是第三支付平台和快递公司要素，第三方支付平台保障网络零售交易中资金流的安全、高效流转，快递企业保障网络零售交易中商品流的安全、高效流转，是完成网络零售交易的必备要素。

（3）关系的多样性和复杂性。网络零售平台系统通过物流、资金流和信息流三种流转关系建立联系。网络零售行为的特性决定了信息流是系统内部、系统与外部环境之间最基本的流转模式。交易前，买家通过交易平台获取卖家及其产品信息；交易后，买家通过交易平台对卖家及产品的信息进行评价；在交易的全过程，买卖双方针对产品等事项进行信息交流和沟通。同时，买卖双方也在达成基本交易意向后，不断与第三方支付平台、快递企业发生密集的信息、资金和商品的流转。在各层次要素集合内部，网络零售平台间的竞争关系，网络零售平台与第三方支付平台、快递企业之间的共生关系，都存在不同程度的发展与演变过程。

2. 我国网络零售平台系统的本质特征

由于我国经历了从计划经济转型到市场经济的体制转化，又经历了从改革开放到加入 WTO 的市场结构转化，因此我国零售业的发展主要经历了从供销社、百货商场到超级市场、专卖店，再到连锁经营，从单一业态到多种业态并存的发展历程。而传统零售业的发展历程表明，零售业态的发展往往与终端消费者的需求偏好直接相关。近年来，网络零售业态以革命式的理念颠覆了传统业态模式，以独特的资源配置形式创造性地满足了个性化终端消费者的需求偏好。可以说，网络零售的产生、发展和演进的本质就是创新。

（1）营销模式的创新。营销模式是将商品信息传递给最终消费者的方式和手段，最终消费者通过营销模式获取的信息最终决定是否采取购买行为。传统零售业传递的信息内容是通过最终消费者接触实际产品和营销人员对产品优势的阐述完成的。这就存在获取信息的时间成本高、获取信息的时间有限、获取信息不完整等问题，主要体现在需要花费大量的时间成本去指定的地点获取信息、在规定的时间内才能获取到信息，获取的信息往往是单一产品信息。信息获取的成本高且不完整往往使最终消费者不能满足于传统购物行为。随着网络零售业态的产生，依托信息技术的发展和互联网的广泛应用，信息的获取不再是高成本和不对称的。最终消费者可以通过智能化的全球搜索功能，随时随地获取全球市场同一商品或同类商品的全部详细信息。信息传递从声音传递信息为主转化为声音、文字、图像、影片等多种形式。信息传递和获取手段的变革直接带来了网络零售业营销模式的创新，通过智能化实现了互联网营销和大数据营销。

（2）消费模式的创新。根据 2013 年中国电子商务发展报告显示，我国 2013 年网络零售额超过 1.85 万亿，超过美国成为全球最大的网络零售市场。我国网络零售买家用户规模达到 3.02 亿人，较上年增加 5 987 万，同比增长达到 24.7%。网络零售买家数量的快速扩张为网络零售市场奠定了巨大的市场需求空间，网络零售市场将释放巨大的市场潜力。随着网络零售交易规模的逐步扩大，网络购物行为不再受空间与时间的限制，这对现阶段消费的主要群体（即 70 后、80 后和 90 后）而言，网络购物本身就是时尚的标志。与此同时，消费者通过传统零售渠道购买商品，只能在有限的时间里、在一定的区域范围内进行价格比选。而网络零售为消费者带来的是全方位的比选模式或者根据消费者的消费偏好定制的比选方式，如登录淘宝网购物，消费者不仅可以选择利用综合排序、人气、销量、信用、价格、发货地六种要求进行比选标准，还可以关注是否包邮、赠送退货运费险、货到付款、海外商品、二手、天猫、正品保障、24 小时内发货、7 天内发货、卖家在线、信用卡支付、折扣促销等消费环节的各种要素。因此，网络零售为用户提供了不受时空限制的全方位比选的消费模式。

1.3 传统零售和网络零售的对比

近几年，随着盒马鲜生、超级物种等全国遍地开花，加上国家政策鼓励、消费升级、技术革新，网络零售逐渐从巨头们的游戏向线下发展，许多中大、中小型传统企业也在谋求搭上网络零售的便车。笔者根据多年零售从业经验，总结网络零售与传统零售的不同，有对比才有方向，谨以此献给零售行业的朋友，希望在网络零售转型路上多点经验，少走弯路。

1.3.1 思维、心态、精神的不同

传统零售：企业高层经营思维一般比较保守，对企业发展的好处是不会无方向地扩张，不足是可能造成满足于现状，不想突破，对新思维、新战略方向的调整显得疲于应对；中层管理往往因为涉及利益冲突导致多个部门各自为战，没有形成线上线下包容的心态；基层人员受公司战略方向、中高层领导的影响，在对待一些新事物、新知识的吸收上显得比较抵触。

网络零售：传统零售企业转型网络零售，需要高层领导的颠覆性经营新思维，需要中层管理者线上线下融合包容的心态，需要基层人员不断学习的求知精神。“思维”引导“心态”，“心态”倡导“精神”。

1.3.2 渠道的布局不同

单一渠道 VS 全渠道。

传统零售：局限于从早期的“行商”如货郎担，“坐商”如绝大部分固定的门店，到“网商”如第三方网店平台，这些都是靠体力、线下位置、平台流量产生购物。

网络零售：网络零售强调“云商”概念，从用“脚”出门购物到用“手”握住鼠标和触摸手机购物，到接下来的用“嘴”语音购物、用“眼”VR 购物、用“脑”意念购物。购物的渠道不断增加，从单一渠道到多渠道，再到所有渠道的协同。全渠道是商业的未来！

1.3.3 场景的不同

单一 VS 多样化。

传统零售：传统场景是到店、拿货、付款、走人，网店零售的场景是浏览、购物车、付款、收包裹，相对来讲都比较简单。

网络零售：场景因为时间和空间的变化，复杂得多，一个环节都不能掉链子，要深度闭合，玩法也比较多，更精彩！包括门店购、APP 购、店中店触屏购、VR 购、智能货架购、直播购等。

1.3.4 购物时间、空间、方式的不同

传统零售：消费者只能在规定的时间、固定的场所买到大众化的商品。

网络零售：今天的消费者希望在任何时间、任何地点，用任何方式购物，想买就买，并且可以到店自提、门店配送、快递配送、定期送等。

如果我们的商家做不到任何时间、任何地点，用任何方式让消费者接触并购买你的产品和服务，那你最终会被消费者遗忘。

1.3.5 对待社群的态度不同

传统零售："中间化"，一件商品要经过好几层传递；电子商务"中心化"，流量聚集在平台，花钱买流量才有生意。

网络零售："社群化"，不要什么人的生意都做，吸引目标客群就好了，便利、品质、性价比、独特性、感动，零售进入精细化运作时代了。

1.3.6 对顾客的态度不同

传统零售：以商品为本，想方设法把商品卖给消费者。

网络零售：以人为本，聚集同一社群属性的消费者，根据他们的特点和需求提供相应的产品和服务。这样，商家就需要更多的商品和服务资源提供给消费者，这对传统的供应链体系是极大的挑战。

1.3.7 对导购的赋能不同

传统零售：传统意义的导购，是在店铺里面等待顾客并引导购物的人。

网络零售：网络零售的导购将超越时间和空间的概念，成为全渠道智能导购并且微商化，并不一定全职。网络零售赋予新导购更多的职能，顾客引流、社交传播、销售引导、售后服务等，满足顾客任何时间、任何地点、任何方式的购物需求。

1.3.8 对待 IT 的态度不同

传统零售：IT 系统作用主要体现在工具属性上，以提高经营效率为目标，没有 IT 系统的支持很多夫妻店也开得很好。

网络零售：IT 系统是经营的基础和核心，首先要把顾客、商品、营销、交易、管理在线化，打通各个环节，然后运用大数据智能让经营决策更科学合理。

1.3.9 对待互联网的态度不同

传统零售：集中在电脑互联网时代，流量高度中心化，零售商即使拥有搭建网店的技术和运营能力也无法成功，电商业务只能依靠平台。

网络零售：集中在移动互联网时代，线上流量碎片化以及实体门店自带流量，只要解决 IT 系统和线上线下一体化的运营能力，零售商就形成了自己的网络零售体系。

总之，网络零售的落地需要公司从上而下的思维转变和包容、求知的精神，零售需要数字化、智能化、社会化改造。在未来 5 年之内，没有完成数字化改造的零售企业 80% 会失败；没有实施智能化战略的零售企业一定做不强；未能融入社会化零售共享体系的零售企业一定做不大。

综上所述，可概括为以下四点。

1. 持续运营力

为什么传统零售现在都要铆足劲发展新零售？因为不发展，用户不会自己来。有的传统企业也会说，我们也做活动，也有定期营销，但仔细想想，是不是很多时候都是一次性服务？获客的方法大家都会，但是对于持续运营的能力呢？

新零售的发展核心在于“以人为本”，服务和体验被推到了前面。服务和体验怎么来，企业需要在推出相应活动吸引用户到店之后，提供匹配该用户需求的服务。之所以新零售如此强调线上线下联动、强调体验，是因为商家在需要给予用户更多地提供感官、精神层面的东西，用户才能更好地得以维护，再往后企业需要慢慢细分用户，为其提供相应的用户价值。

2. 数据能力

数据能力不用说，企业需要从数据里面看到运营趋势、改善管理、提高效率、减少成本。新零售时代，家家都在进行数字化转型，业务规模和用户规模的快速增长以及随着消费升级之后的用户认知都需要进行全面的数字化管理才能进行良好的业务开展。

商品如何优化、用户如何细分、怎么推产品、针对哪些用户去推都需要从数据里面挖掘无限接近用户的真实需求，这才是现今零售企业的生存之道。在大数据时代下，企业期望自己的数据资产能为业务资产服务，如果你是一家小店，那可能数据很难为你提供价值，但如果你有很多店呢？沃尔玛、家乐福、苏宁为什么都在进行数字化改造？因为他们重视数据能力。

3. 凝聚力

这里说的凝聚力，不是企业精神层面的凝聚力，而是运营管理的凝聚力。我们说新零售区别于传统零售，利用新的数字技术对商品的生产、流通、销售等过程进行数字升级，并对线上服务、线下体验以及物流环节进行深度融合，重构“人、货、场”的行业结构，这个说得还不够直接。

实现全面协同（“线上 + 线下”的销售协同、供应链的协同、用户网络协同、物流网络协同等）才是企业真正向智慧商业转型的突破口。为什么阿里巴巴、腾讯、百度这些互联网巨头早早就开始布局“中台”？“中台”真正的作用不只是解决眼前关于数据资产化的问题，还面向新零售时代下企业全新 IT 结构一体化的建设。连接用户的一切，才能使用户连接企业。

4. 用户创新力

用户创新力，这里可理解为为用户提供创新需求的能力。这一点其实建立在以上三个能力的基础上，有了持续运营力，有了数据分析挖掘能力，有了全局的协同能力，企业在了解用户真实需求的时候，才能为其创造新的需求。企业利用大数据能够直接告诉厂商，用户需要什么商品、什么款式、什么功能，甚至可以预测有多大的规模需求；厂商也可以根据从企业那获知的数据，研发生产面对不同人群的更富有个性化的产品，让整个供应链倒过来，由制造导向走向市场导向，走向全新的客户需求导向。

网络零售是“科技发展”和“消费升级”因素推动的。IT 和大数据技术把零售在线化和智能化，改变了商家经营方式和提升了效率。消费升级是因为人的需求发生改变，需要更高品质的商品和服务。

1.4 我国网络零售发展的历程

计算机网络技术的重大突破，为商务活动开辟了一条便捷途径，零售业与互联网的结合萌生了电子商务网络零售业态。从 1999 年 8848、易趣网等一系列电子商务平台创立至今，网络零售经历了 20 年的发展与变革，呈现出不断进化、扩展、丰富的生态演进过程。基于网络零售的发展规模和速度、竞争态势、业态特征等因素综合考量，中国电子商务网络零售演进历程总体可分为萌芽、兴起、爆发、整合以及升华五个阶段。

1.4.1 萌芽阶段（1999—2002 年）[1]

1999 年是中国网络零售的元年，以众多网络零售平台的创立为标志。1999 年 5 月，王峻涛创办 8848，迅速发展为电商的标志性企业，成为中国电商的旗舰；8 月易趣网成立，创中国 C2C（Customer to Customer）先河；11 月当当网成立，以图书品类切入网络零售市场。据统计，截至 1999 年底国内总共诞生了 370 多家 B2C（Business to Customer）电商公司。但在网络零售获得“爆炸式”增长的同时，也暴露出一些问题，包括运营者商务观念淡薄，重技术、轻商务，忽视经济效益，炒作之风盛行，重模仿、轻创新等。[2] 2000 年互联网泡沫破灭波及电子商务，网络零售进入“冰河时期”。与此同时，行业发展也逐渐趋于理性，发展基础整体平稳，据中国互联网络信息中心（CNNIC）2001 年对 B2C 电子商务市场的调查结果：客户群体广泛，网购用户占网民比例达到 31.6%；消费者信心平稳，半数以上用户对网购充满信心；消费者心理趋于成熟，节约时间、便宜、便利性位列网购动因前三位。总体来看，网络零售以价格实惠和便利性为基点切入市场，一经产生便展现出强大的生命力，成为企业争夺的重要阵地，但同时因行业进入壁垒低、缺乏监管等因素，也存在假货横行、恶性竞争等乱象。

1.4.2 兴起阶段（2003—2007 年）

经历第一阶段的大起大落，网络零售的发展逐渐趋于理性，随后又迎来二次创业时期。2003 年，“非典”的肆虐为网络零售带来意外的发展机遇，网购成为当时众多消费者选择的重要交易渠道。从 C2C 市场来看，2003 年淘宝网上线，深耕 C2C 市场，以免费策略对易趣网展开正面进攻，随后 C2C 市场由易趣独大，逐渐演变为易趣、淘宝、拍拍三足鼎立，进而很快发展为淘宝“一家独大”。2006 年淘宝网发展成为亚洲最大的购物网站，2007 年成交额突破 400 亿元。从 B2C 市场来看，2004 年京东以 3C 产品（计算机、通信、消费类电子产品）为突破口，采用 B2C 垂直模式进军网络零售[3]，至

[1] 鉴于业态演变的连续性和交叉性，各阶段的时间节点只是一个大致的划分，并非严格标准。

[2] 中文百科 . 中国电子商务发展历程 [EB/OL] .（2017-03-13）[2018-11-06].http://zy.zwbk.org/index.php/ 中国电子商务发展历程 .

[3] 2004 年京东以京东多媒体网涉足电商，京东前期的成功很大程度上得益于其创业之初的 B2C 模式和 3C 品类的差异化战略，一方面选择标准化程度高的品类及垂直的运营模式，一定程度上缓解了网购假货多的弊端；另一方面则避开了与淘宝的正面竞争，获得发展机会。

2007 年实现销售额由千万元到亿元的跨越。同时，这一时期当当网、卓越网等 B2C 电商也得到较快发展，单（窄）品类细分专业电商平台也不断涌现，如 2004 年 3 月主打母婴品类的红孩子上线、2007 年 10 月垂直电商凡客诚品上线等。这一阶段尽管 B2C 电商获得较快发展，但总体上 C2C 市场仍占主导地位，消费者对网购产品的品质依然持有较大的怀疑态度。C2C 市场竞争相对激烈，而 B2C 市场因各商家涉及的领域相对专业，竞争相对较弱。此时网络零售最大的优势在于价格实惠、购物便利、商品多样，但并未对实体零售造成大的冲击。

1.4.3 爆发阶段（2008—2012 年）

这一阶段是网络零售"跳跃式"发展阶段。网购的巨大市场潜力吸引了众多竞争者，同时行业之间的竞争也日益激烈。2008 年网络零售实现了"三个一"，即消费人数突破 1 亿人，销售规模突破 1 000 亿元，占社会消费品零售总额比例突破 1%，网络零售逐渐转入规模化阶段，产品也从最初的标准产品扩展到汽车、房地产、服务等领域。[1] 在此阶段，网络零售展现出以下几个方面的特征：第一，扩充规模、扩展边界，追求大而全的平台规模经济。2008 年，阿里巴巴扩充网络零售阵地，上线 B2C 平台淘宝商城[2]，搭建起 C2C 和 B2C 双服务平台；2010 年启用淘宝聚划算二级域名，延展团购业务，进一步丰富阿里平台生态体系。京东一方面不断向全品类经营靠近，另一方面逐渐开放第三方平台，形成自营与平台服务相结合的互动发展局面。第二，传统零售企业也热衷"触电"，借力线上渠道，推行线上线下同步战略。2009 年苏宁电器网上商城全线改版升级为苏宁易购，且逐渐覆盖传统家电、3C 电器、日用百货等品类，2011 年又进一步强化网络零售与实体店面的同步发展战略。第三，网络零售的细分趋势还在增强，新业态还不断显现。网上超市、正品特卖、化妆品团购等业态或模式不断出现。同时服装 B2C 直销热潮兴起，以凡客诚品等为代表的各类服装网购平台兴起，引发传统服装零售渠道变革。第四，网络零售与其他互联网技术融合趋势不断增强，服务支撑体系不断完善。购物搜索服务、电子支付、电商视频技术、诚信监督服务体系等不断推进。总体而言，网络零售呈现强劲的增长趋势，业态不断丰富和完善，平台的规模经济也日益凸显，电商平台化、平台百货化趋势加剧，行业内外竞争日趋激烈。

---

[1] 荆林波．百货业：是否会成为本世纪最后的恐龙？[J]．经济学家茶座，2013(3)：129-131.

[2] 淘宝商城 2010 年启用独立域名，2012 年更名为天猫。

1.4.4 整合阶段（2013—2015 年）

网络零售基本形成以阿里集团和京东集团领头的“两超多强”格局，行业内部竞争和产业链上下游竞争日益激烈，整合趋势明显。2013 年网络零售交易额超过 1.85 万亿元，占社会消费品零售总额 7.8%，中国成为全球第一大网络零售市场。在此阶段，网络零售展现出以下几个方面的特征：第一，网络零售和快递服务谋求向资本市场借力。网络零售企业纷纷谋求上市，如聚美优品、京东、阿里巴巴等；快递企业除了不断引入战略资本外，也纷纷开启上市步伐，如顺丰、圆通、申通等。第二，双向跨界，行业纵横整合趋势日益增强。电商的高速发展日益暴露物流服务的短板，为增强其核心竞争力，跨界和整合快递物流成为众多网络零售企业的选择，如阿里集团除了战略参股快递物流企业外，还牵头组建菜鸟网，通过“天网”和“地网”的结合整合物流资源；京东物流系统也持续发力，日渐显示出其对核心竞争力的提升作用。同时，快递企业为摆脱电商的压榨和束缚，应对电商跨界的威胁，寻求新的利润源，也纷纷跨界电商，如顺丰、EMS、“三通一达”等纷纷开设网购平台。第三，空白市场成为战略竞争焦点。随着网络零售的快速发展，“两超多强”格局逐渐形成，规模经济效益进一步显现，市场尚存的空白领域成为竞争的焦点，主要包括海淘业务，几乎所有的主流电商平台都涉足海淘业务；农村市场，阿里启动“千县万村计划”布局村淘，京东则依托“县级服务中心 + 京东帮”不断完善农村网络；此外，生鲜品类及网上商超也成为电商拓展的热点。第四，O2O（Online to Offline）获得高速发展，本地化及移动化趋势日益明显。继苏宁启动线上线下同价拉开 O2O 序幕后，京东、阿里等也纷纷布局 O2O。一时间，O2O 概念红透半边天，为“新零售”的产生打下基础。此外，依托微信平台而诞生的“社交 + 网络”的零售新业态微商也呈现强劲的发展趋势。

1.4.5 升华阶段（2016 年至今）

网购被社会重新定义，网络零售进入新的时代，迎来第三次创业期，将重构零售业态，表现在以下几个方面：第一，消费趋向转变将颠覆网络零售业。随着人民生活水平的提高，网购需求向品质化、高端化、定制化需求转变；随着网购主力的年轻化趋势，网购需求的便利化、娱乐化、社交化诉求进一步提升，因此网络零售向迎合消费群体追求个性、社群专属和品位主张的消费趋势，满足消费者对品质、价格、个性、物流、服务全流程体验方向转变。第二，全渠道和泛零售将成为基本形态。零售渠道的演化主要经历了以零售企业为中心的单渠道、多渠道阶段以及以消费者为中心的跨渠道和全渠道阶段。全渠道零售，主要指零售商整合各种渠道和方式促进商品销售，包括有形店铺、无形店铺以及各类信息媒体等，主要目的是满足顾客购物、娱乐以及社交综合体验需求，它的形成主要基于信息技术进入移动网络和社交网络时代，每一种信息传递路径都成为一种零售渠道。[1] 如近年来“双十一”期间，天猫综合利用各种技术手段和渠道战略，打造全渠道购物场景，包括与商城进行联动融合，丰满线下场景；利用明星、网红、达人直播等，促进线上线下内容化导购融合、互动等。第三，线上线下与物流深度融合的“新零售”成为基本趋势。“新零售”源自O2O，但又不同于O2O，在马云提出“新零售”之前，主流电商就已经开启了探索“新零售”的旅程，之后则进一步加快了布局“新零售”的步伐。从阿里投资苏宁，融合银泰，入股三江购物，再到联姻百联，收购大润发，其抢占“新零售”制高点的决心不断增强，同时，布局“淘咖啡”，孵化盒马鲜生等零售新业态也取得初步成功。京东从结盟沃尔玛，到联合知名便利品牌，到入股永辉，再到创建“京选空间”，也努力将线上逻辑落地线下，打造“新零售”的另一番场景。

随着各电商平台的发展，越来越多的消费者倾向于网购，不论是婴幼儿产品、服装、奢侈品、美妆产品、家电等都是线上采购的常见产品，更有不少消费者热衷于海外品牌。一直以来国内电商发展速度越来越快，市场规模越来越庞大，用户网购的数量同样屡创新高，我国电商用户从2012年的2.42亿人增长至2018年的6.08亿人。

2012-2018年中国电商用户规模统计，如图1.2所示。

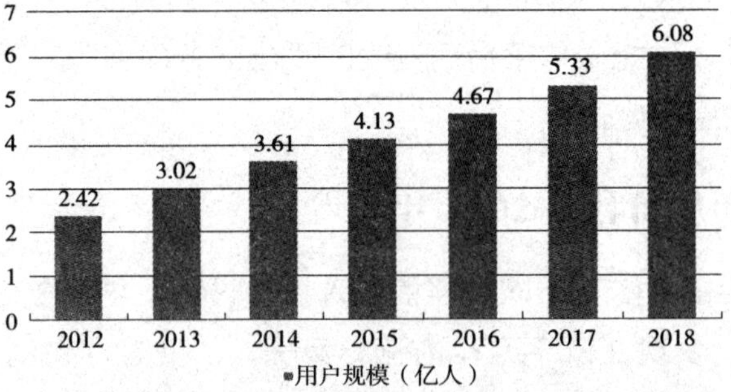

图1.2 2012—2018年中国电商用户规模统计

（资料来源：公开资料整理）

---

[1] 李飞．全渠道零售的含义、成因及对策——再论迎接中国多渠道零售革命风暴［J］．北京工商大学学报（社会科学版），2013,28（2):1-11.

用户网购的数量在不断攀升，可是电商行业层出不穷的问题也大大地损害了消费者的权益。刷单行为、网络售假、虚假打折、假货次品等问题都严重损害了消费者网上消费的权益，因此这个行业也亟须一部完善的法律来保护消费者的合法权益，从而更好地推动电商行业的健康、稳定发展。

2018 年 8 月 31 日，第十三届全国人大常委会第五次会议表决通过了《中华人民共和国电子商务法》（以下简称“电商法”），从 2019 年 1 月 1 日起施行。至此，规范电子商务行为、保障电子商务各方主体合法权益有了一部专门法，这也是我国电商领域首部综合性法律，意味着国内电商行业的发展走上有法可依的道路，它的推出对于整个电商行业的发展意义重大。

电商法主要条款及重点内容介绍见表 1-2。

表1-2 “电商法”主要条款及重点内容

	概 述
主要条款	搭售、二选一、假货、隐私信息保护、差评被删等消费者基本权利，有了相关的条款，如信息泄露或恶意搭售或擅自删除差评，最高或面临 50 万元的惩罚；网购买到假货，电商平台未尽到资格审核义务，以及强制商家“二选一”，最高罚二百万；电商法规定，对关系消费者生命健康的商品或者服务，电商平台经营者对平台内经营者的资质资格未尽到审核义务或者安全保障义务，造成消费者损害的，除依法承担相应的责任外，还将被处以最低五万元、最高二百万元的罚款。此外，押金退还、物流、大数据“读心术”导致隐私被偷窥等，都出台了相关条款
明确电商经营者定义	除了电商平台经营者、电商经营者等，微商和目前越来越多的“网红”销售也将被纳入电商范畴。与此同时，电商卖家也要办理市场主体登记和税务登记。这意味着电商法出台后，作为商业主体和经营者，电商卖家需要依法纳税。此次电商法的出台，势必会对微商造成定的影响，一部分自然人网络商家或将退出。专家指出，电商法亦或将对线上 C2C 平台造成冲击
进一步细化知识产权保护	确立了对商品侵权平台理应知晓情况下的连带责任。电子商务平台经营者知道或者应当知道平台内经营者是侵犯知识产权的，应采取删除、屏蔽、断开链接、终止交易和服务等必要措施；未采取必要措施的，与侵权人承担连带责任。这意味着随着首部综合性电商法的实施，电商平台将加大知识产权保护与打假的力度

我国网络购物交易规模逐年扩大，我国网络零售额从 2014 年的 27 898 亿元增长至 2018 年的 90 065 亿元，2019 年上半年网络零售额达到 48 160.6

亿元。网络购物不但规模增长迅速，而且在我国的商品零售中的地位也越来越高，如 2014 年网络零售额仅为社会消费品零售总额的 10.6%；到了 2018 年，比重已经达到 23.6%；2019 年上半年数据显示，网络零售额所占比重进一步提到，达到 24.7%。

2014-2019 年上半年中国社会消费品零售总额及网络零售额统计，如图 1.3 所示。

图 1.3　2014—2019 年上半年中国社会消费品零售总额及网络零售额统计

（资料来源：公开资料整理）

网络零售额主要由各大电商平台贡献，我国主要的综合电商平台有淘宝、天猫、京东、苏宁易购、唯品会、拼多多等。

2019 年一季度各大电商营收统计，如图 1.4 所示。

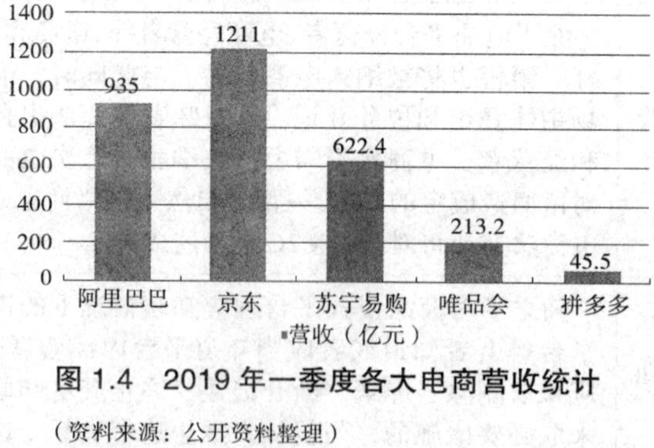

图 1.4　2019 年一季度各大电商营收统计

（资料来源：公开资料整理）

淘宝和苏宁易购的用户性别分布相对平衡，女性用户略多于男性用户；唯品会和天猫主要以女性用户为主；京东因为 3C 数码等产品吸引男性客户较多。

2019 年 Q2 中国主要综合电商用户性别分布，如图 1.5 所示。

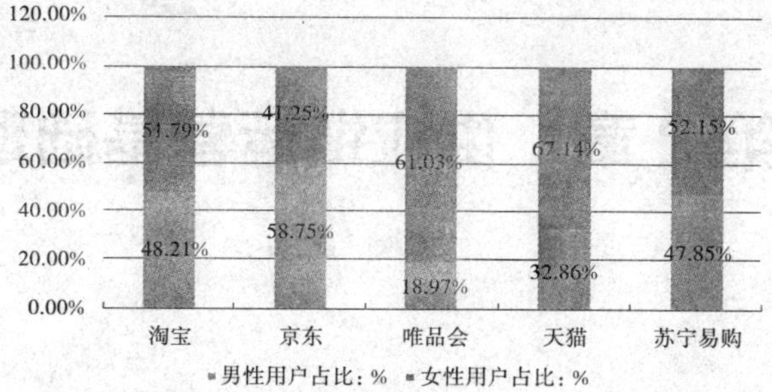

图 1.5　2019 年 Q2 中国主要综合电商用户性别分布

（资料来源：公开资料整理）

数据显示，2018 年淘宝直播平台带货超过 1 000 亿元，同比增速近 400%，创造了一个全新的千亿级增量市场。经过三年的积淀，越来越多的行业被淘宝直播改造。随着越来越多的消费者通过淘宝直播达成购买，2018 年加入淘宝直播的主播人数较此前一年猛增 180%，月收入超过百万的主播超过 100 人。淘宝直播不仅带动了女性、农民就业，还为各行各业创造了人人可参与的新就业模式，未来直播带货将是电商平台关注的热点。

2019 年上半年中国直播电商用户观看直播带货引起消费欲望调查，如图 1.6 所示。

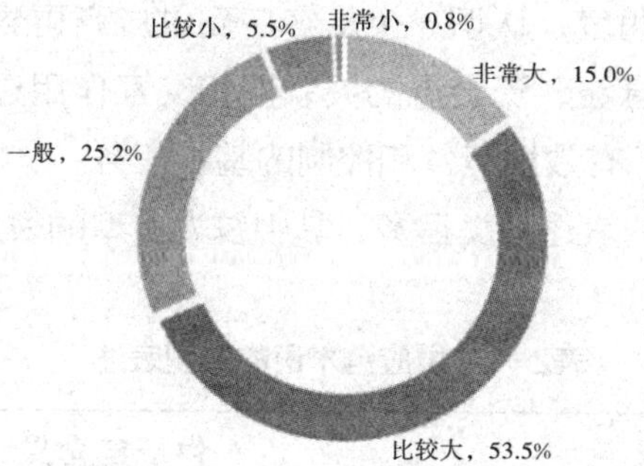

图 1.6　2019 年上半年中国直播电商用户观看直播带货引起消费欲望调查

（资料来源：公开资料整理）

第 2 章　供应链运营基础理论

2.1　供应链的基础理论

2.1.1　供应链概念

1. 供应链的定义

相关企业之间、企业与客户之间的供需关系是客观存在的，它反映了企业内部不同部门、企业之间的合作和产业关联关系，称之为供应链。供应链经营主体之间的相互关系是供需关系链接的网链结构，由于供应链上的每一个环节都含有“供”与“需”两方面的含义，故也称其为供需链。

从系统的目的性角度，认识一个从客户到供应商再到供应商的供应商之间的商流、物流、信息流、资金流的关联性和交互作用过程的网链结构，是进行供应链规划设计，有效地运营和控制的基本任务。

对于供应链术语的表述种类很多，其中较为典型的表述如表 2-1 所示。

表2-1　供应链术语的典型表述

专家或机构	供应链含义
美国的史迪文斯（stevens）	通过增值过程和分销渠道控制从供应商的供应商到用户的用户的流就是供应链，它开始于供应的原点，结束于消费的终点
哈理森（MM）	供应链是执行采购原材料，将它们转换为中间产品和成品，并且将成品销售到用户的功能网链
伊文斯（Evens）	供应链是通过前馈的信息流和反馈的物料流及信息流，将供应商、制造商、分销商、零售商，直到最终用户连成一个整体的结构模式

（续 表）

国家标准《物流术语》	生产及流通过程中，涉及将产品或服务提供给最终用户活动的上游与下游企业，所形成的网链结构

表 2-1 中的这些表述都注意了供应链的完整性，考虑了供应链中所有成员操作的一致性（链中成员的关系）。

传统的供应链局限于企业的内部操作，注重企业的自身利益目标，认为供应链是制造企业中的一个内部过程，它是指将采购的原材料和收到的零部件，通过生产的转换和销售等传递到制造企业的用户手中的一个过程。

现代供应链注重供应链的外部环境和与其他企业的联系，更加注重围绕核心企业的网链关系，如核心企业与供应商、供应商的供应商乃至与一切前项的关系，与用户、用户的用户及一切后项的关系。像丰田（Toyota）、耐克（Nike）、尼桑（Nissan）、麦当劳（McDonalds）和苹果（Apple）等公司的供应链管理都从网链的角度来实施，现代供应链认为它是一个通过链中不同企业的制造、组装、分销、零售等过程将原材料转换成产品到最终用户的转换过程，是更大范围、更为系统的概念。同时，强调供应链的战略伙伴关系问题，飞利浦（Phillip）和温德尔（Wendell）认为供应链中战略伙伴关系是很重要的，通过建立战略伙伴关系，可以与重要的供应商和用户更有效地开展工作。

供应链不仅是一条联接供应商到用户的物料链，而且是一条增值链，物料在供应链上因加工、运输等过程而增加其价值。这样的一条链在 20 世纪 90 年代全球制造、全球竞争加剧的环境下，应该是一个围绕核心企业的网链。价值增值流程、物流功能网链、企业间合作网链结构等描述，实质上从不同层次、不同侧重点反映了供应链构成的形式与活动内容，反映了供应链运作的复杂性。

通过从不同角度认识供应链发现，这种功能关系、流程关系、企业关系等所形成的网链结构，不仅反映了供应链的形式，更重要的是反映了供应链管理所要研究的对象和内容，供应链实质上是由企业间的供需关系链接成的市场链、产业链，这种供需关系就是功能关系链、流程关系链，也是一条体现竞争实力的价值增值链。由于网链中的商流、物流、信息流和资金流反映了供应链不同经营主体之间合作、竞争和利益关系，因而从整个供应链的构成、运行与控制过程分析，供应链运作机制必须体现客户价值链增值过程。

价值工程告诉我们，供应链形成初期的规划设计是增值过程中重要的环节，也将是供应链管理最主要的任务。

综合上述，供应链的内涵包括以下方面：

（1）供应链是由客户（或消费者）需求开始，贯穿从产品设计到原材料供应、生产、批发、零售等过程（中间或经过运输和仓储），把产品送到最终用户的各项业务活动。

（2）供应链的参与者，包括企业和企业内的部门单位，供应链是这些单位之间的互动与互联关系，是企业之间以及企业内部的合作。

（3）供应链，流程的组合。

2. 供应链的业务过程和操作

供应链的业务过程可以从工作流程（work flow，亦有研究称为商流）、实物流程（physical flow）、信息流程（information flow）和资金流程（funds flow）四个方面进行分析。供应链的信息流程带动工作流程，工作流程决定实物流程，实物流程反馈为资金流程。

（1）工作流程（商流）即交易和管理工作，是运用信息做决定。工作流程从消费者需求开始，最初的工作包括需求的分析、产品开发和设计、生产计划的制订；然后是商业和交易的发生，包括企业之间订立合同，承诺交易，而做交易决定是所有企业家最重要的工作；最后就是执行方面的事宜，包括从进行生产、办理出入口文件到落实销售的整个过程。

（2）实物流程和资金流程则是履行交易合同的工作。实物流程是实物的交付和转移，是履行交易的必要过程。实物流程包括整个运输过程、仓库的管理以及包装分配等。由于现代生产和销售很多都是跨国跨地区的操作，涉及多种不同的运输工具和单位，实物流程比以往更加复杂。实物流程也要以信息为基础，使管理人员能紧密掌握最新的具体情况。实物流程和信息流程结合，就是现在蓬勃发展起来的“现代物流”概念。物流本身并不能满足消费者的需求，而是协助供应链的各个参与者解决实物流程和信息流程上的难题，从而增加产品的价值和减少供应的成本。物流行业的兴起，是专业化和企业为强化核心竞争力而外包服务的结果。

（3）资金流程是企业在销售产品之后收取顾客货款和清偿供货商款项的过程。由于企业进行生产需要资金用于采购，或用于设备投资，因此资金流可以涵盖企业财务管理方面的一切工作。由于业务不断产生交易，资金流程亦需要配合工作流程和实物流程的系统，并通过信息系统联结起来。

（4）信息是供应链各环节行动的依据。信息流程包含收集和处理分析数据，提供有用的信息以协助供应链上各成员做出合适的商业决定并采取相应的行动。

从出现以物易物开始，商人和生产者就都需要处理市场信息。对于古老的企业，企业主自己就是一个处理信息的中枢，他走进集市里，通过交谈收集市场的最新信息。信息流程不只是一套计算机软件，更是客户和合作伙伴的沟通过程，它使供应链有效率地运行。它不是单独地运作，而是把供应链的工作、实物和资金的转移联结起来，形成一个有组织的整体。计算器和网络组成的信息系统提供了一个非常有效的手段去完成沟通和信息的交流。

3. 供应链的特征

供应链活动包括企业接受客户订单后将产品交给客户的过程中所包含的所有活动，如营销、整体规划、采购、设计、制造、配送、售后服务等。这些活动在不同单位（同一企业之各部门或不同企业之间）执行时，这些单位之间的联系和作用就构成了供应链。供应链的特点影响到供应链模式形成，具体包括以下内容：

（1）供应链结构的完整性。供应链中的绩效应当是完整的，即所考虑的成本是供应链成本，而不是局部范围、局部功能的成本，体现的利益是追求整体利益，追求共赢利益、而不是局部利益、某一方的利益。

（2）供应链主体的独立性。产业产需过程的供应链形成是客观的，进行供应链管理必然有其经营管理的主体，虽然供应链主导者在供应链管理中起着重要作用，但供应链各个主体成员具有自主经营、自负盈亏和自我发展的能力，均具有独立的自身利益，具有追求企业利润最大化的基本要求，在供应链环境下，这种利益最大化要求必须通过供应链系统目标的一致性来实现。

（3）供应链系统的一致性。供应链是由供需关系结成的网链，供应链中的“供”与“需”总是相对而言、相伴而生、相互促进的。供应链中的物品、设备、设施之间的配合性，技术之间的兼容性，组织之间的系统性等都体现了系统一致性的需要。诸如在托盘标准化、信息标准化条件下，可使物流作业、信息传输能够协同运作，产业供需关系最终体现了目标一致性、利益一致性。

（4）供应链功能的关联性。供应链是企业内部、企业之间业务流程等的集成运作过程，它包括了企业工作流（Workflow）或业务流程（Business Process）过程，供应链运行过程的供应、运输、仓储、配送、结算、监控等功能相互关联，系统设计、运作和控制机制，直接与供应链运作效率、效益等问题密切关联。

（5）供应链边界的相对性。供应链供需关系的边界可以延伸很远，但供应链经营主体主要关心的、主要研究的是供需关系紧密、价值地位重要的关键环节。因而，不同供应链运作主体研究供应链时对供应链网链结构的边界往往有一个界定，显然，不同主体对供应链边界的界定范围可能不同，因此研究供应链时其边界具有相对性。

（6）供应链价值的增值性。供应链不仅是连接供应商到用户的物品链，而且是一条价值增值链，物品在供应链上因加工、运输、储存等功能过程而增加其时间价值和空间价值。供应链应当体现客户价值增值链功能，应当从客户角度规划设计供应链物流、信息流、价值增值过程。

供应链系统的完整性决定了供应链目标的一致性，经营主体的独立性决定了利益归属的多元性，考虑到供应链中所有成员操作的一致性（供应链中成员的关系）是取得供应链共赢效果的基本前提。根据供应链理念，企业及企业间所有相关联活动都应是供应链的一部分，因而共赢是一条基本原则。

2.1.2 供应链类型

1. 按供应链的涉及范围广度来分类

（1）基本供应链。从企业个体的角度看，每个企业都是一条“基本供应链”（basic supply chain）。由一家企业、该企业的直接供货商和直接客户组成，包括了从需到供的循环。它是供应链的最基本模式，每个企业都是一个供应链的组成部分。随着企业的商业模型、产业环境和管理重点的变化，供应链模式亦随之发生改变。

供应链管理是当前国际企业管理的重要内容，也是我国企业管理的发展方向。

它最初起源于ERP（企业资源规划），是基于企业内部范围的管理。它将企业内部经营所有的业务单元如订单、采购、库存、计划、生产、质量、运输、市场、销售、服务等以及相应的财务活动、人事管理均纳入一条供应链内进行统筹管理。当时企业重视的是物流和企业内部资源的管理，即如何更快更好地生产出产品并把其推向市场，这是一种“推式”的供应链管理，管理的出发点是从原材料推到成品、市场，一直推至客户端。

随着市场竞争的加剧，生产出的产品必须要转化成利润，企业才能得以生存和发展，为了赢得客户、赢得市场，企业管理进入了以客户及客户满意度为中心的管理，企业的供应链运营规则也随即由推式转变为以客户需求为原动力的拉式供应链管理。这种供应链管理将企业各个业务环节的信息化孤岛连接在一起，使各种业务和信息能够实现集成和共享。

基本供应链分析了企业在经营时的各种工作和功能，并利用四种流程把各项工作和功能进行了归类。了解具体的操作流程、涉及的部门及其关系，不仅可以实现局部优化，而且可以从一个整合的高度，在流程与流程之间、部门与部门之间、环节与环节之间进行再优化，使基本供应链更有效率。例如，利用信息系统联结资金流程和实物流程，形成自动化交货与收账的程序。

（2）产业供应链或动态联盟供应链。产业供应链由基本供应链（extended supply chain）组成，基本供应链皆提供不同的部件或服务，为产品增加附加值。例如，一个工具套装送达消费者手里的时候，已经经过了多个基本供应链的工作，如生产制成品，如（螺丝刀、钳子、箱子）；出口商分别从不同的工厂购买这些产品，在它委托的物流中心里组合成一个产品包，送到进口商处；最后，零售商将产品卖给消费者，完成产业供应链。

在全球化大市场竞争环境下，很少有单个企业能够在一个产品的所有生产和流通环节上都成为最有竞争力的王者，包揽从原材料供应到产品送达消费者的所有工作。因此，大部分产品通常由多条基本供应链联结而成。企业要联合其他上下游企业，通过联盟和外包等各种合作方式建立一条经济利益相关、业务关系紧密、优势互补的段落供应链，实现合作优化；充分利用这段供应链上的资源来适应新的竞争环境，共同增强竞争力。

企业不能只考虑自己范围内的事，还要和供应链内的其他参与者合作。由于管理供应链并非易事，即使是成功的企业，多数亦只可以说组成了有效率的基本供应链，而非产业供应链。在基本供应链里，如果某企业的核心竞争力亦为产业供应链的核心能力，则产业供应链的主角就是它。该企业可以是以制造能力为核心的企业，如汽车厂，车厂的供货商（零部件商）和客户（汽车代理商）是以车厂的组装制造为主体的各类配套企业；也可以是零售百货店，它的供货商包括工厂、进口商和贸易商，客户就是消费者，百货店的核心能力是拥有销售渠道和最终顾客的信息；还可以是贸易商，它的供货商是供应原材料、零部件、在制产品的企业，客户是零售商，这家贸易商可能需要协调不同的工厂进行生产，并把中间的生产工作外包给多家工厂，贸易商的核心能力就是市场信息、顾客、采购网络及产品知识。

企业的管理资源从内部扩展到了外部，形成了产业供应链，而各个产业供应链联合起来则成为一条最终供应链。

每一个最终消费者享用的产品都是由一条最终供应链（ultimate supply chain）所提供的。每个产品的供应链各有不同，从最初的原材料供应至产品到达最终消费者的整个过程，包括了所有零部件供货商、生产商、贸易商、分销商和零售商。它可以如制售面包的例子那样简单，每一环节参与的企业都比较少，也可能有分工细致的很多个企业共同参与，如一辆汽车的最终供应链犹如一个网络，十分庞大和复杂。

随着全球经济的一体化，人们发现在全球化大市场竞争环境下任何一个企业都不可能在所有业务上成为最杰出者，必须联合行业中其他上下游企业，建立一条经济利益相连、业务关系紧密的行业供应链以实现优势互补，充分利用一切可利用的资源来适应社会化大生产的竞争环境，共同增强市场竞争实力。因此，企业内部供应链管理延伸和发展为面向全行业的产业链管理，管理的资源从企业内部扩展到了外部。

在这种供应链的管理过程中，首先，在整个行业中建立一个环环相扣的供应链，使多个企业能在一个整体的管理下实现协作经营和协调运作。把这些企业的分散计划纳入整个供应链的计划中，实现资源和信息共享，从而大大增强了该供应链在大市场环境中的整体优势，也使每个企业均可实现以最小的个别成本和转换成本来获得成本优势。例如，在供应链统一的计划下，上下游企业可最大限度地减少库存，使所有上游企业的产品能够准确、及时地到达下游企业，这样既加快了供应链上的物流速度，又减少了各企业的库存量和资金占用，还可及时地获得最终消费市场的需求信息，使整个供应链能紧跟市场的变化。在21世纪，市场竞争将会演变成为这种供应链之间的竞争。

其次，在市场、加工、组装、制造环节与流通环节之间，应建立一个业务相关的动态企业联盟（或虚拟公司）。它是指为完成向市场提供商品或服务等任务而由多个企业相互联合所形成的一种合作组织形式，通过信息技术把这些企业连成一个网络，以便更有效地向市场提供商品和服务来完成单个企业不能承担的市场功能。这不仅使每一个企业保持了自己的个体优势，也扩大了其资源利用的范围，使每个企业可以享用联盟中的其他资源。例如，配送环节是连接生产制造与流通领域的桥梁，起到了重要的纽带作用，以它为核心可使供需连接更为紧密。

在市场经济发达的国家，为了加速产品流通，往往以一个配送中心为核心，上与生产加工领域相联，下与批发商、零售商、连锁超市相接，建立一个企业联盟，把它们均纳入自己的供应链来进行管理，起到一个承上启下的作用，能最有效地规划和调用整体资源，以此实现其业务跨行业、跨地区甚至是跨国的经营，对大市场的需求快速做出响应。在它的作用下，供应链上的产品可实现及时生产、及时交付、及时配送、及时地交到最终消费者手中，快速实现资本循环和价值链增值。

这种广义供应链管理拆除了企业的围墙，将各个企业独立的信息化孤岛连接在一起，建立起一种跨企业的协作，以此来追求和分享市场机会，通过Internet、电子商务把过去分离的业务过程集成起来，覆盖了从供应商到客户的全部过程，包括原材料供应商、外协加工和组装、生产制造、销售分销与运输、批发商、零售商、仓储和客户服务等，实现了从生产领域到流通领域一步到位的全业务过程。

（3）全球网络供应链。全球供应链，顾名思义，是在全球范围内组合供应链。全球供应链概念是随着企业需要在世界各地选取最有竞争力的合作伙伴，结成全球供应链网络，以实现该段供应链的最优化而形成的。全球供应链并不是为全球化而全球化，而是以放眼全球的眼光，根据不同产品特性和经营环境（如需要出口配额，以及产品需要符合不同国家或地区的环保条例等），将供应、生产置于最适合的地方。

Internet、交互式Web应用以及电子商务的出现，将彻底改变我们的商业方式，也将改变现有供应链的结构，传统意义的经销商将消失，其功能将被全球网络电子商务所取代。传统多层的供应链将转变为基于Internet的开放式的全球网络供应链。在网络上的企业都具有两重身份，既是客户又是供应商，它不仅是上网交易，更重要的是构成该供应链的一个元素。在这种新的商业环境下，所有的企业都将面临更为严峻的挑战，它们必须在提高客户服务水平的同时努力降低运营成本；必须在提高市场反应速度的同时给客户以更多的选择。同时，Internet和电子商务将使供应商与客户的关系发生重大的改变，其关系将不再仅仅局限于产品的销售，更多的将是以服务的方式满足客户的需求来替代将产品卖给客户。越来越多的客户不仅以购买产品的方式来实现其需求，而是更看重未来应用的规划与实施、系统的运行维护等，从本质上讲他们需要的是某种效用或能力，而不是产品本身，这将极大地改变供应商与客户的关系。企业必须更加细致、深入地了解每一个客户的特殊要求，才能巩固其与客户的关系，这是一种长期的有偿服务，而不是产品时代的一次或多次性的购买。

在全球网络供应链中，企业的形态和边界将产生根本性改变，整个供应链的协同运作将取代传统的电子订单，供应商与客户间信息交流层次的沟通与协调将是一种交互式、透明的协同工作。一些新型的、有益于供应链运作的代理服务商将替代传统的经销商，并成为新兴业务，如交易代理、信息检索服务等，将会有更多的商业机会等待着人们去发现，这种全球网络供应链将广泛和彻底地影响并改变所有企业的经营运作方式。

2. 供应链的其他分类

供应链的主导企业、主导产品、流通渠道等不同，因此实际运作的供应链各有特色，为了更好地认识供应链，我们简要介绍供应链的其他分类：

（1）内部供应链和外部供应链。从制造企业供应链的发展过程来看，可以将供应链划分为内部供应链和外部供应链。

内部供应链是将采购原材料、零部件，通过生产转换和销售等方式传递到制造企业的用户的过程，其被看作制造企业中的一个内部过程。最初的供应链概念局限于企业的内部操作，注重企业内部各部门的协调，通过团队精神和运行机制，以争取更满意的企业利益目标。例如，企业基于计算机及其局域网的物料需求计划（MRP）、制造资源计划（MRPII）等管理系统的建立与发展最初就是起源于企业内部供应链的需要的。

外部供应链是指后来供应链的概念，它注重与外部资源、其他企业的联系，注重供应链的外部环境，它偏向于供应链中不同企业的制造、组装、分销、零售等过程，即将原材料转换成产品到最终用户的转换过程，是更大范围、更为系统的概念。例如，企业资源计划管理系统，其形成就是满足供应链外部扩展需要的，进而使供应链管理涉及扩展企业、合作伙伴、共享信息、协同运作问题的解决。

供应链从内部成长到外部延伸，体现了经营主体能动地集成过程，需要供应链中具有一定（制造、物流、信息等）实力的主体把握这一过程。随着供应链理论的发展，供应链管理更侧重于企业间的业务流程和联盟关系，如企业如何结成合作伙伴乃至更大的企业集团，调整供应链中企业的个别行为，进而通过供应链取得对每一个成员来说都是更好的效益。

（2）效率型供应链与反应型供应链。效率型供应链是以尽可能低的价格有效地实现以供应为基本目标的供应链管理系统。此类产品的需求一般是可以预测的，在整个供应链各环节中总是力争存货最小化，并通过高效率物流过程形成物资、商品的高周转率，从而在不增加成本的前提下尽可能缩短导入期。选择供应商时应着重考虑服务、成本、质量和时间因素。

反应型供应链是要求对市场不可预见的需求做出迅速反应的供应链管理系统。此类产品的需求一般是不可预见的，需要做到因商品脱销、降价销售和存货过时所造成的损失最小化，因而生产系统需要具备足够的缓冲生产能力，存货需准备有效的零部件和成品的缓冲存货，同时需要以多种方式投资以缩短市场导入期。在选择供应商时主要考虑速度、灵活性和质量。

在供应链管理设计中，功能性产品强调有效实物供给，创新性产品强调市场灵敏反应，无论是提高物质效率过程还是提高市场灵敏反应过程都需要相应投资。根据企业产品及市场战略创建供应链管理体系应当能够提高设计的针对性，强化信息流、物流同期化程度，重点提高供应链实物效率过程或市场灵敏反应过程，实现和增加供应链给客户带来的附加价值。

（3）主导型供应链和非主导型供应链。供应链的一种类型是主导型供应链。即某一成员在供应链中占有主导地位，对其他成员具有很强的辐射能力和吸引能力，通常称该企业为核心企业或主导企业。

从供应链的主导主体分析，可以将供应链划分为制造业企业主导供应链、商业企业主导供应链和第三方物流企业主导供应链等形式。

①制造业企业主导供应链或制造型供应链，是指以制造业企业为核心业务基础构筑的供应链。一些大型制造商主导物料流源头，具有选择供应商和一定的价格控制的能力，围绕某一或若干制造业企业主导产品系列就形成了制造业企业主导的供应链体系。

②商业企业供应链或零售型供应链是指以商业企业销售渠道为基础构筑的供应链，围绕以服务众多消费用户（企业）需求展开的供应链管理体系。一些大型销售商主导商品流源头，具有选择品牌商品和制造商的能力。

对大型供应商而言，没有全过程物流的供应链管理，就根本谈不上建立有效的分销网络；对大型的连锁零售商而言，没有全过程物流供应链管理；就谈不上建立完善的供应配送体系。而这一分销网络、配送体系对企业取得竞争优势是十分关键的，健全的网络和配送系统往往具有价格上的竞争优势。例如，一家大型商贸集团构成了全国性连锁店，能够在家电市场激烈竞争中主动采用价格策略，甚至能够直接影响到制造企业对价格的决策权。

③第三方企业主导供应链，是指以支持一个或若干企业或特定客户需要所提供的集成物流过程及物流网络为基础构筑的供应链，围绕以连接供应商与制造商、制造商与销售商、工商企业与消费者供需关系，由第三方物流服务供应商展开的供应链管理体系。它是以支持客户（制造商、销售商或最终消费者）供应链管理为生存前提的，因而将其称为物流链可能更为恰当。

集成物流过程和物流网络结构是相互依存、相互作用的。由于第三方物流服务的派生性，其生存与发展需要一定的信息流主导功能要求，能够实现物流的规模经济或范围经济，体现专业化的竞争实力。

作为第三方物流要能够从其客户——工商企业的供应链角度提供一个整体战略思考和战术运作系统框架，使企业能够看清楚自身所处供应链的地位和作用，指导经营定位、运营方式的战略战术决策，明确问题出在何处，应采取何种系统的解决方案。

对第三方物流服务商而言，不可能脱离其客户即工商企业及其竞争而存在，若无法提供面向客户全过程物流的供应链管理，就难以争取到大、中型客户，以实现支持客户供应链管理的第三方物流业务。

从理论方面分析，一个完整的供应链应始于原材料的供应商，止于最终产品用户，并包括延伸服务在内。从不同主体的角度进行考察，供应链的结构与边界不同，一些主体只是对部分环节能够把握，也有一些主体能够对全部环节进行控制。对于供应链的结构与边界，其主体的可控范围直接影响到具体供应链管理的内容。

2.1.3 供应链结构

供应链管理作为一种应用和方法，其使用对象大都是生产保质期短的产品的企业和面向库存生产的企业，通常最典型的如饮食业、制药业、耗材和电子产品制造业。这样的企业对配送、仓库管理要求非常严格。不仅是这些行业对供应链的管理如此重视，从原则上讲，所有的企业对供应链管理都有同样的迫切要求。确实，航空业、汽车业、国防工业、机械工业和其他领域都有着复杂的供应、制造和配送系统。这个供应链管理系统应该满足所有领域的业务需求。

但是，考虑到不同类型的企业构架方式不同，它们的供应链系统也存在差异，所以必须寻求一种灵活的工具或方法来解决企业所面临的特殊问题。在确定使用哪种方法时，可以同时考虑不同类型，做到有的放矢。

1. 发散网结构

发散网是供应链网状结构中最基础的结构。在发散网中，物料是以大批量的方式存在的，但是最早的原材料必须经过加工转换为中间产品，提供给其他企业作为它们的原材料。钢铁制造业就是一个典型的发散网结构，在生产不同产品之前需要制成许多中间产品。在这种发散网结构中，企业的上下游关系是由企业所生产的产品在加工流程中的位置所决定的。在其他流程加工业，如石油、化工、造纸和纺织，也存在着相似的结构。

这种结构类型称作 V 形结构。这类企业在生产过程中每个阶段都增加了控制问题。下游企业也同样具有这种流程的特点。在这些发散网络上，企业生产了大量多品种产品而使其业务非常复杂。为了保证满足客户服务需求的整个服务水平，需要库存作为缓冲，这样就占用了大量的资金。这种缓冲是用来确保工厂满足不确定需求和确保工厂有能力生产而设定的。由订单和物料驱动的控制系统在这样的工厂不能利用，它们通常反对轻率地运用 MRP、MRPII 和 ERP，除非是得到财务和商业需求的支持。流程控制系统支配着产业的方向，它们常常是为了发展本地业务而不是为了全球战略。

2. 会聚网结构

当公司为网上的最终用户服务时，它的业务本质上是由订单和客户驱动的。在制造、组装和总装时，他们遇到一个相反的问题，即为了满足相对少数的客户需求和客户订单时，需要从大量的供应商手中采购大量的物料。这种企业是一种典型的会聚型的供应网，即形成 A 字形状。例如，航空工业（飞机制造）、汽车工业、重工业等，这些公司是受服务驱动的，他们把精力集中在过程的重要装配点的物料同步上。

这样的公司是传统物料控制系统中的典范，ERP 成了这些企业进一步发展的阶梯。来自市场缩短交货期的压力迫使这些组织寻求更先进的计划系统来解决物料同步问题。

3. T 形网结构

在上述两种模式之间的许多公司通常结合了这两种模式。这种情形在接近最终用户的企业中普遍存在，如医药保健品、汽车备件、电子产品、食品和饮料等公司。这种情形在那些为总装配提供零部件的公司也同样存在，如汽车、电子和飞机制造企业。

这样的公司在从与它们的情形相似的公司采购大量的物料和给大量的最终用户和合作伙伴提供构件和套件时，遇到了两方面的困难。这种 V 形的企业会通过对通用中间件的制造标准化来减少复杂程度。这种企业根据现存的订单确定通用件。这样的过程就形成了 T 字形，这是最具有挑战性的控制环境之一。这种网络将在现在和将来的供应链中面临最复杂的挑战。

从控制的角度来说，处理这种组织的最好方法是减少产品品种和运用先进方法，或是利用先进的计划工具来维护和提高供应链管理控制水平，两者都将产生比较好的效果。

V 形、A 形和 T 形流程结构是在 20 世纪 80 年代被提出和发展起来的，把这些原则应用在任何一个重要的流程环节都得到了普遍的认可。如果在提出解决方案初期就明确其流程的结构类型，那么可以运用计划的方法加速流程。相似的方法也可以应用在选择和完善供应链管理的工具中。

2.1.4 供应链运作特点

1. 供应链集成过程

集成一词含有综合、融合、一体化等意义，可以泛指将一些事物、因素集中在一起构成一个有机整体。现实企业间供应链生产经济活动中涉及集成的实例很多，如合作、协作、集团化、联盟等过程；在供应链内部及各环节之间也广泛存在集成理念的应用，如作业集成、信息集成、系统集成、过程集成等。

供应链管理需要将不同环节的取货、装箱、运输、拆箱、储存、配送等物流作业，以及结算、报关、单证处理等信息流作业实现集成化设计与处理，避免冗余作业、不衔接作业、重复作业、无效作业。而集成化则是强调了能动地实现或构成这样一些过程。

以制造企业为主导的供应链的集成过程是从内部集成走向外部集成的开始，越来越多的合作者成为供应链成员。制造企业内部集成的内容更多地与物流管理紧密结合在一起。

学术界和产业界越来越多的人已逐渐认识到集成化、高级化物流更具有战略层面的功能，是企业发展的战略而不是一项具体的作业或任务。

企业内部供应链集成大大扩展了物流一体化的范围，并将其放在了很高的战略地位。供应链外部集成的物流管理会影响制造企业总体的生存和发展，也会影响相关企业的生存与发展。因而在供应链理论指导下的供应链物流的管理重点是怎样更有利于形成企业竞争优势，获得企业长远的发展。

在企业外部供应链的集成过程中，往往取决于供应链主导企业或发起企业。供应链主导企业若是制造企业则应更侧重对供应商、第三方物流服务商的选择，将合作伙伴引进战略联盟，共筑竞争优势。

对供应商、第三方物流服务商的要考虑的因素有合作伙伴的资质、服务质量、成本和效率水平；合作伙伴之间企业战略、企业文化的一致性或兼容性；合作伙伴的资源、信息共享范围与相应技术和运作平台；公共信息技术平台或企业信息技术平台能够提供相应支持；合作伙伴协同运作的方式与供应链绩效激励机制；构建企业联盟方式的制度等其他内容。

2. 供应链管理模式

供应链管理是企业物流信息化、电子化、集成化、高级化发展的综合体现，它是建立在行业迅速发展的基础上，不同经营主体之间相互合作，各方主体扮好自己的角色。

供应链管理作为一种新的管理模式，是建立在企业与企业之间的一种组织结构模式。其内部构成和相互之间的关系必然不同于单个企业，因此讨论供应链的组织重构模型就非常重要。

从供应链的发展过程来看，供应链管理模式可以划分为企业供应链管理模式、集团供应链管理模式、联盟供应链管理模式和扩张企业供应链管理模式等几种类型。

（1）企业供应链管理模式。企业供应链管理模式是指企业内部采购、制造和物流等一体化管理，主要是统一协调采购、制造、物流、销售部门之间的业务流程并进行计划、控制和其他经营管理活动。实际上是供应链管理的初级形式。

（2）集团供应链管理模式。集团供应链管理模式是指由若干企业形成的一个集团，不同企业主体按集团目标可以在不同的地点进行制造、分销并对整个供应链过程实现集中控制与管理活动。

（3）联盟供应链管理模式。联盟供应链管理模式是指企业按照一定目的、章程结成一个联盟，根据联盟的目标和协议规定完成供应链各个节点的职能，联盟协议结束则联盟供应链就解散。通过联盟协议整合供应链资源是这一模式的主要特点。

（4）扩展企业供应链管理模式。扩展企业供应链管理模式是基于主导企业在制造设计、生产计划、市场营销、库存和运输等职能之间以及在企业与企业之间集成而成的扩展企业概念，以主导企业为核心实现跨企业界限的职能集成，从而发挥更大的资源配置优势。

联盟或扩展企业供应链管理模式是真正意义上的供应链管理。但是，无论何种模式，在供应链网链结构中都应体现部门、企业之间的文化、工作、信息等的交流，供应链运作的畅通。

3. 供应链管理过程

供应链管理过程一般包括供应链设计与优化、供应链运行与监控和供应链管理绩效评价等内容。

（1）供应链设计与优化。供应链设计包括供应链基本流程、合作企业选择、合作目标确立，包括流程重新设计和对已有的供应链进行改造与重新设计；供应链优化包括供应链企业联盟结构优化、供应链资源结构优化等。

（2）供应链运行与监控。企业通过供应链运行与供应链监控获取竞争优势，两者紧密结合在一起。

（3）供应链管理绩效评价。供应链评价包括规划设计评价、整合优化评价、运行监控评价等内容。

2.2 供应链管理及发展趋势

2.2.1 供应链管理与物流管理

1. 供应链管理与物流管理的关系

国家标准《物流术语》对物流和供应链进行了定义。

物流是指物品从供应地向接收地的实体流动过程。根据实际需要，将运输、储存、装卸、搬运、包装、流通加工、配送、信息处理等基本功能实施有机结合。

供应链是指生产及流通过程中，涉及将产品或服务提供给最终用户活动的上游与下游企业，所形成的网链结构。

通过比较这两个定义发现，物流属于供应链运作范畴，存在着共同的作业内涵。从供应链涉及的业务内容看，供应链涉及商流、物流、信息流和资金流，显然物流包含于供应链之中；但供应链不只是对物流概念进行扩展，供应链与企业间业务集成息息相关，着重体现在企业间无缝链接的供应链管理上。

随着人们的认识不断深化。美国的物流管理协会 2002 年 1 月对物流做了新定义：物流是供应该运作中，以满足客户要求为目的，对货物、服务和相关信息在产出地和销售地之间实现高效率和低成本的正向和反向的流动相储存所进行的计划、执行和控制的过程。

根据用户实际要求，将运输、储存、装卸、搬运、包装、流通加工、配送纳入服务，并与信息处理等基本功能进行有机结合，往往涉及商流、物流、信息流和资金流运作。实际上应该包括供应链组织内部各功能部门之间的集成和供应该上下游组织之间的集成，集成的内容包括商流、物流、信息流和资金流等，集成的对象有资源、技术、组织、业务及流程等。

2. 供应链管理与物流管理的范畴

实际运作中的物流概念随着市场、科技、管理等的发展而发展，是以研究物品从供应地向接收地的实体流动过程活动及其规律为主要对象的物流学，其本身涉及并吸收运输学、经济学、管理学、信息学、运筹学、系统学、工程学等多门学科知识。从最初的市场营销学中的分销、实物配送发展到与物料管理观测结合形成的物流的概念，特别是经济合作与发展组织运用了可译为高级物流或先进物流（可译为集成化的高级物流）等术语，显然，其内涵发展已经是单纯的物流或现代物流概念所无法包容的了（现代只是一个时间范畴，现代的大多是先进的，并不一定是或一定等于先进的）。当原有概念的外壳不能包容其内容时，其内涵的进一步发展就是供应链范畴。

所以，供应链管理体现了理论认识的深化、作业内容的丰富、运作技术的提高、信息系统的集成、组织间的合作，特别是企业联盟的建立和协同效益机制的创建。

国家标准《物流术语》对物流管理的定义：为了以最低的物流成本达到用户所满意的服务水平，对物流活动进行的计划、组织、协调与控制。由于物流是增值性经济活动，也是成本增加、环境负担增加的经济活动，物流经济活动具有的双重特性、物流具体功能需要实际组织进行综合平衡，也是物流管理的出发点。因此，最低的物流成本应当理解成最低的物流总成本或全程物流成本。

美国物流协会给供应链管理的定义：供应链管理是以提高企业个体和供应链整体的长期绩效为目标，对特定公司内部跨职能部门边界的运作和在供应链成员中跨公司边界的运作进行战术控制的问题。从供应链涉及的商流、物流、信息流和资金流等范畴和供应链管理的定义分析，可以进一步明确供应链管理这门学科承担的研究任务。

3. 供应链管理继承并拓展了新的研究领域

供应链与企业的业务集成息息相关，供应链管理实际上应该包括供应链组织内部各功能部门之间的集成和供应链上下游组织之间的集成，目前相关的研究主要集中在供应链建模、供应链管理、供应链管理支持系统等方面。

（1）供应链是物流管理集成化的运作形式，集成的对象有资源、组织、业务和流程等，因而供应链管理比物流管理更加广泛。

（2）物流贯穿于整个供应链过程，供应链继承的内容包括商流、物流、信息流等，是物流系统的延伸，是集成化、高级化的物流系统。

（3）供应链管理将物流与企业生产制造活动作为一个统一过程管理，是战略性思维、战术性运作和集成化的物流管理。

（4）供应链是一种增值产品，供应链管理是通过集成商流、物流、信息流和资金流进行价值增值管理，是物流管理发展到综合集成管理的产物，也体现了现代管理创新理论的应用。

2.2.2 供应链管理的发展趋势

互联网＋与社交媒体的发展，使前端应用收获了很多关注。事实上，在企业级中后台系统中，这两者的影响也在日益体现。

日前，美国纽约的主营企业级应用软件及服务供应商的 Infor 公司（以下简称 Infor 公司）大中华区商业咨询总监鹿崇在接受记者采访时说："以前，业界对于供应链这个话题谈得比较少，现在已经发生了明显的变化；以前是点对点的，现在企业在向全球化发展，市场竞争更多的是一种供应链的竞争。"

1. 供应链管理七大发展趋势

鹿崇表示，当前，虚拟分销中心、制造中心，以及社交媒体的发展，使供应链管理呈现出众多新的发展趋势，主要表现在以下几个方面。

（1）全球化供应链。强调全球范围内的供应链计划、执行。例如，耐克的不同设计师在世界各地共同来设计一款产品，制造的时候更是全球协作，那么软件一定要支持全球化的计划和执行。

（2）敏捷化供应链。强调提高制造系统对外部环境变化的应变能力，如工业 4.0。现在供应链最大的竞争点就是速度，所以强调敏捷性非常重要。特别是在制造系统的大中型企业里，强调互联网＋、工业 4.0，他们的核心就是自动化设备，因此供应链必须要适应外部的快速变化。

（3）绿色化供应链。这是一种稳定的可持续发展的供应链，整个供应链运行过程中要减少能耗，减少产品损失与浪费。比如，以前在供应链管理过程中不太强调包装箱的回收、产品的回收，现在则非常强调这一点。如果上游企业有这个理念，而自己没有的话，就不是一个好的合格供应商，也就不能在供应链中生存。

（4）柔性化供应链。客户的个性化需求越来越多，时间的要求也经常变化，那么供应链是否能够快速响应，组织架构是否支持，配送体系是否灵活，这种柔性对供应链非常重要。

（5）集成化供应链。集成化供应链的发展影响越来越大。现在有很多客户都想把自动化设备与供应链联结在一起，这就需要把传送带等自动化设备和供应链系统进行很好的集成。因此，将来整个供应链必须是一个集成的供应链，从计划层面到执行层面，设备都要集成在一起。

（6）虚拟企业化供应链。随着“互联网 +”的发展，诞生了很多虚拟企业，甚至还有一些制造工厂是虚拟的，他们在互联网上可能是一个实体，但实际上可能是分散在不同的供应商那边。所以，供应链系统要能支持虚拟企业分销中心、制造中心的发展。

（7）社交化的供应链。以前供应链可以提供电子邮件系统，或者一些传统的交互方式，现在因为智能手机比较普遍，需要整个供应链的协同更加有效。此外，企业可能还希望在供应链系统里面有一套社交系统，只要跟供应链有关的信息都可以体现，包括报警体系、任务、工作流的控制等。

鹿崇说，供应链管理三大要素，分别是计划、执行和人。作为重要的供应链管理系统提供商，Infor 公司也在探讨和实践如何适应供应链管理发展的趋势，让自己在市场上更具竞争力。

2. 供应链管理最重要的是协同

在供应链管理中，关于人的因素，最重要的就是协同，无论是全球化、敏捷性，或者其他的发展趋势，都与协同密不可分。协同有助于把握供应链随时出现的机会，也便于企业更快、更及时地进行决策和执行。

供应链的协同，最重要的就是把所有相关的人员都整合到平台上来，强调跨职能部门的协同。此前，大家可能认为供应链管理就是分销、后勤，而将来，供应链涉及每一个人的智慧。

当相关人员都集中到供应链管理平台上后，它就成了一个信息的集中发布平台，如待执行任务的发布；不能及时发货，或者供应商有一些临时紧急的需求的例外报警，系统也要体现出来。此外，在供应链平台上统一进行通知和信息的发送，也是专业性的体现。

合规管理在供应链管理中非常重要，对于一些特殊的行业，如食品饮料行业中，对产品批号的跟踪、物流温度的控制，这些重要的规范，以及可审计、可跟踪的安全控制，都要在协同的平台上体现出来。

通过这个平台，企业可以把每天要做的事情，包括平时不同人员之间的一些协同、不同公司之间的协同，在这个系统平台上体现出来。还可以把相关信息，如行业报告、不同人的信息通过平台发布出去。

“这有点像现在流行的社交媒体。通过这个社交化的供应链系统，相关的人都会在这个平台上进行交互和对话。”鹿崇说。

以物流为例，运输的控制、节点的信息，系统都会实时地体现出来。如此，通过社交化的供应链，企业可以看到不同的人之间的联系，以及不同的分组，如分析软件、供应链系统运输的地图、意外的报警等，全部集成在一个系统里，通过社交化的供应链管理满足发展的要求。

3. 供应链计划开始升温

据鹿崇介绍，供应链计划坦率来说在中国发展较慢，因为中国的实际情况，使企业更强调执行系统、仓储管理系统。但是，现在大家不得不重视供应链计划，因为现在企业不断地在并购，现有的供应链将来可能只是全球供应链里面的一个环节，因此企业开始需要把供应链管理放到整个供应链中。所以说供应链的计划将来对企业的要求是非常重要的。

供应链计划层面包含几个方面，包括财务计划、需求计划、供应计划、集成计划等，以及最佳需求计划功能、基于约束的计划引擎生成优化的供应计划、智能的例外管理等，都需要放到企业供应链管理中。

一个企业要制订一个未来三年的发展计划，这个发展计划里面首先是财务的数据，如收入要倍增、利润要增长多少等，要进行指标的分解，但是这些数据怎么实现呢？首先要做的就是供应链的计划，供应链怎么做？哪个地方建一个供应链的网络？哪个地方建一个真正的仓储管理系统？哪个地方建一个制造中心？这就组成了整个供应链的计划。

一个完整的供应链管理系统，包括的内容非常庞大。Infor 公司的供应链计划套件，从供应链的网络设计一直到需求计划、高级计划、高级排程，都在系统里面可以看到。

不同的企业，计划的侧重点是不一样的。有的企业更关心供应链网络设计，如华为，要设计自己的供应链网络，它可能在欧洲设计了一个呼叫中心，在中国设立了自己的仓库、自己的制造中心等。供应链的网络设计是最高的一个层面。

对制造企业而言，供应链计划对一些快速消费品都是比较重要的。比如，啤酒厂商，预测今年夏天消费需求，哪个口味需求更多一点？哪个国家更多一点？对时尚行业也是如此，包括对流行趋势的判断、对款式的判断、对颜色的判断。需求计划是一个企业致命的武器，因为准确的预测有助于企业组织生产供应链，减少库存和浪费。

4. 供应链执行备受重视，市场一路向好

鹿崇表示，企业在供应链执行层面的要求越来越清晰，越来越准确，要求越来越高。因此，在过去几年里，Infor 公司在中国市场、亚太和全球市场，销售相对较好的还是供应链执行系统。

只有通过一套供应链执行软件才能满足企业这方面的要求。具体就是完成仓储、运输、劳动力管理、物流计费、供应商协同业务等。专业化的软件才能提高供应链执行的有效性，包括成本的降低等。

对于供应链管理，计划层面最重要的是预测，执行层面更加强调的是效率。在提高效率、准确性和可视化上，包括具体的方面，首先可以优化工作，如仓储最重要的就是任务，不同的任务上架也好，下架也好，发货也好，包装也好，在系统里面最好有一套好的软件把这个工作进行优化。

其次，根据规则规范，系统里会主动产生一些任务，指导员工完成相关的工作；还可以验证任务完成得怎么样？同时指导一些作业、帮助自动化仓库、启动预警机制；此外，系统能够存储和提供完整的历史交易信息，便于为物流经理和管理层提供管理报告，进行数据分析。

5. 做供应链执行（supply chain execution，SCE）领域（以下简称 SCE）的开拓者和创新者

鹿崇认为，Infor 公司的 SCE 系统是行业的开拓者、领先者和创新者。Infor 从 1980 年开始就打造了 WMS 系统，现在的仓储管理系统 SCE 也是从 1980 年一直延续过来的，并于 2001 年正式进入中国。从 2013 年到现在，又做了一些其他方面的拓展。一个是社交媒体下的供应链网络管理，就是 Ming.le 平台，另外又加入了 Infor 的技术平台——ION（Infor 开放的一个技术架构）。

当前，供应链非常强调集成性，如与 ERP 系统进行集成，与财务系统进行集成，或者与智能化设备进行集成，这中间需要一些集成工具。Infor 的开放技术架构平台 Infor ION，以及 Infor 云平台，提供了很好的集成性。此外，为适应云计算的发展，Infor SCE、WMS 系统已经部署在亚马逊 AWS 上。

2.3 我国供应链管理的问题及对策

2.3.1 我国供应链管理的问题

目前，我国供应链管理的理论研究和应用探讨处于起步阶段，仍然存在许多问题，如技术问题、标准化问题、观念问题、组织机构问题、贸易伙伴关系问题、物流成本问题、信息共享问题等。

1. 技术问题

（1）条码技术的应用问题。条码技术在我国的应用仅有十几年的历史，尽管截至2000年年底我国应用商品条码的企业总数已达89 000余家，但是这些企业应用商品条码的深度和广度跟世界发达国家还有相当大的差距。这主要表现在以下几个方面。

第一，生产企业使用条码多数是迫于国际、国内的压力。国际上没有条码就限制商品的出口，国内零售商就不进你的货，另外有些地方的行政部门强制在商品上印制条码。

第二，从数量上讲，我国使用条码的企业总数仅低于美国、日本和德国，而且企业规模多数都比较小，无法与国外先进国家的企业相比。

第三，生产企业应用条码的比例很少。

第四，有些企业虽然申请了商品条码，但没有给自己的商品印上条码，或者只给出口（或进超市）的部分商品印上条码。

第五，条码的质量尚不够高，如编码错误、印刷质量不合格等。

第六，多数零售企业使用条码扫描POS系统，主要是用于自动结算，很少将信息用于供应链的全过程，没有与贸易伙伴共享POS系统的信息。

供应链物流中的条码，如ITF条码、EAN/UCC128条码的应用至今还是空白。在推广物流条码的过程中，我们发现，物流企业埋怨生产企业不给商品的物流单元上印制条码，影响它们建立自动扫描系统；而生产企业则埋怨物流企业不建立应用系统，给商品物流单元印上物流条码，费时费钱，徒劳无功。这种互相推诿的情况，反映了我国企业尚未树立起供应链管理的思想和观念。

物流条码的普及率低，使用不规范，也给配送中心的物流运作带来了极大的困难。以上海联华公司配送中心为例，有140家供应商向其供货，在所配送的近2万种商品中，规范使用物流条码的商品仅为15%～20%。

（2）EDI 技术的应用问题。EDI 在我国的应用可以说是步履艰难。自 20 世纪 90 年代初，我国开始研究 EDI 以来，尽管交通、海关、商检等部门都曾进行过 EDI 尝试，但是到目前为止，仅有少数几家大企业在实施 EDI，如中远集团、山东抽纱进出口公司等，而这些公司都与外商进行 EDI 交换，是迫于国外的压力而实施 EDI 的。国内企业之间进行 EDI 交易的非常少。根据中国物品编码中心深圳分中心对深圳和香港地区的调查，企业认为实施 EDI 的主要障碍是缺乏内部技术支持，占回收问卷的 67%；其次是财政所限，占收回问卷的 44%；再次则是计算机的应用尚未得到普及，占回收问卷的 28%；第四是现有的 EDI 产品不适合中小企业，占 25%；第五是公司各阶层缺乏对 EDI 的认识，占 21%。

因此，EDI 在我国未能得以发展的主要原因包括以下几个方面。

① EDI 标准体系过于复杂，需要贸易伙伴间的密切合作方能实施。

②实施 EDI 花费较大，中小企业难以承受，且缺乏 EDI 方面的人才。即使在国外，EDI 多在一些大企业中进行，而我国的企业多为中小企业。

③我国许多生产企业的信息化水平太低，许多企业尚没有建立自己的 EDI 系统。许多零售商都有通过 EDI 提高工作效率的意愿，试点开始时，非常积极，但其供应商的信息化水平太低，有的甚至连电脑都没有，这种情况确实挫伤了零售商的积极性，试点工作不了了之。

④科研与应用脱节。自 20 世纪 90 年代以来，在国家有关部门的支持下，许多部门都开始进行 EDI 技术的研究，并将许多 EDIFACT 标准转化为国家标准，仅商贸领域，现存的 EDI 报文标准就有十多个。但问题是制定标准的人不了解实际的业务情况，而了解业务情况的人又不了解标准。

⑤ EDI 最重要的目的是业务处理的自动化，减少人工操作、减少差错率，提高效率。我国的许多企业虽然已经认识到这一点，但是迫于近期目标，不愿在技术上投资过多，更何况劳动力相对来说要便宜得多。所以，他们往往把主要的精力放在扩大生产规模上，并不重视 EDI 的实施。

⑥ EDI 的安全性和法律问题至少在我国还没有得到解决。

⑦我国的“条块”分割现象仍比较严重。目前，我国 EDI 的实施仍以部门为主，如海关、商检，远洋运输等，每个部门都建立自己的网络，无法实现网络的互接与数据共享，这并不是技术上的问题，而是思想观念上的问题。

“九五”期间，国家科技部在深圳市进行的 EDI 试点，其目的就是以城市为单位，打破过去各部门“条块”分割的现象，通过深圳市 EDI 服务中心的网络，实现海关、海运、税务等部门之间的EDI交易。尽管作为科研项目，其已经于2000年12月25日通过验收，但事实上这些部门并非通过EDI服务中心来实施EDI。虽然市政府多次出面进行协调，但无济于事，各部门仍在建立自己的EDI网络，这种情况不利于EDI的实施，更不利于社会资源的优化配置，与供应链管理的思想相差甚远。

（3）互联网和电子商务的应用问题。

截至2020年3月，中国网民规模为9.04亿，较2018年底增长7508万，互联网普及率达64.5%；手机网民规模达8.97亿，网民使用手机上网的比例达99.3%。[1] 2019年9月8日，在厦门举行的2019全球电子商务大会上，《中国电子商务发展报告2018-2019》对外发布。该报告从现状规模、发展特点、趋势走向等各方面，多维度对中国电子商务的发展进行了研究和分析。从中可全面了解到中国电子商务的发展水平、发展特点和发展趋势。

报告中提到：2019年上半年，实物商品网上零售额同比增长仍高达21.6%，电子商务继续承担国民经济发展的强大源动力。2018年中国电子商务交易总额31.63万亿元，同比增长8.5%。中国网上零售交易额近年来以40%以上的速度快速增长，从2016年开始也逐渐进入稳定发展期。2018年，全年网上零售额达到9万亿元，同比增长23.9%。实物商品网上零售额7.0198万亿元，增长25.4%，占社会消费品零售总额的比重为18.4%，较上年增长3.4个百分点，增速高于同期社会消费品零售总额16.4个百分点。2019年上半年，实物商品网上零售额同比增长21.6%，占社零总额比重达19.6%，比上年同期提高2.2个百分点，拉动社零增长3.8个百分点。

该报告指出，电子商务在壮大数字经济、共建"一带一路"、助力乡村振兴、带动创新创业等方面均发挥了积极作用，从目前来看，我国的电子商务应用取得重大成就。

传统电子商务提供商、电信运营商、软件商和新兴移动电子商务提供商加大了对移动电子商务平台的建设，平台商品种类不断增多，服务形式趋于多样，移动电子商务发展已经初步具有一定的商务环境和消费氛围。中国手机购物驶入了发展的快车道。数据显示：2012年移动电商有望超过移动增值服务，跃居移动互联网细分行业规模榜首。可以预见，LBS和O2O模式与移动电子商务的结合将为移动电子商务发展带来新的运营理念和用户服务模式。

电子商务市场环境下，企业将面临诸多不同于传统模式的挑战，且传统

[1] 中国网民规模突破9亿 人均每周上网30.8小时．中新网[引用日期2020-04-28]

企业自身存在电商人才匮乏、电商运营经验不足等先天性软肋，少数传统企业一度“折戟”电商化进程。传统企业惯性将线下的成功移植到线上，并没有意识到线上线下的巨大差异，从而容易发生战略性失误。邦购网、西单购物、PPG、BONO、ITAT、爱国者等都是曾经风靡一时的电商创业神话，因此，与电商合作，整合电商服务商资源，借力第三方平台（直营或分销）将成为多数传统企业触网初期的首选，我们看到了李宁的突破，看到了九阳的整合，也看到了罗莱家纺的风声水起，由此可见，电子商务已经演变为一场全供应链的竞争，“有人带路”（整合服务商和第三方平台资源）模式可帮助传统企业以较低的风险，快速切入电商时代。

O2O 作为电商的一种新趋势，带给消费者和企业更广阔的体验和发展空间。对于消费者而言，O2O 给他们带来的是价值的延伸，不仅有丰富、全面、及时的商家折扣信息，还能够以最优惠的价格快捷筛选并订购适宜的商品或服务；对于企业而言，O2O 模式使得线上线下双渠道并驾齐驱，实现无缝对接。此外，O2O 模式潜藏着另外一座金矿——交易数据。实体商店进行交易的一个无法克服的缺陷，是难以对用户的数据进行采集和分析。O2O 模式由于要求用户在网上支付，支付信息就成为商家对用户个性化信息进行深入挖掘的宝贵资源。掌握用户数据，不仅可以大大提升老客户的忠诚度和活跃度，还有机会挖掘更多潜在新客户。因此，O2O 的核心价值体现在用户培养、企业管理和本地商家支持多个方面，三方协作才能实现企业的可持续发展。未来，随着移动电子商务、LBS 定位技术等的普及，O2O 将在本地化服务领域发挥更为重要的价值。

2. 标准化问题

标准化是供应链管理高效运作的关键措施之一。尽管在过去的十年中我国在供应链物流标识标准的建立方面取得了一定的成绩，但是目前仍存在许多问题。

（1）标准的应用推广问题。尽管我国已经建立了供应链物流标识标准体系，并制定了一些重要的国家标准，如《商品条码》《储运单元条码》《物流单元条码》等，但这些标准的应用推广仍存在着严重的问题。除了《商品条码》应用较好以外，其他标准的应用很不乐观，就拿《储运单元条码》来说，应用的正确率不足 15% ～ 20%。

货物运输过程中的基本设备不标准、供应链的信息传达不畅，影响了信息共享与高效运作。

在国外先进国家，集装箱的尺寸、集装箱中托盘的尺寸、卡车的大小、仓库的货架都已经成功配套。例如，在澳大利亚，运输以 1 米 ×1.2 米的托盘为单位，可以在全澳洲随货走，因为全国都是统一的，也便于统计、计算托盘的数量和价值。同时，澳大利亚的箱子尺寸也是按照托盘的尺寸成比例设计制造的，这样一只托盘上正好放得下若干只某一比例的箱子，不会有浪费的空间。因为托盘是按照集装箱的尺寸实行统一标准，箱子又按照统一标准的托盘成比例设计和制造的，所以集装箱里正好放得下成整数倍的箱子，也不会浪费空间。这种设计特别适合叉车这样的机械作业。货车的载货区也是按照托盘设计的，一层正好能装得下若干个托盘，这样叉车很快就能够将集装箱连托盘带箱子一块装到货车上。商场的货柜也是按照托盘的尺寸设计的，货车来了，用机械将托盘、箱子装到货架上。托盘和箱子从集装箱到货柜，整个过程都不会分家，这就提高了整个运输的效率。

中国的情况是这样的，有的采用欧美的标准，也就是澳大利亚采用的标准；有的使用日本的标准；还有少量是自己定义的标准。有时我们可以看到 0.9 米 ×1.1 米的托盘上装有按照 1 米 ×1.2 米托盘设计的可口可乐包装箱，结果就会有一部分胀出来，底下只好用砖头支撑着。国家原来对这种标准化的重视不够，标准化好的只有集装箱这一块，可集装箱的普及率才有 30% ～ 40%。

仅仅一个托盘的非标准化，就会带来运输、仓储、搬运等各方面巨大的效率差异。可更糟糕的是，除了托盘、车辆等看得见的标准不统一，在整个供应链过程中还有相当一部分是“看不见的非标准化”。或者说部分环节标准化，但整个供应链没有将各环节的标准统一起来。

（2）商品信息标准化工作滞后。在供应链管理和电子商务中，统一的商品信息对供应链成员信息的交换和共享非常重要。目前我国的情况是，许多部门和单位都在建立自己的商品信息数据库，但数据库的字段、类型和长度都不一致，形成了一个个“信息孤岛”。中国物品编码中心所做的调查显示：被调查的 234 家工商企业中，仅有 6 家与贸易伙伴的数据一致，占 2.6%，不一致的数据无法实现交换和共享，严重地影响了供应链管理和电子商务的运作。

3. 观念问题

目前，我国许多“大而全、小而全”的小农经济思想观念严重。正如一位英国人所说：“中国人认为摊子越大越好，因此造成负债亏损；而外国注重效益，效益越大越好。”我国第三方物流发展的艰难历程也说明了我国企业领导“大而全、小而全”的思想影响之深。美国与日本分别于 1990 年和 1996 年出现第三方物流，目前第三方物流量分别占物流总量的 57% 和 80% 以上。而为了节约物流费，我国原商业部于 1953 年就出现了仓储公司，实行集中储存。1956 年建立全国运输转运部 653 个，实行统一收货、统一发货、统一中转。1960 年在国务院指示下建立全国储运网，将仓储公司和运输转运站合并在一起，成立 773 个储运公司（站）。但由于小农经济“大而全、小而全”思想的作怪，从 1960 年到 1982 年成立的储运公司在某些地方行政领导的支持下和某些企业领导的一再要求下，大部分被拆散了，到 1982 年商业系统仅剩下 162 个储运公司（站）。目前，我国大部分企业基本上是家家建立仓库、户户办运输，第三方物流仅占全国物流的 10% ～ 30% 左右。据中国物品编码中心的调查，在被调查的 234 家企业中，仅有 18 家企业的仓库由第三方提供，占 7.7%。有 158 家企业拥有自己的运输车队，占调查总数的 67.5%，这说明我国企业的观念离供应链管理思想还有相当大的差距。

下面以配送中心的建立为例来说明问题。目前，虽然不少政府领导和企业领导对我国建立物流配送中心积极性很高，但建成什么样的配送中心尚不十分清楚。受陈旧观念的影响，不少连锁企业要建成自己的物流配送中心。但是，建设一个物流中心，不但需要巨额资金，而且要有大片土地和昂贵的软硬件设备，更为重要的是要有经验丰富的管理人才，而且由于配送点少、物流量小，利用率低，很难达到预期的投资效果，甚至会把连锁店搞垮。

4. 贸易伙伴的合作问题

供应链管理思想需要企业向“双赢”乃至“多赢”发展。中国物品编码中心的调查显示，在被调查的 234 家企业中，仅有 72 家认为他们能与贸易伙伴相互信任，互相合作，占总数的 30.8%。许多零售商都在通过压低商品的进货价格来获得利润，为了压价，不惜提高交易成本，看似获得了利益，实际上增加了许多非增值活动，这些非增值活动产生的成本最终还得转嫁到消费者身上。还有一些企业，由于不能与贸易伙伴实现信息共享，不能对未来的市场做出较正确的预测，而不得不把存货的风险转移到供应链中的其他企业。另外，我国的一些大型零售企业存在一种“店大欺客”的现象，普遍向其供应链成员收取所谓的“进店费”，每种产品的费用达数万元。这种情况不仅影响了供应链成员的合作关系，而且由于进店商品的数量与收取的费用有直接关系，而国家标准和 POS 系统的建立需要在每种商品项目印上不同的商品条码，为了减少进店费，供应商又不得不减少商品项目数，给不同的商品项目引上相同的条码，这又反过来影响了零售商 POS 系统扫描，阻碍了商品条码的正确使用。

联合计划、信息共享不够是供应链管理的现实。众所周知，供应链管理的基本出发点是通过联合计划和共享信息来实现协同运作的效益，但目前我国的企业在这一方面还存在不少问题。中国物品编码中心的调查显示，在被调查的 234 家企业，仅有 8 家企业邀请相关的贸易伙伴参加了新产品的开发。这说明在新产品外发方面，大多数企业还是在单独作战，很少有企业能够将自己的各项职能与贸易伙伴集成起来，信息共享也不容乐观。就拿在我国比较先进的宝洁公司来说，其由于无法得到其产品每日的销售数据，而不得不花重金去专业的顾问公司购买其产品的市场占有率信息。这种信息不共享的现象严重地影响了供应链运作的效率。

2.3.2 我国供应链管理的实施路径

针对我国供应链管理的现状和面临的问题，我们应首先加强供应链管理的研究力度，开展启蒙教育，转变观念；其次，要加快条码、EDI 和电子商务的推广应用；再次，要成立相应组织，开展供应链管理的协调工作和标准化工作；第四，要鼓励理论界与企业界的结合，加快供应链管理的推广；第五，要加快商品信息数据库和配送中心的建设，发展第三方物流；第六，要加强人才培养，改革组织结构；最后，要以商店的高效补货为突破口，积极试点。

1. 加强供应链管理的研究力度和启蒙教育，转变观念

我国供应链管理的理论和实践都处于起步阶段。许多理论问题尚未研究透彻，就连供应链管理的概念也没有得到统一。好在它已经引起了政府部门和一些研究单位、大专院校、行业协会的重视，开始进行供应链管理的研究探索。政府应该资助一些有条件的单位，加大供应链管理的研究力度，为这项新管理理念的广泛传播和实际应用打下理论基础。

供应链管理包含了诸多管理技术和方法，我国的企业界和公众对此了解还十分肤浅，严重地影响着它的应用推广，有些企业虽然在供应链的局部运作方面已经体现了供应链管理的思想，但对供应链管理却不了解。因此，有关部门应该加强供应链管理的启蒙教育，如大学应该设立供应链管理课程、研究单位应举办讲座、企业应积极组织并参加供应链管理的研讨会、媒体应该大力宣传供应链管理的理念。

通过加强供应链管理的启蒙教育，使企业真正地认识到，在当今快速变化的市场中，仅靠自身的力量已经无法取得竞争优势，必须把自己融入供应链，融入自己所处的企业生态系统，在培养自己核心竞争力的基础上，加强与贸易伙伴的合作。将自己不擅长的业务外包出去，转变过去“大而全、小而全”的落后观念，转变过去“越大越好”的思想，把企业的目标放在追求实效上。只有能够真正地向客户提供有价值的服务，自己才能生存和发展。

2. 加快条码、EDI、电子商务的推广力度

条码技术、EDI 技术和电子商务是供应链管理的核心支撑技术。它们的应用水平的高低直接关系到供应链管理的成败。对于条码技术存在的问题，我们应该在继续推广商品条码技术应用的同时，不断提高商品条码的应用质量，引导生产企业应用商品条码进行业务管理，改变过去被动应用商品条码的情况，让商品条码真正为自己的企业服务。同时，要加大 ITF 条码、128 条码的应用步伐，在商品包装、运输工具、供应链成员等供应链过程中各实体的有效标识和自动数据采集中应用条码技术，为整个供应链管理中的信息交换和信息共享打下基础。

传统的 EDI 在我国的应用推广很不理想，但因特网的普及为 EDI 的发展创造了前所未有的机会。国际上已经开始应用 XML 的标准在因特网上进行 EDI，我国也已经开始制定 XMI 标准。我们应结合我国的实际情况，大力发展应用 XML，在因特网上实现 EDI。有关部门也应该加强法律法规建立和因特网的安全性研究，为 EDI 的实施做保障。

在我国，开展电子商务是推动国民经济和社会信息服务的重要组成部分，对改变社会经济的运作模式、推动信息产业的发展和提供新的经济发展机遇具有重要意义。同时，电子商务的应用直接影响供应链管理的运作水平，政府应该在电子商务的发展中发挥宏观指导作用，加强各部门的相互协调，保持政策、法规和标准的一致性，制定电子商务的有关政策。企业界应该结合自己的情况，制定切实可行的解决方案，媒体应该正确引导，放弃过去一味地炒作，让电子商务能够真正地发挥作用。

3. 成立相应组织，加强标准化工作

从国外供应链管理的实践来看，其推广工作主要由各种行业协会来做。许多组织为了达到共同的目标，坐在一起，探讨供应链管理的应用，为供应链管理的发展做出了突出的贡献。常用的供应链管理方法——快速反应

（QR），高效客户反应（ECR）、品类管理等都是靠一些行业协会的大力推广发展起来的。例如，美国的“用国货为荣委员会”、VICS 委员会（VICS：Voluntary Interindustry Commerce Solutions Association）、美国统一代码委员会（UCC）、美国食品营销协会（FMI）、美国食品制造商协会（GMA）、美国食品代理商协会（NFBA）、美国肉类协会（AMI）等，为 QK、ECR 及品类管理的应用和发展发挥了十分重要的作用。现在美国的供应链委员会（The Supply Chain Council）于 1996 年提出了一个跨行业的供应链运作参考模型（SCOR），许多企业都在应用这一模型来对企业的供应链进行分析，以指导供应链管理的运作。另外，欧洲于 1994 年成立欧洲 ECR 委员会，亚洲已成立了亚洲 ECR 委员会，各个国家也相继成立了自己的 ECR 委员会或供应链管理委员会。在亚洲，日本、新加坡、韩国、泰国、马来西亚等国家和地区也成立了供应链管理的协会性组织。

我国目前正在向社会主义市场经济过渡，政府的行政职能对企业的作用正在逐渐减弱，更何况供应链管理的实施，并非哪一个行政主管部门就能包揽下来。根据目前我国的形势，各个行业或跨行业协会的职能将会不断加强。成立供应链管理委员会既符合国际惯例，又符合我国目前的政策。

标准化工作对供应链管理非常重要。与供应链管理有关的标准涵盖范围很大。目前，最为重要的两个方面是物流标识标准和运输工具标准化。在这两个方面，我国的标准化工作尚不到位。虽然物流标识技术标准已经基本完备，但其应用推广情况很不乐观。而运输工具的标准化工作尚缺乏力度。尽管国家标准的行政主管部门是国家质量技术监督局，但各类标准的归口却是设在各个部门的标准化技术委员会。例如，条码标准的归口单位是中国物品编码中心，集装箱标准的归口单位是交通部科学研究院，托盘标准的归口单位是铁道部标准化所。因此，为了使各类标准能够协调统一，需要由国家标准化工作的主管部门出面对这些单位的标准化工作进行协调，各单位之间也应积极配合，共同努力，把标准化工作做好。

4. 理论界应与企业界相结合，加快供应链管理的推广

长期以来，受计划经济体制的影响，我国的研究单位、大专院校等与企业界的联系较少。许多科研成果仅停留在实验室中，无法转换成现实的经济效益。我国事业型科研单位众多，仅中央级的研究所就有 800 多个，每年都有大量科研成果，但是许多科研项目以验收或鉴定为目标，根本不考虑今后的实际应用。许多人成果很多，但应用很少，这自然与目前的科研体制有着十分密切的联系。其实我国政府已认识到了这一点，已经开始对科研体制进行改革，首先对242个研究单位进行转制改革，但时至今日，真正转制的还比较少。可见我国长期以来形成的科研机制的改革，并非短时间内就能够完成。

就供应链管理而言，我国理论界已经对此有了一定深度的了解，但企业界的认识还比较肤浅。因此，国家应加快科研体制改革步伐，鼓励理论界与企业界的结合，只有这样，才能保证供应链思想的广泛传播和实际应用。

5. 加快商品信息数据库和配送中心的建设，发展第三方物流

在供应链过程中，信息对供应链的成员非常重要。商品制造商在生产之前需要获得足够的商品市场信息，以预测未来市场对商品种类、容量、周期等方面的需求，并由此决定投入产品开发、研制、生产和销售等的资金、人力、物力和时间。批发商、分销商和零售商在经营商品之前也需要获取足够的商品市场信息，以及POS系统的销售信息，以决定购进和销售产品的种类、品牌和数量。消费者在购买商品之前，更是需要对商品的功能、性能、价格、质量、款式、安全、寿命等方面进行比较之后，才能做出购买决定。

因此，建立商品信息数据库对供应链管理意义重大。

国外先进国家早在20世纪90年代初就开始建立商品信息数据库，如澳大利亚、美国、日本、新加坡都建立了本国的商品信息数据库，为本国的电子商务和供应链管理发挥了十分重要的作用。因此，我国政府应该在商品信息标准化的基础上，加快商品信息数据库的建设，为供应链管理的运作提供技术和信息平台。

从国外的经验来看，建立配送中心是提高供应链物流运作效率的最有效的方法。通过配送业务可以极大地降低物流运作成本。但是应该注意的是，我们不能照搬国外的模式，必须结合我国企业的特点，提出适合我国国情的配送中心的解决方案。

目前，我国物流尚未形成独立产业，各级各类的物流广泛分布于各系统，各部基本还处于自我服务、自我封闭的状态，难以发挥其系统功能。物流应当成为独立产业，按大生产分工来衡量，它不应该属于其他行业，应成为自主经营、自负盈亏、为全社会服务的产业，只有这样才能提高生产力，才能提高社会效益。因此，政府应大力提倡组建第三方物流，宣传组建第三方物流对国家和企业的好处，使各部门各系统自觉自愿地摆脱物流业，集中精力搞好主业。

6. 人才培养，改变传统的组织结构

供应链管理需要人员和组织结构的支撑。因此，建立一支高素质的经营者队伍，已是当务之急。企业领导人员的知识更新和能力调整已成为最为迫切的任务。特别是企业界应该加强供应链管理及其相关知识的学习，只有通过各种途径，切实搞好职工队伍培训，加强人才培养，才能适应当前日益多变的市场竞争环境。

另外，我国绝大多数企业的组织结构仍以传统的职能为中心，难以适应供应链管理的要求，因此应该有计划、有步骤地进行组织结构的改革，建立以流程为中心的组织，逐步建立新的供应链激励机制，确保供应链管理的稳步实施。

7. 以零售商店的高效补货为突破口，积极试点

相对制造业来说，我国的零售业的信息化水平较高。尤其是一些近几年才涉足我国的国外零售商，它们有较好的内部管理信息系统，条码 POS 系统应用也相当成功，思想观念也比较先进，并且对供应商也有较强的号召力。因此，可以一些大型零售商店为突破口，进行高效补货的试点。一开始可应用初级模型，取得成功后，逐步推广。然后尝试向更高级的补货方式发展，这样就可以起到由点到线，再由线到面的作用。

2.3.3 下一步供应链管理的重点任务及创新应用对策

1. 重点任务

（1）着力打造现代农业供应链体系。

①推进农业产业组织体系创新。以全国各地区的特色优势产业为重点，大力发展新型农业经营主体，积极培育农业产业化联合体；鼓励涉农大型企业和组织采取股份制、合作制等形式，整合家庭农场、农民合作社、农业产业化龙头企业、农业社会化服务组织等资源，建立集农产品生产、加工、流通和服务等于一体的农业供应链体系；深入开展农村第一、第二、第三产业融合发展试点示范，推进农业与旅游、文化、教育、康养等产业深度融合，着力构建农业与第二、第三产业交叉融合的现代产业体系，促进农业增效、农民增收和农村繁荣；完善利益联结机制，鼓励承包农户采用土地流转、股份合作、农业生产托管等方式融入农业供应链体系。

②提高农业生产科学化水平。充分利用“123 + N”智慧农业平台，大力实施“信息进村入户”和“智慧农场”工程，加快集成各环节大数据，加

快推进跨行业、跨领域的农业供应链公共信息服务和信息共享平台建设，提高农业生产组织化、规模化、科技化、市场化和精准化水平；大力开展农业物联网技术应用，重点引导重点农业龙头企业、现代农业示范园区逐步应用物联网技术、农业物联网云平台，提升农业生产智能化水平，实现节本、降耗、增效、提质；大力发展农村电子商务，推进农村电商公共服务平台建设，完善人才培训、普惠金融、物流配送和综合服务网络，实现人才、信息、物流等资源共享；建设各省、市、县三级农产品电商运营中心，推进益农信息社等农村电商模式覆盖全国大部分行政村，逐步提高以农业信息技术应用为核心的农业信息化综合水平；鼓励农业生产性服务业同银行业金融机构合作，开拓农业供应链金融服务；支持农业担保公司提供供应链担保增信，支持供应链农户参加政策性农业保险。

③补齐冷链物流发展短板。推广实施国家冷链物流各类标准，结合各地区实际，加快冷链物流地方标准研制工作；鼓励企业及社会团体建立健全冷链物流标准体系，规范信息数据和接口，加快推广基于全球统一编码标识（GSI）的商品条码体系，推动托盘条码与商品条码、箱码、物流单元代码关联衔接，实现商品与集装单元源头信息绑定，沿供应链流转；依据各地农业生产和交通物流发展布局，结合我国各地区特色优势农产品冷链需求，科学规划建设一批冷链物流园区、基地和中心，逐步建立覆盖全国主要农产品产地和消费地的冷链物流基础设施网络；推动互联网与冷链物流行业融合发展，发展“互联网＋冷链物流”，培育新型冷链物流管理模式和商业模式；支持物流公共信息平台建立冷链物流子平台或冷链物流独立模块，推动建立冷链物流大数据库，并逐步与全国农产品冷链流通监控平台、国家交通运输物流公共信息平台、城市配送公共信息平台对接。

④提高质量安全追溯能力。完善全国追溯体系建设的规划标准体系和规章制度，建立基于供应链的重要产品质量安全追溯机制，针对蔬菜、水果、茶叶、生猪、家禽和淡水产品等食用农产品，婴幼儿配方乳粉、特殊膳食食品、乳制品、预包装白酒、食品添加剂、食用植物油等食品，农药、兽药、饲料、肥料、种子等农业生产资料，将供应链上下游企业全部纳入追溯体系，构建来源可查、去向可追、责任可究的全链条可追溯体系，提高消费安全水平；重点引导各省内附加值高、保质期长、包装较好的绿色有机农产品以及中国农产品区域公用品牌、“四绿一红”茶叶、鄱阳湖水产等优势农产品在全国推行可溯源标准化及其体系工作。

（2）着力打造现代制造供应链体系。

①推进供应链协同制造。在全国电子信息、航空制造、生物医药、新能源、新材料等重点产业领域，鼓励龙头企业与上下游企业开展供应链对接合作，打造网络化协同制造平台，建立和完善从研发设计、生产制造到售后服务的全链条供应链体系，推动协同设计、协同采购、协同制造、协同物流，促进大中小企业专业化分工协作，实现产业上下游快速响应客户需求，缩短生产周期和新品上市时间，提升生产制造企业的网络协作程度，降低生产经营和交易成本。

②发展服务型制造。以申报工业和信息化部服务型制造示范企业为引领，深入推进全国发展服务型制造专项行动，培育一批综合实力强、行业影响大的服务型制造示范企业、项目和平台，建设一批设计服务能力强、服务模式新的工业设计中心、示范基地、示范城市，发展基于供应链的生产性服务业，提供制造服务链融合利用、服务价值链协同等公共服务，推动制造供应链向产业服务供应链转型，促进供应链高效协同、提质增效，提升制造产业价值链。

③促进制造供应链可视化和智能化。推动感知技术在制造供应链关键节点的应用，促进全链条信息共享，实现供应链可视化。对接国家智能制造专项，打造人工智能和智能制造产业基地，开展人工智能创新应用试点示范，推进智能制造试点示范，争取一批智能制造综合标准化和新模式应用项目。推进全国汽车、电子、食品、医药、建材、民爆、军工等行业供应链体系的智能化，加快人机智能交互、工业机器人、智能工厂、智慧物流等技术和装备的应用，提高敏捷制造能力。

（3）着力打造现代流通供应链体系。

①推动流通创新转型。各地区复制推广国内贸易流通体制改革发展综合试点经验，应用供应链理念和技术，推动城市核心商圈、大型批发市场构建线上线下融合、业态优势互补、客户资源共享、信息互联互通的体验式智慧商圈，推动实体零售店线上到线下（O2O）互动融合发展，推动重点物流企业采用物联网技术，建设智慧物流体系，提升企业自主创新能力，培育高新技术企业；推动大型批发、零售、物流企业发挥在各自流通供应链中的主导地位，整合供应链资源，打造采购、分销、仓储、配送供应链协同平台；支持传统实体商品交易市场转型升级，打造线上线下融合的供应链交易平台；鼓励住宿、餐饮、养老、文化、体育、旅游等行业建设供应链综合服务和交易平台，完善供应链体系，提升服务供给质量和效率。

②推进流通与生产深度融合。支持流通企业与供应商、生产商系统对接，建设流通与生产衔接的供应链协同平台，实现信息实时共享，提高协同计划、自动预测和补货能力，构建跨界融合、共享共生的供应链商业生态圈；围绕冶金建材、矿产能源、装备制造、汽车、生物医药等重点产业基地，开展制造业与物流业联动发展试点示范；建设与制造业紧密配套的仓储配送设施和物流信息平台，完善从原材料采购到产品最终销售及回收的完整供应链服务，促进物流业与制造业融合发展；支持第三方物流企业为制造业企业提供供应链计划、采购物流、入场物流、交付物流、回收物流、供应链金融以及信息追溯等集成服务，提高供应链信息化水平。实施内外销产品“同线同标同质”等一批示范工程，扩大内外销“同线同标同质”实施范围，增加企业数量，提高供给质量；举办“同线同标同质”企业与各类供应链平台专场推介对接会，扩大有效供给。

③提升供应链服务水平。引导传统批发市场、物流企业、物流园区向供应链服务企业转型，鼓励大型流通企业通过参股、控股、兼并、联合、合资、合作等多种方式，整合现有弱小、分散的供应链资源，通过业务融合、流程再造、商业模式创新，培育一批技术水平先进、主营业务突出、核心竞争力强的新型供应链服务企业；推动建立供应链综合服务平台，提供研发设计、集中采购、组织生产、物流分销、终端管理、品牌营销等供应链服务，拓展质量管理、追溯服务、金融服务等功能，融通物流、商流、信息流、资金流，实现采购执行、物流服务、分销执行、融资结算、商检报关等一体化服务；通过平台直接服务需求终端，减少流通环节和成本。

（4）着力打造现代金融供应链体系。

①推动供应链金融服务实体经济。完善全国公共信用信息平台，推动地方信用信息共享平台、金融机构、供应链核心企业等信用信息交换共享；鼓励金融机构、供应链核心企业等建立供应链金融服务平台，创新供应链融资产品，为供应链上下游中小微企业提供高效便捷的融资渠道；鼓励供应链核心企业、金融机构与中国人民银行征信中心建设的应收账款融资服务平台对接，积极带动上下游企业加入平台并确认信息，发展线上应收账款融资等供应链金融模式，拓宽中小企业融资渠道。

②有效防范供应链金融风险。推动金融机构、供应链核心企业建立审慎严谨的债项评级和主体评级相结合的风险控制体系，加强对经营机构的贷前调查工作，确保借贷资金基于真实交易；针对供应链不断发展的新技术、新模式、新格局，督促金融机构提高事中事后风险管理水平，确保资金流向实

体经济；鼓励依托中国人民银行征信中心建设的动产融资统一登记系统开展应收账款及其他动产融资质押和转让登记，健全供应链金融担保、抵押、质押机制，推动保险机构服务供应链金融。

（5）着力打造绿色供应链体系。

①大力倡导绿色制造。贯彻绿色发展理念，推行产品全生命周期绿色管理，鼓励和引导工业企业走绿色发展道路，创建绿色工厂、绿色供应链企业；强化供应链的绿色监管，认真实施统一的绿色产品标准、认证、标识体系，积极扶植绿色产业，鼓励采购绿色产品和服务，行政机关和使用财政资金的其他组织应当优先采购和使用节能、节水、节材等环保产品、设备和设施，推动形成绿色制造和消费供应链体系。

②积极推行绿色流通。积极倡导绿色消费理念，大力宣传、普及绿色制造、绿色消费和清洁生产等知识，引导消费者选择绿色产品，推进衣、食、住、行等领域绿色化，引领生活方式转变，培育绿色消费市场；以大型商场、批发市场、电子商务企业等为重点，创建一批集节能改造、节能产品销售和废弃物回收于一体的绿色商场；培育一批绿色流通企业，引导流通企业扩大绿色商品采购和销售，推行绿色包装和绿色物流，推行绿色供应链环境管理；推动绿色仓储发展，重点推广密集型货架系统、节能照明系统、物流周转箱循环共用、标准托盘循环共用、绿色包装技术等，建立绿色物流体系。

③建立逆向物流体系。鼓励建立基于供应链的废旧资源回收利用平台，大力发展废弃物回收物流，建立废料处理物流系统；落实生产者责任延伸制度，重点针对电器电子、汽车产品、轮胎、蓄电池和包装物等产品，优化逆向供应链节点布局，加快建设再生资源回收基地、分拣加工中心和末端回收网点，建设线上废弃物和再生资源交易市场，促进产品回收和再制造发展。

（6）着力打造全球供应链体系。

①积极融入全球供应链网络。加快全国高铁格局，完善连接“一带一路”的铁路通道网络；加快推进机场建设，打造连接“一带一路”重点地区高效便捷的航空运输网络；强化铁海联运建设，形成我国与沿海主要港口联结的铁海联运快速班列网络化格局；稳定提升班列数量和质量，推动班列与产业联动发展，打造高效便捷的国际货运走廊；深化航空及汽车制造、光伏新能源、轻工机械、有色金属、生物医药等产业对外合作；支持全国各省企业通过在地投资、股权并购等方式，快速拓展海外市场，引进先进技术和企业管理经验；强化境外经贸合作区建设，开展跨领域跨行业协同创新，融入全球创新网络，参与全球资源配置；鼓励企业设立境外分销和服务网络、物流配送中心、海外仓、海外运营中心等，建立产能协调的本地化供应链体系。

②提高全球供应链安全水平。支持企业建立重要资源和产品全球供应链风险预警系统，鼓励建立大型对外投资项目的国际性绿色供应链材料设备推荐目录，推进绿色采购，实施绿色信用评价，建立对外投资环境风险管理规范，引导企业利用两个市场、两种资源，有效对冲和规避风险；贯彻落实国家供应链安全计划，采用全球供应链风险预警评价指标体系，建立全球供应链风险预警机制，提升全球供应链风险防控能力。

2.3.4 供应链管理创新与应用对策

1. 营造良好的供应链创新与应用政策环境

围绕全国产业发展重点领域，鼓励构建以企业为主导、产学研用合作的国家级供应链创新网络，建设跨界交叉领域的创新服务平台，提供技术研发、品牌培育、市场开拓、标准化服务、检验检测认证等服务；在投资审批、行政服务、信用体系建设等方面狠下功夫，着力营造政策最优、成本最低、服务最好、办事最快的“四最”营商环境；鼓励和支持有条件的企业、高校和科研院所组建供应链相关的技术创新中心等研发平台，支持建设供应链创新与应用的政府监管、公共服务和信息共享平台，配合建立国家行业指数、经济运行、社会预警等指标体系；按照国家确定的供应链服务企业在国民经济中的行业分类，理顺行业管理；支持符合条件的供应链相关企业申报国家高新技术企业，经认定后按规定享受相关优惠政策。符合外贸企业转型升级、服务外包相关政策条件的供应链服务企业，按现行规定享受相应支持政策。

2. 积极开展供应链创新与应用试点示范

做好已入选国家供应链创新与应用试点城市和试点企业的示范建设工作，鼓励更多城市和企业申报国家供应链创新与应用示范试点并完善本地重点产业供应链支撑体系；围绕全国各省优势产业和重点产业集群，培育一批供应链创新与应用示范企业，重点提升企业信息化、智能化、标准化、国际化、绿色化水平；打破行业、地域固化模式，建设一批跨行业、跨领域的供应链协同、交易和服务示范平台。

3. 加强供应链信用和监管服务体系建设

完善全国信用信息共享平台和“信用中国”网站、国家企业信用信息公示系统，健全政府部门信用信息共享机制，促进商务、市场监管、金融、海关等部门和机构之间公共数据资源互联互通，构建协同监管、联合惩戒的新机制；完善企业信用信息归集、共享和利用一体化信息平台，健全政府部门涉企信息归集共享机制，落实企业信息公示制度；推进“双随机、一公开”的监管常态化制度化；建立健全守信联合激励和失信联合惩戒机制；研究利用区块链、人工智能等新兴技术，建立基于供应链的信用评价机制和行业信用评估标准；引导应收账款债权人企业通过应收账款融资服务平台报送债务人的付款信息，建立应收账款债务人及时还款约束机制，规范应收账款履约行为，优化商业信用环境；推进各类供应链平台有机对接，加强对信用评级、信用记录、风险预警、违法失信行为等信息的披露和共享，做到信用评级、信用记录等信息在行业监督平台和“信用中国”网站的全面公示和共享。创新供应链监管机制，整合供应链各环节涉及的市场准入、海关等政策，加强供应链风险管控，促进供应链健康稳定发展。

4. 推进供应链标准体系建设

开展供应链标准体系研究，要加强供应链标准化需求分析，鼓励企事业单位积极参与供应链产品信息、数据采集、指标口径、交换接口、数据交易等关键共性标准的制定；加强行业间数据信息标准的兼容，促进供应链数据高效传输和交互；推动企业提高供应链管理流程标准化水平，推进供应链服务标准化，加强与上下游企业、国内外相关企业供应链标准的衔接，提高供应链系统集成和资源整合能力；鼓励社会团体组织市场主体共同制定实施行业内供应链各环节团体标准，提高行业供应链标准化水平；积极参与全球供应链标准制定，推进供应链标准国际化进程。

5. 加快供应链人才培育引进

支持高等院校和职业学校设置供应链相关专业和课程，培养供应链专业人才；鼓励相关企业和专业机构加强供应链人才培训；鼓励高等院校、培训机构及继续教育基地举办高级研修班；鼓励全国博士后科研流动站、工作站、创新实践基地结合自身科研特点和优势，扩大供应链方面的博士后研究人员的招收数量，鼓励全国各类性质单位招聘供应链专业出站的博士后研究人员；将供应链人才引进纳入高层次人才对接会、省校合作专项人才引聘等大型活动引才范围，用好活动平台资源，用足我国人才政策，做好供应链产业发展所需高层次人才、急需紧缺人才等引进工作；鼓励我国相关单位依托“双千计划”，加快引进发展急需紧缺的高层次供应链人才，重点引进掌握关键技术、携带项目、能带动产业发展的领军人才和创新团队；探索建立科技转化和柔性引才联动互促引才工作新机制，依托海外高层次人才活动，柔性引进供应链高层次人才深入我国开展技术指导、技术攻关、教育培训和人才合作等；对引进的供应链高层次人才，符合条件的按规定办理高层次人才服务绿卡，落实子女入学、配偶安置、职称评聘等政策待遇，实施专家休假疗养制度；引进国际知名专家来国内开展供应链创新与应用建设合作研究及技术工作，为我国供应链创新与应用提供智力支持。

6. 加强供应链行业组织建设。

推动供应链行业组织建设供应链公共服务平台，加强行业研究、数据统计、标准制修订和业务交流，提供供应链咨询、人才培训等服务。加强行业自律，促进行业健康有序发展。加强与国内外供应链行业组织的交流合作，推动供应链专业资质相互认证，促进与国际接轨。

各地、各有关部门要高度重视并积极推进供应链的创新与应用，健全工作机制、明确任务分工、细化政策措施、精心组织实施、加强跟踪服务，确保各项目标任务落到实处。

第 3 章　供应链运营三道核心防线

3.1　第 1 道防线：精准需求预测

3.1.1　无法回避需求预测

我们常说："供应链要么是预测驱动，要么是订单驱动。"那么预测和订单有什么区别呢？或许有人会说，订单是确定的，预测会改变；订单没风险，预测有风险。其实，订单也会改变，数量、日期、配置都有可能改变，甚至会取消。所以，这些区别都是相对的。

从供应链的全局观看，预测和订单是一回事：一个人的订单注定是另一个人的预测。比如，小姑娘在网上买衣服，她需要给商家下订单，这是基于她预测未来自己会穿这件衣服。但看看她的衣橱，有多少件衣服买来后就再也没碰过？很简单，小姑娘预测失败了。关于区别，就是对预测风险的承担：订单是供应链双方力量博弈的结果，由弱势一方来承担预测的风险。

对于这点，相信大家深有体会：大客户给供应商一个预测，供应商就开始备料、备产能，一旦预测失败，往往是供应商买单；小客户给供应商下订单，一旦预测失败，仓库里就多了一堆没用的东西。在这种力量博弈下，弱势一方被迫承担预测风险，但往往因为能力更差，没法把预测做得更好，最后造成积压或短缺，害了自己，也害了强势的一方。

比如，在快销品行业，有的企业习惯性地向渠道压货，迫使渠道商、门店提前几周、几个月下订单。渠道、门店不可能提前那么久拿到消费者的订单，就只能做预测，但预测颗粒度远比制造商小，渠道的预测准确度更低，这就易造成渠道库存积压，不仅占用了渠道有限的资金，还造成了库存的新鲜度不够，反过来也就影响了链主企业的品牌。

服装行业同样如此。在每年数次的订货会上，众多的经销商、门店处于弱势地位，被迫提前几个月甚至半年做预测、下订单，结果导致库存积压，正如有人形容的："三年不生产，库存也卖不完。"虽然品牌商已经拿到钱，但老库存清不掉，经销商、门店资金短缺，就没钱买下季的新品，品牌商的后续业务也会受影响；库存压到一定地步，渠道、门店就开始"跳楼"大甩卖，品牌商辛辛苦苦建立的品牌也毁了。

当供需双方的力量比较均衡的时候，预测的风险就由双方分担。这表现在虽然客户会下订单，但要求的交期短于供应链的正常交期。比如，正常交期是 7 个星期，客户只给我们 4 个星期，那剩下的 3 个星期呢，就只能靠预测补齐。这意味着在原材料或半成品层面，特别是长周期的物料，我们必须建立预测，提前驱动供应链做好准备。在那些"订单驱动"的行业，长周期物料的预测历来是个大挑战，需求预测仍然是无法回避的话题。

3.1.2 需求预测是"从数据开始，由判断结束"

公司大了，有数据的没判断，有判断的没数据，这注定需求预测是个跨职能行为。

需求预测怎么做？需求预测是从数据开始，由判断结束：先根据需求历史做个基准预测（数据），然后搜集销售、市场、产品管理、高层管理等的意见（判断），修正预测。实践证明，整合了历史数据和专业判断的预测有着很高的准确率，这就提高了首发命准的概率，也就是说，增加了供应链第一道防线的胜算。

为什么要从需求历史数据开始？这里的基本假定是业务的重复性。前面说过，人们习惯性地低估业务的重复性，一旦过分强调需求的不可重复性，就容易将挑战特殊化，为需求预测上的不作为制造借口。要知道，对于一个几亿、几十亿、百亿级的企业，不可能仅靠一锤子的买卖做到那么大的规模，一定是在做重复性的业务。

但是，历史不会百分百重复，有些发生过的可能不会再发生，有些没发生过的可能会发生。对于这些还没发生的，谁最可能有一定的预判呢？除了销售、市场、产品管理等接近市场需求的职能，工程师、客户服务也能判断，因为他们经常接触客户。这些职能的判断在市场促销、新产品、新项目等方面尤为重要。

虽说需求预测是"从数据开始，由判断结束"，但两者的比例并不相同。那么，究竟有多少数据，多少判断呢？总体而言，可重复性越高，数据的成分就越多；可重复性越低，判断的成分就越多。越是在产品生命周期的两端，判断的成分越多；越是在成熟稳定时期，数据的成分越多。人们总是习惯性地高估营销在预测中的重要性。其实，在整个生命周期里，计划在大部分时间处于主导地位。另外，客户或地域越集中，判断的成分越多（因为单一客户或地域的变动对整体影响明显）；客户或地域越分散，数据在决策中的角色就越重（因为多个客户、地域的变动容易互相抵消）。

除此之外，我们还要考虑行业特性：不同的行业，数据分析和职业判断的比重可能不一样。

比如，在快消品、家电、手机等行业，产品生命周期短，市场竞争异常充分，市场促销、季节性需求、新老产品交替，这些都给生产与供应带来诸多挑战，需要计划人员更多地与销售、市场、产品等职能互动，每周甚至每天调整计划，这也意味着前端职能的判断比例很高。而在工业产品行业，特别是MRO领域，批量小，品种多，料号动辄以十万计，每个计划员需要管理的SKU（存货单元）非常多，但只有很少的SKU需要借助市场、销售等的判断，绝大多数的SKU可以通过需求历史、装机量等数据来计划，而且库存水位一经设定，往往数月甚至数年可以不变。

总体而言，SKU越多，意味着需求预测、库存计划越依赖历史数据，对信息系统的依赖程度也越高。比如，在快消品行业，面对几百个SKU，很多公司用Excel就能摆平需求预测，整个库存计划和补货等也应用Excel。而在工业品行业，动辄几万个SKU,Excel就难以应付，对高级计划系统（APS）的需求就更强烈，对ERP的自动化功能如自动生成订单、驱动供应链补货等，也就要求更高。

3.1.3 从数据开始：谁的数据

对于一个多阶段的供应链，究竟是用谁的需求历史数据？这取决于企业的渠道透明度，以及供应链管理能力。

让消费品为例，制造商在工厂生产产品，发送给经销商，由经销商发送给零售商。工厂是总仓，经销商是分仓，零售商是门店。工厂有完整的发货数据，一般的企业就以此为基础，预测未来的需求。不难看出，工厂发货与门店的销售数据之间还隔着通路库存，即渠道和门店的库存：工厂发货量大增，是来自终端的销量大增，还是渠道的铺货行为？

在统计通路库存时，对于几亿元、几十亿元规模的企业来说，经销商动辄几十、几百个，门店动辄几百、几千个，要统计那么多的库存点，难度相当大。即使放弃门店，只统计经销商的库存，那也不容易：几十、几百个产品，几十、几百成千个经销商，合起来就是几万、几十万个数据点，复杂度可想而知；经销商大小不一，管理水平参差不齐，准确度、时效性都是大挑战。

在一些企业，收集通路库存数据是销售的任务，甚至给他们制定相应的指标。但销售身上的指标很多，销售额、毛利率、滞销库存、销售回款、需求预测……在众多的指标中，通路库存只是极其不显眼的一个。没有几个销售是因为收集库存数据不到位而被开除的？这注定销售不会下大力气进行统计。

绩效考核、组织博弈也注定库存数据搜集困难重重，及时、准确的通路库存数据遥不可及。比如，销售为了达到当期的销售目标，故意低估渠道的库存，以便多向渠道压货；渠道为了得到更多的返点，有时候也会虚报通路库存。

除去组织博弈等，没有信息系统支持是另一个大挑战。比如，有家制造公司旗下有 40 多家分销中心，且是自己直营（直营的好处是减少了组织博弈）。理论上讲，其完全可以获取各分销中心的库存和出货数据，按照补货路径，结合通路库存，转换成工厂的出货预测。但是，没有信息系统支持，手工根本没法承担那么大的工作量。因此，它们不得不使用工厂的发货数据进行预测，同时要求销售参与调整。这又造成了视角错位的问题：销售人员只能基于分销中心，而非工厂出货视角来判断。但是，这是个非常值得怀疑的假定：季节性的需求变化，双十一、双十二等各种促销，都给供应链各节点的库存带来种种变化，恒定不变几无可能。

对于制造商来说，最理想的就是越过渠道，利用零售终端的销售历史来生成需求预测。协同计划、预测和补货（CPFR）就是打通制造商和零售商的通道，其能够提高信息的透明度，及时、准确地把终端销售数据传递给制造商，以安排后续的库存计划、补货和需求预测。这一般是在大型制造商和大型零售商之间进行，就像宝洁与沃尔玛、三星与百思买。比如，沃尔玛每卖掉一瓶洗发水，销售终端——POS 扫描后，数据就传递给宝洁，供宝洁制订计划、预测、安排补货。但是，CPFR 自问世几十年来，因为诸多商务问题、技术问题，一直没有大规模应用，长期达不到预期。

为了获取经销商、零售商数据，业界有种传统的做法，就是买数据。比如，厂商给渠道商、零售商一定的报酬（通常以返点的形式），条件是获取他们的销售数据，特别是零售商的销售终端（POS）数据。跟买数据类似，有的厂商给经销商的员工支付费用，让经销商专人定期统计、汇报库存和出货量，也是有益的尝试；有的企业还通过数据分析为经销商提供有力的决策依据，从而换取经销商的进出存数据。

比如，有个企业开发了一个嵌入式程序，轻松获取经销商的进销存数据，帮助自己预测需求、计划库存。当然，这个嵌入式程序是和经销商的公开约定。基于从经销商处获取的数据，该公司为经销商提供各种报表分析服务，作为获取数据的回报。大量的经销商数据分析能力有限，该公司的数据分析虽然简单，却为经销商提供了有力的支持，是一种双赢的做法。

有趣的是，从制造商到经销商再到零售商，越往前端，数据越多，但数据分析能力越来越弱，是典型的“有数据的没分析能力，有分析能力的没数据”。比如，门店直接面对消费者，最缺的不是一手数据，不管是“大数据”还是“小数据”，店员整天忙着凭经验做生意，所以让他们做基于分析的工作，如制定需求预测、设立库存水位、确定补货数量等，就很难做到位。制造商的分析能力是整个供应链上最强的，却远离一手数据，不得不依赖经验判断做出各种决策。供应链的挑战就是把这两类企业对接起来，整合前端的判断能力和后端的分析能力，完成“从数据分析开始，由专业判断结束”的需求预测流程。

讲到这里，顺便提一下这几年火热的“工业 4.0”。在北美，工业 4.0 主要是由 GE 等大公司驱动。这些公司生产大型设备，如航空、能源、医疗设备。它们推动工业 4.0，一大目的就是更快、更准、更经济地获取用户端的数据，如设备在什么地方运作、产能利用率有多高、关键备件的更换情况等，以更好地做好备品备件、售后服务的需求预测、库存计划，有效增加在设备全生命周期内的营收，同时降低库存和运营成本。没有这些终端数据，需求信息主要是依赖客户订单；而订单一到，企业面临的就是响应时间不足的挑战。对于像 GE 这样的设备制造商，高达三分之一的营收来自备件、服务相关的售后市场，尤其经济不景气时，这一比例会更高。所以，获取用户端的数据有巨大的经济利益。

3.1.4　从数据里面学什么：以发货记录为例

一谈起数据分析，人们经常抱怨的是没数据。其实，一个公司数据再少，也不会没有发货数据，否则怎么跟客户收钱？从这些发货数据中，我们就可以发现很多有用的信息，帮助我们更好地理解客户期望，判断供应链的绩效，识别能力短板。

假设你新到一个企业，主管给你一个几十兆甚至几百兆大的Excel文件，是这几年的发货记录，你该怎么分析呢？

先看发货数据的时间单元，是按月还是按周划分，也就是说，记录的是每周还是每月的发货量。在供应链运营上，周是个比月更理想的时间单元，是企业运营管理细度的体现。管理能力越强，管理力度越深，企业的时间单元就越小，越可能用周而不是月。试想，如果拿一个季度的需求历史为基准，预测未来的需求，一个季度有3个月，3个数据点，能做什么样的分析？但若分成13周，就有13个数据点，数据样本更大，在数理统计上就更有意义。另外，按月划分，一个季度只有3个控制点；按周划分，有13个控制点，这意味着有13次发现问题、解决问题的机会。

讲到这里，可能有人想按天划分，数据点不是更多、更好吗？对于一般的企业来说，这样做太细分了，需求的“噪声”会不必要地放大，可能误导你多放安全库存来应对。按天划分，数据可能更加不符合正态分布。相反，按月划分可能掩盖很多本来不应该掩盖的“噪声”，造成错误的决策。比如，每月需求是100个，这100个集中在一个星期，还是分散到4个星期，对供应链的挑战大不一样。如果按月汇总，我们看不出需求的波动；如果按周分解，需求的波动会更清晰地反映在数据和统计结果中。

再看客户的期望，以及企业的实际交付能力。你问企业的管理者，客户对我们的期望是什么？结果往往是一笔糊涂账。事实上，发货历史可以给你相当可靠的判断：客户订单是什么时候录入的（订单录入日期），客户希望什么时候发货（客户需求日期），我们是什么时候实际发货的（发货日期），这些数据一般的企业都有。而客户期望就是需求日期与录入日期之间的差值；录入日期与发货日期之间的差值就是企业的实际交付表现。两者对比，你马上就看得出差距，即客户期望与供应链能力的差距。

有的差距可能不需要关闭，因为有些客户习惯性地“高要价”，如今天下单明天要货，期待你3天后送来，供他们7天后用。有的差距却要关闭，不能因为你一直不及格，就以为客户可以接受不及格——你可能因此在损失营收。怎么才能知道？当然不用去问销售，因为发货历史就能告诉你，只要肯分析。

比如，客户A从去年到今年，平均交货周期在缩短，但作为一个公司，整体交付能力并没改变（这从针对所有客户的交付周期上可以看得出）。其中一个原因就是，对于交付周期长的产品，客户A给你们的订单更少了，或者纯粹没了：他们根据你们的交货能力，给你们更多的是交付周期短的产品。只是你没做数据分析，不知道罢了。

这在统计学上叫"选择偏见"——你看到了你看到的，你没看到你没看到的，或者说，你不知道你不知道的。企业大了，离开数据，没人仅靠经验就对各种情况了如指掌，"选择偏见"就是个大问题。打个简单的比方：敌人新近投入了秘密武器，后方医院接到的伤兵突然少了。如果你据此认为这秘密武器没什么，那就大错特错了。因为这武器一击致命，根本没有"受伤"这回事。一线的指挥官不会犯这种错误，因为他"看到"了那些没能回来的士兵——清点士兵的数量就知道了。

作为后端的供应链，你不是生活在前线的炮火中，不直接接触客户，也对销售们"危言耸听"充满戒心，但你可以分析数据来判断发生了什么。你可以继续深挖，落实到具体的产品类别、料号，从需求量的变化来判断客户的行为变化。没有对比就没有伤害：对于交货周期短的产品，客户的需求一直在上升；对于同类但交期长的产品，客户的需求一直在下降。

事实上，发货数据中还蕴藏着更多的客户信息。比如，客户的订货习惯：每周还是每月下订单？是不是接受部分发货？如果是每月订货，而且不接受部分发货，那必须备更多的安全库存来应对；如果订货频率更高，还接受部分发货，那就适当降低安全库存。

背后的逻辑是，订货越频繁，需求量相对越稳定，计划也就越容易。

总体来说，订货的频次反映了客户的运营水平：运营水平越高，订货的频次越高，订货量越平稳，这些更可能是优质客户的体现。而习惯性地给你一个大单子，让你分 N 次送货的客户，就跟那些习惯大批量运作的企业一样，往往在管理上更粗放。这类企业整体的计划性往往有待提高。这一点可以从数据中找出来：看看这类企业的急单比例就知道了。

从发货历史中，你还可分析客户的集中度。摘取一段时间的需求历史，如6个月，按照料号、客户、月份分解，你就能判断，对于特定的料号，是否有客户占了相当的比例。这些客户就是"大石头"，在需求预测和需求管理时要特别关注，如积极对接销售，了解信息系统外的信息；紧盯客户的需求变化，及时采取补救措施。这必须借助数据分析，而不是寄希望于销售，因为他们虽然了解自己的客户，但不熟悉别人的客户，无法判断其客户是否是"大石头"。

你还可以从发货历史中看需求的变动性。比如，基于 13 个星期的发货历史计算每个料号的需求标准差，将其与 13 周平均需求值相除，就可以得到度量变动性的变异系数。你马上看得出，不同料号的变动性大不一样，一刀切的管理方式，如都设置 X 天的用量作为安全库存，结果就是要么多了，要么少了，短缺与过剩并存。你还可以设定一定的规则，如过去 4 周的平均需求与过去 8 周的相比，上升或下降超过一定比例，就需要额外关注等。这些在后文中还会讲到。

从发货记录上，我们可探知的远不止上面这些。以订货频率为例，当一个产品的订货频率达到一定水平，如过去 6 个月里 4 个月有订货，我们就开始定期预测这个产品，否则就只设安全库存。当然，行业不同，这些数值不同，但方法论一致：订货频率越高，需求相对越稳定，需求预测的准确度越高，库存风险越低。对于多品种、小批量的企业而言，订货频率是个尤其有用的决策参数。

再看货是从哪里发出去的。比如，某个客户默认是由最近的仓库 A 发货，但货物实际是从较远的仓库 B 发送的，那往往意味着仓库 A 的计划薄弱，没有备足货，造成更高的运营成本。或许有人会说，为什么不是客户需求问题呢？比如，仓库 B 的客户调货频率高，每次调货少，这样好对付；而仓库 A 的客户 3 个月不订货，一订就要 3 个月的量，谁都难对付，所以就不得不向 B 库借货，由仓库 B 发出。

那好，我们还是看数据。相同的料号，不同的仓库，计算需求的变异系数（需求的标准差除以需求的平均值），这问题就有了答案。你不必去问两个仓库的客服人员，或者相应的销售人员——数据就放在那儿，答案就在数据里，你应该先看看数据。

要知道，上帝只给人一张嘴，但却给人两只手。我们要做的就是在动嘴之前，一定先动手分析数据。没有人知道得比数据还多。如果你从数据中看不出什么，很简单，你的分析还没到位，这也是“从数据开始”的另一个含义。

3.1.5 由判断结束：谁的判断，判断什么

判断主要来自销售。当然，还有市场、产品管理、高层管理及其他接近需求的职能。这里以销售为例，那么多的销售，从管理层到一线员工，应该由谁来做判断？判断特定的客户、地区还是全国、全球的需求？计划和销售

的视角不同，双方看待问题的层面不同。计划天然地着眼全局。他们在预测产品需求时，考虑的是所有的客户、所有的地区。而销售特别是一线销售，习惯着眼具体的地域、具体的客户。这两个职能的关注点不一样。所以，经常出现这样的情况：计划的基准预测是整个产品的情况下，发给销售征求意见，但销售总监只负责华南地区，怎么给出产品层面的意见呢？即使在华南地区，下面还有几十个销售，销售总监、销售经理当然没法完全知道几十个销售的故事，该如何做判断呢？

所以，要求销售做判断，一定要把需求预测分解到适当的层面，针对特定的产品，找到合适的人来做判断。如果判断主要集中在销售大区层面，那就分解到销售大区；如果依赖销售，那就分解到客户，再找到对应的销售。

比如，一个产品在未来 13 周的预测是每周 200 个，其中有个大客户，需求历史占总需求的 30%。这意味着基于需求历史，每周的 200 个预测中有 60 个是为这个客户准备的。征求销售的判断，就是找到这个客户对应的销售，给他这个客户的销售历史，并告诉他给该客户的需求预测是每周 60 个，让他判断这数字如何。当然，你不能期望销售对数字，或者说存量有多敏感，这里的关键是对增量的判断。比如，这个客户在扩张产能，销售认为需求会拔高 20%。这意味着每周 12 个的增量，反映到产品层面，总的预测就从每周 200 个变成了 212 个。这就是“由判断结束”。

这是针对客户层面的显著变化，一般来自具体客户的变化，由客户主导，要落实到具体的一线销售人员，以获取判断。对于公司自己主导的促销、团购、新产品导入、老产品下市等，相对的判断层面较高，如在特定的销售区域，针对特定的产品，合适的判断者就是负责这些区域的销售管理、产品管理、市场管理人员等。

管理比较粗放的企业经常分解不到合适的层面，或者找不到关键的“大石头”，导致需求预测“由判断结束”的闭环无法形成。

比如，有个百亿级的制造商，原来是供不应求，所以就没有需求预测可言——不停地生产，有多少卖多少。事实上，所有的短缺都是以过剩结束。后来，行业产能过剩，盲目生产造成的库存问题开始凸显，这个企业就不得不开始推行需求预测。计划总监认识到“从数据开始，由判断结束”的重要性，就做好产品层面的预测，分解到 20 几个大区，近百个产品型号，总共 1 000 ～ 2 000 行数据，通过一个简单的信息系统发送给各大区的销售经理。对于这么多数据，大区销售经理无从下手，便交给销售助理应对。销售助理没能有什么更好的办法，最后只能回复给计划了事。

该公司考核销售大区的预测准确度，所以得到了大区销售经理的重视；到了销售主管层面，重视度明显不够；到了那几百个具体的销售人员，更是没人理睬。对于工业品而言，真正的判断来自一线，即销售到客户的组合层面（这里的客户也可能是渠道经销商）。考核对象是大区经理，预测也分解到大区一层，但真正的判断来自一线销售，需求预测难以分解不到那一层，导致“从数据开始，由判断结束”的闭环流程无法完成，结果就是计划依赖需求历史做预测。这个问题得不到解决，用不了多久，该公司就会走上另一个极端，开始由销售提需求了。

对于大多数产品来说，一个产品有多个客户，需求相对均匀地分散到各个客户，每个客户只占微不足道的份额，需求起伏对整体影响有限，而且会互相抵消。这些客户就是典型的“沙子”，根本不用找一线的销售人员，计划人员只需要按照需求历史，加上对整体业务发展的判断，就能做出相当准确的预测。当然，对整体业务的判断可能要借助市场、产品管理、销售的管理层，但不用找一线销售来帮忙。

真正重要的是那些需求集中在有限客户的产品。比如，一个产品虽然有25个客户，但其中一个客户的需求占比是40%，其余的客户都平均分布。这个大客户的需求一旦变动，对供应链的影响就很明显，要么短缺，要么过剩。这样的客户就是“大石头”，要从众多的“沙子”中筛选出来，让对应的销售重点关照，有的放矢地管理需求变动。

对一个几亿元、几十亿元规模的企业来说，产品众多，客户众多。过滤“沙子”，筛选出“大石头”，意味着大量的分析工作，但这不能依赖几十、几百个销售人员或者他们的助理来做分析工作；计划职能处于更好的位置，可以统一做这样的分析。要知道，“从数据开始”也包括找出这些“大石头”，并呈现给相应的销售，而且只呈现他的客户的那一部分。下面通过三个案例进一步阐述如何识别和管理“大石头”。

寻找和管理“大石头”（一）：聚焦重点，好钢用在刀刃上。

有个公司有几百上千个客户，两三千个常用成品料号，对应几百个一线销售。该公司的产品主要由项目驱动，在客户项目层面的重复性不大，所以该企业要求每个一线销售定期更新项目进展，预估需要的料号和数量。

几百个销售，同时跟进几千个项目，平均每个项目有十个产品料号，要定期更新那么多信息，工作量相当大。更加困难的是，大多数项目要通过招投标获得，整个周期从几个月到一两年，充满不确定性；即使拿到了项目，知道了所需产品，项目需求也会改变，产品也跟着改变。一线销售叫苦不迭，所以项目需求更新经常不到位。

但是，作为一个几十亿元营收的企业，每年接到一两万个订单，虽然项目层面的重复性低，如某个客户做完一个项目，下一次再做同样的项目、用同样的料号需要等很久，但产品层面的重复性相当大。比如，对特定产品，这个客户的项目没需求，另一个客户的项目有需求，这意味着虽然是项目驱动，但并不是所有的产品需求都依赖一线销售——借助需求历史，我们就可制定大多数产品的需求预测；需要一线销售反馈的，只是那些客户集中度高的产品，即我们前面说到的“大石头”。

下面设计了一套方法论，帮助此类企业更好地识别、管理客户集中度高的产品。

我们在过去半年（26 周）的需求历史基础上，分析了每个产品的客户构成，把那些单一客户集中度超过 50% 的产品找了出来。这意味着对于那个产品，过去 26 周内，有超过一半的需求是来自某一个特定客户，而这个客户的需求变化可能导致大问题。当然，客户集中度的百分比可根据产品的补货周期、需求变动性等因素调整。补货周期越长，需求变动性越大，这一比例就越低，反之亦然。其目的是筛选出重要的“大石头”，同时让清单尽量短，最大化地节省人力资源，提高管理资源的投入产出比。

在这里，我们导入一个“26 周频率”的概念，即在过去 26 周（半年内），一个特定产品在多少周有客户订单（当然，根据产品和业务的需求变动情况，26 周频率也可换作 13 周频率、12 月频率等）。比如，15 意味着在过去 26 周内，有 15 个星期有客户订单（但每一周具体有多少订单，并不能由 26 周频率来反映）。可以看出，26 周频率越高，该产品的需求越频繁，客户越分散。

我们按照 26 周频率把所有的产品分成 26 类，充当横轴。比如，对于 26 周频率是 10 的那些产品，每个产品平均有 14 个客户（右边的纵轴，对应柱状图）；这些产品中，19% 的产品有“大石头”，即单一客户需求占比过半（左边的纵轴，对应线状图）。看得出，当 26 周频率为 1、2 或 3 时，一半或以上的产品有“大石头”，即需求集中在有限的几个客户上；当这一数值在 15 以上时，每个产品的平均客户数量就超过 20 个，只有 16% 不到的产品有“大石头”。对于每一周都有需求的产品（26 周频率为 26），每个产品平均有 114 个客户，而且没有一个客户的需求占比超过 50%。这就是说，需求越频繁，客户越分散，需求的客户集中度越低。

产品的需求越频繁，计划就越可能通过需求历史，适当结合产品管理、市场营销等判断来做预测，而不需要项目驱动，依赖一线销售提需求。也就是说，对于此类产品，我们不需要一线销售提供产品料号、数量，否则是对一线销售的资源浪费。产品的需求越不频繁，客户的集中度就越高，就越需要一线销售的判断，这主要是针对定制化程度较高的产品。

作为计划职能，要能够标识那些需要销售提供判断的产品，即那些有“大石头”的产品。此类产品可以设置独特的分类号，如 X、Y 是通用产品，U、V 是独特产品，指导销售聚焦管理此类产品。还有一些公司用生命周期来标识这样的产品。比如，有公司规定，凡是开发阶段的产品（包括原材料料号），独特性较强，用 D、DB 等类别标识的，需要产品管理、研发和销售来聚焦管理。在这个企业，一旦产品进入量产，且是为特定客户定制的，就定义为 S 来识别，以提醒相应的销售特别注意。

在案例公司，一线销售提交的预测不及时、不准确、不完整，是需求计划团队的一大“痛点”。这也是被计划团队视为需求预测准确度低、库存水平高的一大原因。对于客户集中度高的独特料号来说，这确实是问题的根源；对于客户相对分散的非独特料号来说，这是个误区，不能因为得不到我们想要的，就简单认为那是问题的根源。

当然，对于案例公司来说，计划团队已经在努力识别客户集中度不同的产品，一线销售也在努力配合。但是，两三千个产品，几百上千个客户，通用产品也大都是由独特产品开始（刚开始时只是给有限的客户，客户集中度高），大量产品处于从独特向通用、从通用向独特转换的过程——新产品导入时，独特变通用；老产品退出过程中，通用变独特。作为管理者，我们不能简单地因为结果没达到期望，就否定计划和销售团队的努力。

并不是所有的问题都能有完美的解决方案。小批量、多品种、项目驱动的行业就是典型的例子。但是，不完美并不意味着不能够进行一定的完善：只要我们能够更好地识别“大石头”，使后端的供应链与前端销售配合更紧密，我们就能做得比以前好，比我们的竞争对手好。这就是竞争优势。

寻找和管理“大石头”（二）：尽早发现，尽快纠错。

所有的预测都是错的，我们要做的有两点。第一，尽量少错：“从数据开始，由判断结束”，整合了历史信息和未来判断的需求预测错得最少；第二，尽快纠错：尽快知道错在哪里，及时调整预测，采取纠偏措施，把损失降到最低。我们的挑战，一方面是预测准确度低，另一方面是预测错了且知道得太晚。

需求预测的结果要么是短缺，要么是过剩。但问题是，供应链上的库存有冗余，信息传递有延迟，等我们知道了，已经太晚了。比如，对于短缺，等你接到客户的催货电话时，安全库存已经消耗殆尽，供应链上已经“无险可守”；对于过剩，等你发现一堆库存时，客户的设计变更已经落地两三个月了，此时要消耗老库存已断无可能。

要知道，大多数变化不是突然发生，而是有个过程的。如果我们跟踪需求，识别变化，及时了解变化背后的原因，就可以及早发现问题，及早纠偏。当然，公司业务一直处于变动中，变是绝对的，不变是相对的。不能事无巨细都发出预警，因为供应链有相当的库存、产能冗余，能够消化大多变动。实际上，绝大多数变化是“噪声”，就如身处火山带上的日本，每隔 5 分钟就有个轻微的地震，但人们不用采取任何行动，因为房子做得足够结实。人们真正需要应对的，就是那些震级高、破坏性大的地震。这一点放到企业业务中，就是那些变化幅度大、变化金额高的“大石头”。我们需要的是一套监测系统，跟踪需求变化，及时识别这样的“大石头”，使驱动供应链的前端和后端尽快响应。这里的逻辑就如日本的地震预警系统：地震发生后，震源附近的地震仪一旦监测到地震波，立刻估算出震源位置、地震强度等，通过广播电视、电信运营商、地震安全服务厂商等，迅速向公众发出地震警报。地震波每秒传播几千米，地震预警信息每秒传递 30 万千米，两者之间的速度差让大众多争取几秒乃至数十秒的逃生时间。不要小看这点时间，训练有素的人，几秒钟的时间足够关闭煤气，逃出家门。

对于需求来说，这就是监控每个产品、每个客户的需求，一旦发现显著变化的端倪，就及时提醒计划、销售、市场、产品管理等，让他们确认是一次性变化，还是需要调整预测。比如，客户导入了竞争对手，对我们产品的需求会减少，这从需求历史就可以看出。我们及早识别，让销售尽快跟进客户，即使挽救不了市场份额，至少可以让客户把现有的库存都消耗掉。如果等到客户的需求都没了，我们手头一大堆呆滞库存，再去找客户，就太晚了。

我们在这里设计了一套预警机制，通过监测实际需求，尽早探知那些关键的需求变化（“大石头”），及时驱动销售判断未来需求走向，调整需求预测，并和供应链一道采取应急措施。

案例公司有几千上万个料号，几百个客户。随着客户产品生命周期的缩短，客户的产品频繁更迭，意味着关键原材料的频繁更迭，短缺、过剩的风险都很大。该公司的挑战就是无法及时探知变动，难以调整预测，造成短缺与过剩并存。

对于该公司来说，最终的变化，不管大小，都是由具体的客户开始，即使有多个客户在改变，最大的麻烦也一定是由其中为数不多的一两个造成。就如人很少被乱棍打死，而总是被其中的一根棍子打死。

所以，为了探知变化的根源，一定要落实到具体的客户上。也就是说，针对每个料号，一定要分解到相应的客户上。这就是我们讲的料号—客户组合。比如，一个料号有 3 个客户，那么就有 3 个料号—客户的组合。对于案例公司来说，很多料号只是供应给有限的几家客户，但料号—客户组合也有 32 000 多个。你难以管理这 3 万多条数据，所以必须层层过滤，一步步缩小管理范围。

第一道过滤器是销量的变化幅度（百分比）。供应链有相当的冗余，如安全库存，可以有效应对一定幅度的变化。真正需要识别的是超出一定变化幅度的。比如，对比最近 3 个月与之前 3 个月的销量变化，升降超过 15% 的只有 20 000 个左右，占 60% 的料号—客户组合。这里选择 15% 作为下限，只是用作例子，具体的下限取决于供应商的交期、需求变动等因素。如果交期越长，表明供应链响应能力越弱，能够有效承受的变化比例就越小，反之亦然。建议大家按照自己行业、公司的情况来确定。我们选用 3 个月（13 周）、6 个月（26 周）的需求只是作为示例，一般业务变动越剧烈，建议的时段就越短。

对于这 20 000 多个料号—客户组合，你若难以都当作例外来管理，那就继续缩小。于是，我们导入第二道过滤器：销货成本。我们依据过去 3 个月的销货成本，把销货成本下降超过 1 万元（意味着最多可能有 1 万元的库存积压）或者上升超过 5 万元（意味着可能有短缺）的筛选出来，得到 1 700 个料号—客户组合。这些变化有显著的库存影响，要么短缺，要么过剩，因而对业务影响更大，是“大石头”。

在这里，销货成本下降的门槛之所以是 1 万元，显著低于上升门槛的 5 万元，是因为造成呆滞库存的风险不容易被注意到，而短缺可以通过更多的反馈渠道获知。但不管怎样，这都是经验值，要按照自己公司的情况进行调整。

这 1 700 个料号—客户占总数的 5%，分配给成百个一线销售人员，每人平均一二十个，可操作度相对高。如果 1 700 个料号—客户组合有点多，那么可提升销货成本下降的门槛，如提升到 5 万元时，就得到 713 个料号—客户组合，只占总数的 2%，但覆盖了 20% 的客户，占了 50% 的销货成本变化。这对企业来说是“大石头”，影响大，风险高，需要及时驱动相应的销售来确认需求、管理需求变化、调整预测。同时，供应链要采取行动，如驱动供应商增加产能，应对短缺，或者让供应商停止未完工的订单，这样一旦出现呆滞库存，也可能把半成品做成别的产品，最坏的情况下，也只需要给供应商支付半成品的钱。

这是一个简单的需求变动预警系统，用来识别那些重要的需求变化，找到合适的销售，获取他们的职业判断，以更好地调整计划和执行方案。其基本思路是无法管理所有的变化，所以必须筛选出那些影响最大的"大石头"，把有限的资源投入到回报最高的产品、客户上。当然，有些变化是知道的，如季节性需求，促销，新市场、新客户的开拓，这些可以剔除，让"大石头"清单变得更短、更具体。

对于这 700 多个"大石头"，我们还可进一步分门别类，采取针对性的行动。比如，按照变化幅度（%）和金额（销货成本）来分解，有 2 个料号—客户组合，在过去 3 个月里降幅超过 50%，销货成本下降超过 100 万元；有 4 个料号—客户组合的升幅超过 50%，销货成本上升超过 100 万元。这些料号—客户组合变化幅度大，金额高，是"大石头"里的"大石头"，需要立即引起计划和销售团队的注意。

对于管理层来说，金额更容易引起注意，所以这里我们用销货成本的金额变化来呈现"大石头"的影响。比如，3 个月降幅超过 50%、每个料号—客户降低超过 100 万元的会影响到 305.577 万元销货成本，而在极端情况下，这 305.577 万元可能形成呆滞库存，对企业来说影响很大。从管理层面可以看出整体影响：在过去 3 个月里，这些料号—客户导致 4 000 多万元的销货成本下降（过剩风险）、7 000 多万元的销货成本上升（短缺风险），两者合起来，占同期整个企业销货成本变化的 50%。这 713 个料号—客户的影响如此显著，分摊到几十、成百个销售头上，每人平均不到 10 个，花几分钟时间采取行动，也是很值得的。

需要说明的是，这不是在客户层面上针对这些料号做预测——那会陷入预测颗粒度太小、预测准确度太低的陷阱。这是给相关的销售人员提示，让他们做出判断：你的客户在这几个料号上的需求变动很大，你知道吗？这是短暂的变化，还是会持久？如果持久，未来的变化会更大，还是更小？大多少，小多少？要知道，不变的不需要管理，小的变化可以通过现有的系统、流程来对付，而显著的变化，系统和流程无法有效应对，必须有人的介入（组织措施），不但包括计划团队，还有销售人员。

当然，这 713 个料号—客户的组合相当长，特别是从公司层面统一看的时候。必须进一步分配优先级，从高到低来排队，指导团队把资源优先投入到最重要的地方。这里我们从三个维度来确定优先级。

一是销量变化：如果升降幅超过 50%，这表明变动非常大，优先级为 1；25% ～ 50% 为 2；15% ～ 25% 为 3。二是销货成本变化：升降幅超过 50 万元的，表明变化非常大，优先级为 1；升降幅为 5 万～ 10 万元的，优先级为 3。三是 13 周频率的变化，这一个对于大多数人来说比较陌生的概念，需要在这里加以说明。

13 周频率变化指的是对于特定的料号—客户，过去 13 周里（3 个月），有需求的周数的变化。比如，13 周频率为 8，意味着过去 13 周里，这个客户在 8 个星期里对这个料号有需求。如果第 14 ～ 26 周的需求频率为 5，这意味着在过去 3 个月内，该客户对该料号的需求更频繁。13 周频率虽然没法体现绝对需求量的变动，却从一个侧面反映了客户的需求行为，给我们提供了多个维度来判断需求变动。比如，需求频率明显下降，可能意味着客户导入了更多供应商，在调整份额，或者需求下降，在消耗手头库存。这些都需要销售及时确认。

把每个料号—客户的三维优先级都定好后，我们把三个优先级相乘（另一种方法是相加），得到综合优先级。比如，销量变化优先级是 2，销货成本变化优先级是 1，13 周频率变化优先级是 1，那么综合优先级就是 2×1×1=2。这一数字越小，表明综合优先级越高。

需要补充说明的是，这里寻找“大石头”的过程并不是为取代日常的计划流程，而是作为日常计划流程的补充，即单纯从数据分析角度识别影响大、风险高的变化，驱动销售和供应链及时应对。在一个稍有规模的企业，产品动辄几十、几百个，每个产品有近十个规格、型号，后面跟着成百成千的客户时，把需求历史分解到产品、型号、客户层面，按周排列，包括过去 13 周、26 周，数据量相当大，很难有人可以驾驭这么大的数据。建议由计划团队在公司层面统一完成。这也是“从数据开始”的一部分。

寻找和管理“大石头”（三）：他没说，你问了没有。

我们知道，绝大多数需求变化是噪声，只要计划团队基于历史数据，定期调整预测、安全库存等，就能有效应对。那为数很少的“大石头”是什么呢？它们一般具备这些特点：产品比较独特，客户比较集中，单价相对高，地域性、季节性相对强，供应周期比较长，需求变动比较大。围绕这些特征，我们可以设定阈值，一步一步把“大石头”筛选出来。

比如，一个60亿美元营收的大型设备制造商，我们对该公司的50 000多个备件SKU对应的几百个客户层层分析（数据总量在百万行级别），最后得到100多个对供应链影响巨大的产品—客户组合。这些产品需求量大，对客户的服务水平影响大；它们集中在个别客户，如30%以上的量集中在单个客户；需求的变动幅度大，如过去4个星期里，变化幅度超过30%（要么是增加，要么是减少）。你能看出，这些变化对服务水平、库存的影响都很显著，属于高风险、高影响，需要借助计划和销售的经验特别对待。

识别出这100多个"大石头"了，下一步是管理变化，调整预测。把它们分配给20几个计划员（每个计划员平均5个），对应几十个销售人员、十几个客户。计划员、销售、客户经常需要对接，他们的谈话就像这样：计划员找到销售，说上个月，你的客户对这个产品的需求增幅（或降幅）超过30%，因为这个客户是该产品的主要客户（如45%的销量归这个客户），它的需求变化对供应链影响很大。我们想了解这变化是一次性的，还是需要调整预测。这样，销售有非常具体的产品、客户，以及相关的问题，管理需求、提供判断时就会更加有的放矢。

要知道，需求计划和一线销售的着眼点不一样。需求计划是全局的，针对所有的客户，而一线销售天生是局域的，针对具体的客户。在沟通需求变化时，如果落实不到具体的产品、具体的客户以及对应具体的销售，计划和销售的对话就很难有意义，容易流于形式。

但是，那么多的事，你让销售从哪里开始说起呢？针对这个设备制造商，我们设计了个例会，由计划员主持，关键的一线销售人员参加，有时候也包括在客户现场服务的工程师，主要问些很具体的问题，识别变化，管理变化。

这是个周例会，多为面对面或者电话会议。这个会议有三个特点：①会议有固定的议程，如客户产能的变化、销售的市场开拓计划、关键产品的替代计划，以及上面提到的高风险、高影响的产品；②落实到具体的产品、规格、型号，以及客户端的具体信息，如产线、设备等；③有具体的行动，如定量的变化通过表格传递给计划部门，定性的变化通过Email、会议纪要来沟通，供计划和供应链来调整预测、采取行动。

当然，当计划人员第一次跟销售会议时，销售对这里面的逐条内容大多一无所知。那好，下次会议上给答复，并记录在会议纪要中。第二次、第三次会议上，当计划继续问这些问题时，销售就会意识到以后会议还会问到这些，于是就开始提前准备。这样，销售慢慢就走上了正轨，开始关注那些能显著影响需求的"大石头"。

对于任何客户来说，虽然采购几十、几百种产品，但真正制造麻烦的产品没有多少。通过跟踪需求变化，及早识别“大石头”，与营销配合，尽快调整需求预测，驱动供应链响应，虽说有点被动，但还不失其有效性。需要强调的是，需求计划在这里扮演关键角色，承担领袖任务。这也对计划人员提出了较高的要求，不但要有数据分析能力，而且要熟悉业务，有组织、协调能力，更要勇于承担领导力角色。

最后，我们谈一下对“大石头”的闭环管理。市场、销售主动或被动地识别显著的需求变化（“大石头”），计划调整需求预测后，由生产、采购来执行；执行部门反馈给计划，计划再反馈给市场、销售，这就是理想的闭环管理。在很多管理能力低下的企业，这个闭环并不能发生：营销确认了需求变化，就开始祈祷能拿到货；计划调整了需求预测，就以为自己的事情做完了；生产、采购能做到哪里就做到哪里，客户只能自求多福。

离开了闭环的执行，前端对后端没有信心，就不得不花很多精力来管理后端，表现为营销经常让计划汇报进展，计划让采购做同样的事，采购让供应商定期更新。结果，从前到后，各职能的注意力都是朝后的，聚焦供应的，那么花在需求管理上的时间可想而知，需求管理自然做不到位。解决方案是什么呢？如果计划和供应链不改变能力，建立可靠的闭环执行体系，你就不能期待销售改变行为。

3.1.6 谁在做需求预测：兼谈计划的进化史

需求预测由谁做？企业小的时候老板做，有点规模后，由销售、生产、计划、采购等兼职，上了规模后需要成立专职的需求计划职能。

公司小的时候，需求计划由老板兼职。这就如夫妻店，老公主外，计划买多少，卖多少；老婆管后勤，在店内打点，招呼顾客。企业刚起步时，生产什么产品，生产多少，都是老板拍板。但问题是，一旦有了一定规模，老板的精力有限，兼职做计划顾不过来，需求计划的质量就下降，导致库存积压，影响成本和资金周转。

比如，某个新兴企业的年销量只有 1 000 万元，库存却有两三千万元。根本原因就是老板兼职做需求计划：这个公司的主要产品有 400 多种，复杂度已经相当高，需求预测由创始人一个人拍板，当然应对不了。重压之下，创始人不得不离开公司了事。事实上，虽然说创始人不可替代，但这并不意味着他什么事都做——很多创始人强于业务模式创新，但弱于供应链运营，到了一定规模，自然就玩不转从计划到执行的整条供应链了。

于是就进化到需求计划的第二个阶段：企业有一定规模，老板兼职对付不了，需求计划就成为销售、采购、内部用户等的兼职工作，如销售“提需求”，提需求就是做预测。这里的逻辑看上去很有道理：执行职能最接近需求，最可能知道预测。但问题是，随着企业规模越来越大，业务越来越复杂，执行职能根本没有足够的精力兼职做计划。突出表现在，计划质量不高，给执行带来的问题就更多；执行的问题越多，就越没有精力做好计划。这就陷入了恶性循环。

比如，某个餐饮连锁企业，其门店的需求预测由店长和厨师长兼职：店长负责预测后天的菜品销量，厨师长负责推算出对原材料的需求，减掉手头的库存，就得到原材料的净需求。这看上去很合理：店长最熟悉店面的推广计划，厨师长最熟悉菜品的构成。但问题是，一个店里，动辄几十成百号人，谁最忙呢？店长和厨师长。不管有什么商务、人事问题，最后都会上升到店长；不管有什么技术、质量问题，最后都会找到厨师长。最忙的人，有没有时间来思考呢？

两位大忙人，工作在“715”环境下，每天干活 15 个小时，14 个小时在对付各种问题，剩下 1 个小时动脑子做计划，这就可以预见需求预测的质量会有多高：不是过剩，就是短缺。这一点从公司老总“解剖麻雀”的结果便可略知一二：老总经常到现场，抽查不同的店面，发现有时候刚刚晚上七八点，客流如潮，最畅销的那道菜却已经卖完了；有时候已经晚上 10 点了，有的凉菜还剩几十盘（凉菜的保质期是当天，隔日就只能倒掉了）。

3.1.7　计划与执行的分离：某快消品公司的组织设计案例

有个快消品公司，其主要产品是护肤、美容用品。公司采取轻资产运作，没有自己的制造能力，全部由代工厂加工。比如，生产一款洗面奶，公司需要找到外盒工厂、软管工厂、塑封膜工厂，帮助生产所需的包材，完成后直接发货到化妆品加工厂，由后者组装灌装完成，最后把成品发送到该公司，由该公司进行销售。作为公司的采购职能，虽然名义上是采购，其实履行的是供应链管理职责，是供应链管理部门。

这几年来，该公司业务发展迅速，处于全面爆发阶段。比如，上一年营销只有几千万元，但第二年上半年就直奔 3 亿元而去。爆炸式的成长给采购和供应链带来了诸多挑战：需求预测薄弱，采购计划准确度低；供应商有选择，没管理，交付、质量问题频发；采购人员一竿子插到底，需求预测、供应商开发、合同谈判、订单管理、合同管理一肩挑，效率低下，而且缺乏必要的监督和约束，采购贪腐风险大。

为了有效应对这些挑战，采购经理（实际上的供应链负责人）准备调整组织结构。

在现有的组织结构下，采购经理汇报给 CEO，与营销经理、设计经理等平行。采购经理下面设有采购助理和采购员两类职位。采购助理主要负责采购计划的制订、采购部门数据统计、ERP 的系统维护等；采购员主要负责从供应商开发到合同谈判、订单管理、货款支付的整个采购周期，包括对接营销部门来制订需求计划，对接设计来支持新产品开发。按照不同的采购项，该公司分配专门的采购员，分别负责 OEM 代工商，以及包材、瓶器和其他配件的供应商。

业务规模的迅速增长愈发彰显了当前组织模式的不足。

其一，需求预测上多头管理，多个采购员跟营销、设计联系，制定需求预测。比如，负责瓶器的采购员跟销售经理对接，制定瓶器的需求预测；负责包装的采购员与同一个销售经理对接，制定包材的需求预测；负责 OEM 代工商的采购员继续找这个销售经理，制定对代工商的需求预测。多头管理，效率低下，也给内部客户带来诸多挑战，如同一个产品需要找到多个采购做计划。

其二，采购员忙于订单层面的操作，没有时间来管理供应商绩效，导致供应商有选择，没管理，结果交付、质量问题频发，采购人员疲于奔命。现有供应商不能满足需求，那就再找新的供应商，结果是学习曲线长，质量风险大；采购额分散，更加难以驱动供应商快速响应。可以说，采购深陷救火状态，焦头烂额。

采购经理意识到，企业发展处于拐点，专业化是必然之举。为了让专业人做专业事，采购经理建议做出如下三个组织调整。

第一，计划与执行分离：设立专门的采购计划（实际上包括需求预测、库存计划），由专人来对接销售，制订需求计划，转化为采购计划，并且负责仓储管理。

第二，供应商管理与订单管理分离：设立专门的人负责供应商开发（寻源），再由专职的采购员负责不同采购项的订单处理。

第三，采购与付款分离：由专人负责合同履行及支付。

存在的都是有原因的，或者说有一定的合理性。该公司的组织结构在小公司、管理粗放的企业比较常见，因为它们的计划职能很薄弱，甚至不存在；

即便存在，也是执行职能兼职做计划。比如，这个公司中每个采购门类的采购员兼职计划，他们跟销售、市场、设计对接，确定自己采购项的需求预测，转化成采购计划和采购订单，驱动供应商供货。每个采购员都要跟众多的销售、市场、设计等对接；相应地，每个销售、市场、设计都得跟每一个采购对接——多对多的情况下，效率低下，公司小、产品少的情况下也就罢了，但随着企业规模越来越大、产品越来越多，问题就愈发突出。

解决方案自然就是计划与执行的分离，即成立独立的计划职能。采购经理建议成立的采购计划，表面上是采购计划，其实是需求计划 + 库存计划 + 采购计划，即整个计划职能，其中最核心的就是需求预测。有了独立的计划职能，并不意味着计划的问题会解决：计划，特别是需求计划，要遵循“从数据开始，由判断结束”的计划流程，而销售是这个流程中的关键构成。但问题是，在案例公司，销售认为需求预测不是销售的事，应该由采购做。作为采购计划，没有销售的支持，缺乏来自销售的职业判断，就只能“从数据开始，由数据结束”，注定做不好需求预测。

所以，成立独立的计划职能才是开始：需求预测流程不健全，计划职能仍旧作用有限。流程不完善，销售不愿支持需求预测，解决方案之一是由组织措施来弥补：把计划职能放到销售下面，由销售经理对需求预测负责。一方面，销售经理对需求预测负责，责任机制会驱动他重视需求预测；另一方面，计划人员和销售人员都汇报给销售经理，销售经理可以更好地利用组织措施打通流程，驱动两者合作。在这个公司，推动组织变更的采购经理直接汇报给 CEO，只要他能解释清楚，很有可能说服 CEO 做出组织调整。

采购经理的顾虑是即便计划划归销售，销售人员还会认为业务发展得那么快，销售对具体到每个产品的需求预测很难判断。但现实是，销售人员离客户和市场最近，处于最佳的位置去做出职业判断，他们不做判断，别的职能只会判断得更糟糕。所以，“做不好”并不能成为“不做”的理由。

再说采购的两层分离，即供应商管理和订单处理的分离。两层分离的好处是有专人负责供应商层面的事，如供应商选择和整体绩效管理。两层不分，管理资源往往被订单层面的琐碎杂务所侵占，供应商层面的事务得不到足够的资源，就选不好、管不好供应商，造成更多的订单层面的问题，形成恶性循环。两层分离的挑战是这两个子职能之间的对接和职责划分。比如，按时交货绩效不理想，是寻源团队没选好供应商，还是订单管理团队没做好日常工作？

那么，如何考核寻源的绩效？找个供应商干活儿没什么难，难就难在找到合适的供应商。怎么判断寻源是否找到了“合适”的供应商呢？与众多企业一样，案例公司有供应商选择的门槛，如供应商必须满足注册资本、管理能力、类似项目经历等要求。但这些要求既不是必要条件，又不是充分条件：满足这些条件，并不能保证供应商能做好；不满足这些条件，也并不是说供应商就做不好。最直接的就是用供应商的后续实际表现来衡量，这至少对寻源有了闭环考核。但前提是信息系统能够统计供应商绩效，如按时交货率和质量合格率。案例公司的现状与任何快速发展、由小变大的企业一样，是信息系统能力薄弱。虽然有 ERP，但主要用的是财务功能，如统计库存，如果没有供应商考核功能，就不得不借助单独的软件和 Excel 表格统计供应商绩效。

即便有了系统能力，还要改善流程来配套：系统只是提供了搜集数据、汇报指标的能力，但数据的产生、搜集离不开流程。就拿按时交货率来说，围绕每个订单的每一行，采购要搜集供应商的承诺日期，还要把该日期录入 ERP，以统计实际交付是否按时。但在这个快消品企业，业务急速发展，采购员人少事多，根本没有资源去做这些。这就意味着，即使有了系统，还是没法较准确地统计绩效。

对于这个企业来说，有两种选择：一是导入供应商管理和订单管理的两层分离，同时改进系统和流程来支持这一组织变更；二是暂不分离供应商管理和订单操作，而是先改进系统和流程，等系统和流程成熟后，再导入组织变更。鉴于企业快速发展的现状，第二种方案的风险可控性较高，特别是已经决定要分离计划与执行的情况下。

对于系统和流程建设，我们可以这样来理解：当前“一竿子插到底”的方式下，所有的知识、信息都储存在负责的采购人员头脑中，或者采购人员的计算机上，需要的系统和流程支持力度最小。也可以说，“一竿子插到底”是小公司系统和流程能力不足情况下的理性选择。随着规模的增大，业务复杂度上升，这种做法无法有效满足企业的发展。但是，专业化的结果是流程、系统更复杂。专业分工还有相互制衡的目的——降低风险是所有大公司的必经之路，风险控制第一，而不是效率第一。也就是说，专业化的结果是有更多的事要做，需要更多的资源。

比如，“一竿子插到底”时，不需要每做一件事就统计其绩效，因为责任人只有一个，抓住最后结果即可，用不着统计过程结果；专业化后，一个子职能的结果是另一个子职能的输入，必须统计上一个子职能的结果，以判断下一个子职能没做好，是因为上个子职能输入的质量不高，还是因为这个子职能本身没做好。这都让系统、流程更加复杂，要做的事儿更多，尤其在导入变革初期更加凸显。当企业在快速发展，人力资源严重短缺的时候，特别要考虑到这一点。

基于这一系列考量，我们建议该案例公司做出如下调整：

第一，单列计划职能，让计划汇报给销售，等日后需求预测流程完善后，再把计划转移到供应链部门。

第二，把供应商的合同管理和付款单列出来，确保有基本的风险管控，避免伴随“一竿子插到底”的贪腐风险。

第三，暂时不分离供应商管理和订单操作，而是改善 ERP 系统和采购订单管理流程，等系统和流程的能力较强时，推动供应商和订单层面的两层分离。

之所以做出这样的建议，是因为计划与执行的分离已经是非常大的变动，同时导入太多的组织变动，在流程和系统能力没法匹配的情况下，不可控因素太多，特别是企业快速发展时，带来的绩效风险太大。

3.1.8 什么样的人适合做需求计划

从需求预测的工作内容可以看出，需求计划对人的资质要求很高。

可以说，在供应链管理领域，需求计划对人的综合素质要求最高。理想的需求计划人员需要具备三方面的条件：

第一，分析能力。需求预测“从数据开始”，数据分析是计划人员的基本功，再强调也不为过。外行认为计划经理整天靠张嘴为生，其实他们的看家本领是数据分析。

第二，协作沟通。需求预测“由判断结束”需要与销售、市场、产品等职能的人员配合。为驱动这些没有汇报关系的职能，需求计划人员需要具备相当的组织协调能力。

第三，业务知识。需求预测是个跨职能流程，计划人员需要有基本的产品、业务知识，以有效对接销售、市场、产品和高层管理。有些公司刚开始建立需求计划职能时，往往到市场销售、产品管理和生产计划去“挖”人，看重的就是他们对产品和业务的知识。

在培训中，我们经常问，你们公司重视计划吗？学员往往说重视。我们接着问，如果你们的计划员有空缺，采购员也有空缺，两者的薪酬都差不多，员工喜欢申请哪个职位？答案基本上是采购员。

这说明两点：第一，公司没有多么重视计划，否则员工就不会更喜欢做采购，而不是计划。第二，为什么执行职能做得那么辛苦——优秀员工不愿意去计划部门，计划就做不到最好；计划不到位，就只能靠执行弥补。要知道，计划职能薄弱的企业，执行职能往往需要练就一身的“腱子肉”。

那怎么才能让员工愿意去做计划呢？很简单，必须重视计划。那么，什么叫重视呢？重视就是资源的投入——钱在哪里，资源投入哪里，就重视哪里。对于计划来说，最直观的就是给计划员工更好的薪酬。比如，有个计划经理管理计划团队，在全球有二三十名计划员，每当有员工流失，这位经理就到各分公司的客服、物流甚至现场工程师团队，问他们最优秀的员工愿不愿意做计划员。答案八成是愿意，因为计划员是本地运营团队中薪酬最高的几位员工之一，是本地运营经理的左右手。

3.1.9 需求预测汇报给哪个部门

前面说到，企业大了，业务更加复杂，需求预测就不能继续作为老总、高管和其他职能的兼职工作，而要走上专业化、全职化之路。需求计划的全职化，一方面是专业化的结果，另一方面是因为这个职能对接市场、销售、产品、品牌、高管、供应链甚至客户，有很多组织协调工作，再加上大量的数据分析工作，不是专职就很难高质量完成。

这个全职的头衔是需求计划经理，或叫需求经理。企业规模大、业务复杂度高时，上面会设有总监，下面会设需求计划员或分析员的职位。在建制完善的大企业，需求计划是个标准岗位。

那么，在组织结构中，需求计划应该汇报到哪里，或者说属于哪个部门呢？这取决于需求计划流程的完善程度。当需求计划流程比较完善的时候，需求计划一般汇报到供应链职能，否则就要考虑汇报到销售、市场等更接近客户的职能。

在复旦大学举办的一次需求预测专题峰会上，我们做了个问卷调查。在众多出席者中，50% 的需求计划汇报到供应链，26% 汇报给总经理，20% 汇报给销售和市场。需要说明的是，这次峰会的出席者有 95% 来自外资公司，整体管理和需求计划水平较高，所以是非典型样本。在这些企业，销售和运营的职责定义较清晰，前后端对接流程较完善，“从数据开始，由判断结束”的需求预测容易形成闭环。这时候，把需求计划纳入供应链，好处是计划和执行在同一部门，相互协调更加容易，相互优化的概率更高。

当前端的销售和后端的供应链对接不畅时，供应链无法有效得到销售的职业判断，汇报给供应链容易导致需求计划成为“寡妇职位”，难以有效发挥作用。典型的问题就是，计划根据需求历史做好了基准预测，要求销售、市场等前端职能给判断，但后者不予以足够的支持，以各种理由不提供判断反馈，如借口客户情况不明，结果计划只能基于需求历史做预测。所以，供应链无法有效驱动销售，需求预测流程就注定建立不起来。

这种情况下，需求计划流程不健全，需求计划必须汇报到销售或市场。这样做的好处是需求计划和销售、市场同属一个部门，可以用组织的力量来弥补流程的不足。当需求计划汇报到销售时，销售老总对需求预测负责，就可以用组织手段更容易地促使计划与销售的协作。当然，这里的问题是，很多销售老总对专职需求计划的重要性认识不足，所以一旦需求计划向销售汇报，就往往成为一个辅助功能，帮助销售汇总自下而上的预测数据，或者帮助销售老总分解销售目标，这在一定程度上边缘化了需求计划职能。

此外，需求计划汇报到销售或市场时，还会造成计划与执行的二度分离，增加计划与执行交互优化的难度，影响执行的效率和全局优化。

3.1.10 如何做准预测：选择合适的预测颗粒度

所有的预测都是错的，但错多错少不一样。在提高需求预测的准确度上，我们有很多可为的。比如，“从数据开始，由判断结束”的方法论、缩短、选择更合适的预测模型等。

这里我们想重点介绍的是预测的颗粒度：颗粒度越大，预测的准确度越高，反之亦然。作为管理者，我们的任务是找到合适的颗粒度，也就是说，在合适的层面做预测。这不是个技术问题——在颗粒度大的地方做预测，技术上的优势是显而易见的；这主要是个管理决策——因为种种管理问题，企业经常在不合适的颗粒度做预测，导致预测准确度太低。

预测的颗粒度是个三维概念：组织、产品和时间，且每个维度都有多个层次。就组织维度来说，我们有全国、大区、分公司等；产品维度有大类、小类、SKU（存货单元）等；时间维度有季度、月度和星期等。三大维度在不同层次形成多种组合，如按照产品大类和大区层次预测，跟按照 SKU 和分公司层面预测，操作难度大不相同，预测的准确度也不例外。预测的偏差分析是基于哪个层次组合计算的，其意义也是完全不同的。以组织颗粒度为例预测的组织范围越大，预测的准确度越高。比如，预测全国的需求要比预测上海市杨浦区的准确度高，预测全公司的需求要比预测分公司的准确度高，预测总库的需求要比预测各地区库的准确度高。这看上去是常识，很多企业却选择了不合适的组织颗粒度，导致需求预测的准确度太低。

比如，某公司有40个销售，对应几百个客户的一万多个料号，每个销售负责预测自己客户的需求。一方面，预测颗粒度小，单个销售的预测准确度很低，汇总起来就更低；另一方面，在从众心理下，大家都希望其余的39个销售会预测好，自己不做预测也没关系，所以经常有销售不做预测。

从绩效考核的角度看，组织的颗粒度越小，绩效考核越具体，责任越容易落实。可以说，绩效考核的天然倾向是分散，如指标的层层分解。但是，计划天生就是个集中的概念，组织层面越集中，组织的颗粒度越大，预测的准确度越高。如何协调两者是需求计划的一大挑战。解决方案就是前面说到的“大石头”理论：抓大放小，客户集中度高的“大石头”由判断驱动，要落实到具体的销售；需求相对分散的“小沙子”由数据驱动，应交给计划整体负责。要知道，各执行层面分析数据，风险是颗粒度小，而且受同样的因素影响，偏差没法互相抵消；集中统一分析，从数理统计的角度看，偏差更可能互相抵消，总体准确度更高。

当分散与集中无法有机协调的时候，老总就会习惯性地采取简单粗暴的管理方式，把需求预测的责任“落实”到“基层”和“一线”，结果是既牺牲了预测的颗粒度，又没法达到考核的目的。毕竟，从方法论上做不好的事，考核也不解决问题（参阅后文的“小贴士”——即便考核，也没法让销售“做准”需求预测）。

3.1.11 为什么一线销售做不好需求预测

一线销售是干什么的？答案是一线销售是开拓客户、拿订单、做生意的，需求预测是他们的兼职。企业规模大了，业务越来越复杂，产品越来越多，客户越来越多，一线销售兼职做需求预测注定做不好。此外，由于业绩不达标，销售卷铺盖走人的比比皆是，有哪个销售是因为需求预测做不好而被开掉的？没有责任机制的事是做不好的。这从组织的角度决定了需求预测做不好。

一线销售做需求预测，不管是哪个行业、哪个公司，总是习惯性虚高。为什么？人们给出各种各样的答案，如销售担心需求过旺、销售对库存不负责等。这都没有触及根本的原因，那就是对销售的考核机制。为了激励销售，老总习惯给他们高于实际能力的目标，如年销量定为1 000万元，尽管老总认为能做到800万元就不错了，销售自己也认为800万元是个更靠谱的数字。这时候供应链找销售要需求预测，销售会给个什么数字？800万元？那他肯定会被敲得满头是包——老总发话了：你从年初就计划失败？

这就是说，绩效考核决定了销售会提1 000万元或更高的需求。这也决定了在绩效考核的驱动下，销售提需求（做预测）时会有很多感情因素。比如，某公司的销售提需求，前三个季度都是虚高，第四季度毫无例外都是虚低，原因也是绩效考核：第四季度是第二年销售目标的基准，定得低，第二年的销售业绩就好完成，销售提成也更多。

讲到这里，或许有人会问，如果我们按照最可能实现的800万元定需求，而销量却达到或超过1 000万元，怎么办？这就得动用供应链的第二道防线：供应链的多个环节都有安全库存，就是用来对付需求的不确定性的。如果安全库存不够用怎么办？那就启动供应链的第三道防线：赶工加急，用执行来弥补计划的不足。

这道理不难理解，妈妈都知道怎么办。比如，孩子放学回来了，说今天饿坏了，晚饭能吃5碗（像不像销售“提需求”）。作为有经验的妈妈，当然不会真准备5碗，而是按照孩子平常的饭量（相当于“从数据开始”），酌情多做一个菜（“由判断结束”）。如果这孩子真的饿坏了，吃了还不饱怎么办？那好，给他点小点心（这是“安全库存”）。小点心不够了怎么办？带他到楼下的小店买点零食，或者再做点面条（“执行弥补”）。这就是供应链的三道防线。

这时候，销售计划和需求计划的区别便一目了然。简单地说，销售计划是围绕销售目标制订的计划，自上而下，出于绩效考核的目的，一般总是会更激进（相当于孩子说能吃5碗）；需求计划是基于过往历史和职业经验（“从数据开始，由判断结束”），对未来需求的理性判断（相当于妈妈的判断：这孩子能吃两碗半）。销售计划是感性的，需求计划是理性的。从一定程度上讲，需求预测就是用供应链的理性对抗营销的感性的过程。这就是为什么销售不能做需求预测了。

3.1.12 既然做不好，为什么一线销售还在做预测

要知道，存在的就有其合理性——企业的行为是理性的，它做什么，不做什么，怎么做，都是基于现有能力的理性选择。一线销售提需求（做预测）也是，是企业在系统、流程能力不足情况下的理性选择。要改变这种现状，必须通过提高系统、流程的能力，而不是简单的组织措施。

前面说过，信息系统能力不足，如果设置独立的计划职能，就面临既没有数据，又没有判断的窘境，变成了典型的“寡妇岗位”，注定一塌糊涂。而

计划职能不存在，或者能力不足时，其核心任务就变成了相邻职能的兼职。在制造业，销售做预测，就是用销售的经验来弥补系统的能力不足。同理，餐饮界的店长或厨师长做预测、贸易行业的客户经理提需求，同样是用组织能力弥补系统能力的不足，这里不再赘述。

流程不通畅是另一个能力问题。比如，有的公司设有计划职能，由生产计划兼职需求计划。这些做计划的人都知道，仅从数据开始是不够的，还要由判断结束——征得销售、市场等职能的判断，以修正预测。他们做好了基准预测，发给销售，但销售并不提供什么反馈意见，或者纯粹置之不理。于是，计划只能完全按照需求历史做预测，结果可想而知。被坑过几次后，计划就告到老总那里："销售既然不愿意给我反馈，帮助我做预测，那就让销售自己提需求（做预测）好了。"面对一堆呆滞库存，老总也觉得这主意不错。这样，从计划做预测到一线销售提需求，需求预测就从一个极端的单一职能行为变成了另一个极端的单一职能行为。

这里的根本问题是销售与运营在流程上没法有效对接，难以完成需求预测的"从数据开始，由判断结束"流程。从表面上看，这是销售的意愿问题，即销售不重视需求预测。但不重视预测，做不好需求预测，符合销售的利益吗？答案是否定的。也就是说，销售"不愿意"支持需求预测是说不通的。所以，我们不能简单地归因于意愿或动力问题，我们必须细究背后的能力问题。

要知道，一个人干"傻事"，或许有意愿或动力的问题；如果很多人都在做"傻事"，千万不要认为这是简单的动力问题——理性人做"傻事"，后面必定有深刻的能力问题，要么是这些人的能力，要么是相邻职能的能力。让我们用两个例子来说明。

有一次，我们在培训一个跨国企业的销售和供应链团队。当谈到销售不支持需求预测时，我们问计划："你们每月给销售的基准预测，发给他们的Excel表格中，总共有多少行？"答曰："几十成百行。"然后问销售："你看到这么长的一个清单，能做什么判断？"答曰："做不了什么判断。"事实上，人的判断能力有限，几十成百条的清单，根本不知道从哪里开始，于是就"账多不愁"，回复一句没变化，或者干脆置之不理。

还有一次，我们在培训一个本土企业，有好几十个销售大区的总监参加。他们也是计划发数据给销售。问他们的销售人员所接到的单子有多长？答曰："30到70条不等。"再问一个销售总监，百八十个一线销售，每月接到这个单子，花多长时间来"判断"，给计划反馈？他迟疑良久，回答十几二十几分钟吧。几十个产品分摊到一个产品上的时间平均就几十秒，销售人员能做什么判断呢？这又跟上面的“账多不愁”一样，只是随便敷衍了事而已，至于准不准就不用提了。

这样的案例比比皆是。计划团队胡子眉毛一把抓，给销售人员一大堆数据；信息量太大，销售人员无从下手，就草草了事。表面上，这是销售人员的意愿不够；实质上，这是计划人员的能力不够，没法从一堆“沙子”中挑选出“大石头”，让销售人员有的放矢地帮助预测。在解决方案上，企业习惯性地当作销售“不愿意”协助预测需求，那好，销售自己提需求吧。这样一来，需求预测就成了一线销售的任务。

销售提需求，计划做判断，我们一直在强调，需求预测得“从数据开始，由判断结束”，主客观结合，得到准确度最高的错误的预测。有的公司认为自己也遵循这个原则，但是销售提需求，计划做调整。这看上去也是“从数据开始，由判断结束”，却是由错误的人在做正确的事，自然不会有什么好结果。

第一，销售没数字。一线销售人员要么整天在路上，敲客户的门，争取新项目、新订单；要么因为没兑现承诺，被客户骂得狗血喷头，整天催货。没有几个销售整天埋头分析数字。让他们提需求，那就“从判断开始，由判断结束”。负责任的销售或许会向客户要预测，不负责任的就随便报个数字。所以，对于销售提的数字，你必须非常小心。

第二，计划没判断。相比销售、市场、高层管理，计划职能离客户更远，怎么可能做出更好的判断？让他们做判断，无非是根据历史需求做点调整罢了。这从根本上决定了需求预测的质量不高。

可见，问题出现的原因是销售没数字，却被迫提需求预测；计划没判断能力，却被赋予调整的权力。错误的人在做正确的事，不但做不好需求预测，而且助长了职能之间的博弈。

计划调整，一般都是打折；计划打折，销售自然会知道；为了抵消打折，销售就会加码，如需求是 100，报 120；销售加了码，计划当然会知道，于是计划就打更多的折；计划打更多的折，销售当然会知道，那就加更多的码。这样重重博弈，给供应链导入更多的不确定性，最后都形成了库存。

更糟糕的是，双方博弈让销售对过程失去控制，因为最终预测是计划定的，而销售不知道计划会怎么调整他们提供的数据。

这客观上给了计划更大的压力，实际上是由计划单方面承担预测的风险。虽说计划也可以挑战销售，说他们的预测准确度太低，但所有的预测都是错的，压力之下，计划为了避免短缺，势必增加库存，导致呆滞库存的问题更加严重。这在那些销售提需求（做预测），计划来调整（做判断）的企业非常普遍。

解决方案还得回到需求预测的根本准则上来：计划熟悉系统、数据，提供数字；销售熟悉客户、市场，提供判断，两相结合，完成“从数据开始，由判断结束”的闭环流程。这是个不可割裂的跨职能协作过程，整合了供应链前后两端的最佳智慧，才能制定准确度最高的错误的预测——所有的预测都是错的，但结合前后端跨职能最佳智慧的这个预测错得最少。

3.1.13 需求计划的绩效考核

供应链管理有三大指标：客户服务水平、运营成本和资产周转率，其目标是在提高客户服务水平的同时，运营成本要低，资产周转率要高。前一个指标是让客户满意，后两个指标是让股东满意。只有这两者都满意了，企业才可能成功。

这三大指标中与需求计划直接相关的有两个：客户服务水平和资产周转率。因为需求计划是有效对接需求和供应的关键环节，可以说是从最大限度上决定了这两项指标。同理，需求计划直接影响到运营成本，如预测失败导致的赶工加急、产线员工闲置等，尽管这些运营成本主要发生在执行部门。

这三个指标相当于凳子的三条腿，只有三条腿都差不多长，凳子才能站得稳。也就是说，三者必须兼顾，不得取舍。能力低下时，这三个指标是互相矛盾，或者说背反的。比如，要提高客户服务水平，就得多花钱，多建库存，但能力提高后，情况并非如此。

比如，一流的企业客户服务水平最高，而库存往往最低；三流企业的客户服务水平最低，但库存往往最高。为什么呢？一流的企业知道计划什么，不计划什么。这样，客户要的，他们计划了，客户服务水平就高；客户不要的，他们不计划，库存水平就低。三流企业正好相反：库存很高，客户服务水平却很低，这都归因于计划上的先天不足，以及执行上的拖泥带水。

这就是说，计划做到位，可以同时实现供应链的三大貌似矛盾、其实统一的目标。需求计划对多个供应链绩效有明显的杠杆效应。需求计划提高了，不但可以提高订单交付率，降低库存，而且能降低运营成本、采购成本、物流成本，提高生产效率。库存降低了，资金占用降低了，资金成本自然会降低。交付做好了，成本和库存降低了，企业的利润率自然会提升。

这里想强调的是，跟任何职能一样，需求计划一定要由表面上相互矛盾，但实质上相辅相成的指标驱动，这样才有可能做好，才能兼顾多方利益，做出更为均衡的决策。单一指标驱动下，跨职能协作注定困难重重，聪明人就会做傻事。比如，在那些销售提需求的公司，销售由服务水平指标驱动，供应链由效率指标驱动（库存周转率和运营成本），双方都是单一指标，表面上互相制衡，实质上互相博弈，提高了协作难度，增加了不确定性，最终会转化为更高的成本和库存。

需求计划必须由相互矛盾的指标驱动，兼顾效率和效益。它的支持职能如生产、采购也是如此。否则，需求计划就无法有效驱动内部执行职能，变成难以成功的“寡妇职位”。

比如，有个百亿级的制造企业，计划物流部履行需求计划职能，其指标是客户的按时交付和库存周转，这是一对相互矛盾但相辅相成的指标。但是，作为物流计划的内部供应商，生产、采购却是单一指标驱动，前者以单位生产成本最低为导向，后者以采购价格最低为宗旨。一分钱一分货，供应商的质量、交期和服务可想而知，对客户按时交付的影响也可想而知。生产线为了降低单位生产成本，采取大批量生产，这样换线次数少，生产效率高，但在客户需求日益小批量、多品种化的情况下，大批量生产的结果是订单履行周期长，客户满意度低，屡屡投诉，计划、物流部焦头烂额。

这里的根本问题是两个内部供应商没有服务水平的指标，如生产对计划的承诺是 *X* 天交货，95% 的情况下兑现；采购对生产的承诺是 *Y* 天交货，95% 的情况下兑现；如果有紧急需求，从计划到生产到采购又设立相应的绩效指标。服务水平是横向指标，是把供应链各职能围绕客户集成起来的关键，也是让需求计划成功的关键。当然，另一个解决方案是计划与执行的严格分离，生产也由计划物流部来安排，计划是计划，执行是执行，生产和采购必须严格按照计划的安排执行，那大批量生产和大批量采购就不存在。但是，这对计划的要求更高，在管理粗放、执行兼职计划的企业很难做到。

我们平日说：“计划是供应链的龙头，而需求计划又是计划的龙头。”“龙头”驱动供应链有效运作，靠的就是从采购到生产到计划的横向服务指标。供应链所谓的“链”就是由这些横向服务指标串起来的。要知道，运营成本和库存周转指标是纵向指标，以效率为主，自上而下传递，会促进员工与老板之间的协作，却是形成部门壁垒的根本原因。这也是为什么采购、运营和物流职能从有了公司的那一天就有了，但由三者环环相扣而成的“供应链”却只是最近三四十年的事。最近几十年来，北美大力推广的客户导向就是为打通职能之间的壁垒，其关键的武器就是供应链上一环与另一环的服务水平指标。

很多本土企业在经历了多年的快速发展后，经营规模大增，复杂度也是，客观上需要强化计划能力，尤其是需求计划。需求计划设立后，企业的期望很高，希望在提高客户服务水平、降低库存和运营成本上大有作为。也就是说，企业对需求计划的考核是全面的。但是，对于需求计划的内部支持职能并没有类似的考核，仍以纵向的效率指标为主。结果就是需求计划很难得到兄弟职能的足够支持，发挥应有的作用，且沦为数据收集者，看上去可有可无，甚至被精简掉。

3.1.14 预测不是衡量准确性，而是偏差率

预测就如赌博，赌对说明了什么？成功没有必然性：我们其实很难分析赌对的原因，除了基本的“从数据开始，由判断结束”的需求预测流程，以及选择更合适的数理统计模型。即使两者都做对了，你还有可能预测失败。所以，从赌对中，我们很难学到太多的东西。这就如你问一位 90 多岁的老寿星的长寿秘诀，他说他吃饭、运动、睡觉。其实，他也不知道为什么长寿，否则为什么不教给他的老伴儿，这样，老伴儿就不会在 30 年前去世了。

成功并不能让我们更聪明多少，也很难复制。人之所以变聪明，是因为我们从失败中学习。具体地说，就是坚守基本准则，尽量避免失败，这样就增加了成功的概率。

对于需求预测来说，坚持基本准则就是选择最合适的统计模型，走“从数据开始，由判断结束”的基本流程。要避免失败，就要从预测的偏差率中去发现——所有的预测都是错的，识别偏差，纠正差别就是调整预测的过程。

需求预测就如发射导弹，一路飞去，一路纠偏。命准目标的过程其实就是纠正偏差的过程。

让我们先来看预测的偏差是怎么计算的。概念上很简单：实际值与预测值的差就是偏差。但预测是个循环更新的过程，如果每月滚动，每一个月就有个预测。那么究竟该用哪个月的预测来计算偏差？这取决于供应链的响应周期，如在有些行业，生产周期加上长周期物料的采购提前期，大概在 3 个月左右。因此，理论上讲，用 3 个月前的预测（M−3）最合理。M−3 的偏差率一般会非常高，会揭示太多的“问题”。其中，最大的问题就是预测做得太早而不准，解决方案就是缩短供应链的响应周期，这样就不需要那么早做预测了。所以，时间是最大的因素。

让我们打个比方。乔丹职业生涯投篮命准率是49.7%，这是他在三分线内外的命准率。假定乔丹一过中场就投篮，估计命准率只有5%。分析为什么95%的球都投丢了，结论很容易，就是他离篮板太远了。其实，即使乔丹冲到篮下，跟篮板的距离是0，上篮命准率也不是100%。这意味着在距离因素以外，还有别的因素在影响他的投篮命准率，如投篮的姿势、手腕的发力等。这些其实是可以控制的，但因为被距离因素掩盖掉了，反倒没有被发现。

有些企业用M-1来统计偏差，即用1个月前的预测作为基准。这有一定的合理性，因为很多行业需求预测的冻结期大概是1个月以内（意味着数量、配置和日期都不能改变）；如果进入冻结期还改变预测，那对生产和供应链的代价很高，所以必须严加控制。半冻结期大概在1到2个月，这段时间内的需求变化需要供应链想办法消化。这样，冻结期内的问题由销售买单，半冻结期内的变动由供应链买单，算是个折中方案吧。

但是，对于芯片等采购提前期很长（动辄就13个星期或更长），供应灵活性很差的情况（芯片生产流程很长很复杂，人工干预困难），M-1对供应链来说就有点不太公平——M-1的预测准确度高，但太迟了，因为供应链的决策早就做了。这就是为什么有些企业用M-2来统计预测的准确度，分析其偏差度。当然，还有些企业采取更折中的方式，用M-1、M-2、M-3的平均值统计需求预测的差异，这在操作上有点复杂，而且多个数据一旦取平均值，就会掩盖不少有用的信息，指导意义有多大，还有待商榷。

其实，采用多久前的预测做基准，往往是销售与供应链力量博弈的结果：销售的力量越强，就选择更近期的预测做基准；供应链的"胳膊越粗"，就可能用越久前的预测做基准。也就是说，如果两家公司都说它们的预测偏差是30%，一个用的是M-1，另一个用的是M-3，那它们的差距将很大。

定义好了偏差怎么计算，让我们进一步探讨差异是怎么分析的。总的来说，我们感兴趣的有几个方面：绝对偏差（绝对值）、相对偏差（百分比）、偏差的方向（偏见）。

先说绝对偏差。假定需求预测是100，实际需求是80，那么绝对偏差就是20。除以实际需求80，就得到绝对百分比偏差25%。看得出，绝对百分比掩盖了偏差方向，没法判断预测是虚高还是虚低。比如，需求预测是60，实际需求是80，其百分比差异也是25%。但这是预测虚低，会造成短缺，跟预测100、实际80造成的过剩不一样，对供应链的影响也不同。

这就是为什么有些公司拿掉绝对值，直接计算预测和实际的偏差百分比。

这种偏差可以清楚地判断预测与实际的偏差方向，以揭示需求预测中的系统性偏见。比如，有几个销售人员习惯性地高估需求，而别的销售人员时高时低，更加符合统计学规律。根据这样的分析，就可有针对性地采取组织措施，纠正这几个销售人员的行为。

有的公司把预测和实际的偏差值累计起来，得到累计偏差，以判断预测的累计影响。比如，1月、2月、3月的预测偏高，4月、5月、6月的预测偏低，半年加起来可能抵消，从而没有造成呆滞库存。不过，没有呆滞库存并不意味着没有别的问题。比如，基于前3个月的过高预测，供应链可能不得不赶工加急，造成额外的运营成本；由于后3个月的预测偏低，工厂可能遣散一部分员工，产生遣散费用。可以说，一旦汇总，很可能冒丧失某些信息、掩盖某些问题的风险。所以，预测的累计偏差一般不独立使用，而是和别的偏差指标一起用。

此外，还有很多偏差的统计方法，如统计预测值与实际值之间的方差、均方差，以衡量偏差的幅度和离散度。无论用什么样的统计方法，超过一定限度的就会成为异常值，需要根源分析，采取纠偏措施。需求预测虽说是“预测”，但其实大部分时间都在纠偏：发现差异、分析差异、理解差异、采取纠偏措施，如更换统计模型，与销售、市场、产品管理会面讨论，和关联职能协商等。正是通过处理一个个的“例外”，我们才得以避免失败，从而取得成功。这就如要长寿很简单，只要解决那些可能让你死去的“例外”，活着就是长寿。

【专题一】长周期物料的预测：需求预测的一大难点。

对于长周期物料，我们之所以专门探讨其需求预测，是因为它们对供应链的影响尤为深远。就供应链来说，一个行业之所以难以对付，关键就在于那些长周期物料，如芯片、显示屏、定制化程度高的关键零部件。

长周期物料难以预测，难以执行，给我们带来很多的挑战，以至于人们对长周期物料谈虎色变，甚至恨之入骨。其实，一个行业的门槛主要是由这些长周期物料决定的：在技术上，它们提供了差异化优势；在管理上，它们把管理落后的企业排除在外。如果没有那些长周期物料，我们的日子只能更差：入行门槛很低，竞争白热化，你经受的便是红海中的煎熬。相对而言，越是有差异化优势的行业，如大型设备、多品种小批量行业，长周期物料越多；越是大批量行业，长周期物料的比例越小，竞争优势越难以持久。

通过“供应链管理专栏”微信公众号，我们调查了不同行业、不同公司，了解它们是如何预测长周期物料的，有几十个专业人士分享各自企业面临的挑战，以及它们的应对方案。在这里做个简单的汇总、分析，供大家参考。出于保密的目的，大多参与调研者不愿意留下公司、姓名、职位等信息，这里以匿名的方式来汇总。

对于长周期物料的预测，最简单也是最直观的方式就是建立成品预测后，通过运行 MRP，打开 BOM，自动生成物料层面的需求预测。比如，在一次问卷调查中，有个读者告诉我们：他们的销售部门每月更新成品需求预测，成品通过 BOM 拉动材料预测。如果出现超过预测的情况，就要和供应商协商压缩周期。采购会根据具体情况建立一定的安全库存。

但问题是，在很多情况下，成品层面的预测很难确定，定制化程度越高、供应链周期越长，情况就越是如此。“皮之不存，毛将焉附。”所以，常见的替代方案就是在长周期物料层面独立做需求计划，这也是我们这里要探讨的。

一位智能手机制造商的计划人员说，他们的长周期物料是通过销售与运营计划（S&OP）输出，计划委员会审核后做出来的。而典型的 S&OP 是由计划主导，协同销售、产品、供应链等职能。这是比较正式的做法。在管理粗放的企业，有的由销售负责，根据销售产品一年内的预测需求，结合历史消耗记录制订，每月更新一次；有的由物控、生产计划、计划 + 销售 + 采购一起讨论。

有的企业是由产品经理负责。比如，有个企业的长周期物料主要集中在电子元器件上，因全球指定品牌和厂家，受国际市场需求和厂家产能影响，很多采购周期长达 4 ～ 5 个月不等。预测主要来自上层产品的需求，一般由上层产品的产品经理（负责该产品的研发、上市和维护等）负责提供。有的企业是市场和计划共同决定（“共同”负责很可能是没人负责）。还有个企业是由计划和采购部门共同给出长期预测，同时让供应商适量备库存。还有个企业专门设立一个部门，叫 CPMC，集中管理长周期物料，基本每周都在和销售回顾预测。但不管是哪个部门做，企业都意识到了长周期物料的重要性，所以由最优秀的员工来做。比如，有的企业是由计划科长做，每个月滚动更新一次；有的企业由计划部牵头，与销售、研发计提决策，贵重物料要求总经理参与，每月更新，当市场波动大时每周更新。在一般的企业，此类物料的计划一般归最有经验、最资深的一两个计划员负责。要说压力，是这几个人在担负着物料方面的最大压力，不管是计划、执行，还是短缺、过剩。

一位职业经理人说得好：“长周期物料的预测关键是端到端的思维，即贯通客户端与供应端，再回到客户端，并不断修正。”他认为，这是产销协同能力的绝对体现，或者说是制造型企业运营管理水平的一个标志。一般来说，长周期物料是滚动预测，无论是借助 IT 系统还是 Excel 表单。在实践中，他发现很多滚动计划的人容易纠结，该填出 12 周或 8 周的只填上 3 周、4 周，其余格子都空着，理由是前端没有给客户订单预测，ERP 算不出来，他们也不敢随便填。那时他会规定计划人员不许空格，要么填 0，要么填上其他数字，空格就是不作为。“所有的预测都是错的，但有一个预测总比没有预测要好”，要驱使供应链人员尽责地去获取与分析预测。

还有一位职业经理人认为，长周期物料是产销协同痛点。在他看来，先要明确长周期物料对应的成品，是 MTS 还是 MTO 模式在按库存生产（MTS）下，成品库存可以作为缓冲，应对长周期物料的预测不准。对于 MTS 的产品来说，需求相对稳定，长周期物料的预测也相对较连续，供应渠道的不同阶段都有库存，可以通过赶工加急等方式，更快地驱动供应链响应来弥补预测的不足。

对于按订单生产（MTO）的产品来说，长周期物料更难应对。在这位职业经理人看来，有两类方案可供考虑。其一，对预测进行 KPI 考核，以提高预测质量，但这也只是一定程度上的改善。其二，把长周期层层剥开，在成品、半成品等环节建一定的柔性库存，推拉结合，优化组合库存和运营成本，以便在订单大幅波动后，仍能快速拉动响应。

这位职业经理人认为，推拉结合的决策很难。一是涉及供应链利益和风险共担——链主企业习惯利益最大化上游，风险最大化下游，不愿承担推拉结合处半成品库存的风险。二是此类库存的建立也要基于预测，而这正是我们所欠缺的——这要求对产品的历史销售数据有清晰的掌控，如识别、纠正由于缺料扭曲了的销量，同时要熟悉后续的市场整体走势、份额规划、可能的促销政策、季节因素、产品的技术切换等。最关键的是，企业领导要理解柔性和快速响应的代价，即相应的库存风险。

对于长周期物料的预测，作为采购方，有所作为比无所作为更重要。正如一位职业经理人所说：“放手不管，由供应商自己捣鼓预测，预测准确度只能更差，因为供应商更加远离需求，到头来难以保证供应，双方关系破裂的可能性大。”事实上，作为采购方，必须有所作为，制定需求预测，与供应商沟通、协作。比如，采购方尽其所能，给供应商提供 26 周 +3 个月的预测，其中前 13 周目标是 80% 的准确度，13 ～ 26 周是 80% ～ 150% 的准确度 9，

3 个月的数据仅供参考。每个月结束后，对比前 13 周的数据差异，达成内部一致意见，调整预测，并和供应商沟通。

这位经理人还强调，针对具体的预测，要落实到供应商的下级供应商，如毛坯的原材料、过程库存和成品库存等，并和下级供应商的老板沟通，以获得支持。在执行一面，每天的订单交货必须逐行落实，保证在途库存按期到达，提高工单中的物料齐套率。最后，如果有设计变更，一定要非常小心地管理，维护供应商的正当利益。

总体上看，长周期物料集中体现了供应链的三道防线思想：①所有的预测都是错的，但有预测总比没有预测强——长周期物料必须由预测驱动，以准备产能、原材料等，没有预测，供应链的各个环节只能自己做预测，结果陷入多重预测、多重博弈的困境。②需求预测错了，设立安全库存来应对，包括过程库存。③需求预测和库存计划的先天不足，需要执行来弥补，如适当集中采购额，整合供应商把自己做成大客户，以有效驱动供应商响应；让供应商有一定的灵活产能，应付一定百分比的需求增幅；提前与供应商商定取消订单的条件，如提前 13 周可免费取消，提前 8 周支付 x% 的价钱，提前 4 周支付 y% 的价钱等。

一个很关键的因素，在这次的问卷调查中没有被提及，就是标准化、模块化、通用化设计，控制多样化设计，降低产品的复杂度，降低长周期物料的库存风险，以便更好地建立推拉结合点，把库存往需求点推。限于篇幅，这里不予细谈。

【专题二】计划体系改进：不能忽视现状的合理性。

计划体系的改进是众多本土企业的共同挑战，需要有经验的专业人士推动。经验丰富的职业人士大都来自跨国企业，而跨国企业的很多做法，不管看上去多么合理，都不能简单地搬到本土企业。

有一位供应链职业总监，十多年来，一直在通用电气这样的大型跨国企业做事，熟悉成建制的系统、流程和供应链管理。这两年转到本土企业，且是民营企业，环境大变，很多做事的方式也不一样。这个民营企业请他来，看重的是他在外资企业的经验，希望他带来外企的做法，帮助完善他们的供应链管理。但一段时间下来，越是了解，他越是怀疑，这些跨国企业的做法虽说是经过时间验证的最佳实践，但如果实施到民企，是否真的可行。相信很多"空降兵"有同感。

企业行为是理性的：做什么或者不做什么，怎么做，其实都是基于现有能力的理性应对。这也是说，在企业里，尽管有些做法不是你希望看到的，但你不能忽视现状的合理性。这种合理性是基于现有的能力。不改变能力，仅改变做法，往往行不通。“空降兵”和第三方咨询往往“死得很惨”，就是因为没有认清这一点，一开始就质疑企业的组织架构、文化、绩效管理等现行做法，而不是试着去理解企业为什么这么做。

就计划体系来说，我们访问过很多公司，发现即使是几亿元甚至二三十亿元的规模，也没有专职的计划职能。在这些公司，计划与执行合并在同一职能，甚至是同一岗位。比如，在工厂，生产计划经常由生产经理兼任；在门店，补货和库存计划往往由店长兼任；在仓库，配送计划由库管兼任。

执行职能兼职计划的问题有三：其一，公司大了，兼职者的时间被执行层面的琐碎杂事挤占，留给计划的时间不足，导致没有足够的资源做计划。其二，随着业务规模的增长，业务复杂度剧增，如从开 1 个店到开 10 个店，再到开 100 个店，从量变到质变，对计划的能力提出更高要求，兼职者的主要业务是执行，没有足够的专业能力做计划。其三，计划、执行不分开，不利于充分暴露计划不足的问题，客观上不利于计划的持续改进，而一旦计划和执行分离，执行者抱怨最多的就是计划者。

很简单，企业到了一定规模，计划由执行来兼职的做法不合理。这也是为什么在建制完善的公司，计划有计划部门，执行有执行部门。既然不合理，这种兼职的做法为什么会存在呢？我们下面想说的是，在计划所依赖的系统 / 流程和人员技能不足的情况下，由执行职能来兼职做计划，这是一种理性选择。

专业的计划“从数据开始，由判断结束”，其基础是数据和信息，是数据驱动的。比如，在建制完善的企业，计划团队有专门的计划软件，能做各种各样的分析；ERP 里的数据很完整，每个客户、每个工厂、每个料号多年的需求历史都储存在系统里，数据的准确度也很高。计划员坐在办公室里，凭借历史数据和产品的材料清单（BOM），就能把百分之八九十的计划工作做了，如计算预测、设定库存水位等。剩下的不确定可以征求销售和客户服务等的意见。

这就是为什么在肯德基这样的企业，专职的计划团队能够存在。对于全球的每一个店面，对于每一道菜，昨天、上周、上月、去年的今天、前年的今天卖掉多少，都一清二楚；系统里数据是相对完整、全面的，乃至对气温如何影响销量，都可建模分析。这种情况下，由专业的计划团队做计划，自上而下地告诉每个门店，你应该进多少根鸡腿、卖多少个汉堡、准备多少个鸡翅，是可行的做法。

但是，对于一个本土的中高端餐饮企业，专职的计划团队则难以生存。这个企业这几年快速发展，很快扩展到几十亿元的营收，100 多个门店，门店有自己的系统，跟整个公司的 ERP 还没对接，历史销售数据虽然还没有仔细研究，但根据我们的经验，准确度不高，而且有好多新店甚至没有一年的历史，自然就谈不上历史数据了。这种情况下，如果你采取肯德基的做法，设立专业的计划职能，坐在公司的总部，指挥各地门店的运作，自然是盲人骑瞎马了。

数据不足，系统不完善，计划就只能依靠经验应对。而在一个门店，谁的经验最丰富？店长和厨师长。于是，店长兼职做计划，预测每天、每周每道菜能卖多少；厨师长兼职 MRP 的工作，把每道菜的 BOM 打开，根据库存状况，计算每种原材料的净需求，驱动中央厨房和供应链执行。作为一个供应链专业人士，不难发现这种做法问题很多，但在当前的能力下，你能想得出更好的做法吗？

这就是为什么我们一再强调企业是理性的，尤其是规模大了，它做什么、不做什么、如何做、由谁做，都是在现有能力基础上的理性选择。不改变能力，就很难改变做法；即使改变了做法，往往也达不到期望的效果，没法持久，最终又回到老路上去。

那么，究竟什么是能力呢？简单地说，能力就是组织、流程、系统的综合。

就计划和执行分离来说，设立专门的计划职能是个组织措施，但分离后两者之间需要流程对接，管理能力不足时，计划和执行之间的对接困难。职能分离往往触动了利益分配，常见的问题就是执行部门故意设置障碍，不愿分享数据信息，导致职能之间的流程不通畅，计划职能面临的是闭门造车。同样，流程不通畅意味着各职能没有各司其职，结构化的数据也难以在信息系统积淀——结构化的信息来自结构化的操作，若不按规定的流程操作，就没有结构化的操作，自然没有结构化的数据。

要知道，专职计划职能的运作是基于信息的，而信息来自两个方面：结构化的信息来自信息系统，非结构化的信息来自兄弟职能。信息系统的力量不够，计划职能就无法有效得到结构化的信息；组织间的流程不通畅，计划职能就得不到兄弟职能的非结构化信息。流程和系统无法有效支持组织，计划和执行就无法真正分离，只能一锅粥地往前走。在建立专职的计划职能时，流程和系统就成了很难跨越的坎。即使在组织力量的推动下，独立的计划职能建立了，也很难发挥应有的作用，最后又返回到执行职能兼职做计划的状态。

比如，有个制造企业，每年几亿元的营收，在计划与执行分离后，流程和系统没法有效支持，生产和采购对计划的意见较多，迟迟无法真正建立独立的计划职能。还有个贸易商，每年十几亿元的营收，专职的计划职能达不到期望，就又返回到销售兼职需求计划。还有个几百亿元营收的制造商，成立了独立的需求计划，但达不到期望，在机构精简时就被砍掉了。这些都是组织、流程和系统不配套，导致组织措施没法落实。

【专题三】改善计划以改善供应链：一个本土企业的变革之路。

我们这里谈一个具体的本土企业，看最近几年来，他们如何从系统、流程和组织三个维度改善供应链计划，通过改善计划来改善供应链绩效。

高速发展后，供应链管理遇到瓶颈。

X 公司成立于 20 世纪 90 年代中叶。在过去 10 多年的高速发展期，X 公司不断拓宽和精耕渠道，和很多同行一样强调压货，抢占经销商仓库和资金，并开拓餐饮、酒店、电商等新型渠道。但伴随着规模的不断增长，X 公司的压力越来越大，主要表现为运营端的成本压力，以及供应链对营销端的支持乏力。

因其本身的规模和产品的特殊性，X 公司的物流费用占比很高；淡旺季明显，频繁的切换难以控制，导致生产成本居高不下；库存结构不合理，造成交付问题较多，调拨成本高昂，同时影响了产品新鲜度，带来大量的临期产品处理费用。如何优化整体供应链运营成本（不但包括显性成本，而且包括隐性成本）？这看上去是执行问题，但要从改善计划开始。

X 公司意识到，预测准确性是成本、交付和库存问题的最大根源，提升预测准确性成为 X 公司最迫切的愿望之一。他们也理解，这是个系统工程，需要聚焦整个后端运营的神经中枢——供应链计划，包括供应链网络规划、需求计划、生产计划、高级排产和补货计划等。

在管理层的推动下，X 公司从 2009 年开始了漫长的供应链改进之路。在这里，我们复盘这些年来 X 公司的一些关键举措，看其是如何从组织、流程和信息系统三个维度改善供应链计划的。X 公司通过改进计划来改进供应链的绩效，支持企业的增长战略，在 6 年间营收增长了 3 倍。

第一阶段：补齐信息系统短板，希望借助 IT 系统走出管理困境。

企业快速发展到一定规模，组织、流程和系统上都会短板重重，但信息系统的短板尤为明显。为什么呢？组织和流程是活的，容易改变，改变相对而言是短周期的，如老板一句话，有些组织调整、流程改变就会发生，而信息系统是死的，很难改变，改变是个长周期行为——在信息系统上，你三年后要解决的问题，跟今年忙的问题八成没什么两样。当规模较小时，企业习惯通过组织和流程来弥补信息系统的不足。但到了一定规模，如几亿元、几十亿元的规模，从量变到质变，信息系统的短板就一定要补齐。

对 X 公司来说，虽然信息化工作一直走在同行的前列，但还是短板较多。2009 年，X 公司开始寻找合适的供应链计划工具。2010 年，该公司率先引入供应网络规划系统，进行产能规划、仓储布点规划和发货路径优化（当时仅启用了发货路径优化）。2011 年又引入供应链计划系统，实现需求预测、协同计划、主生产计划、补货计划等业务信息化。这两套系统的引入，在当时都可以算是“敢为天下先”，特别是在民企当中。

在使用了网络规划和计划系统后，某公司的配送中心从 20 多个减少到 5 个。更重要的是，某公司也结束了办事处提报 1+3 月需求预测的历史，改由生管部按历史数据做统计预测、办事处进行调整，就 12 个月的需求预测达成共识，驱动供应链计划，而且供应链对最终需求预测有决定权。

或许有些人会说，供应链远离市场和客户，为何由它来主导需求预测？其实就消费品而言，需求预测不是跑市场跑出来的，而是分析出来的。虽说业务人员熟悉前端市场，但他们的经验更多的是感性和碎片化的，如铺货率、促销计划执行率、竞品情况等，这些因素不是预测的主导因素，而是影响因素。所以，销售更加适合成为预测的支持者，他们的天职不是做预测和计划，而是攻城略地，抢占市场，他们更多的是情绪化而非理性的。供应链做需求预测，也是拿理性中和销售的感性。

同时，营销端开始重视终端拉动和渠道库存的管控。由于规模和品牌影响力较小，某公司对渠道的控制力要比主要竞争对手弱。既然不能控制渠道，那就抢占终端吧。于是，某公司将其主要资源投入一线终端，这一措施使其在经济衰退期也受益无穷，仍能保持一定的增长。而对于渠道，某公司也做出了调整，不再寻求掌控多级销售渠道，而是重点管控好直接交易的经销商，并且管控不再是简单压货、占用资金。某公司希望和经销商建立良性共赢关系。为此，他们改变了对业务人员的 KPI 考核，从 100% 考核经销商进货改为 100% 考核经销商出货。对于大区经理，则是出货和进货并重，各占一定比例。

2010 年，X 公司还同步推动经销商管理系统，包括上单管理。对于规模和品牌力较小的 X 公司来说，这完全是依赖返点奖励等激励政策，还有总部坚持不懈的努力。经过 6 年的艰苦奋斗，2016 年渠道库存准确率达到 95%（SKU 级别），同时可以监控到保质期。为了帮助经销商管控好产品的健康度，X 公司将效期管控指标压给了业务人员。

这里特别要提到的是，在激励政策引导下，经销商完全是自主上单，自主决定进什么货、进多少，X 公司不再通过业务代表强制管控，而是通过终端的拉动和激励政策来引导。这些从根本上改变了向渠道强拧压货的做法。在 X 公司内部，订单管理已经从营销端转入供应链——这是很多供应链管理较强公司的普遍实践，渠道库存的控制也是供应链的职责之一。

第二阶段：系统领先流程，变革推行遇到阻力。

信息系统的实施是个长周期任务，尤其是组织、流程等配套跟不上的情况下，X 公司也不例外。由于缺乏业务咨询的支持，需求计划、补货计划、主生产计划等主要模块的实施历程相当漫长：2011 年开始调研，2012 年 6 月项目正式启动，2013 年 1 月上线运行，但一年后部分模块停止使用。经过一年的经验总结，在系统顾问和 X 公司的共同努力下，2014 年 11 月再次启动。其中的波折主要如下：

第一，系统培训时几乎是全英文，培训效果打折很多，很多用户未能深入理解供应链计划系统后面的复杂逻辑以及设计理念，之后的配合度也打了折扣。

第二，没有事先梳理和优化流程，而是直接用软件驱动计划流程的改善。但是，信息系统没法解决流程层面的问题，系统顾问也没能力推动流程变革（流程变革也不在项目范围内），如果勉强将原有作业流程复制到系统中，就会削弱系统的应用效果，产生流程与系统冲突。

为了更好地学习系统的精髓，当时的 CIO 建议系统供应商直接培训公司内部顾问，由公司内部顾问负责开发、测试、实施和上线支持。这是一个很好的提升内部顾问水平的机会，只是打折的培训效果，加上年轻的开发团队，反而给整个开发、测试、上线支持增加了很多工作量，也影响了用户对系统的实施信心。

这里还要特别说明，在推行供应链计划管理系统时，X 公司既没有全职专业的需求计划经理，又没有集成的供应链管理职能，处于执行职能兼职计划的阶段：生产部管理供应计划，销售负责需求预测，补货计划自下而上来自业务员要货。信息系统要求规范化的业务逻辑，专业人做专业事，这与现实流程产生了剧烈的冲突。

对于整个供应链计划改进项目，X 公司也一直尝试找到合适的角色来领导和推进，从 CIO 到物流总监，最后直到成立全新的供应链市场统筹部，可以说，整个探索过程是对供应链管理职能的反复探讨和定位过程。

第一次选择：CIO。当时，管理层认为这是一个 IT 系统项目，同时考虑 IT 部门接触面广，如熟悉各种信息系统供应商比业务的视角更开阔，于是决定改变供应链计划流程优化项目负责人，从生产营运中心总经理换成首席信息官（CIO），走的是 IT 倒逼的道路。但是，CIO 的挑战有二：①他同时负责很多 IT 项目，投入此项目的精力有限；②供应链计划涉及很多的业务逻辑细节，CIO 更多的是信息系统导向，没有能力深度理解和梳理业务流程。

第二次选择：物流部总监。当发现 IT 倒逼的效果不佳后，2014 年，公司管理层再度调整项目负责人，换成物流部总监。其逻辑是项目的主要任务是节约物流成本，所以应该由物流总监主导。事实上，物流总监忙于日常琐碎的、具体的执行类工作，而供应链计划系统是以抽象思维、逻辑思考为主。物流总监缺乏相关的专业知识，对项目的热情、参与力度和引导力度不够。一没时间，二没能力，物流总监在这个项目上作为有限，也就不足为奇了。

第三次选择：成立全新的供应链市场统筹部——集成的供应链管理职能诞生了。意识到物流只不过是供应链的一个执行环节，而供应链计划的改进需要更系统化的整合视角，最终公司决定成立全新的供应链市场统筹部，整合职能部门中的计划职能，包括原属销售部门的需求计划、原属生管部门的供应计划、原属物流部门的补货计划。为了强化其对前端的整合要求，这个新职能还特别强调“市场”二字，希望不仅是供应链计划能力的整合，还要关注前后端的协同。这种架构既整合了所有的计划职能，又完成了计划与执行的分离，从而能够更加专注整体、前瞻性的规划，而不是事后的调整。

第三阶段：供应链渗透前端，支持通路，实现订单和库存管控的模式变革。

为了让销售和经销商更专注销售、市场和终端拉动，供应链需要承担更多职责。

于是，由供应链市场统筹部总监领衔，X 公司推动了供应链计划优化的第三阶段，主要是下述几个领域的持续改善：产能规划、仓储规划、物流路径规划、需求计划（销售在大区层面协同需求预测，但由供应链做最终决策）、主生产计划、大宗物料需求计划等。在全国层面，这些都由供应链市场统筹总部负责。

在订单管理方面，X 公司把全国订单供需平衡也纳入供应链市场统筹部。原来的做法是配送中心和经销商自下而上地上单——他们能看到公司的库存，根据库存等情况决定进什么，进多少。现在，X 公司调整了这个做法：对于自己的配送中心，改为自上而下由系统主动推送补货建议，物流部门可以修改调整，这样提高了货物配送的全局优化，提升了铺货效率和均衡性；对于经销商，为了获取真实的需求信息，不再给经销商库存信息，要求经销商不看库存上单（盲上单制），避免了供应导向下的抢货、囤货等博弈行为（以前经销商看到 X 公司库存较低，有可能担心断货而一窝蜂地抢货）。

为此，X 公司也放弃一些短期利益，如物流部门不再考核库存管控，营销部门不再考核物流费用。订单管理也纳入了供应链部门，形成了订单驱动下的端到端供应链集成管理体系。

此外，在二期项目的基础上，X 公司还扩展了供应网络规划系统和供应链计划系统的功能，并实现两个软件数据的自动对接，每月做一次物流路径优化，每年做一次产能规划、仓储规划，将原本静态的日常供应网络管理改为动态模式，大大提升了物流效率，也最大化了预测改善后的应用效果。

纵观整个变革过程，令人印象深刻的是 X 公司管理层在变革受阻后，没有简单地怪罪系统而放弃，而是总结经验教训，甚至推倒重来。当方向正确时，变革成败取决于管理层的毅力，在这个案例中得到再一次的体现。

从变革历程中可以看出，X 公司的供应链变革不是在执行层面，也不是单个部门优化，如生产精益、物流自动化或者采购降本，而是聚焦整合能力的提升和总成本的优化。这个整合是在提高供应链的软性竞争力，一个很多企业尚未意识到的领域。当经济下行期到来后，供应链的软实力会愈发显现出它的优势。

在渠道管理上，很多企业倡导“借力打力”，如压货给经销商，逼着经销商开拓新的市场。X 公司强调的是“减负发力”，其不仅为销售减负，还为经销商减负，将预测、订单、库存管理等任务逐步转移到供应链端，让销售和经销商轻装上阵，专注开疆拓土，回归其营销的天职。在这里，供应链不仅是产品提供者，还是服务提供者，是企业竞争力的关键构成。

3.2 第2道防线：合理库存计划

3.2.1 预测之不足，安全库存来应对

世界不完美，特别是在供应链运营的世界里。这表现在需求和供应充满了不确定性，如预测是每天100个，实际需求可能是120个，也可能是70个；供应商说是3周供货，有时候都4周了，货还没有到。对于不确定性，供应链的自然举措就是建立安全库存。事实上，库存计划是供应链的第二道防线，主要指的就是安全库存，它是库存的关键构成，也是最难对付的库存。

一般而言，库存可分为以下三类。第一类是周转库存，这是由周转周期决定的。比如，生产周期是3周，那生产线上就有3周的过程库存；运输周期是28天，那就意味着有28天的在途库存。第二类是安全库存，用来应对需求的不确定性、供应的不确定性，以达到既定的客户服务水平（有货率）。第三类是多余库存，如预测失败、订单取消、最小起订量等造成的库存。周转过程中充满不确定性，所以安全库存往往跟周转库存并行。需求预测没法回避，安全库存也是。

在企业里，多余库存一般最受关注，因为那是已经发生的，特别是成为呆滞库存，"死"在那里，人人都看得见，是个问题。多余库存就如孩子已经生下来了，你要么自己抱着，要么送给别人抱着，除此之外，能做的其实很有限。所以，我们在本书中不会谈多少多余库存的事。

周转库存一般会得到相当多的关注。周转库存 = 需求预测 × 周转周期，其中周转周期一般假定是恒值，需求预测则会根据实际需求和市场变化及时调整。这一点我们在第一篇详细谈过，这里不再赘述。

安全库存是三类库存中最不被关注的。一个根本原因是很少有人真正理解安全库存，一般都是凭经验放一定天数的用量，一笔糊涂账，从糊涂开始，由糊涂结束，安全库存就只能当作"必要之恶"放着罢了。

严格地说，安全库存的高低取决于三个因素：①需求的不确定性——需求变动越大，需要的安全库存就越多；②供应的不确定性——供应越不确定，需要的安全库存就越多；③有货率的要求（服务水平）——服务水平要求越高，安全库存水位也就越高。前两个因素在操作层面就可确定，如量化过往需求和供应的不确定性（后面会详细讲到），而服务水平貌似很细微琐碎，实是公司运营策略的重要构成，显著影响着运营成本和库存周转率，是个战略层面的决策。

相对而言，在很多企业，供应链的第一道防线——需求预测做得不够好，但企业意识到了，在改进；供应链的第二道防线——安全库存其实设置得更不合理，但企业还没有意识到，自然也就不会改进了。所以，越来越多的企业在导入销售与运营计划，根本目标之一就是提高需求预测的质量。遗憾的是，在很多公司，安全库存只是停留在执行层面，甚至没法引起运营层面的足够重视，遑论高层管理了。

3.2.2 安全库存的设置：库存计划的看家本领

如果计划是供应链领域专业度最高的职能，那么库存计划就是计划职能专业度最高的，而安全库存的设置就是库存计划中技术含量最高的一块。

那么，究竟怎么设置安全库存呢？那就是量化需求的不确定性、量化供应的不确定性和量化服务水平，“从数据开始，由判断结束”，在数据分析的基础上适当调整，得到最后的安全库存水位。下面让我们一步一步来说明。

第一步：量化需求的不确定性。

前文说过，企业的需求有一定的可重复性。当需求相对稳定时，我们可以通过计算需求历史的不确定性估算未来需求的不确定性。需求的重复性是个重要的假设，也符合实践中的很多情况。对于电商，我们常用过去 13 周的销量来预测未来 13 周的需求；对于工厂的 MRO，设备运行稳定，未来的备件需求跟过去的需求一致；对 4S 店，轮胎、机油、刹车片等需求也一般符合这个规律。

我们用过去 20 周的需求历史数据计算每周的平均需求，以及需求的标准差。这里需求的标准差代表的就是需求的变动性，它统计的是实际需求与预测值（在这里是平均需求）之间的差异。标准差越大，表明需求的变动性越大，反之亦然。

这里假设需求符合正态分布，这在需求相对比较稳定、需求相对频繁的情况下一般会成立。在需求很不稳定或者需求很低的情况下，正态分布往往不合适。这时，我们需要找更合适的分布来模拟，如泊松分布，相应地找出类似标准差的参数，以此量化需求的变动性。

在量化需求不确定性时，我们要注意数据样本的大小：样本数太小，代表性就不好。这就如用一系列的点来模拟正态分布曲线——点数越多，画出的曲线就越准确。在计算安全库存时，我们一般会用 13 周的数据，即 13 个数据点。13 周是 3 个月，一个季度，在管理上比较常用，沟通起来比较容易。如果少于 13 个点，特别是少于 10 个数据点，那么模拟一个正态分布曲线就比较困难，准确度也可能打折。

有人会说，是不是数据点越多越好？不一定。要获取更多的数据点，一种做法是用更长的需求历史，如选取 52 周的需求，但风险是失去了需求的代表性，特别是那些季节性明显的产品。另一种做法是把需求拆分得更细，如把每周拆分成每天，我们的风险需求可能不再符合正态分布，必须用二项分布等描述。

第二步：量化供应的不确定性。

供应的不确定性一般指供应周期的不确定性。在企业的 ERP 系统里，围绕订单会有多个时间点，包括订单发出的日期和收到货物的日期。这两个的差值就是供应周期，即交期。

严格地说，供应商的交期或生产线的生产周期只是供应周期的一部分。实际上，供应周期是从需求产生到补货上架之间的整个周期，包括需求产生到补货订单产生、供应商 / 生产线的交期、验收入库等多个时段。在量化供应不确定性时，应该用整个供应周期，不管是原材料还是成品、半成品，方法论都一样。

第三步：量化服务水平（有货率）。

简单地说，服务水平（有货率）就是当需求产生时，如客户下订单，多大概率下，我们有现成的库存来满足订单。当然，服务水平也可定义为需求产生后，在某个特定的时段里，如 3 天、5 天或 1 周，我们能够履行订单的概率。出于简化阐述的目的，我们这里把服务水平定义为需求产生时立即有库存来满足的概率。

当需求相对频繁时，企业一般会设预测，如每周预测需求是 80 个，然后每周按照 80 个的平均需求补货。当需求符合正态分布时，这意味着一半的情况下，每周的需求会高于 80 个，也有一半的情况是每周的需求会低于 80 个。如果每周的供应是 80 个，这意味着 50% 的概率下，需求能够马上得到满足；50% 的概率下，需求无法立即满足。也就是说，不放任何安全库存，我们的服务水平是 50%，而要达到更高的服务水平，我们就要设置安全库存。

当需求服从正态分布时，放 1 个标准差的安全库存，服务水平会提高 34.1%，由 50% 提高到 84.1%；再放 1 个标准差的安全库存（Z=2），服务水平再提高 13.59%，达到 97.7%；等放到第 3 个标准差的安全库存时（Z=3），服务水平会再提高 2.28%，达到 99.9%，也就是说，一旦需求来了，99.9% 的情况下有库存来满足。

不难看出，安全库存的投资回报率递减。这就给我们 100% 满足客户需求提出了挑战：为了达到那最后的零点几个百分点的有货率，我们必须建很多的库存，这极易导致库存太高、库存周转率太低、资产回报率太低。那么，还要不要“100% 满足客户需求”？答案是要，但不是立即满足需求，而是分不同的时段。比如，有个企业是这样定义服务水平的：95% 的情况下，客户的订单可以立即由库存满足；97% 的情况下在 2 天内发货；100% 的情况下在 7 天内发货。

这种阶梯形的服务水平兼顾客服水平和库存投资，是精细化管理的一种体现。而服务水平的定义需要达成跨职能的共识，是管理者必须正视的。

3.2.3 会设安全库存，再订货点就很容易

在库存计划领域，除了安全库存，经常打交道的还有再订货点（订货点）。其逻辑是一旦库存降到预设的水位，就启动订货机制，驱动供应链补充一定数量的货。在货来到之前（补货周期，也叫提前期），库存继续下降，直到订的货到达，然后开始下一个循环。显而易见，运营成本跟订货量有关，这一参数直接决定订货的频率，以及相关的订货成本，这都是运营成本的重要构成。

作为管理者，我们要定义跟订货量密切相关的两个参数：订货成本和库存持有成本。

订货成本就是订一次货的相关成本，如提采购申请、下订单、跟单、运输、收货、验货、摆放到货架、付款等整个订单生命周期的成本，都属于订货成本。行业不同，公司不同，信息化程度不同，订货成本也会不同。在美国，这一数字一般为几美元到几十美元。随着电子商务的发展，订单相关的大部分任务都可以自动化。所以，订货成本在持续下降。但是，我们不能忽视订货成本，因为它是运营成本的重要组成。

库存持有成本就是维持库存的成本，如资金积压、仓储费用、保险费用、物料损耗、物料贬值、呆滞等费用。我们平常讲的库存成本说的就是库存持有成本。业界一般用产品单位成本的百分比表述。在美国，这一比例一般为 20% ～ 30%，这意味着对于 100 元的库存，放上一年，库存持有成本就是 20 ～ 30 元。产品更新换代越快，需求波动越大，这一比例就越高。这里面有相当一部分是隐藏费用，在添置库存时注意不到。库存持有成本是个大问题。生意做了，钱却赚到库存里了，说的就是库存成本。

再订货点法的特点是定量不定期。也就是说，每次订货的时候，订货量都一样；随时都能订货，但什么时候订货，却不知道。这要求持续监控实际库存水位，一旦达到或低于再订货点，就触动补货机制。这对库存的及时管理要求较高。在信息化水平高的企业，库存的监控、订货机制的触动、订单的生成都在 ERP 系统里自动化了，再订货点的运行就流畅很多。有个企业的订单处理流程完全是手动，用 Excel 表格判断是否要订货，效率低下，自然

无法做到随时订货，对每个料号，只能每个星期订一次货。这意味着采购提前期要增加几天，系统增加了库存。

再订货点机制也假定补货周期是固定的。当然，如果补货周期有不确定性，我们就要增加安全库存来应对。

3.2.4　为什么不能一刀切地设置库存水位

有个客服经理抱怨有几个产品经常性断货，三天两头在催货。我们看了一下这个公司的库存计划，发现库存水位是简单的一刀切，按一定天数的用量设置，没有考虑产品的采购提前期、需求的变动性、供应商的交期稳定性。该公司的有货率目标很高，是98%，我们在此有货率的基础上，按照前面的再订货点公式计算库存水位，除以现有的库存水位，得到一个比例值——比例值高于1，表明现有的库存水位设得太低；低于1，表明设得太高。经常短缺的那几个产品无一例外，都在左边，属于库存水位设得太低。

或许有人会问，那么多的产品库存水位偏低，为什么就这三个经常性地短缺呢？况且，它们的库存水位还不是最低 *W*。这就涉及供应链的第三道防线：供应链执行。这三个经常缺货的产品是由“有能力，也有脾气”的战略供应商供应：供应商有技术优势，配合度不高，催货很难催到；其余的那些产品的供应商大多“没脾气，也没能力”，配合度相对较高，通过赶工加急弥补了采购方的计划不足。所以，你不能简单地从表面上看，别的产品没有影响到客户服务水平，就忽略了后面的运营成本，特别是供应商的赶工加急费用。

总体而言，案例中的库存计划忽视了几个因素：

第一，供应商的交期不是一样长。这个公司说，不管什么材料，供应商的交期都是两周。我们找了几个不同的料号，发现有的料号平均交期10天出头，有的近20天。即使平均交期都接近14天，不同产品交期的变动性也各不相同。

第二，除了供应商交期，补货周期还包括订单发送、来料验收、节假日和周末等。我们分析了几个料号，发现整个补货周期在3周左右，而计划员一律基于供应商交期2周来设定库存水位。

第三，需求的变动性不同。虽然产品都差不多，客户也差不多，但产品需求的变动性并不相同。我们找了一组类似的产品，用过去13周的需求历史计算每个产品的需求的标准差，用标准差除以平均需求，得到每个产品的变异系数，以此判断相对的需求变动性。变异系数越大，表明需求的波动性越大，反之亦然。我们发现，一部分产品的变异系数更大，大于 1，而另一部分产品的需求变动性更小，小于 1。如果都按照同样天数的需求设安全库存水位，那么对前部分的产品来说可能太低，而对后部分的又可能太高。

这个企业陷入的误区在管理粗放的企业里很常见。精细化管理就是差异化管理，即根据不同的情况采取有针对性的措施。他们假定供应周期、需求和供应的不确定性、有货率的要求是恒定的，每个产品都一样，但现实并不是这样。供方的产能情况在改变，原来短缺的，现在可能过剩；原来过剩的，现在可能短缺，所以供应周期也会改变，相应的变动性也是。买方的经营状况、市场形势也在改变，需求的模式、需求的不确定性也在改变。这些都不是秘密，你不需要找麦肯锡这样的顾问公司来告诉你；你也不用去问销售，因为只要看看自家的收货、发货数据就可以轻易发现。没有人知道的比历史数据更多。

我们再看一个跨境电商的库存计划案例。

这个跨境电商的主营业务是电子产品，年营收在几亿元。跟众多的企业一样，这个电商也是一刀切，根据不同的产品特性，放 2 周或 3 周的安全库存。我们对其 81 个主要产品计算安全库存，跟一刀切的库存水位对比分析。之所以选择这 81 个，是因为这些产品的需求频繁，每周都有需求，而且需求符合正态分布（我们用 Easy Fit 随机测试了十几个产品，都满足正态分布）。

对于这 81 个产品，我们用最近 13 周的销售数据分解到周，采用 92% 的有货率目标，按照前面的公式计算安全库存，再折算成平均需求的周数，发现安全库存分布在 1.4 周到 4.8 周之间。这说明有的产品放 1.4 周的量作为安全库存，就可以达到 92% 的有货率；有的产品则需要放 4.8 周的量，才能达到相同的有货率。你马上看得出，如果一刀切，放 2 周或 3 周的量，有的产品就放多了，是过剩；有的产品则放少了，导致短缺。

我们进一步分析安全库存跟平均需求量的关系，发现随着平均需求的上升，安全库存的周数呈轻微的下降趋势。两者之间的相关系数是 −0.14，表明是负相关，虽然相关性不是非常高，但也说明在库存计划上，规模效益照样存在：需求量越大，需要的安全库存的周数就越少。如果一刀切地设 2 周或 3 周的安全库存，规模效益并没有得到体现。这也意味着同一个产品随着需求量的上升，可以适当降低安全库存的周数，为企业收获规模效益。

对这 81 个产品，我们继续分析需求的变异系数。变异系数是用标准差除以平均值，让不同产品的需求离散性有了可比性。比如，产品A的变异系数大于产品B，表明A的需求变动性大于B，因而需要放更多的安全库存来达到同样的有货率。与上面的计算相同，我们仍用13周需求历史，以92%作为有货率目标，计算需要的安全库存数量，并折算成用量的周数。我们发现，安全库存的周数与变异系数之间存在显著的正相关，两者的相关系数是0.84。

这说明变异系数越小，安全库存的周数就越小，反之亦然。看得出，如果采取一刀切，设2周或3周的量作为安全库存，对那些变动性小的产品，安全库存可能太高；对那些变动性大的产品，安全库存可能太低。结果同样是短缺与过剩并存，高库存与低有货率并存。

当然，对于很多产品来说，需求不一定严格服从正态分布，我们不能严格按照前面介绍过的公式来计算库存水位。但是，不完美的数据分析也比没数据分析好，至少可以给我们一定的可比性。公司大了，组织复杂，不同的计划员之间会有很大差异。例如，随便找几个销量相同或相近、变动性差不多、交期也一样长的产品，细究它们的库存水位，往往会发现大不相同。根本原因是计划人员没有遵从“从数据开始，由判断结束”的库存计划流程，而是凭经验，不同的人有不同的经验，结果不一致就可想而知了。

3.2.5 库存计划要学赌场，而不是赌徒

库存计划就如赌博，在已知信息的基础上，结合对未知的判断，要么赌中，要么赌不中。或者说，企业做生意就如赌博，要么赌中，要么赌不中。而职业经理人的任务就是争取提高赌中的概率，以最小的总成本做成最多的业务。

赌博有两种赌法：赌徒和赌场。赌徒是典型的“从判断开始，由判断结束”；赌场是典型的数据驱动，利用数理统计工具来提高自己赢的概率。在一个具体的赌博上，赌场可能输给赌徒，但在整体上，赌场赢的概率比赌徒大。这就是为什么赌场大都在盈利，而赌徒大都在亏本。企业就像开赌场的，但问题是，往往以赌徒的方式赌博，包括库存计划。

每一个库存水位的设置都是赌博。库存水位越高，客户要货时有货的概率就越高，但库存成本也越高。我们要时刻权衡收益与成本，即满足需求的概率和成为呆滞库存的概率。这本身就是数理统计。或许有人说，一个产品的概率统计比较困难。没错，在单个具体的产品上，赌徒式的判断可能比数理统计更准确，但一个公司，如零售、电商和工业用品公司，动辄就有几千

几万个产品，这么大的样本，没有什么比概率统计更能统筹思考、全局优化了。毕竟面对这么多的产品，没有人脑能算得过计算机。

一谈到数理统计，有些人的第一念头就是要有一定的量才行。比如，有一位 MRO 电商的 CEO 说，他们的大部分产品需求很小，一年就卖三四次，根本没有规律可循。他说的“规律”其实指的是正态分布下的规律。是的，那么少的数据点，当然没法满足正态分布的要求。但他不知道，对这种情况，却有更好的数理统计模型来模拟，如泊松分布。比如，有 10 000 个产品，大多数的需求量很低。针对每个产品，可以用泊松分布来模拟需求，根据需求预测设定库存水位，就能得到这个产品的有货率。所有的产品加在一起，就得到整体有货率和库存投资。然后调整来尽量提高整体有货率，但降低总的库存投资：便宜的多备些，有货率更高；昂贵的少备些，有货率相对低一些。

在库存计划上，出于保守心态，赌徒式的做法一般会面面俱到，不管贵贱，每个产品都备 1 个。经验判断适合阶梯性改变，对渐进式改变则不是最佳。从 0 到 1（备 1 个库存）容易，凭经验即可。但从 1 到 2、从 2 到 3 就远没有那么简单了。离开数据分析，渐进式的库存增加、减少就很难做精。

赌徒着眼点是战斗，聚焦局部优化，在一个个具体的产品上死磕，“广种薄收”，每个都设一点库存，结果是总体库存高，但综合有货率低。而赌场则着眼战役，聚焦全局优化，在数据分析和数理统计的支持下，虽然在具体的产品上可能输掉，但在众多产品中能优化有货率和总库存。用赌场思维代替赌徒思维，对于多品种、小批量的“长尾”产品尤其重要。

【专题一】VMI 是好东西，对供应商也是。

VMI 是供应商管理库存的缩写，最早在零售行业出现，由沃尔玛和宝洁于 20 世纪 80 年代率先导入。我们把 VMI 当作一个专题讨论，主要是因为这些年来VMI被广泛采用，但由于计划和管理不善，VMI又造成了诸多问题，不仅给供应商造成损失，也严重影响到采购方。

简单地说，VMI 就是根据库存的最低水位、最高水位和需求预测，供应商自主安排补货，包括补货数量和补货时间，目标是把库存维持在最低水位和最高水位之间，达到一定的服务水平（有货率）。操作得当，VMI 简化了客户与供应商之间的产品流、信息流和资金流，降低了双方的交易成本，降低了供应链的总库存，因而被广泛应用于各个行业。

与 VMI 常常一起出现的还有寄售。很多人搞不清这两者的关系。其实，VMI和寄售没关系：VMI说的是库存的管理责任，寄售说的是库存的所有权。

在实践中，可以用 VMI 而不用寄售，可以用寄售而不用 VMI。当然两者并用的情况也很常见，以至于业界一旦提到 VMI，首先想到的是库存也归供应商持有（寄售）。很多企业采用 VMI 的初衷是把库存压力转移给供应商。在两者皆用的情况下，有的公司称为 VMI，有的公司称为寄售，在这里我们都称为 VMI。

寄售模式相对简单，就是供应商在采购方处备库存，在用掉或卖掉之前，库存的所有权是供应商的。寄售其实是买卖双方分担风险的一种方式。比如，零售商对制造商的产品没有信心，担心买来后形成呆滞库存，制造商说，我给你供货，卖掉的话你付我钱，卖不掉的话算我的，还给我好了。就这样，制造商承担的是库存风险，零售商出的是店面和管理，双方分担风险，为共同的目标协作。再如，在有些大型设备行业，客户对供应商的设备不放心。供应商说，在保修期内，我在你家仓库里放一堆备件（寄售），确保一旦设备出现问题，我们马上有备件给你。大型设备一般都比较复杂，客户的经验很有限，很难知道哪些零配件要备货，备多少，有些零配件消耗量非常低，形成呆滞库存的概率很大。相比之下，供应商更加了解自己的产品，产品是他们设计、制造的，他们也从别的客户那里学到不少，所以能更好地判断哪些零部件要备货，备多少，如果这个客户用不掉，日后还可以给别的客户。所以，设备商为客户提供备件的寄售有利于促进双赢。

在上面的两个例子中，供应商更熟悉自己的产品，对自己的产品更加有信心，或者有规模效益，这个客户用不掉的库存，可以让别的客户来消耗。所以，供应商处于更好的位置来承担库存风险。这也是寄售存在的客观前提。但在现实中，寄售常常变味，变成采购方为了减少自己的资金压力，纯粹向供应商转移库存的工具。这有悖寄售的初衷。如果单纯是为了解决现金流问题，倒还不如直接延长供应商的账期，不过在有些行业，客户要求供应商不但做寄售，而且有 3 个月的账期，最后拿到手的是 6 个月的承兑汇票，算是走到极端了。

在决策层面，人们很少意识到寄售背后的运营挑战。从运营角度来看，寄售增加了供应链的复杂度，增加了双方的交易成本，制造了很多额外的麻烦。比如，在寄售模式下，货物发送给客户了，却不能当作应收账款来处理，就不得不在 ERP 里设一个专门的账户来跟踪这些库存，而大多 ERP 系统在处理寄售上都乏善可陈，这往往意味着定制开发，或者花大量的人力来手工管理寄售。由于同样的原因，日常的库存转移、对账很容易出现偏差，因为物料的进出存更复杂，系统往往不能及时、准确地记录物料的移动，信息流和产品流不同步，最后不得不靠大量的人力来一行一行地对账。

例如，有个高科技跨国企业，跟客户有八九十个寄售库存，其中有几个客户经常出现库存偏差，动不动就是几万、几十万美元的差异，对起账来可真是件头痛事。其中，最糟糕的是个北美客户，用的信息系统很老，数据交换延迟，数据质量不高，双方系统很难对接，结果是一堆烂账，长年累月对不齐，计划人员、客服人员对付不了，最后部门老总不得不出马。那是一位斯坦福大学的老博士，学运筹学的，异常聪明，但没用，直到他退休，这客户的账还是对不齐。

严格地说，很多人心目中的VMI其实是VMI加寄售。为了便于叙述，我们就统称为VMI。

对客户来说，VMI提高了客户服务水平，因为一有需求，马上就可以拿到货。同时，VMI也降低了整个供应链的库存：在建立VMI前，客户有一堆库存，供应商有一堆库存；建立VMI之后，两堆库存变成一堆，总库存就下降了。这也是供应链的一个基本原理：供应链上的库存节点越少，供应链的总库存就越低。库存低，成本就低。库存少，导入新产品就更快，因为要消化的老库存更少，可以更有效地响应市场需求变动。

所以，客户喜欢VMI。这并不稀奇。我们这里要讲的是，对于供应商来说，VMI也是个好东西。为什么VMI对他们来说也不无好处？

我们从供应链的产品流、信息流和资金流三个方面来阐述VMI的好处。先说产品流，有VMI之前，产品的流动是由订单驱动的，这意味着生产线上今天用掉1个，明天就给供应商下单补货1个；用掉500个，就让供应商补货500个。看得出，需求时高时低，参差不齐，供应商看到的需求变动很大，对供应商来说不是好事。建立VMI之后，供应商可以参照最低、最高库存水位和需求预测，比如，每天生产250个，生产线安排就平稳多了。而且闲的时候多生产，忙的时候少生产，产能利用率提高，单位生产成本下降。物流配送也是，根据客户的预测，供应商可以每天送货，也可多天送货，这样配送成本也降低。

再说信息流，有VMI之前，信息围绕订单流动。每个订单都要确认交期、单价、数量，交付，验收入库，多少个订单就有多少条信息流，供应商要花很多时间来管理。有了VMI之后，供应商只需要知道三类信息即可：最低、最高库存目标水平，当前的实际库存，需求预测。这样就可以指导整个生产和补货。此外，建立VMI之前，如果客户催货，供应商没法判断究竟有多紧急的，他们能做的就是根据采购方的声音高低，以最快的方式赶工加急，连夜配送，花了不少冤枉钱；有了VMI之后，信息更加对称，供应商可以确切地知道客户现在有多少料，昨天用掉多少，前天用掉多少，上个月用掉多少，根据这些信息更好地安排赶工加急，所以成本更低。

最后说资金流，有VMI之前是订单驱动，每个订单都要结一次账，供应商和采购方都要花大量的精力来对账。有了VMI之后，一般每两周或一个月结一次账，统计一下总共用掉多少，乘以单价就是总价，资金流就简单多了。

所以说，不管是产品流、信息流还是资金流，供应商都可以获益。虽然在一般的VMI下，供应商需要承担库存（供应商一般规模更小，资金成本更高，库存压力确实是个问题），但供应商在产品流、信息流和资金流上得到的好处应该可以抵消库存带来的额外成本。更重要的是，在VMI下，客户和供应商一般会达成共识，确定业务在未来的一段时间归供应商。这给供应商更多的确定性，也可以帮助供应商降低成本，比如，可以一次性大批量生产一大堆。

这么说，供应商对VMI就会双手赞成吗？不是。为什么？因为有些采购方信奉“别人的孩子不心疼”，给供应商制造无谓的成本。比如，有个半导体行业的全球公司，自己建库存时，放3周、4周的库存。轮到供应商建VMI时，却让供应商放7周、8周的库存。问为什么，该客户自然有各种理由，但说来说去，都点不到那个人人都明白的理由“以前是自己的钱，现在是供应商的钱，别人的孩子不心疼”。在“别人的孩子不心疼”的心态下，采购方损人不利己，供应商在库存上积压太多资金，是供应商不喜欢VMI的一个根本原因。

有些大公司仗着胳膊粗、拳头大，做了很多损人不利己的事，给供应链伙伴制造了不少成本。而这些成本最后也会“羊毛出在羊身上”，以某种方式转嫁给采购方。就拿上面的半导体公司来说，它对每个供应商都这么做，那么供应商在报价的时候，就把这部分成本包括在价格里。每个供应商都这么做，最后还是采购方买单。这里的关键是这样的大公司很容易识别，所以冤有头债有主，供应商能够把成本转嫁过去。

【专题二】“长尾”产品：库存计划的终极挑战。

在库存计划领域，多品种、小批量行业非常难对付：料号多，需求低，需求的不确定性高；供应链很复杂，交期长，供应的不确定性高。因为需求低，此类产品的需求预测几乎为零，所以基本上没有需求预测这第一道防线。主要的压力就落到供应链的第二道防线——库存计划上。此类产品就是我们常说的“长尾”需求。

“长尾”需求远比我们想象的常见。

一提起“长尾”，人们容易觉得比较独特，容易联想起小众来。其实，大众是由小众组成的。要知道，需求越是细分，或者说越是在供应链的末端，就越呈现小众化。只要是足够细分，或者说供应链足够末梢，我们面临的注定就是“长尾”需求。我们说的供应链的末端，或者说最后一公里，放在库存计划上，就是如何应对此类“长尾”需求。

在有些情况下，我们不用在“长尾”处做预测、建库存，供应链是拉式的；在别的情况下，我们要在“长尾”处做计划，把库存一路推到最接近“长尾”需求的地方。要知道，库存计划的一个重要任务就是把库存放到足够靠近需求的地方，在很多时候，那就是“长尾”需求所在。

比如，自来水系统或者电力系统，一到每家每户，就是典型的“长尾”需求。不过幸运的是，不用在“长尾”处做预测、做计划。这放在很多别的行业就不是这样了。比如，在零售业，规模巨大如沃尔玛者，看上去是以海量取胜，周转快，销量高，但到了具体的门店，落实到每个门店平均 140 000 种具体的产品上时，大多产品每年也就卖掉那么几次，即典型的“长尾”，而且必须在门店层面做预测、建库存，这由零售的特点决定，否则怎么做生意？

电商也是。虽然电商大都冲着“爆款”去，但“爆款”毕竟是极少的产品，大多产品的销量都非常低，但又不能不放点库存，结果是成为慢动库存。例如，有一个 B2B 电商，在全国有多个大仓库，我们分析其中的一个，发现在 6 000 多种产品中，在过去一个季度（13 周），50% 没有任何需求，30% 多只有 1 周或 2 周有需求。这还是个复杂度控制做得相对不错的电商。对于那些以品种多取胜的 MRO 电商来说，复杂度更高，“长尾”需求就更多、更难对付。电商是个新兴行业，强于业务模式创新，弱于供应链运营，在应对“长尾”需求上乏善可陈，结果是库存高企，戏称 10 个电商 9 个死于库存。

备品备件是另一个典型的“长尾”需求很普遍的行业，这主要是让那些昂贵的设备正常运转。想想看，几百万元、几千万元一台的设备，一条生产线动辄几亿元的投资，如果因为没有备件而停工待料，那么成本可想而知。我们必须把库存建在需求点附近，才能及时应对。而很多备件的损坏非常难以预测，需求量小，需求模式难以预测，这给库存计划带来很大挑战。

以国防工业为例，现代国防越来越依赖飞机、坦克、舰船等尖端装备，这些大型设备造价高，尖端战机动辄就是1亿多美元一架，舰船就更贵，高达65亿美元一艘（尼米兹级别的航空母舰）。为了支持各种军用设备和作战武器，就要备各种各样的备件。比如，美国国防后勤局（DLA）备了400多万种备件，其中只有140万种在过去12个月里有需求。

美国国防后勤局是典型的两头难。在需求端，各式武器品种多、需求杂，军事行动不可预计，操作人员的行为未知，武装系统的失效模式未知，武器装备的维修计划充满不确定性，这一切都导致需求非常不稳定。在供应端，备件的交期长，动辄几个月甚至几年，量小货杂对供应商吸引力不足，可供选择的供应商少，备件的生命周期长，有些供应商甚至都不存在了。

这其实是“长尾”需求，特别是多品种、小批量行业的缩影。军工业如此，民用行业也好不到哪里去，如大型设备、发电装置、电信设施、大型计算机系统，都有类似的挑战。零售业、电商也不例外。在供应链的末端，如何应对那些需求很小、需求变动性很大的“长尾”，设定合理的库存水位，平衡库存投资和有货率，是长期以来困扰着业界和学界的老大难问题。

因为需求很低，需求的连续性差，所以“长尾”需求不符合正态分布。我们熟悉的库存计划公式是基于正态分布的，所以不再适用于“长尾”产品。可以说，在库存计划领域，“长尾”产品最难对付，是库存高企、有货率低的重灾区。这里用两种方式来应对，尽可能地做好“长尾”需求的库存计划，兼顾服务水平和库存周转率。

第一，找到更合适的概率分布，如泊松分布，模拟“长尾”需求并计算库存水位。

第二，采用简单法则，如成本、生命周期、需求频率等，帮助决定备什么、不备什么。

下面就以上两点分别阐述。

（1）“长尾”需求用泊松分布模拟更准确。“长尾”需求的特点是需求的频率低、需求量的差异大。以上面提到的B2B电商为例，其有一个产品，在过去12个月里，有5个月每月卖掉1个，2个月分别卖掉2个和5个，其余月份没有任何需求。看得出，需求不连续，离散度高，不符合我们熟悉的正态分布，但符合另一种分布：泊松分布。

在统计学上，泊松分布是常见的随机离散分布，用来描述单位时间（或空间）内随机事件发生的次数。这种分布是用法国数学家泊松的名字命名的。在管理学上，泊松分布有着广泛的应用，特别是对“长尾”需求的库存计划。

如果满足三个条件，就算符合泊松分布：第一，平均值，单位时间里事件发生的平均数已知；第二，随机性，没法预测具体什么时候会发生；第三，独立性，这个事件发生并不意味着下个事件会发生，或者不会发生。

例如，普鲁士王国在崛起的过程中，建立了强大的骑兵部队。是骑兵就要跟马打交道，跟马打交道就有被马踢死的可能。针对 14 个普鲁士骑兵团，一位统计学家研究了 20 年的数据，发现战马踢死士兵有三个特点：①平均每年被马踢死的士兵数量差不多（平均值）；②这些士兵究竟什么时候会被马踢死，没法知道（随机性）；③今天有士兵被马踢死，并不意味着明天会有还是没有士兵遭遇同样的厄运（独立性）。这就是泊松分布，即死于马蹄的普鲁士士兵的数量符合泊松分布。

现实生活中，服合泊松分布的情况非常普遍。比如，汽车的轮胎都有一定的寿命里程，但这里程只是个平均数（平均值），究竟开到多少公里时会爆胎，我们不知道（随机性），今天前胎爆了，跟明天后胎爆还是不爆胎没有关系（独立性）。再如，中午来餐馆就餐的人平均有 20 人（平均值），但这些人具体几点几分来，我们不知道（随机性），刚才来了 3 个人的一组，对待会儿还会来 3 个人，还是不来 3 个人，没有任何参考价值（独立性）。

从数理统计的角度而言，只需要知道一个参数（平均数），就能描述泊松分布，分析在未来某个时段内某件事发生多少次的概率有多少。比如，补货周期内，产生特定需求量的概率有多大，我们需要备多少库存来应付。

（2）用简单法则来指导“长尾”需求的计划。试想这样的情况：一个零售门店，有一种产品销量很低，每年就卖两三次，每次就卖 1 件。一个工厂，有一种备件，每两三年用 1 次，每次就用 1 件，但如果没有货，关键的生产设备就没法运转。面对这两种情况，备货还是不备货？要备货的话，只备 1 个就够了，要不备则 1 个都不备。这是非常典型的“长尾”需求，在多品种、小批量环境中经常遇到。

比如，北美有个大型设备制造公司，每年营收几十亿美元，卖掉设备后，也要为客户提供关键备件。在该公司的 5 000 万美元备件库存中，53% 的金额来自只备 1 个的料号。从数量上讲，60% 的备件只备了 1 个。很多备件的需求非常低，甚至是几年也没有一个需求。企业每天面临的挑战是，备 1 个，风险是几年不用，库存周转太慢，甚至最后变成呆滞库存，不得不扔掉；如果不备，在服务水平很高的工业品行业，万一有需求，就很难达到既定的服务水平目标。

那么，怎么办？

公司可以通过整体优化来决定备哪些货，不备哪些货。比如，公司有5 000个产品，整体有货率目标是95%，为了既达到有货率目标，又达到库存金额最低，会给这5 000个产品都做需求预测（一般是基于需求历史以及未来的发货计划等），然后便宜的多备，昂贵的少备或不备，贵的、便宜的产品一遍遍地组合，最后找到最合适的备货方案，既能达到整体有货率95%，又能达到库存金额最低。看得出，这是个很复杂的优化过程，需要计算机软件来辅助，动不动就需要几个小时甚至一两天。整套逻辑太复杂，很多人弄不明白，也很难用在日常库存计划中。我们一般会参考产品的单价和需求历史，在我们的经验基础上，制定一些简单规则，来应付“长尾”产品。

成本—频率体系就是这样的简单规则，它用单位成本和需求频率两个维度来决定备哪些产品，不备哪些产品。

第一个维度：单位成本。根据成本的高低，一个北美的工业品公司把产品分为五档：单位成本为5 000美元及以上是A档，这些产品很贵，占总数的1%；单位成本为1 500～5 000美元是B档，这些产品相对贵，占总数的2%；单位成本为150～1 500美元是C档，占20%；单位成本为25～150美元是D档，占25%；单位成本为25美元以下是E档，这都是低值产品，超过一半的产品都属于这个门类。注意：这里用的是成本，而不是单价，因为同一个产品，对于不同的客户单价可能不同，但成本在公司里却只有一个值，一般是在供应商的采购价基础上，加上一定比例的附加费用得到。

第二个维度：需求频率。这个公司采取12月频率，即对于一个特定的产品，在过去12个月里，有多少个月有需求。对于特定的月份，如果有需求，该月就是1；如果没有需求，该月就是0。这只是统计有无，并不是具体需求量。把最近12个月的值加起来，就是这个产品的12月频率。比如，在过去12个月里，一个产品在3个月里有需求，那么它的12月频率就是3；如果没有任何月份有需求，其12月频率就是0。12月频率值越大，表明产品的需求越频繁；12月频率值越小，表明产品越可能是“长尾”需求。

3.2.6 库存计划的优化：组织和系统的博弈

前面说过，库存计划就像赌博，在“长尾”需求上尤其如此。在库存计划方面，要像赌场那样去赌，提高总体赢的概率。库存优化的目标就是全局优化（赢得战争），从统计学的角度增加整体胜算，以最小的库存投资来达到整体的服务水平目标，而不是局部优化（赢得战斗），执迷于一城一池的得失。

比如，企业有几千个产品，大部分是“长尾”，需求低、周转慢。该企业希望达到的整体有货率是95%，即客户订货时，95%的情况下手头立即有库存。如何投资才能使库存金额最低？这就是库存优化的典型例子。优化的逻辑其实很简单：越是便宜的越多备，这些产品的有货率高；越是贵的越少备，这些产品的有货率低；但两者结合，既能达到整体的有货率，也能达到总体库存投资最低。我们的挑战就是成千上万的产品，单价不同，需求历史不同，究竟哪些多备，哪些少备，备多少，可能的组合有千千万万，最后试出一个最优组合来。这可不是Excel表格能应付得了的。

市面上有库存计划软件，不过大都是针对单个产品的，可以计算单个产品的库存水位和服务水平（有货率），但没有能力做多个产品的组合优化。市面上也有个别高级计划软件，能够做库存的全局优化，但有各种短板，使全局优化的效果不理想。比如，沃顿商学院的教授莫里斯·科恩（Morris Cohen）等开发了一个服务备件计划系统，叫SPO，专门针对“长尾”需求明显的服务备件进行库存优化。该软件基于多年的研究，在需求预测、库存计划方面有非常优秀的计算逻辑，但一般的计划员不懂。不懂就很难信任，不信任就不愿用、不敢用。而且这个软件“歧视”单价高的产品，往往建议那些很贵的产品一个也不备，尽管这些产品的历史需求相当多，而且很关键。这是由软件的全局优化逻辑决定的：多备便宜的，少备贵的。

比如，一个产品1元，另一个10 000元，那么SPO一类的软件的建议往往就是1元的备很多，达到99.999 99%的有货率，10 000元的一个都不要备，有货率为0，但所有产品一起，能达到95%的整体有货率。稍有业务常识的人都知道，这不行。

这问题的解决方案有两个。其一，把产品按照单价划分为不同的组，每个组内进行互相比较。比如，单价为1～10元的放一组，10～100元的放一组，5 000～10 000元的放一组。这样，10 000元一个的产品不和1元一个的比较，而是跟单价差不多的比较。其二，设定最低有货率。比如，5 000～10 000元的那一组至少要达到85%的有货率。

但不管怎么样，优化软件系统“歧视”高价产品的根本问题还在，特别是高值慢动的产品，因为那是库存全局优化的本质所在。而这些高值慢动产品往往是最关键的，一旦缺货，后果严重，纯粹的数据分析很难客观反映这些，导致计划员不敢轻易遵循软件系统的建议。结果就可能出现这样的问题：便宜的产品加了相当多的库存（遵循软件系统的数据分析），而昂贵的产品又没有减下来（遵循计划员的职业判断），导致有货率高、库存更高的“双高”现象。

计划软件是自上而下，综合考虑全局而提出优化建议的，但往往在具体的产品决策上考虑得不如计划员周到。计划员是自下而上，一个一个料号来计划，从每个料号的局部优化做起，代价是牺牲全局优化。对一个几十亿元、几百亿元规模的企业来说，计划员动辄就几十个，水平参差不齐，每个人都有自己的一套逻辑，自下而上地构建库存的“大厦”。在计划员眼里，“大厦”的每一块积木是独立的，互不关联。但在库存优化软件看来，这些积木是有关系的（这没错），于是把一块块积木的棱角修圆，以便更好地套到一起。结果发现，对于大量的产品，计划员和软件系统的想法不一样，如果要采取软件的建议，就意味着要调整得太多了，无异于推倒重来，显然不现实。

计划员往往凭经验，从判断开始，由判断结束；库存优化软件凭数据，由数据开始，由数据结束。这两种方法是两个极端，用哪一种来代替另一种都行不通。理想的方法是从数据开始，由判断结束，综合系统的数据分析和计划员的职业判断。

有些库存优化软件考虑到这点，把计划人员的判断输入系统里，给软件系统一定的约束。但是，小批量、多品种的行业高度复杂，有大量的情况一直处于变动状态，很难固化在信息系统里，不得不依赖人工来决策。这是个大挑战。

例如，在大型工业设备领域，有些昂贵的零部件坏掉后，要修复再用，否则成本太高。刚开始，备的料都是新零件，客户的零件坏了，就给他们新零件，把老零件拿来修理，慢慢地，在维修渠道的老零件越来越多，“维修池”足够大了，就不再需要备新零件了，所有的库存水位都替换成修复件。这个时候，需求历史也要“清洗”，把原来对新零件的需求历史转到修复件上，计划软件才能正常运作，给出合理的库存建议。但从完全是新零件到完全是修复件，这是个非常漫长的过程，动辄需要几年才能完成。在此转换期间，需要人工来判断，究竟需要备多少新零件、多少修复件，不断动态调整库存水位。这还没完。有些零件修理过几次，就彻底坏了，没法继续修理。这时“维修池”又不够大了，需要投入一些新零件，返回到新旧交替的阶段。这样的情况交替出现，计划软件很难系统地对付。这看上去是个例，其实很普遍。比如，设计变更带来的零件交替也有类似的问题。为了降低成本，供应商在不断推出新的零件，替代那些成本高、效果差的老零件。而新老代替的过程需要人工介入，比如先替代哪些客户，后替代哪些客户，需要考虑到客户的接受度和供应链的能力，计划软件难以有效优化。

细究一个工业品的库存体系，会发现，凡是那些昂贵的产品，总是有这样、那样的变化，要么是质量原因，要么是成本原因，经常处于变化状态。要抛开这些产品，优化其余的，理论上也可以，但其余的其实没多少，至少从金额上来说如此。

工业品环境错综复杂，基于计划软件系统的库存优化很难做到位。但这并不意味着库存优化就不可为。只要做好基本的工作，你还是可以比你的过去好，比你的竞争对手做得好，这就是竞争优势。

比如，分析库存，纵向、横向比较，不同计划员之间比较，把最佳实践固化成简单法则，全面推广，也会产生显著的效益。成本—频率编码体系就是这样的：这主要针对那些单价很高、全球需求很低的产品，比如，有个 A3 产品（成本高过 5 000 美元，全球在过去 12 个月里只有 3 个月有需求），当时备货时需求历史还不长，没法有效判断需求，就在全球的 15 个地方仓库都备，现在有了相当的需求历史了，发现手头的库存大概能支持 5 年的用量，那么强制把 10 个库存点的库存水位清零，让这 10 个成为多余库存，大概 3 年后就可以消耗掉 50 000 美元的库存，而带来的服务水平风险其实非常小。

又如，有个工业设备公司做分析，发现没有及时发货的产品中有相当一部分是非常便宜的产品，如几毛钱一个的螺丝钉、螺母、垫片等。计划员一般按照平均需求来设定库存水位，如备 1 个月的量，但客户下订单时，因为便宜，有时候会一下子订几个月的量，结果公司手头就没有足够的货给客户，导致服务水平指标偏低，客户和销售都有意见。那么，这个公司就分析所有客户过去 24 个月的需求，把所有订单的第一高剔除（这有可能是异常值），确保库存水位不低于第二高的订单量。整个分析做完，全球增加了几十万美元的库存，对于一个有过亿美元库存的公司来说，这点投资相当有限，但整体有货率却提高了几个点，值。

调整完了，有些计划员就会说：这螺丝钉我以前备 5 个，你怎么给我调到 100 个呢？在他们眼里，这增长的 95 个可是个大数字，但转化成金额也就几块钱。而他们不知道的是，在地球的另一个角落，有客户一次订了 100 个。当然他们可能会争辩，那不是我的客户，我的客户一次要 100 个的概率有多高呢？答案是当然不高，但并不是不可能。对于这么低值的产品，即使这么小的风险，我们也不应该承担。

在贵的产品上不够冒险，在便宜的产品上不够保守，可以说是计划人员的天性。比如，对那些高值慢动的产品，本来可以少备或不备，承担一些风险来降低库存，但鲜有例外，计划员的做法是每样都备 1 个，至少客户怪罪下来自己有的说。而几分钱一个的螺丝钉，虽然金额没多少，但很多计划人员还是不愿拔高库存水位，因为人天生对大数字敏感，姑且不论金额有多少。

库存优化是跟人性打交道，用数据分析的理性来平衡计划员的感性，也是人性的弱点。所以，作为支持的数据分析就非常重要。数据也要由系统来分析，人分析就避免不了感性判断。

库存优化也可以说是系统与组织之间的博弈：不管计划软件系统建议怎么做，计划员总是有各种理由，继续按自己的老一套来。企业大了，计划员的水平良莠不齐，很多人的水平显然不如软件系统，虽然软件系统并不完美。但是，系统很少能斗得过组织，系统是死的，人是活的，那些计划人员总是有足够多的理由或借口，置系统的建议于不顾。试想，那箭是他们射出的，不管射到哪里，他们总可以围绕箭头画上一个个圆圈，找出多个理由，说那就是靶心。

有些企业采取分散的组织，把计划分散到基层，是用组织措施来弥补信息系统的短板——企业原来没有好的计划系统，就不得不依赖人的经验。哪些人有经验呢？自然是基层离客户近的人，如客服、物流、运营等。其实，这些人中的大多数不懂计划，也没时间、没兴趣钻研，不愿改变，就只能在经验主义的路上走到黑，靠经验做计划。当企业有了计划系统后，这些人其实就成了计划系统的最大绊脚石。

管理者一般是站在系统一边，但永远没有足够的精力来说服这些计划员。那么另一种解决方案就是把库存计划的权限集中，让最优秀的那几个计划员来负责。专业能力高了，人少了，组织和系统就更容易磨合，实现计划员与计划系统的契合，推动库存优化。

3.2.7 高库存、高服务水平是怎么来的

在库存计划和服务水平上，最差的企业是库存一大堆，但客户要的没有，服务水平很低；最好的企业是库存最低，但客户服务水平却最高。原因很简单：最好的企业计划做得好，知道计划客户要的东西，所以客户服务水平高，也知道不计划客户不要的东西，所以库存水平低。最差的企业正好相反。居于中间的企业，客户服务水平高，但库存也高，是高库存下的高服务水平，简称“两高”企业。

“两高”企业的存在，有很多必然原因。

首先看企业重视什么。虽然服务水平和库存周转要并重，但你到每周、每月的运营例会上看有多少时间在谈服务水平，有多少时间是花在库存上。日常的工作会议也不例外，把你敲得满头是包的还是服务水平。服务水平日日谈、月月谈，不达标，解决方案自然是花钱消灾，多加库存了。虽然库存重要，但有几个人是因为库存超标被开掉的？考核什么，就得到什么。服务水平就这样提高了，但同时库存也提高了。

有些“两高”企业管理得相当不错，有成套的指标。这些指标层层嵌套，结果是让一些指标远远超出目标，成为“两高”的另一个原因。比如，有个公司，总体服务水平指标是95%，即客户订单来了，95%的情况下手头有货。但在总体指标下又有细分，如关键客户、关键产品的目标为98%。差异化的服务水平，看上去很有道理，但最终都是导致高服务水平、高库存水平并存。

其一，关键客户买的产品一般客户也买，这些产品在同一条生产线生产，在同一个仓库储存，在同一套物流体系配送。没法说同样的产品，一般客户来买，有货率是95%，重点客户来买，有货率是98%。为了达到关键客户的98%，只有把所有的产品都计划成98%的有货率，结果是所有的客户都朝98%看齐。

其二，关键产品跟关键客户类似。比如，有个设备制造商，为了更好地支持新产品导入，要求新产品卖掉后，一旦客户出现问题需要更换备件，备件的有货率是98%，而一般产品，95%的备件有货率就可以。这在计划上是个难题，因为有很多备件既用在新产品上，也用在老产品上。于是，只有向98%的目标靠近，新老产品得到的备件有货率都是98%。

这反映的是供应链的灵活性不足：围绕不同的业务需求，供应链没法有效地差异化服务。这是因为供应链的基础设施是同一套，即同样的组织、流程和信息系统。

就拿上面的例子来说，对于不同的客户，ERP系统很难区别对待。比如，对于一般客户的订单，我们即使有货，也不要发，留给可能来的重点客户的订单。这样做的管理难度很大，毕竟95%和98%的差别很小，如果那么做，稍不注意，一般客户就达不到95%的有货率。所以，企业能做的就是一看到客户订单，有货就发。这又从客观上导致在产品层面上要计划98%的有货率，如果有货率是95%，就很难达到重点客户的98%目标。

当然，有人或许会说，可以按照95%的有货率计划，给重点客户3个额外百分点的有货率，我们通过执行来弥补。这很难。从数理统计的角度看，假定需求服从正态分布，要达到95%的有货率，放1.6个标准差的安全库存即可，但要达到98%的有货率，就要放2个标准差，两者相差25%的安全库存，这么大的差距很难通过执行来弥补，我们必须在计划上找答案。

这就是说，为了得到差异化的结果，就只有以要求最高的作为指标，结果就是高服务水平下的高库存。有些人不理解，说我们的服务水平目标是95%，实际达到了98%，太高了，要降下来点，好把库存降低点。其实这是降不下来的，否则，那些要求差异化、更高服务的指标就达不到了。

库存水平高，还跟没法有效设置库存指标有关。库存指标好度量，不管是库存金额还是周转率，都简单易懂，但目标值却很难设定：究竟库存多高、周转多少次算合理？谁也不知道。所以，库存在有些企业是没有目标的，即使有，也管理得没有那么严格。库存指标达不到，找些理由来解释也罢，搪塞也罢，这次被敲打一下，以后就变成了“合法”的库存。下次的库存指标则在这次库存的基础上加些，所以库存总是在增长。

服务水平一般只能越变越好，而库存指标，鲜有例外，都是越变越糟。

3.2.8 库存究竟多少才算合理

不管你的库存周转多快，总有人挑战你，说你的库存不合理。不合理其实是太高的代名词。不过想想看，每一分钱的库存都不是凭空而来的，都是为了特定的业务需求而设的，哪能不合理？

要知道，库存是结果，是公司综合能力的体现。任何时候，结果都是合理的——你得到的都是你应得的。如果不合理，那是因为一个企业的能力有短板，过程没做好，结果自然就不好。比如，计划员是高中生，连Excel都不会用，当然做不好库存计划；销售只考核销售额和毛利，而不考核呆滞库存的成本，结果自然是库存太高。这些都是能力问题（绩效考核也是组织能力的关键构成），能力不合理，结果自然不会合理。要改变结果，就要提高能力，如招大学毕业生来做计划，给销售更加平衡的绩效考核。

当然，你拿这说辞给老总听，八成会被敲得满头是包。老总还是会挑战你，让你在沙子上画道线：究竟多少库存才算合理？那么我们就试着来画道线。

你可以按照周转库存、安全库存来粗略估计理论上的“合理库存”。比如，原材料有3周左右的安全库存，生产线需要2周来加工，成品一般放置4周的库存，那么至少就要有3+2+4=9周的库存。当然，这是理想状况。很多因素，如库存不齐套，都会造成库存偏高。那么，再加 2 周。这就是说，总体上有 11 周库存看上去就比较合理。

不过这还没谈到那些多余库存。很多企业有一堆又一堆的多余库存，它们来自以前的种种决策，有些都堆在那里十年八年了，客观存在，但谁也拿它做不了什么。能返工的早返工了，能退的早都退给供应商了，能折价处理的也折价处理了，剩下的大都是些“鸡肋”，食之无味，但弃之可惜：扔掉，又怕以后有需求；留着，三年五年都没用，以后用掉的概率有多高？但你能说这些库存不合理吗？不合理，你又能拿它怎么样呢？

但是在料号层面，面对一个个具体的产品，我们还是要按照前文讲述的方法，做好需求预测和库存计划，控制料号层面的库存。但因为不同料号之间相互影响（如齐套率），以及种种历史遗留问题，从绝对数量上讨论整体库存的合理与否，消耗了大量的资源，但解决不了什么问题。要知道，在历史遗留问题上纠缠不休，就如对着洒在地上的牛奶哭，各个职能部门为了自卫，就互相推脱，不愿承担责任，导致在预防未来问题上，难以达成共识。

而从相对数量出发，讨论库存的增量却有很大价值，即截取某个时间点的库存作为基准，然后根据业务量的变化，判断库存量的增减是否合理。这就是说，以前犯的错，不管是谁犯的，不再追究，即使追究的话，也追不出个所以然，要知道，每一分钱的库存存在，都有合适的原因，现在不合适了，只因为市场和客户情况变化了，而谁又能把客户怎么样。这也是让大家轻装上阵朝前看，把精力聚焦在避免未来重复同样的错误，而不是一遍又一遍地解释那些老库存是怎么来的。

3.2.9 用四分法来识别、管控库存风险

如果所有的库存都是合理的，并不意味着我们就把头埋在沙子里，对库存的风险视而不见。这里要介绍的库存四分法，就是帮助我们细分库存，识别风险，管理风险。风险越大，库存的合理性就越低，就要引起越多的关注。

四分法的对象是整个供应链的库存，包括在途和在库。我们想特别强调的是，在途库存虽然不在我们的仓库里，但也是我们的库存，因为订单已经下达，供应商迟早会送来的。

（1）周转库存：维持正常的周转所需，对原材料来说就是采购提前期，对成品来说就是制造周期和运输时间。此类库存的风险相对较低，设计变更、需求变化是最大的风险源。

（2）安全库存：为应对需求和供应的不确定性而设立。在信息系统里，

安全库存设在那儿，就会一直驱动供应。所以，安全库存不“安全”，需求变化了，如果不及时调整安全库存水位，最后就会形成过剩。

（3）过剩库存：理论上，一旦超出周转和安全库存，就是过剩库存。实践中，由于各种原因，如库存不齐套，客户订单推迟，企业总会有一定的过剩库存。所以，一定范围的过剩库存并不可怕，比如2个月内可以消耗掉的，可怕的是超出部分，呆滞的风险就更大，成为风险库存。

（4）风险库存：所有的库存都有风险，但超出周转库存、安全库存和过剩库存的部分风险最大，这里专门设为“风险库存”以区别对待。对企业来说，从上到下，一定要特别关注风险库存。

从严格意义上讲，只有周转库存是真正合理的。即使是周转库存，也会因为周转周期不合理而变得不合理。安全库存有一定的合理性，这是因为我们生活在一个不完美的世界，需要安全库存来应对需求、供应的不确定性。但是，库存计划一刀切，安全库存水位设置不合理，安全库存就又不合理了。过剩库存看上去不合理，但也有合理之处，如客户推迟提货、物料不齐套等，跟我们的计划与执行能力有关。风险库存的不合理性更高。当然，有时候由于策略采购等，如批量买入大宗原材料，这样的风险库存也会有一定的合理性。

库存的合理与否是个非常难回答的问题，没有黑白分明的答案，我们一定要具体问题具体分析。库存的四分法为我们提供了一个分析框架，识别和判断不同库存的风险。下面我们通过一个具体的例子，看如何用四分法进行供应链库存风险管控。

案例公司是个制造商，原材料的在库和在途库存合起来有几亿元。针对几千原材料中的每一个料号，我们拿最近3个月的历史需求作为预测，乘以采购提前期和采购单价，得到周转库存。之所以用最近3个月的历史需求，是因为案例公司有相当一部分业务是项目型的，订单驱动，在ERP系统里没有相应的预测。当然，我们明白，历史需求不会完全重复，但在总体库存分析上至少给我们一个起点。

对于很多料号，这个企业把安全库存和需求预测放在一起，并不在ERP中设相应的安全库存，只是多下些订单。这是不规范的做法。我们就让他们逐行确认，把安全库存的部分甄别出来，总额近亿元。对于超出周转库存和安全库存的部分，该企业认为，如果不超过3个月的正常需求，那么风险相对可控。这就是过剩库存。其余的就是风险库存，即超出了周转库存和安全库存，3个月还消耗不掉的库存。在这个案例中，风险库存总额为1亿多元。

那么，面对四类库存的报表和汇总图，你能做点什么？你要分析每一个具体的料号，理解这 1 亿多元的风险库存从何而来，以便在料号层面采取措施。

你会发现有些风险库存是新产品的，因为历史需求低，所以这里高估了。但更多的是关键元器件，总共占了 5 000 多万元的风险库存。芯片行业短缺，采购提前期大增，比如，原来是 112 天（16 周），现在增加到 26 周了。也就是说，这些关键元器件在提前下单，而计算中用的周转周期还是原来的标准交期。所以说这部分也高估了。这有道理吗？当然有。但你千万不要被这些合理的理由蒙蔽。

再仔细往下看，看数据。是的，实际的采购提前期增加了，在途库存就要增加。但数字对不上。比如，有一个芯片，采购提前期增加到 26 周了，但为什么要下 30 多周的订单呢？答曰，跟销售、产品和采购协商的结果，集体决策。这回答的是谁做的决策，并没有回答为什么做了这样的决策：提前期延长到 26 周，你下 26 周的订单就行了，为什么要下 30 多周的，下那么多的订单？

采购订单下单太多，为什么说是个计划问题？因为计划在决定买多少。计划员说，这是集体决策。我们想说的是，这决策最终是计划做的，那计划就是决策者，不能因为销售、产品等职能部门介入就不负责任。行业短缺下，作为内部客户，销售和产品部门当然是希望订单多多益善，恨不得把一年的订单都下了。但是，他们对库存负责吗？谁对库存负责？计划。计划也要尊重规则，而最基本的规则就是进了采购提前期，才产生需求给供应商下采购订单。

计划员说，现在短缺，下了订单反正也没有货，意思是风险并不大。继续看数据，就这个特定的芯片来说，虽然短缺，但手头的库存却已经够 3 个月用。别的几个料号也类似。这表明短缺已经没有那么糟糕，我们用不着下那么多的额外订单，给公司增加额外的库存风险。不信，等到年末了，供应商的产能短缺结束了，把那些在途订单都发送过来，今年的库存控制目标就算泡了汤。这也罢了，库存目标本身不过是个数字，苦日子还在后头：那几千万元的芯片，都够用大半年了，积压着，光资金成本就是几百万元。如果客户需求变动，或者设计变更，变成呆滞库存，问题就更糟糕了。

我们用同样的四分法，帮助另一个企业分析原材料库存，发现该公司有两个料号，在库库存有 6 700 万元，在途库存达 2 400 万元，货都已经从美国运到我国香港了，退都退不掉了。这 9 100 万元的在库、在途库存，其中大部分是风险库存，足够这个企业用一年了。没用四分法时，这个企业没法有效识别库存风险，自然就没法有效管控风险；用了四分法后，企业老总一眼就看出了问题所在。供应商在供货合同中写明，该企业不能卖给别人，怕扰乱渠道。退又退不掉，卖又不能卖，这就比较难办。值得欣慰的是，这是个通用料，真正的库存呆滞风险微乎其微。不过库存成本也不容忽视：这两个产品就有近 1 亿元的库存，一年下来光资金成本就几百万元。而原因还是离不开短缺时的过激反应。不管什么时候，都得遵循基本的准则，如只买提前期内的量，如果要超出提前期，一定要理解风险，认真评估风险，只承担“经过计算”的风险。我们要记住，所有的短缺都是以过剩结束，大多过剩都是在短缺时造成的。计划团队处于最前线，要居安思危，慎始如终。

3.2.10 降库存要避免互扣人质的死循环

解决问题有两种方式：一种是通过转嫁给别人来解决问题，另一种是通过解决问题来解决问题。库存比成本难降，一个原因就是没法简单地把库存问题转嫁出去——降库存大多是跟内部职能部门打交道，我们要通过解决问题来解决问题，而不是转嫁问题。否则，就会陷入互扣人质的死循环。

只有加了该加的，才能降下该降的；不解决短缺问题，就没法解决过剩问题。库存要么过多，要么过少，而且如果有一种情况存在，必然就有另一种情况。为什么？因为造成库存过高和过低的原因相同：计划上的先天不足，执行上的拖泥带水。比如，库存过高，要么是因为预测准确度太低，要么是因为库存目标水位设计不合理，结果计划了太多客户不要的库存。而正是因为同样的原因，另一些产品又库存太少。此外，企业的资源总是有限。如果备多了不需要的产品，就只能少备有需要的产品。

供应链要降低库存，自然要从那些库存过高的产品入手。但征求销售的意见，销售的答复往往是不能降，因为他们看不到库存过高的产品，他们眼里都是库存过低、短缺的产品。不解决短缺的问题，就没法解决过剩问题。这就是说，要降低库存，首先要增加库存。这看上去有点匪夷所思：库存都那么高了，还要增加库存？资金这么短缺了，还要投更多到库存里？所以，很多企业的做法就是你不让我降库存，我就不给你加库存，销售和供应链互扣人质，陷入僵局。

不过销售部门在乎库存高低吗？不在乎。他们的任务是做生意，不是管库存。那么为什么他们这么深地介入库存管理？很简单，因为供应链管不好库存，没法有效满足销售的需要，销售得不到想要的结果，就开始控制过程，库存水位的调整是过程。那么怎么让销售松开手？唯有给他们应得的：解决短缺问题，把该放的库存先放上去。这也是帮助销售建立对供应链的信心。销售对供应链的信心越大，就越不介入供应链的库存控制，这样供应链才会更容易地把该降的降下来。

在那些计划能力强的企业，供应链能够有效满足业务的需求，所以销售更少介入库存控制。在计划能力弱的企业，销售对供应链的信心不足，双方就习惯性地互扣人质：加上去的库存，销售部门有发言权，不让降；没加上去的库存，钱在计划手里，计划有决策权，就不给加。结果就是该降的降不下来，该加的加不上去，过剩与短缺并存，客户服务水平和库存周转率都不高。而要打开这个死结，供应链计划必须主动走出一步。

少打总库的主意：总库多备，子库少备，降库存的重点在子库。跟供应链与销售之间的博弈类似，总库和子库、总部和分部之间也存在互扣人质的博弈。

一般的企业采取网络状库存结构：总库补给各个地区库，地区库补给下一级的子库，子库再补给客户，一层一层展开，形成车轮毂一样的补给结构。从理论上讲，这种结构便于综合平衡库存、运营成本和服务水平，以总成本最低的方式来达到既定的服务水平。为了方便叙述，我们把上级库都叫总库，把下级库都叫子库。

在企业里，总库一般由总部控制，子库由分部控制。总部和分部的关注点往往不同：分部离客户更近，经常因为短缺被销售和客户追着，所以更关注客户服务水平（有货率）；总部虽然远离前线，但不得不在老总和财务的眼皮底下讨生活，降库存的压力一般更大。所以你会经常看到，总部在老总和财务的驱动下，一轮又一轮地降库存；分部在客户和销售的驱动下，一次又一次地要求加库存。

总部要降库存，分部不支持，或者阳奉阴违而不了了之。总部对子库的控制力度小，降不了子库的库存，就在总库上打主意，做自己能控制的事。但问题是，总库库存降下去了，对子库的补货不够及时，增加了供应的不确定性。作为应对措施，子库的自然举措就是提高子库的库存水位。于是，总库降下去些，子库增加些，虽然增幅没有总库的大，但子库的数量多，总的库存反倒提高了。同时，总库降库存造成的补货不及时进一步证实了分部“顾虑”的合理性，在后续的降库存上更加不配合。

在总部看来，子库里有些产品的库存太高，分部不愿降；在分部看来，总库有些产品库存太低，应该增加，总部的反应经常是一口回绝。这就导致总部和分部之间互扣人质，该降的不降，该加的不加，陷入死循环。而打开这个死循环的结在总部手里：必须在总库先把该加的加上去，才可能把子库该降的降下来。要知道，总部和总库的首要任务是履行其服务子库的职能，就像供应链的首要任务是满足销售、研发的正当需求一样。

在一个合理的多阶段库存体系里，总库增加库存，提高有货率，缩短了给子库的补货周期，降低给子库补货的不确定性，子库就能降低安全库存。子库数量众多，每个库降一点，总量就相当可观，除去总库加上去的部分，总体库存还是降低了。但这里的前提是，只有总库加上该加的库存，才可能降下子库该降的库存，总部和总库在降库存上占据主导地位。

还有一种解决方案就是把子库的库存计划权限收归总部，由总部的计划员统一设定总库、子库的库存水位。这样有助于总库、子库的全局优化。全局优化的方式就是建立类似城市供水体系的多阶段库存体系：随时保持总水塔有水，这样老百姓就不用装满自己的坛坛罐罐。总之，还是要在总库多备货，才能在子库少备货。

以前很多城市，特别是三线、四线、五线的小城市，自来水厂供水经常不足，或者说水压太低，一到用水高峰就没法供水。作为应对，老百姓家里的盆盆罐罐都装满了水，整个城市的自来水库存反倒更高。不能要求市民不存储水，他们的行为是理性的，原因在自来水厂的能力上。等到自来水供应充足了，老百姓的信心更强了，自然就没人再去储水了，自来水的整体库存反倒更小。

一个良性的库存系统也应该这样运作。遗憾的是，我们看到的往往正好相反：总库供给能力不足，各分部就私自囤积库存，到了极端，生产线、设计甚至客服都有自己的小仓库，库存更加分散，降低了规模效益，反倒增加了总体库存，降低了整体的有货率。

少打速动产品的主意：降库存的焦点是高值慢动产品。企业在降库存时，为了很快见效，常见的做法是打速动产品的主意：这些产品流动快，把库存的目标水位降低后，多余出来的库存很快就被消耗掉了，库存就降下来了。但这样做的问题是往往降低了这些速动产品的有货率，影响了业务和客户，激起反弹，不但逼着把原来降下去的加上去，而且把一些本来很充足的库存也加得更多。

这里的错误是把不该降的库存降了，当销售和客户发现连常用的产品都开始缺货，就对库存计划的信心陡降，逼着计划采取纠偏措施，增加库存。面对愤怒的内外部客户，计划最终的解决方案都是以花钱消灾结束，增加更多的库存了事，不但把那些速动产品的库存又加回去了，而且给一些本来没出问题但“可能”出问题的慢动产品也增加了库存。而那些慢动产品很多本来就很少用，需要降低库存。偷鸡不成蚀把米。

要知道，在一般的企业，库存过高、周转过慢的经常是高值慢动产品。所以，它们应该是降库存的重点。如果没有大面积的短缺问题，这些产品因为用量低，减少一点，业务和客户也不大注意。当然，有人会说，那些慢动但很贵的产品备库存，都是有特定原因的，如果缺货，问题会很大。我们不是说没问题，我们想说的是不要忘了，库存计划的目标不是100%的有货率。假定有货率目标是95%，计划的任务是不但要确保达到95%的目标，而且要确保5%缺货率。这时候，是缺5分钱一个但每天都用的螺丝钉，还是缺5万元一个但两年才用一次的发动机？

进一步讲，库存控制有两个主要目标：①降低资金占用；②降低呆滞库存。对企业来说，资金占用情况很明显，也很受关注，因为现金流紧张，资金周转困难的时候，老总和财务第一眼看到的就是库存。但真正对成本影响大却容易被忽视的是呆滞库存造成的注销成本：那些高值慢动产品长时间不用，就变成呆滞库存，而呆滞库存注销时，就形成成本，降低企业的利润率和投资回报率，影响企业的股价和市值。

在控制呆滞库存上，计划必须承担主要角色。这是因为一旦备了库存而又不用，内部用户部门早就回头不看了，而库存计划有机会定期去回顾那些产品，把安全库存水位调低或纯粹拿掉，让别的需求把多余库存消耗掉。否则，库存目标水位不变，就会扣住库存不放，即使别的地方有需求，也不会把这本来多余的库存消耗掉。

3.3　第3道防线：供应链运营战略执行

3.3.1　催货是有学问的

计划的先天不足需要执行来弥补。赶工加急就是常见的弥补措施。没人喜欢催货，但催货是供应链执行不可避免的一部分。极端情况是行业性产能短缺，比如，2016 年后半年以来，关键元器件大面积短缺，上至老总，下至采购员，都在催货，连一些百亿元级的大公司也不例外。我们去访问那些公司，发现它们供应链的老总经常不在。问干什么去了，答曰到供应商那里催货了——根据催货者的头衔，供应商决定分配产能；为了不输在起跑线上，那就派老总催货。

随便问一帮供应链职业人，催不催货，答案都是催，问花了多少时间在催货，答案都是很多。那么有没有催货流程？催货这么简单的事还要有流程？是的，自上而下、从前到后，那么多的员工花了那么多的资源来催货，当然要有催货流程。否则，就容易陷入混乱，在一团乱麻中浪费了大量资源。

比如，有个大型跨国制造企业，每年销售额有几十亿美元，客户遍及全球各地。他们按照不同的紧急程度，由不同的人按照相应的流程来催货。

第一优先级：停机待料十万火急。这是优先级最高的催货。比如，客户的生产线停产待料，或者即将停产待料，客户的损失或潜在损失重大，由计划部门的一个小组专门负责催货。该小组包括一个经理和几个全职员工，每周 7 天，每天 24 小时待命。一旦接到催货要求，就马上进行全球库存分析，征调相应的库存，以最快的空运方式发送给客户；如果全球各地都没有库存，就到生产线上，从正在造的产品上卸下来需要的零部件；如果生产线上没有，就驱动采购来向供应商催货。供应商接到催货指令，必须在规定时间内确认交期。这是级别最高的催货流程，主要靠电话实时沟通，E-mail 辅助，并且有成套的申诉机制。比如，生产线多长时间内不响应，就升级到产线经理、总监、副总；采购员多长时间不回复，就升级到采购经理、总监直至副总。

第二优先级：客户订单不能满足。适用于客户的订单已经接到，录入 ERP 系统了，现有交期没法满足客户需求，不过客户还没有到停机待料阶段。此类催货一般由客户服务部门传入，这个制造商的计划部门设定另一个小组，专门负责全球物料的分配，并驱动供应链来尽快响应。这个小组和上面的停机待料小组是计划团队的延伸。整个计划职能的目标是这样分解的：计划员通过设置合理的需求预测、安全库存，成功满足 95% 的需求；剩下的 5% 则由这两个催货小组通过执行来弥补。而这 5% 的需求中大概有 0.5% 属于停机待料，由全天候执勤的急单小组负责；剩下的需求由另一个小组按照正常催货流程来处理。

第三优先级：计划参数不能满足。适用于供应没法满足需求预测、安全库存等计划参数，但还没有影响到实际的客户订单，由计划员来主导催货，是计划员日常工作的一部分。供需不匹配，ERP 系统会自动产生催货指令，通过电子商务平台传递给供应商，供应商没法满足，就作为例外上了采购员的工作清单，引起采购员的注意。问题得不到及时解决，就沿着采购员、采购经理、总监等路线升级。需要注意的是，这个企业的计划员专注需求预测、安全库存的设置，着眼几个星期外的需求，让采购和供应商能够满足总体计划，以预先解决 95% 的问题。停机待料、客户催料旨在解决今天和未来几天的问题，需要大量精力催货，计划员基本不介入。这样做的目的是避免计划员经常陷人执行模式，导致没有充足的时间来做计划。

上述三种情况优先级不同，催货的紧急度就不同，但在流程上有共性：①定义清晰的优先级。一旦陷入短缺状态，每个人都认为自己的需求最紧急。定义了清晰的优先级，有利于降低执行过程中的沟通成本，减少由此产生的混乱。②单一责任人。从客服到计划，到采购，每个产品在每个环节都有唯一的责任人负责，当一线没法解决时，就升级到管理层。③清晰的申诉路线。催货是打破正常的流程，通过获取更高的关注度来解决问题。一旦得不到需要的关注，就要通过组织措施申诉来应对。

催货本身充满不确定性。这个案例企业划分优先级，针对不同优先级制定流程的做法的好处是以简单对复杂，通过结构化的流程给整个业务系统注入一定的确定性，避免习惯性地陷入混乱。比如，不能让销售、客服和计划都催生产线，那样的话人人都说自己的需求急，生产线就乱了套。也不能让人人都能联系供应商，那会让供应商陷入无所适从的境地。同样，销售不能一催货就发 E-mail 给采购的总监或副总，这些人虽然能够很有效地驱动供应商，但不了解操作层面的细节，往往解决了一些问题的同时，制造了更多的问题。中高层管理也不能看到这些 E-mail 就一头扎进去，做部下的事，陷入执行模式，因为还有更重要的全局工作要去做。

在一个良性运作的供应链环境里，催货是执行任务的一部分。就如这个案例公司，按照目标设计，95% 的需求由供应链的第一、第二道防线满足（需求预测、库存计划），按部就班地由流程和系统驱动组织，其余的 5% 由供应链的第三道防线满足（催货加急），由组织驱动流程和系统（否则太慢）。但是，在那些恶性循环的企业，催货则更多的是源自计划不到位，或者不作为，不可不察。特别是那些“执行导向”的企业，“救火”文化盛行，沉浸在催货带来的成就感中，则要更加小心了。

3.3.2 把自己做成大客户，驱动供应商快速响应

一旦提到把自己做成“大客户”，人们的第一反应经常是，我们公司的规模不够大，怎么能够做成大客户呢？这里要说的是，你永远也不会大到足够大，就像你永远也不会有钱到“有钱”的地步；你要做你能控制的，那就是集中采购额，整合供应商，把有限的钱花在有限的供应商（增长型伙伴）上，把自己逐渐做成一个相对的大客户，增加自己的话语权。

这道理好懂，但是为什么那么多企业没法集中采购额，整合供应商呢？根本原因是供应商的选择和管理能力不够，要么没有选择到合适的供应商，要么选到了但没管好。但不管怎么样，结果都一样：现有的供应商解决不了问题，不管是质量、交期还是成本，最后就不得不导入更多的供应商。于是，企业就陷入一直在找新供应商的怪圈：老供应商不行，就找新供应商；新供应商一旦成了老供应商，就又不行了，于是就再找更多的新供应商。

想想看，每个新供应商之所以能够成为我们的供应商，都是因为其在价格、交付和质量等方面承诺给我们老供应商做不到的。不过亲密的朋友关系没维持多久，新供应商一旦成了老供应商，就又做不到了，双方很快就成了敌人，采购方又在找新供应商的路上。就这样，供应商的数量一直在增长，采购额越来越分散，企业对供应商的管控力度越来越差，供应链的响应能力也越来越差。

这里的根本问题有两个：其一，选择时没选好。比如，新供应商以更优惠的价格为诱饵，以欺骗性的手段亏本进场，希望以后做更多的生意连本带利赚回来，但进来后发现没有更多的生意，也赚不到更多的钱，于是就开始破罐子破摔。这是个选择问题，我们根本不应该选这样的供应商进来。其二，选择对了，但有选择、没管理，后续管理跟不上，供应商绩效就一日不如一日，时间长了，新供应商就变得跟老供应商无异。这是个管理问题。

新供应商做得到，变成老供应商后就做不到，反映了供应商选择和管理能力不足。根本的解决方案就是从组织、流程和系统出发，全面提高供应商的选择和管理能力。也就是说，在组织层面，增强关键岗位，比如战略寻源，建立以“大采购”为核心的供应商管理组织，协调技术与质量，形成跨职能合力来选择和管理供应商。在流程层面，推动品类管理，评估供应商的整体能力，选择合适的供应商，只跟数量有限的优质供应商做生意，把供应商的“口子”收起来。接下来要管好供应商绩效，让供应商能够满足内部客户的正当诉求，并把关键供应商跟公司集成起来，早纳入新产品开发，把成本设计下来，这样内部客户就没有必要把供应商的“口子”打开，找更多的供应商

进来。在系统层面，构建公司范围的 ERP 系统和电子商务，以固化流程，支持组织的决策，并提供反馈数据，监控组织和流程的正常运作。

先说组织。如果你到一个企业，问哪些职能部门跟供应商打交道，大家首先想到的是采购，因为供应商是采购的供应商。当然你没法忽视研发部门和质量部门，因为他们在技术、品质方面把关，在选择和管理供应商上发挥关键作用。也就是说，这三个部门一起在选择和管理供应商。那么三个部门的利益诉求是否相同？答案当然是否定的。比如，采购部门认为供应商能够给 5 个点的年度降价，但是不愿给，就威胁供应商，说以后的业务就不麻烦您啦，也就是说，想淘汰供应商；研发部门做好了产品设计，要赶着打样验证，新产品上市，一个 E-mail 就发给老供应商，因为老供应商熟门熟路，做得自然快；质量部门在一边看着，一边盘算，你们两个胳膊粗、拳头大的职能部门掰手腕，可不要指望牺牲我的质量标准。

三个部门的利益诉求不同，就给供应商可乘之机，各个击破。要知道，有些供应商难管理，一方面是它们本身胳膊粗、拳头大，是那种有能力，但也有脾气的战略供应商；另一方面，更重要的是，采购、研发和质量部门没法达成共识，形成合力。形不成合力，就形不成供应商战略，没有战略，注定短期利益会损害长期利益，局部利益会损害全局利益，结果是供应商管理一盘散沙，直接决定供应商选不好、管不好。

那么谁来协调三大职能，形成合力？采购部门。原因是供应商是采购部门的供应商。这时候你就会考虑，如果采购人员平均只有一两年的工作经历，他们有没有能力站在研发、质量部门面前侃侃而谈，就供应商的选择与管理达成共识？他们被工程师推翻，那可是很容易的事。这就是一个百亿级企业的现状：这个制造企业 10 年间就做到 100 亿元的规模，其中采购额是 40 亿元，但采购团队非常年轻，70 多个采购员，平均工龄 2 年多一点点，自然摆不平南车、北车（后来合并为中车）这样的战略供应商。跟他们的董事长说，这就是他们砍价砍不下来，催不来货，质量问题供应商也不给解决的原因。董事长是个 40 岁还不到的年轻人，一下子就听懂了，转身跟他的采购总经理说，再雇 10 位采购经理来。10 位采购经理在四五线城市每年的成本大概也就三四百万元，但他们从那 40 亿元的采购额中挤出一滴水，就能为公司省下不少钱，还不提供应商的质量、交期、服务等难以量化的改进。这就是组织措施的力量：供应商关系就如客户关系，非常复杂，要求有资质的人员来管理。

我们再说最下面的系统。系统指的就是信息系统。前面已经连篇累牍地讲过，没有基本的信息系统，我们连供应商的按时交货率都没法统计。与供应商相关的每一件事都离不开信息系统的支持，这里就不予赘述。

供应商分类是选择、管理流程的第一步。说是分类，其实是分类、分级两个概念。分类是分门别类，比如，芯片和纸箱子是截然不同的两个门类，管理策略也不同。分级是针对一个门类的供应商（不同门类是没有可比性的），确定哪些是战略供应商，哪些是优选供应商，哪些是淘汰供应商，在管理方式上要区别对待。精细化管理是差异化管理，离开了差异化的一刀切不是科学管理，注定管不细、管不好。

供应商分类后，你会发现要么供应商太多，要么供应商太少——能干活的太少，不能干活的太多。这时候就要评估供应商的好坏，把差的供应商整合掉，把好的供应商吸纳进来。这就是第二步：供应商评估。比如，评估供应商的财务状况、质量体系、生产管理体系等，以及历史绩效，如果供应商已经在跟我们做生意的话。

评估完了就是供应商选择，即针对特定的门类，如纸箱子、钣金件或半导体芯片，选择合适的供应商做生意，确保以后的新生意都给这些供应商，逐渐把自己做成这些供应商的大客户。对于企业来说，供应商选择是个非常重要的决策。其实对一个企业来说，重要的决策没有多少，如开发什么样的新产品，选择什么样的客户，找什么样的人来干活，跟什么样的供应商做生意。供应商选择的结果是合格供应商清单，即把供应商的“口子”收起来。这对整合供应商、集中采购额来说至关重要。供应商的“口子”能否收住，也是一个企业供应商选择和管理能力的核心体现。

供应商的“口子”收起来了，内部客户，如研发部门，喜不喜欢？他们喜欢，是因为这降低了他们选择供应商的难度，比如，以前纸箱子供应商一大堆，要在35个里面选一个可不容易，现在在5个里面选一个，就简单多了；他们不喜欢，因为这限制了他们的选择余地，尤其是“口子”里的供应商没法满足他们的合理、正当需求时，他们就想方设法把“口子”打开，选择第6、第7、第8个供应商进来。供应商的“口子”打开了，采购怎么办？凉拌（办）：每个采购都知道，跟工程师斗，被推翻是大概率事件，尤其是自己的供应商没法满足工程师的合理诉求时。

那怎么办？采购唯一能做的就是管好供应商绩效，确保“口子”里的供应商能够满足研发部门等内部客户的正当需求，这样内部客户就没有理由去打开“口子”。这就是供应商绩效管理，如成本、交付、质量、服务、技术等一系列绩效指标。一个企业有供应商绩效管理，供应商的绩效不一定好，但如果没有供应商绩效管理，供应商绩效注定不好。用西方管理常用的一句话，就是你统计什么，就得到什么；你想得到什么，就统计什么。这说的就是绩效管理的重要性。

供应商管理流程的最后一步是供应商集成，即把关键的供应商跟我们集成起来。在研发阶段合作设计，通过优化设计来增加可制造性，降低成本；在量产阶段建立供应商管理的库存（VMI），降低供应链的整体库存，并且提高交付绩效；在交易流程上采用电子商务，降低双方的交易成本。供应商集成是供应商管理的最高形式，是提高供应链响应速度、降低供应链成本的关键举措。

组织、流程和系统措施到位了，企业的供应商选择与管理能力自然会提高。供应商选好了、管好了，供应商的数量自然就下降，采购额就集中，规模效益自然增加。更为关键的是，我们把自己做成了供应商的大客户，能够更加有效地驱动供应商快速响应，弥补计划的先天不足。

供应商与供应链只有一字之差，供应链上大致 70% 的增值活动是由供应商负责的，选好、管好供应商是供应链管理的核心竞争力。这里只是提纲挈领地谈一下，更多的细节可以参考刘宝红的畅销书《采购与供应链管理：一个实践者的角度》。在他的另一本畅销书《供应链管理：高成本、高库存、重资产的解决方案》中，也有一系列的阐述，本书不再赘述。

3.3.3 要不要给供应商预测

跟链主企业一样，供应商的供应链也需要预测来驱动。供应商执行是否到位，在很大程度上取决于需求预测的及时性和准确度。

预测从哪里来？从采购方来。但有些采购担心预测准确度，不愿意给供应商提供需求预测。供应商的选择有两个：如果你胳膊粗，你就不见兔子不撒鹰——没有订单，就不建产能，不备库存；如果你胳膊细，那就只好自己承担预测的风险，自己猜个预测。

不见兔子不撒鹰，自然是害了需求方：需求落地时，供应商已经来不及响应了。供应商自己做预测呢？因为比采购方更加远离需求，预测准确度只能更低，不管是短缺还是过剩，不管影响到的是客户还是供应商，从供应链的角度来看都不是好事。

要知道，在供应链上，谁处于最合适的位置做某件事，谁就应该去做，否则注定是次优化的解决方案。这是个基本准则。显然，采购方离需求更近，处于更合适的位置做预测。

在管理良好的公司，一般有滚动预测，定期发送给供应商。比如，13 周预测准确度较高，指导未来 3 个月的交货；14 ～ 26 周的预测准确度较低，指导供应商做中长期产能规划。管理粗放的企业的需求预测能力薄弱，给自己的生产都没有预测，供应商就更不用提了。计划先天不足，就只能靠执行来弥补，表现在生产线上加班加点，忙的时候忙死，闲的时候闲死，采购采取多点寻源，一个料号由多个供应商做，以防万一供应商 A 供不上货，供应商 B 来备份。这样做的结果是生产效率低，运营成本高，采购额分散，规模效益丧失。

进一步讲，对于定制化程度高的产品，或者采购方需求很大、占供应商的产能比例较高时，没有一个供应商会有那么多的富裕产能来准备万一自己的竞争对手没法供货，好把其生意抢过来，因为产能利用率低，那样的供应商早就破产了。所以，在供应商的产能准备上，我们必须正视预测，督促、帮助供应商及早准备。

3.3.4 计划能随意变动吗？要尊重供应链的刚性

一个好的需求预测需要定期调整。但这并不是说可以随意调整，供应链的柔性不是无限的。当进入一定的时间窗口，我们要控制需求预测的调整，以保护供应链的效率。否则，会造成过高的运营成本和产能浪费：频繁地调整会打乱整体的生产、配送安排，让整体交付更加不可预计，越是不可预计，越需要人为干预，这就陷入恶性循环，增加了不确定性，最终会转化为成本和库存。

按照对物料采购和生产的影响，我们可以把计划的调整分为自由区、半冻结区和冻结区。对于不同的区间，我们要制定相应的规则来管理。

自由区一般是供应链的响应周期以外，原材料还没订货，生产还没开始，需求变动的代价相对较低，数量、配置、日期都可以改变。说代价较低，假定这些变化不会带来阶梯性改变，如新增设备、新建厂房等。这个区间是以销定产，供应链的规则是管理供应来满足需求。

半冻结区一般是进入供应链的响应周期，这时候长周期的物料已经订货，但企业自己的制造一般还没有开始，或者进展有限。需求变动的代价较大，数量一般不能再调整，但配置、日期还可以改变。在这个阶段，我们要以需求管理为主，辅以供应改善，产销结合，尽量不要变，但如果变了，我们还是要尽力满足。

一到冻结区，原材料已经到位，生产组装已经开始，变动的代价就很高。这时候，需求的数量固定，日期固定，配置也固定。我们要以管理需求为主，以产定销。销售重点要做的是管理客户需求。

在有些企业，供应链职能部门处于弱势地位，其合理诉求往往得不到满足，如半冻结区基本没有，冻结区越来越短，甚至纯粹拿掉，追求所谓的“无限柔性”。生产技术、信息技术、外包等的确增加了供应链的柔性，但柔性总是有限的。作为弱势职能部门，供应链职能部门没有辩驳的权利，就只好赶工加急，建库存，建产能。结果是生意做了，却没赚到钱，或者账面上赚了，都赚进库存了。

那么解决方案是什么？没有规矩，不成方圆。设置合理的半冻结区、冻结区，是使综合成本更低的解决方案。这对长周期、多配置的产品更是如此。这两个区也提供了两个决策点：在自由区转入半冻结区时，要决策是否下订单买材料；在半冻结区转入冻结区时，要决策是否开工生产。围绕这两个决策点，销售也更加能够有的放矢地管理需求。

在企业里，冻结区、半冻结区取决于销售与供应链的力量对比。当销售处于绝对优势时，就像当前的大多本土企业一样，销售就把“以销定产”推到极点，有些企业甚至连第二天的计划都能调整。当供应链有一定发言权时，比如，在有些跨国企业，就在“以销定产”和“以产定销”之间取得更好的平衡，冻结区、半冻结区就是兼顾销售和供应链的产物。总的来说，长期从以销定产开始，短期由以产定销结束，是兼顾销售和供应链的诉求，执行总成本最低的方案。

到现在为止，我们谈了如何驱动供应链快速、有效地响应，弥补计划的不足。这包括在执行层面，按照不同的优先级，制定清晰的催货流程；在战略层面，选好、管好供应商，集中采购额把自己做成大客户，有效驱动供应商快速响应。这是供应链执行的一个侧面：执行弥补。

下面我们换个角度谈供应链执行，主要聚焦在如何高效落实计划的决策，驱动供应链来及时响应。由于信息化水平低，很多企业依赖人工做信息系统的事，投入需求预测、库存计划上的资源就有限，资源投入不足，计划就做不好，造成更多的执行问题，形成恶性循环。解决方案要从信息系统上找。

3.3.5 人都在忙什么？在做信息系统的事

有个本土供应商，是典型的销售提需求，销售兼职需求计划。几十个销售预测未来 3 个月的需求，每个月更新一次，按照客户汇总，上传到 ERP 系统，驱动后端的供应链来执行。我们去给这个公司培训，负责公司最大客户的销售经理说，让帮忙看看这个客户的备货计划。当天培训结束后，我们就坐下来谈。原来想，他和他的团队应该问需求预测、安全库存方面的问题，这是供应链的前两道防线，也是计划工作中最核心的两部分。谁知道打开 Excel 表格后，所有的问题都归结到执行操作上，在信息化水平高的公司由 ERP 做的那些事。

这位销售经理的客户采购大致几百成千个料号，有好几个工厂，料号跟工厂的组合就有几千个。他的销售团队用 Excel 表格在每个工厂、每个料号层面做 3 个月预测，然后把这些数字整合到料号层面，工作量确实不小。然而麻烦的还在后面：逾期需求的处理。逾期需求就是预测偏高，但销售认为需求只是暂时偏低，后续需求会拔高，所以不愿把多余的需求预测删掉。比如，6 月份预测了 100 个，实际需求 80 个，这多余的 20 个预测还没有被消耗掉，变成逾期需求，是继续挂在那里驱动供应，还是该砍掉？要挂的话该挂多久，要砍的话砍多少？

每个月，销售从 ERP 系统里拉出逾期需求，把那成千行逐行看过去，全部都是手工，哪些要保留，保留多少，哪些要砍掉，砍掉多少，这账可不好算，工作量更是惊人。对于销售来说，他们最关注的是短缺，逾期需求是过剩，工作量又那么大，一忙就忘了。结果是 ERP 系统里，有的需求都逾期半年了，还挂在那里，驱动的库存以千百万元计。

那么，信息系统 ERP 究竟是怎么做这些事儿的？

在 ERP 里，如 SAP，需求预测会按照日期录入，比如，未来 13 周（一个季度），每周 100 个，连续录入 ERP。ERP 里的物料需求计划（MRP）就开始运转，产生毛需求，减掉在库库存、在途库存，就得到净需求。根据净需求量，ERP 系统自动生成申请单，然后根据系统设置，一旦进入生产、采购的提前期，要么由 ERP 自动，要么由采购、物控等手工转换成生产、采购订单，驱动供应链来执行。

那么需求预测过高怎么办？功能健全的 ERP 有办法自动处理。假定 6 月份的预测是 100 个，实际需求是 80 个，这 20 个的过剩预测 ERP 可以替你保留。保留多久的期限可以设定，一旦超过保留期限，系统就自动删除过剩需求预测，同时提醒供应链来取消相应的供应。如果ERP跟电子商务系统对接，这些信息会转到电子商务，由电子商务直接传递给供应商。如果供应已经取消不掉了，那么也让供应商停止进一步加工，以后即使要报废，也报废半成品，这样把企业的损失控制到最小。信息系统会清楚地记录指令是什么时候给供应商的，以判定供应商是否按照指令行事。

如果预测过低呢？比如，预测100，实际需求是130，这多出的30个又该怎么办？功能健全的ERP也可自动处理：如果以前有逾期需求预测，就先消耗逾期需求，否则就提前消费未来一段时间的预测（这叫“向前消耗”，系统可以设置，比如，未来3个星期）。这是告诉ERP，我们的需求只是提前了，但总需求没变，ERP会发出催货信号，让供应商提前送货。如果未来这一时段的预测还不够，那么多余部分就形成多余需求，驱动ERP产生更多的订单，这对供应链来说就是紧急需求。

例如，假定需求预测是10个/周，以前还有8个的逾期需求（预测过高，实际需求过低造成），现在突然来了个60个的大订单，而且就要货，ERP系统会这么对付：先消耗过去的8个逾期需求，剩余52个；这52个消耗了本周和未来3周的预测，就余下12个。ERP认为不能继续消耗未来的预测（假定向前消耗定义为3周），那么这12个就成为多余的紧急需求，ERP会产生请购申请，驱动供应链来多生产12个。对于供应链来说，从ERP传递来的信号是这样的：赶快把未来3周预测的10个/周送来，现在就要，再额外提供12个，这是比原来预测多的部分，也是现在就要。

上面这套逻辑就是ERP里的向后消耗（backward consumption）、向前消耗（forward consumption），是动态匹配实际需求与需求预测，合理驱动供应的关键逻辑。预测一般是经过平均后传递给供应链，好帮助供应链平滑产能，但实际需求时高时低，与预测不会一一匹配，部分原因是需求端的正常变动（提前或推后到，但总量与预测一致），部分原因是预测失败（过多或者过少）。这套逻辑把一定范围内的不匹配，如不超过3个星期的量，作为“正常变动”处理；超出部分就按照预测失败来对待，及时提醒供应链来应对，如取消逾期需求（其实是降低预测），或者产生额外的需求信号以获取更多供应（其实是增加预测）。

这套逻辑很强大，也很复杂，专业的计划人员也往往搞不懂，那些兼职做计划的销售就更不用说了：面对成千上万的料号，手工要把这些用Excel算清楚，可不是件容易的事，算错的概率有多高可想而知。结果是算多了，库存积压，算少了，营收损失，而且一旦算少，造成短缺，解决方案一般更保守，多压库存，最终以过剩结束。

说完了需求预测，让我们再来看安全库存。

在ERP里，安全库存是需求的一类，而且是马上就要供应链来满足，以备不测，因为需求和供应的不确定性随时都可能发生。所以，一旦安全库存被消耗，MRP运转后，会提出相应的需求，并提醒供应链马上响应满足。在上面这个本土企业中，安全库存也由销售人员设置，而且同样是设置在Excel表格中，如设1个月的需求，在实施上只是驱动1个月的多余供应。销售每个月在做计划时，就花很多时间在算，上个月的安全库存是否用完了，这个月预测下降了，安全库存也调低，给供应商的订单要调整多少。成千个料号，这账就很难算清，复杂度可想而知。为了安全，就宁多勿缺，多放库存。

理论上，安全库存是随用随订。在信息化程度高的企业，ERP可以每天监控库存变化，及时提出补货申请。在信息化程度低的企业，如这里的案例企业，人工补货，每个月订一次安全库存的料。也就是说，从安全库存用掉到订货，平均延误是2个星期。这是个很大的时效性问题。这意味着虽然是1个月的安全库存，但其实功效只相当于2周的。如果真的需要1个月的量作为安全库存，就要放更多的安全库存来应对。这么复杂的账，销售当然搞不清，但凭经验知道要多放。多放多少，他们自然算不清，那就保守点，宁多勿缺，最后还是牺牲库存。

安全库存和需求预测的调整放在一起，来回折腾，案例公司的销售就花了很多时间来应对。于是，培训结束后的讨论中，就出现了“可怜夜半虚前席，不问苍生问鬼神”的事儿来——“苍生”是需求预测和库存计划，是供应链的第一、第二道防线；“鬼神”是执行层面的事，是供应链的第三道防线。不是“苍生”不重要，而是“鬼神”制造的麻烦更多：销售的大多时间都花在做ERP的工作上了，折腾最多的也是那一张张的Excel表格。他们不谈补货谈什么？销售整天忙着补货，需求预测和库存计划还有时间做好吗？销售做计划，错误的人在做错误的事；人工做ERP的工作，错误的人以错误的方式做错误的事。最后都是以库存为代价。

在信息化水平低，手工做计划、手工补货的企业，从需求产生到需求信号（如订单）传递给供应链，动辄就是1周到1个月的延迟（如每周或每月订货）。这意味着补货周期增加了相应的时间，也增加了相应周数的周转库存。

就拿案例中的这个企业来说，假定每年的销货成本为12亿元，这意味着1周的库存就是2 300万元左右（12亿元除以52周）。假定该企业的库存成本为20%，那么多放1周的库存意味着每年460万元的成本。这是真正的成本，因为库存积压资金，需要支付银行贷款利息，库存放着就折损，特别是超过一定期限的折损风险就更高。这个企业的仓库里有千百万元的呆滞库存找不着出路。假定这个企业年营收为十几亿元，460万元意味着把净利润降低0.3个百分点左右。这对只有几个点净利润的大多行业来说，可不是个小数字。

这只是需求预测和安全库存，严格地说，还没有谈到真正的执行，如供应商的订单管理。没有电子商务，采购订单操作依赖人工处理，效率低，透明度差，信息不及时、不准确，增加了运营层面的不确定性，整个运营层面就不得不投入更多的人力来管理，造成运营成本高昂。

具体来说，在很多企业，采购订单手工生成，要么E-mail，要么传真给供应商，没有电子商务，每天成百上千的订单，可以想象需要多少人力资源，所以绝大多数公司没有确认供应商的交付日期。即使是一次性确认了，需求日期一变，MRP重新运行，也需要重新确认供应日期，没有电子商务的支持，我们还没有见到一个公司能够人工一遍又一遍地确认供应商交期。结果需求是确定的，如客户的订单有明确的需求日期，但供应是未知的。对销售而言，客户订单接进来后，整个供应链就如黑洞，充满了不确定性，除了祈祷，就不得不花更多的精力来管理。

在我们的公司调研中，销售对供应链的一大期望是透明度高、可视化，以增加交付的可预见性。比如，客户的订单接进来，不知履行到哪一步了，也不知道原来承诺的交货日期是否可靠，直到过了交货日期，客户打电话投诉，才知道迟到了，但已经来不及了。新的交货日期是什么，尽管得到供应链的承诺，但还是面临同样的问题。一个根本原因就是信息化水平低，没法在订单层面有效集成供应链的各个环节。

在2017年的新年致辞中，华为轮值CEO徐直军说："经过多年的努力，（华为）交付流程基本贯通。"在这交付流程中，一项重要任务就是通过信息系统，集成订单交付流程的各个环节，增加交付的可预见性，光靠人是不可能集成的。看得出，信息化是一项多么艰巨的任务。

3.3.6 ERP：信息系统的核心应用

供应链的能力体现在三个方面：组织、流程和系统。组织是找到合适的人，并且给他们合适的激励机制；流程是告诉这些人工作怎么做，谁先做，谁后做；系统就是信息系统，常见的就是 ERP 和电子商务系统，为组织提供了工具，固化流程，提供反馈信息，以判断组织和流程是否执行到位。信息系统在供应链管理上扮演关键角色，是供应链能力的关键一环。

我们走访过很多企业，发现高层管理，特别是企业老总，对信息系统能做什么缺乏全面的了解。这里我们就从供应链计划的角度出发，阐述信息系统，主要是企业资源计划（ERP）系统，能够帮助我们的三大领域：①物料需求计划（MRP），把需求预测和库存计划转化成执行指令；②可承诺逻辑（ATP），根据供应能力层层承诺，确认交付；③信息的集中载体，围绕信息系统来集成各职能。

（1）物料需求计划（MRP）是 ERP 的一个基本功能，它把需求预测、库存计划转化成需求，产生供应订单（采购订单、生产工单、调货单），驱动供应链来响应。下面以供应商的采购订单为例来说明。

假定供应商的提前期是 6 周，MRP 运行后，进入提前期（6 周）的需求预测都转化成请购单。根据系统设置，这些请购单要么手工，要么自动转换成采购订单，通过电子商务或人工方式发送给供应商，驱动供应商分批次、按时按量交货。对于超出 6 周的预测，MRP 会自动生成成请购单，但在进入提前期前，不会转换成采购订单，只是作为给供应商的预测，指导供应商的产能准备。安全库存也类似：一旦库存低于安全库存水位，ERP 会自动生成请购单，转换成采购订单，驱动供应链来执行。有些公司动辄就有成千上万的料号，用 Excel 来做这些要花很多时间，准确性、时效性都是问题。

客户订单的逻辑也类似。客户订单录入 ERP 了，如果有在库或在途库存，就直接承诺给客户；如果没有，ERP 会逐层打开订单的物料清单，逐层对里面的组件做同样的分析，直到最底层的零件，有库存就用，没库存就产生请购单，驱动供应链来满足需求。对于复杂的产品，物料清单动辄有几十、几百甚至上千料号，从产品到组件，到最底层零件，动辄十层，层层分解，判断在库、在途库存，工作量惊人。遗憾的是，很多企业的 ERP 里，物料需求计划（MRP）没法运行（后面会阐述为什么），这些工作都需要手工来执行，导致大量的人力资源花费在这类低附加值任务上，而且准确度低，造成诸多库存问题。

物料需求计划（MRP）是ERP信息系统的最基本功能。企业花费几百万元、几千万元引入ERP，最根本的就是让MRP能够运行起来，通过自动化来解放员工，以便把更多的精力投入决策，而不是执行。制造业如此，零售、贸易、电商等非制造业也是如此。

ERP实施成功有两大标志：第一，配置合理，主数据准确，能够运行MRP；第二，库存数据准确，能够汇总成财务报表。对于财务报表，高层管理一般比较重视，ERP实施往往能够实现，即使实现不了动态准确，也可按月、按季更新，在特定的时间点实现静态准确，提供月度、季度、年度的财务报表。但对于MRP，很多企业的ERP都上线多年了，还在Excel上运行MRP。在各种规模的企业，MRP能够自动运行起来的大概只是十之一二，不光是本土企业，全球知名企业在国内的分部也是，也不光是中小企业（几亿元到十几亿元），也包括那些百亿元级别的大企业，生产企业如此，非生产企业也是。

这是个非常大的问题，但由于影响的主要是运营层面，而非财务结果，往往不能引起老总和高层的重视，他们在公司粗放经营、信息化程度很低的时代，就习惯了运营人员整天忙，具体忙什么不知道，但在高层看来又是些非做不可的事。对于财务报表，老总熟悉，所以驱动公司的各个层面来支持；对于MRP，大多老总不熟悉，当然我们也不期望他们熟悉，自然不会花很多精力来推动其运行。

其实让MRP运行起来，难度远高于每月、每季的财务报表，因为后者可以每月、每季以搞运动的方式做准几个时间点的数据，而前者则需要时时刻刻数据准确。这后面是账实相符，也是产品流、信息流和资金流的协同，像华为这样的公司，也是直到2016年才实现了账实相符，挑战之大，可想而知。

MRP运行不起来，员工就继续做信息系统应该做的事：系统能力不足，组织能力来弥补。那么多的运营人员从前端的销售到后端的采购，都在忙执行层面的事，真正投入决策层面的资源就少得可怜。或许这也解释了为什么企业的人数动辄成千上万，但到了具体的职能，真正需要人做的事，反倒总是人手不足。企业管理越粗放，这种情况越明显。

MRP运行不起来，有些公司就习惯性地让系统背锅：ERP的功能不行。对那些以进出存为主的小ERP来说，这或许有道理，但对SAP、Oracle那样功能齐全的大型ERP来说，这显然不适用。我们这里想说的是，MRP运行不起来，表面上是系统功能问题，背后有深刻的数据、流程和管理问题。

问题之一：物料清单（BOM）不准。

BOM 是 MRP 运作的基础：需求录入了 ERP 系统，系统打开 BOM，一层层判断有没有库存，没有的话，驱动供应链来生产、采购。所以，MRP 能否运行，直接取决于 BOM 准确与否。

在企业里，BOM 早已不只是物料清单的概念，而是一个跨领域、跨专业的管理体系，是制造业信息化系统中核心的基础数据。它持续整个产品生命周期，涉及几乎所有的职能部门，贯穿销售、研发、工艺、计划、制造、采购、仓储、物流、财务、售后等整个供应链，是将这些环节联系在一起的纽带。对于 BOM 来说，唯一不变的就是变化。在纷繁复杂的变化中，BOM 的准确度很难维持。

常见的 BOM 数据错误：①零件属性，如图纸号、图纸版本、单位等标识错误；②零件数量，如 BOM 中的一级零部件、下级零部件数量错误；③配置问题，如市场配置表、工程配置、生产配置三者不符；④采购状态，如货源引起的 BOM 数据错误；⑤工位错误，如系统工位与实际组装不符。这只是众多 BOM 错误中的几种，详细的错误清单可以参考《如何提升 BOM 的准确率》一文，那里有个冗长的清单，让人不由发出“凡是有可能发生的问题，都会发生”的感慨。

更糟糕的问题是根本没有 BOM，或者 BOM 在一堆一堆的 Excel 表格中。这在信息化程度低的企业很常见，因为那就是他们传统的操作方式。或者说，有了信息系统，BOM 也放进去了，BOM 不准确的问题也发现了，但很难在 ERP 系统里修改。比如，BOM 的变更要遵循变更流程，公司越大，这些流程就越复杂、越慢，客观上导致员工在系统外操作，结果是 BOM 的“账实不符”。

要解决 BOM 的准确度问题，就离不开研发人员。在任何公司，研发人员都是最忙的一帮人，虽然是 BOM 的主要责任人，但以开发新产品为主，能有多少时间来维护 BOM 呢？况且，那么多产品，那么多 BOM，投入资源把一些做准了，另一些没有，那还是不行。这就陷入没有能力全部解决，但部分解决又没法解决问题的窘境。

于是，日积月累，BOM 就越来越不可信，最后就变成谁也没法对付的大问题。BOM 不可靠，就如同地基不坚实，作为建在上面的房子，MRP 自然没法运作了。

问题之二：主数据不准。

MRP 逻辑的运作离不开主数据，如提前期、最低起订量、默认供应商等。在管理粗放的企业，主数据一般都很不完整。一个原因是没有专职的计划。本土企业中，相当一部分企业还处在计划职能的萌芽状态，主要依靠执行部门之间的灵活配合。计划和执行不分离，规范主数据的内在需求就不强烈。比如，生产主管做生产计划，其熟悉产线的每一道工序，每道工序需要多少人力以及相应的工艺参数，都在其脑子里。他会给自己找麻烦，花费大量精力，把这些主数据固化在系统里，并定期维护吗？

主数据很不完整、不准确，很多企业就是在这样的基础上，跨越式进入信息化时代，希望通过 ERP 实施，倒逼流程和管理，同时解决数据的问题，但往往事倍功半。

常见的场景是，顾问在实施 ERP 系统，把所有的产品都导入系统后，就要用户部门提供相应的生产工艺参数、提前期、工艺路线、产能数据以及单位成本等。企业突然发现，因为历来都是人工排产，执行者兼职计划，这些主数据很多还没有正式计算过。于是就恶补，那么多的数据，在很短的时间里整出来，准确度肯定不高，导致 MRP 生成的计划无法执行。这是真正考验倒逼的时刻了，但只有极个别的企业会持续和主数据搏斗，一个一个地纠正，那需要长年累月的坚持，大部分企业则拣了条阻力小的路，让系统和顾问背黑锅了事。ERP 系统不会争辩，实施顾问拿钱走人，主数据的差距就一直没法解决。这说的是生产主数据。因为牵扯众多的内部职能部门，很难搞定，很多企业就继续沿用老做法，在 Excel 上做生产计划。

采购主数据主要跟供应商相关，相对比较容易对付，至少还可让 MRP 来做采购计划。有些企业自己内部搞不定，但还是搞定了供应商，所以手工做好生产计划后，导入 ERP 里，好歹把采购计划通过 MRP 运行起来了。但对相当多的企业来说，供应商相关的主数据也搞不定，因为供应商在不停地换，物料的提前期、采购批量和包装规格等参数也一直在变，主数据的管理职责不明，这些主数据的更新也很不及时。就算有一天，供应商终于固定下来了，但主数据还是困难重重。就拿采购提前期来说，不能简单地通过历史订单来确定，因为有些订单是早早发出，但要求供应商迟迟发货，或者是一揽子订单，同一日期发出，但多批次收货，这都导致实际的订单发送日期、交付日期不准确，基于两者计算的采购提前期自然不可靠。那就只好要求供应商提供，结果供应商发来一个很长的提前期，并告知，实际上不会这么长，但合同上必须这么说。背后的原因是采购部门一直关注的是价格、质量、退货等所谓的“关键”采购指标，对提前期、按时交付等服务指标从来没有认真约定过，现在生意做了多时后，要供应商确认提前期，供应商就非常警惕，报个大数字来保护自己。采购部门也就睁一只眼闭一只眼，毕竟供应商的绩效就是采购的绩效。

不管是生产还是采购，主数据不准的原因多样，但结果都一样：主数据不准确，MRP 的结果就不可靠，结果没人信，MRP 就自然没法运行了。

问题之三：订单数据不准。

有个用户挑战 MRP 的逻辑，说明明让它购买 100 千克，结果它只生成了 95 千克的订单。系统有这么蠢吗？当然没有。仔细查看，原来 ERP 里已经有一个订单，数量是 5 千克，悬挂在那里多时了，还没有到货，系统在计算净需求时，就扣减掉这 5 千克，只生成 95 千克的订单。这时候，需求是 100 千克，供应是 100 千克，供需平衡，这不正是你希望 MRP 做的嘛。

在运作粗放企业的系统里，大量尾单没及时关闭是个普遍现象。比如，客户订单取消了，需求预测改变了，安全库存调整了，采购订单也不需要了，或许给供应商的订单取消了，但在ERP里还没有及时关闭，就成了悬空订单。或许这个悬空订单确实是有用的，原因注明在某个人的 Excel 表格中，手工做 MRP 的工作时，这个人会手工调整，但当系统运行 MRP 时，ERP 没法知道那么多，自然不会去调整了。

悬空订单如此，悬空需求也是。实际需求没了，但需求预测甚至客户订单还挂在那里。有些销售故意把需求悬着，期望以此来“占货”，万一以后有需求的话也好尽快满足。手工运行 MRP 时，这会注明在某个人的 Excel 表格中，在执行时做出适当的调整，如暂时不要发送供应商订单，但当自动运行 MRP 时，系统没有那么灵活，这就一股脑儿转化成采购订单，等一堆堆的货到了，积压在那里的时候，已经来不及了。

这背后的问题是对基本规则的不尊重。比如，需求与供应匹配，这是 MRP 的最基本要求：有需求，就要有供应去匹配；如果需求没了，就要把相应的供应拿掉。但在很多企业里，基本的业务操作规则不明确，或者虽然明确，但过于强调灵活性，权威大于规则，所以像供需平衡这样简单、基础的规则也没法落实下去。时间长了，就有大量的例外。手工操作时，员工可以绕过这些例外；ERP 系统没那么灵活，一运行 MRP，就跑出一堆的麻烦来，成为没法运行 MRP 的一个原因。

托尔斯泰说过：“幸福的家庭都是相似的，不幸的家庭各有各的不幸。”运行得起 MRP 的企业都差不多，运行不起 MRP 的原因各种各样，这里提到的只是冰山一角。此外，还有很多原因，如库存数据不准。这些问题其实都反映了企业的运营水平。运营越粗放的企业，操作越“灵活”，也越不遵守基本规则，各种例外就越多，远非结构化的 MRP 能对付得了的。这样，千百万元投资的 ERP 系统自然就败下阵来，成了摆设。

这里我们想强调的是，灵活不是优秀品质。本土企业，特别是民企，不喜欢谈规则，其管理方式是基于关系的，而 MRP 的运作是基于契约的。关系讲究实用，套用林语堂的话，就是“只讲利害，不讲是非”，潜规则代替了规则，代价是牺牲了可预见性；契约讲究规则，虽然死板，但系统地增加了可预见性。这里最重要的规则就是问题出现了，要么调整系统，要么调整流程，但就是不能绕过系统，造成系统、流程两张皮，越走越远。

有个客户说，他们的计划团队去欧洲一周，不是旅游开会，而是观摩欧洲企业是如何运作 ERP 的：为何欧洲企业能把 MRP 运行起来，而有些中国企业却一直难以推动 MRP 运行？结果欧洲人告诉了他们：在实施 ERP 时，欧洲企业也是问题一堆，但每次有了问题，就去调整系统，而中国人会马上在系统外直接处理了，中国人太能干、太灵活了。

（2）可承诺逻辑（ATP）。如果说物料需求计划 MRP 主要处理需求，那么可承诺逻辑 ATP 则聚焦供应。当然，这两个逻辑总是结伴运作，这里分开讲，主要是防止两者的细节混淆。

简单地讲，可承诺逻辑 ATP 是针对具体的需求，由 ERP 通过计算来承诺供应的数量和日期。比如，需求产生了，不管是来自需求预测、库存计划还是客户的订单，如果手头有库存，那么 ATP 的承诺是现在就有货，明天就可以发送，如果没有库存，就需要造一个，要 3 周时间，因为其中一个零件没库存，需要 2 周来买该零件，生产线上再花 1 周来组装，3 周后，产品会准备好，发送给客户。这套逻辑就是可承诺逻辑 ATP（Available to Promise）。这是最简单的 ATP 逻辑。还有更复杂的，比如，需求产生了，我们手头没有库存，但是已经有在途库存（要么是车间的在制库存，要么是供应商的在途订单，要么是从别的地方调拨的库存），可承诺逻辑会根据在途库存预计到达的日期，计算出最终的交期承诺。因为供应可能分批多次到达，所以我们的最终承诺也可能是多次的，比如，5 月 20 日给客户 10 个，5 月 27 日给 8 个，6 月 5 日再提供最后的 13 个。

客服人员把上述日期承诺给客户，客户说，6 月 5 日的那 13 个太迟了，能不能提到 5 月 27 日？客服就联系计划，计划联系采购，采购联系供应商，逐层倒推，改善相应环节的交期，并在 ERP 系统里更新，然后运行可承诺逻辑 ATP，算出新的承诺日期，报给客户。过了几天，客户来电话了，说实在抱歉，5 月 27 日也赶不及了，能否都提到 5 月 20 日？于是，从客服到计划到采购到供应商，整个供应链上又是层层要约、层层承诺，每个环节的日期都更新到 ERP 中，再度运行 ATP 逻辑，给出最终的承诺。

看得出，BOM 里面那么多的料，采购、生产、配送那么多的环节，这后面的数据计算量大得惊人，没有 ERP 信息系统的帮助，人工是不可能有效完成的。供应网络越复杂，工作量越大，信息系统就越不可替代。比如，你是个手机制造商，在全球各个地区销售手机，现在印度尼西亚的客户有需求，你的默认供货点是雅加达的仓库，但雅加达仓库没货，你是从新加坡还是从吉隆坡的仓库调货？假定是新加坡，如果新加坡仓库货不够怎么办？下一步是到深圳的总库，还是到印度新德里的工厂？这后面有很多因素要考虑，如距离、运费、进出口、财务结算等。比如，北美有个制造商，在中国有四个大仓库，但一旦一个仓库缺货，因为进出口方面的限制，却不能从其余的三个仓库调货，就只能到日本、新加坡等地调货。这些都可以通盘考虑，设计进可承诺逻辑 ATP 中（有些 ERP 需要二次开发），由 ERP 系统来自动生成调运单，驱动供应链来执行。

随着供应网络的全国化、全球化，可承诺逻辑 ATP 越来越复杂，越来越难以由人来替代。例如，有个公司这几年快速发展，业务由原来的长三角扩展到珠三角、四川盆地和华北，仓库也从原来上海一个变成深圳、成都、北京等七八个，供应商也从原来以长三角为主发展到全国各地。客户全国化，供应全国化，供应商全国化，整个复杂度大增，计划人员花费大量的时间来匹配需求和供应。比如，山东的客户要买副手套，是上海的仓库发过去，还是北京的仓库供应？更进一步，是华东的供应商供货，还是华南的供应商供货？一个货、一个客户、两个仓库没什么，七八千个货、千百个客户、十几个仓库就很难对付。这就是为什么我们需要信息系统来帮忙的原因。

在功能健全的 ERP 系统里，这些都是 ATP 逻辑的一部分，可以在系统里设置。在这个公司，这些是由计划员人工确定的。问他们决策准则是什么，计划员也说不出来个所以然。显然，他们是凭经验。几百个客户，几千个常用料号，几十成百个供应商，谁的经验都没法全面覆盖，遑论新来的计划员，连公司的仓储和供应商网络都不熟悉，那就只有从试错中学习了，试错成本之高昂，可想而知。

可承诺逻辑 ATP 是一个企业 ERP 系统里最为复杂的逻辑之一（并不是难，是复杂），在主数据和订单层面有很多维护工作。比如，一个新的客户添加到

ERP 里了，我们就要在 ATP 逻辑里定义默认的发货点（仓库）以及第一备份、第二备份发货点等；一个新的仓储或生产设施产生了，我们也要定义它们与现有设施的支持关系，从一个设施到另一个设施需要多长时间等；一个新的料号产生了，我们要定义在哪些仓库采购，主要供应商、次要供应商是谁等。这些都是主数据的维护，以一次性输入为主，然后定期维护。订单层面的数据就更多了：成千上万的订单遍布整个供应网络的各个节点，数量、日期的维护工作量惊人，没有信息系统和电子商务的支持，没有人能够对付得了。

随着业务的全国化、全球化，企业的 ATP 逻辑就更加复杂、更加重要，成为企业交付能力的基础构成。可以说，在很大程度上，企业的交付流程固化在可承诺逻辑 ATP 里。在2017年的新年献词中，华为轮值CEO 徐直军说："经过多年的努力，（华为）交付流程基本贯通。"而这交付流程的背后就是基于可承诺 ATP 逻辑，集成供应网络的各个节点，给客户可靠的承诺，而且兑现承诺。

在我们接触过的公司中，包括那些细分行业的领头羊，在客户服务水平上大都是一笔糊涂账，可承诺逻辑 ATP 不健全是一大因素。ATP 逻辑设计不优化，就注定要么牺牲成本，要么牺牲速度；主数据准确度低，订单层面数据不能及时更新，给客户的承诺就不够准确，自然就谈不上准时履约了。制造企业如此，电商更是如此：消费者在网上查看商品，需要随时就能得知供应日期，一旦企业没法按时交付，消费者就会到网上给差评，整个世界都知道了。

要知道，客户抱怨我们的交付主要有两点：一是交期太长，二是交期不准。这是两个相关但截然不同的问题：第一个是考验绝对的交付能力，如生产、包装和配送的速度，背后的决定性因素是物理定律，比如，你没法把一个螺丝钉 1 秒钟之内从中国 E-mail 到美国，最快的也是乘飞机，需要 10 多个小时；第二个是考验可预见性，即基于你的供应能力，你做了承诺，兑现概率有多大，比如，你说 30 天内交付这颗螺丝钉，结果是否在 30 天内交付了，姑且不论这 30 天的交期是否合理——合理的可承诺逻辑 ATP，加上适当的执行力，可预见性不应该是个大问题。可承诺逻辑 ATP 缺失，一方面没法最佳地整合企业的能力，交付客户的订单；另一方面也没法给客户准确度高的承诺，并高度准确地兑现。两者都是企业执行能力的表现。

（3）信息共享的平台。下面谈谈 ERP 系统的数据载体功能。

这几年"大数据"很流行，人们一谈到数据，就习惯性地联想到非结构化的"大数据"，一谈到系统，就联想到互联网、电子商务平台。其实对大多企业来说，ERP 系统里结构化的“小数据”还不健全，还没有被充分利用。我们要补的课不是工业 4.0，而是工业 2.0，即完善、应用结构化的“小数据”。而信息系统则要从最基本、最核心的 ERP 系统开始，搭建企业的信息平台。

即使是在有些看上去信息化程度很高的行业，如电商，ERP 系统也很不完善，有的甚至连基本的 ERP 都没有。比如，一个领跑的农产品移动电商、一个流通量占全国钢铁 8% 的电商，还有一个跨境电商。这三个电商没有 ERP 系统，或者刚开始实施 ERP。在客户端，它们都有电商平台，能够相对有效地整合需求端的信息，但在供应链后端，离开 ERP，则没法整合供应信息，有效对接需求和供应。后端供应链充满手工作业，效率低下，可预见性低。没有后台 ERP 平台的支持，电商就成了典型的“云上飘”，供应链运营的效率注定不高，结果是成本高，交付差。

要知道，信息流是供应链的神经，而 ERP 系统是信息流的最大载体。关键的信息，如需求历史、需求预测、采购和销售订单，ERP 系统应该是它们最好的家园，而不是一张张的 Excel 表格和一堆堆的 E-mail。

就拿需求预测来说，放在 ERP 系统里，不但可以促进公司内部各职能部门共享，而且可以更有效地通过电子商务分享给供应链合作伙伴。这确保在任何时候，大家看到的都是最新、最准确的需求预测。所谓的供应链协同，其实就是围绕同一套需求预测，在信息系统平台的帮助下，不同职能部门、不同公司的人的一致运作。试想，全球供应链下，不同职能部门、不同地域的人都按照同一套数据运作，而信息系统作为统一的平台，无疑是最佳的数据载体。

需求预测、安全库存等计划参数存储在 ERP 里，也改善了可追溯性：在功能健全的ERP系统里，谁做了调整，做了什么样的调整，什么时候调整的，都会有记录，这有助于我们向历史经验学习。在 Excel 上运作的企业应该有切身体会：有多少次，大家在一张又一张的 Excel 表格之间来回确认需求预测的变化历史，那么多张 Excel 表格，经过那么多人的手，更新了那么多次，很难弄清来龙去脉，最后就只能是一笔糊涂账。不过企业利润表不会撒谎，资产负债表也不会撒谎，最终是以牺牲利润和库存为代价。

需求预测、库存计划如此，订单层面的数据也是。在信息系统能力强的企业，订单的交期、数量在 ERP 系统里，你想知道什么时候到货，有多少会到货，到 ERP 系统里去查就可以了。在信息系统薄弱的企业，这些则意味着一个又一个的 E-mail、电话和微信，从前端的销售到后端的计划、生产和采购，再到供应商，花费了太多的人力资源，机会成本高昂。

3.3.7 电子商务：供应商的电子连接

前面谈了 ERP 系统，主要是企业内部的信息系统。这里谈跟供应商的电子连接，主要是跟供应链伙伴的电子商务。电子商务在供应链执行上扮演重要角色。这里从三个方面来谈：①订单层面的自动化管理；②需求预测信息的传递；③票据、图纸、规范等信息的管理。

需要说明的是，这里主要是从业务功能的角度探讨，而不是具体的 IT 实现手段——IT 的实现手段很多，可以是 EDI，可以是电子商务平台；可以自主开发，也可以是第三方平台。我们想阐述的根本观点是，供应商的电子连接是供应链执行的关键一环。离开了电子商务的支持，手工是很难把需求预测、库存计划和采购订单执行到位的。

1. 电子商务推动订单层面的自动化

不管是需求预测、库存计划还是客户的订单，最终都要转化成供应商的采购订单。供应链的大部分活动都围绕一个个的采购订单完成，不管是供应商相关的制造、配送，还是围绕两者的信息流和资金流。虽然大多决策发生在需求预测、库存计划阶段，但大多执行任务却在订单阶段，如供应商的订单生成，发送给供应商，确认交期、单价、数量以及处理赶工加急、质量问题等各种例外，都耗费了操作层面员工的大量精力。

跟供应商的电子连接与任何信息系统一样，一方面，提供自动化程度高的工具，简化手工操作；另一方面，固化、标准化订单层面的操作流程，并提供反馈数据，以判断组织和流程是否执行到位。

就拿订单的交付日期来说，我们从可承诺逻辑 ATP 中知道，供应商的订单交付日期是最终承诺的关键一环，因为我们要在其基础上，加上后续的加工、组装、包装、运输等时间，给客户承诺最终的交付日期。

但在我们访问过的绝大多数企业里，具体的采购订单交付日期却没法获知，信息系统里有的只是基于标准交期的交付日期。离开电子商务，我们很难搜集供应商的实际承诺，最后承诺给客户。

例如，客户的订单进来了，说 5 月 1 日要货，这是他们的需求日期。基于需求日期倒推，供应商就要在 4 月 1 日交货，因为后续加工、配送还需要 30 天。但根据供应商的正常交期，采购订单的交货日期将会是 4 月 15 日，那就意味着最终给客户的交付日期是 5 月 15 日。客户说，5 月 15 日的交期不能接受，请改进。于是压力层层传递，到供应商那里，要他们改进交期。

供应商说，我们没法4月1日交货，因为物理定律没法违背，比如，车工要x天，铣工要y天，然后要热处理z天，我们最快的交付日期是4月8日。这意味着给客户的交付日期成为5月8日。经过层层谈判，最后客户接受了5月8日的交付日期。于是，4月8日就成了供应商的承诺日期，用来评判采购订单是否按时；5月8日就成了采购方对客户的承诺日期，用来评判客户订单是否按时交付。这是个闭环的订单交付周期，看得出，从最初的需求日期到最终的承诺日期，中间有很多事要做，如交付日期的来回谈判、确认。如果没有电子商务系统的支持，企业就要通过电话、E-mail等方式跟供应商谈判，以改进交付日期。一两个订单这么做或许可以，但想想看，每天几十、几百个订单，那么大的工作量，要做这么细几乎是不可能的。于是，大部分企业就只能采取“两张皮”的运作模式：需求方按照需求日期，供应方按照标准的供应日期，两者之间的差距没有解决，大家都如把头埋在沙子里的鸵鸟，祈求万事大吉。

在有些供应链，从客户到供应商，再到供应商的供应商，各个环节都有这么一笔糊涂账，倒也罢了，就算这么糊弄过去了。但总有些较真的客户，或者说卓越运营水平较高的客户，需求日期过了，货还没到，客户愤怒的电话就打过来了，愤怒的不光是货迟到，更多的是你为什么不提前告诉我迟到。那么新的交付日期是多少？这样，上面描述的过程就要又走一遍，而且因为是客户投诉，三天两头就要汇报进展，结果花了大量的时间来补救。

需求日期和供应日期没有达成共识，两者之间的差距没有解决，大多公司的运作是“两张皮”，绩效统计上就屡屡出现“鸡对鸭讲”的情况：需求方，如销售和计划部门，按照需求日期来统计按时交货率，供应链的按时交货率就不高；供应方，如产线和采购部门，按照标准交期来评判按时与否，所以按时交货率就很高。双方都有自己的道理，其实是从一个极端到另一个极端：以需求日期为基准，对供应链不公平（比如，昨天下订单，今天就要货，3个星期的正常交期，怎么能压缩成1天呢）；以标准交期为基准，对内外客户不公平（这世上没有理想状态，如果客户每次都给我们足够的交期，那么要你们采购做什么）。

离开了双方都能接受的“中间点”，供需双方就没有共同的基准。这个基准就是供应商针对每个订单来回要约、承诺，再要约、再承诺，最终妥协而达成双方都认可的承诺日期。没有电子商务的支持，手工操作量惊人，订单层面的承诺日期很难及时获取、录入ERP，更谈不上需求变化后的再要约、再承诺，基本上不可能做到基于承诺的交付管理。

有了电子商务，客观的供应商的交付绩效管理才能成为可能，如按时交货率。需要注意的是，这里说的是“客观”，是基于内部客户、采购和供应商三方达成共识的“承诺日期”。要知道，不管是基于需求日期的按时交货率，还是基于正常交期的按时交货率，都没法达成三方共识，因而不具有约束力。而这些所谓的按时交货率，更多地成为相互攻击或自我保护的工具，在改善绩效上起不到应有的作用。

很多企业在选择供应商时，要求供应商的灵活度高。但这灵活度怎么统计呢？最简单、最直观的判断标准是采购方的需求变了，供应商有多少次能够满足新的变化需求，这在电子商务系统里有记录。更进一步，我们还可以统计来回需要多少次的要约—承诺—再要约—再承诺，才能达成共识。如果一个供应商平均需要3.2次，而它的竞争对手只要1.7次，你不用是个MBA，都可以判断哪个供应商容易合作。这些都可以帮助后续的供应商选择。统计什么，就得到什么。这话虽然有点绝对，但还是可以引导和规范供应商行为。

当然，一旦开始按照承诺日期统计，供应商就开始藏着掖着，本来3天能交付的订单，承诺5天，给自己留更多的余地。在绩效统计的驱动下，采购部门对这样的承诺也是睁只眼闭只眼，这是绩效考核的副作用，毕竟供应商的按时交货率也是采购的按时交货率。作为需求方，如销售、计划部门，在供应商承诺没法满足需求的情况下，一方面可以启动申诉机制，反映到更高管理层，通过组织措施获得更好的承诺；另一方面也可以对比不同供应商的承诺表现，驱动采购和供应商来改进。

比如，A和B都是钣金件供应商，其需求、供应都有一定的可比性，就首次承诺满足率来说，A是65%，B是25%，你马上就知道谁在藏着掖着了。这样，把供应商B叫来，把对比数据给他们看，在市场竞争的驱动下，B自然会改进。同理，虽然A的首次承诺满足率高，但最后的兑现率却很低，那也糟糕，把可比供应商的承诺兑现率拿出来给A看，驱动A来说到做到。

再如，对于达成的承诺的质量，也可以借助电子商务系统的数据来统计：供应商A的平均承诺是正常交期的70%，说明供应商A平均比正常交期快30%；如果供应商B只比正常交期快10%，这样的信息也可以驱动供应商B来改进。当然，有人会说，如果正常交期有问题怎么办？对于相同的门类、相同的料号，不同供应商报价时的正常交期都有可比性。在电子商务功能健全的企业，这些数据都可以拿出来分析。

在订单层面，供应商管理本质上就是两个承诺的管理：拿到一个承诺，兑现一个承诺。但不统计就不知道，不知道就没法管理。与公司的ERP系统一道，电子商务系统帮助我们统计绩效，让管理和改进供应商指标成为可能。对于很多企业来说，除了价格以外，就根本没有第二个能客观统计供应商的指标，电子商务系统帮助我们更好地解决这一问题。

进一步讲，所谓的科学管理，就是基于数据的管理。离开了公司内部的ERP系统和连接供应商的电子商务，企业就没有数据，没有数据，自然就谈不上科学管理。管理粗放的企业之所以粗放，一大特征就是没有数据。越是管理粗放的企业，信息系统越薄弱，数据越少。

除了上述好处外，电子商务系统还会显著减少消耗在采购上的人力资源。比如，就MRO来说，量小货杂，大部分价值低，但工作量很大，一般占企业采购额的10%左右，但消耗的采购人力资源会高达40%。通过自动化订单交易，提出需求、批准需求、产生采购订单、收货、支付等都可通过电子商务进行，大大节省了人力资源，简化了流程。有些MRO电商平台跟采购方的ERP系统直接对接，简化了采购方操作的同时，增加了客户的黏性。

2. 电子商务传递需求预测和VMI信息

除了订单层面的自动化外，电子商务的另一个功能就是传递需求预测信息。我们知道，即使在订单驱动的行业，需求预测也是没法回避的。一方面，长周期物料的交期太长，长出订单周期的差距需要预测来弥补；另一方面，产能扩张与收缩周期较长，需要中长期的预测来指导。所以，即使在订单驱动的情况下，供应商也离不开采购方的预测。

企业是否有能力提供预测以及预测的时间跨度，是其供应链管理能力的一大标志。给供应商预测，指导其管理产能和计划库存，也是一个好客户的重要标志。而做个好客户，对于供应链的良性运作至关重要。比如，有个企业以海外业务为主，地处四五线城市，组织、流程和信息系统的能力都短板多多。他们的董事长说，他们明白企业的能力差距，好在有些高质量的海外客户，预测和计划做得好，否则早就不行了。

那么，客户如何系统地跟供应商共享需求预测？这离不开电子商务，特别是成千上万的料号，每周、每月更新预测，每次更新未来13周、26周的预测时。比如，有个制造商，在他们的电子商务网站上，供应商输入自己的供应商编码，就能下载归其供应的产品的需求预测。该制造商13周预测的准确度较高，指导未来3个月的交货，14～26周的预测准确度较低，主要指导供应商的产能计划。通过电子商务系统，该制造商把需求预测及时提供给几百个主要的供应商，指导其产能管理和原材料库存计划。

电子商务平台降低了“牛鞭效应”的风险。没有电子商务，需求预测信息主要是通过Excel表格来传递，供应商的销售向客户的采购要，客户的采购向客户的计划要，每一环都有人工介入，带来人为操纵的可能。人的天性是看到数据就想做点调整，否则就好像没有增加价值一样。因此，需求预测往往被逐级放大，离最终客户越远，需求预测放大越多，这就是我们常说的“牛鞭效应”或“长鞭效应”。而采用电子商务，需求预测由ERP直接传递到电子商务，供应商自己去下载，避免了中途的人为调整。在上段提到的那个制造商那里，甚至二级/三级供应商都能够直接从客户的电子商务平台上下载相应的预测，避免了一级供应商的人为操作。

我们常说，供应链协同是围绕同一组数字的协同。这同一组数字就是需求预测。供应链的第一道防线是促进跨职能部门协作，制定“准确度最高的错误的预测”。电子商务是把这组共同的数字在职能部门与职能部门、公司与公司间准确、及时地共享，促成供应链多方的协同。离开电子商务平台等信息系统的支持，即使各方愿意协同，也没有能力协同。

对于供应商管理库存VMI来说，其成功实施也离不开电子商务平台：最低/最高库存水位、需求预测、在库/在途库存信息，都是通过电子商务平台共享的。比如，有个制造商的VMI是这么运作的：针对每一个产品，制造商把上述计划参数放到电子商务平台上，供应商到电子商务平台拿到这些参数以及采购方的实际库存数据，指导自己的生产、配送计划，然后把未来13周的交付数量按周填进去，通过电子商务平台传递给采购方。在这些交付承诺的基础上，ERP系统里的可承诺逻辑ATP开始运作，给客户最终的承诺。

在该制造商那里，根据计划参数和供应商的交付承诺，电子商务系统会自动判断未来13周每周的预期库存水平，如果预计低于最低或高于最高计划水位，就立即警示供应商采取措施。随着采购方的需求预测、库存计划和库存水位的变化，电子商务系统会提示供应商重新评估、承诺。借助电子商务系统的帮助，该制造商可以统计VMI的绩效，如在特定时间点，有多少个料号的库存为零、低于最低线或者高于最高线，围绕这些，驱动供应商采取改进措施。

跟订单处理一样，VMI的维护工作量很大，离开电子商务，手工几乎不可能完成。或许这也是为什么VMI在最近这些年才广泛应用的原因，以前的信息技术没法有效支持。同样，电子商务平台为采购方提供了更高的透明度，对整个供应渠道的库存有了更好的了解。供应商也可通过电子商务平台更好地掌握需求历史、需求预测，从而更好地管理需求，做好自己的计划工作，降低库存和运营成本。拿信息换库存。作为诸多信息的载体和通道，电子商务显然有利于帮助库存控制。这放在运营成本上也是一样的。

3. 与供应商信息共享的平台

就跟ERP是企业内部信息共享的平台一样，电子商务是跟供应商共享信息的平台。凡是供应商需要的信息，如果需要手工提供两次或以上，都可以考虑通过电子商务平台来共享。除了订单、预测和VMI信息外，还包括图纸、设计变更、质量、绩效考核等各项数据。招投标、RFQ也可以通过电子商务平台来进行，以提高采购过程的透明度，这也是有些企业使用电子商务平台的关键原因。比如，有个公司，电子商务平台也是定期更新标准交期的地方：每隔一两个季度，供应商在电子商务平台上输入每个料号的交期，经过采购方在电子商务平台上批准，这些数据就直接写到采购方的ERP中，更新了主数据。试想，对于动辄几万、几十万料号的企业来说，光更新采购交期主数据，如果用Excel和E-mail的话，工作量可想而知。

电子商务平台是供应商与采购方的互动中心，从设计到生产，再到售后，围绕图纸、预测、订单的正常与异常活动，都可以在这里来对接。比如，图纸出来了，供应商可以到电子商务平台上自己下载；图纸的版本更新了，电子商务平台自动通知相应的供应商，围绕新的图纸版本，供应商提交首件打样数据。如果有设计变更，供应商也以同样的方式获得信息，评估由此带来的影响，系统地提供给采购方。质量问题也是如此，不合格品报告出来了，通过电子商务平台通知供应商，并且跟踪供应商的改进措施。供应商对采购方的设计、质量改进建议也是通过电子商务平台提出，系统跟踪。

外包盛行，企业对供应商的依赖越来越重，供应商成为企业事实上的延伸，以电子商务为特点的电子连接构成企业与供应商之间的纽带。订单、产品和供应商生命周期的大部分活动都可以通过电子商务平台来完成。比如，新产品的寻源、寻源后的绩效管理也可以通过电子商务平台进行。相信随着信息技术的发展，实现的手段会越来越有效，电子商务也会越来越普及。

当信息系统能力薄弱时，企业就通过组织措施来弥补，那就是再雇几个员工。这对初创企业或者规模较小的企业来说，或许情有可原，但对于几十亿、百亿级的企业来说，如果采购人员还在用E-mail发订单、图纸，质量人员依赖E-mail与供应商处理质量问题，那是个大问题。这不是执行层面的问题，而是管理层的问题，管理层的一大任务是能力建设，而信息系统是能力建设的关键构成。

对于众多管理人员来说，员工沉溺在执行层面不能自拔，重要而不紧急的事没法及时完成，相信这是个大的挑战。但我们不能简单地怪员工，他们当然知道沉溺琐事的恶果，因为他们就在为那些恶果买单。有些事看上去很傻，如果只有一个人在做，或许是那人傻，如果大家都在做，你就不能简单地归咎于大家都傻，而是要从能力上找根源：能力决定行为。就拿员工沉溺于琐事来说，根本原因是信息系统的能力不足，员工就自然用组织措施来弥补。

此外，在信息化上，有些企业是奔着智能化的目标去的，如使用高级排程系统等。这也是学术界研究的核心。其实，信息化的次序应该是先实现自动化，再实现智能化。自动化是第一位的，智能化是第二位的，后者取决于前者，因为没有自动化，一方面很难搜集数据，另一方面员工忙于做本来可自动化的工作，没时间来做智能化所必需的数据分析。ERP 和电子商务都是自动化的主要措施。

第 4 章　供应链运营管理战略

4.1　供应链运营管理与核心竞争力

供应链管理基本思想就是以市场和客户需求为导向，以主导企业供需关系为依托，以提高竞争力、市场占有率、客户满意度和获取最大利润为目标，以优势互补、协同竞争和共赢原则为运作模式，通过运用现代管理思想、方法、信息技术、网络技术和集成技术，达到对整个供应链上的商流、物流、信息流、资金流、价值流和工作流的有效规划和控制，从而将客户、分销商、供应商、制造商和服务商连成一个完整的网链结构，形成一个极具竞争力的战略联盟。供应链管理的基本思想是摒弃过去那种“小而全”的经营模式，转而在全球范围内与相关企业建立最佳的合作伙伴关系，形成一个长期的战略联盟，结成利益共同体，最终成为最具竞争力的企业。

4.1.1　核心竞争力

有关研究表明，行业内部企业之间的利润差距远远大于行业之间的差距。因此，竞争力研究的重点是企业核心竞争能力。

1. 核心竞争力的含义

企业核心能力也译为“核心竞争力”，是 C.K. 普拉哈拉德和加里・哈默尔于 1990 年在《哈佛商业评论》上发表的《公司的核心竞争力》一文中提出的重要概念，随后在国际上引起了企业核心竞争力研究的热潮，逐渐形成企业的核心竞争力理论，并成为重要的指导企业竞争实践的管理学前沿理论之一。

C.K. 普拉哈拉德和加里・哈默尔将核心竞争力定义为“能使公司提供附加价值给客户的一组独特的技能和技术”。

根据麦肯锡咨询公司的观点，核心竞争力可以表述为某一组织内部一系列互补的技能和知识的结合，它具有使一项或多项业务达到竞争领域一流水平的能力。

根据以上表述和企业的实践，核心竞争力可理解为体现企业具有的使其一项或多项业务达到一流竞争水平的独特技能和技术。根据核心竞争力理论，可以将企业看作一组能力的集合体，能力是对企业进行分析的基本单元，企业拥有的核心竞争力是企业长期竞争优势的源泉，积累、保持、运用核心竞争能力是企业的长期根本性战略。

在核心竞争力理论的指导下，识别、培养、应用和巩固自己的核心竞争能力，实行资源外购已成为很多企业高度重视的战略措施。核心竞争力由洞察预见能力和前线执行能力构成。洞察预见能力主要来源于科学技术知识、独有的数据、产品的创造性、卓越的分析和推理能力等。前线执行能力产生于这样一种情形，即最终产品或服务的质量会因前线工作人员的工作质量而发生改变。企业为了在激烈竞争中免于被市场淘汰出局，就必须扬长避短，以自己最强的竞争实力与竞争对手抗衡。加盟供应链管理的企业持续竞争的源泉和基础在于其核心竞争力。

国际化的激烈竞争要求企业具有比竞争对手更加卓有成效地从事生产经营活动和解决各种难题的能力。

2. 核心竞争力的特征

核心竞争力是企业具有的一组特殊能力，一般具有以下特征：

（1）价值增值性。核心竞争力应当有利于企业质量、效率的提高，成本的降低，能够使企业在创造价值和降低成本方面比竞争对手更优秀，并给消费者带来独特的价值和利益增值。为客户带来价值增值的核心竞争力应当是企业在竞争中制胜的关键，是企业所独有的竞争能力。

（2）内涵异质性。一个企业拥有的核心竞争力构成应该是企业独特的，即是其他企业所不具备或至少暂时不具备的能力，因此它是企业形成绝对优势或相对优势的关键因素。核心竞争力的异质性决定了企业之间的异质性及产品与服务在质量、成本、效率等方面的差异性。

（3）难以模仿性。核心竞争力是企业在长期的生产经营活动过程中积累形成的，深深熔上了企业技术、组织和文化的烙印，其他企业难以模仿。例如，索尼公司的产品创新特别是小型化能力、松下公司的质量与价值协调能力、海尔公司的广告销售和售后服务能力、科龙公司的无缺陷制造和销售产品能力等。

（4）不可交易性。核心竞争力与特定的企业相伴生存，虽然可以被人们感受到，但无法像其他一般生产要素那样通过市场交易进行买卖。

（5）难以替代性。核心竞争力具有难以模仿的特点。整合企业所有资源形成的竞争力就是企业的核心竞争力，因而依靠这种能力生产出来的产品（也包括服务）在市场上也不会轻易地被其他产品所替代。

培育并提升企业核心竞争力的重要性逐渐为国内外许多著名企业所重视。核心竞争力的形成和提升是一个长期的过程，需要把企业生产、技术、组织、管理和服务的许多创新构成一个新的有机整体。具有活的动态性质的核心竞争力是企业追求的长期战略目标，是企业维持竞争优势的源泉。

3. 认识和培育核心竞争力

正确认识核心竞争力是培育核心竞争力的前提。评价并培育企业核心竞争力要把握以下几个方面：

（1）确定企业究竟具有何种真正出众的独特技能、能力。

（2）确定企业产品和服务优势的核心竞争力能维持多久。

（3）正确估计企业核心竞争力可能创造出的实际价值。

（4）企业如何通过内外部资源的有效整合实现核心竞争力。

4.1.2 基于核心竞争力形成竞争优势

对于企业来说，能力是开展某项业务的基本前提，是生存与发展的基础，是进入竞争舞台的资质条件，而核心竞争能力则是企业能在竞争舞台上脱颖而出，获得竞争优势的关键因素。企业竞争能力就是企业和企业家设计、生产和销售产品与服务的能力，其产品和服务的价格和非价格特性比竞争对手更具有市场吸引力。核心竞争力是企业获得竞争优势的源泉，是供应链管理的一个精髓部分。

企业核心竞争力的表现形式多种多样，这些不同形式的能力存在于人员、组织、环境、资产和设备等不同的载体之中。由于信息、专长、能力等在本质上是企业内部的知识，而企业独特的价值观和文化属于企业的特有资源，所以，可以认为企业的核心竞争力是企业特有的知识和资源的体现。从这一点来看，企业核心竞争力也可以看作企业持续发展、后劲增长、资产增值和效益提高的独特能力。戴尔的案例已经成为供应链管理的经典案例。

案例：戴尔金律——压缩库存、倾听顾客意见和直接销售。

当戴尔（Dell）的创办人迈可·戴尔于1980年在德州大学宿舍中开始创

业生涯时，就立下宏愿要战当时的电脑巨人——IBM。25 年后，戴尔不但荣登全球电脑市场占有率第一的宝座，而且早在两年前就已超越 IBM，连续两年蝉联全美电脑市场占有率的冠军。

戴尔能称雄 PC 产业是凭借三个戴尔金律：压缩库存、倾听顾客意见和直接销售。

在这三个金律基础上，戴尔分别在得克萨斯州建立了为美国市场服务、在爱尔兰的利默里克建立了为欧洲市场服务、在马来西亚的槟榔屿（1998）和中国厦门建立了为亚洲市场服务的“按订单制造”的运行体系。

戴尔直接销售模式将供应链能力置于公司战略的核心，发展了大大超越单纯追求效率的供应链管理技术。

戴尔本人把公司的成功归功于直接销售模式。戴尔创造的直销模式就是在客户利益选择、客户业务运作、销售渠道战略、核心运作能力和管理机制架构等几个关键领域提出了一系列新的运作策略。所以，戴尔公司的核心竞争能力是建立在直销模式上的低成本配件供应与装配运作体系，即戴尔的供应链管理系统。

据说，戴尔公司唯一不让参观的就是它的配件供应与装配系统，也就是说，戴尔公司摸索出了一套在接受订单后快速而低成本的配件供应与装配系统，使消费者可以低价享受个性化的服务。

4.2 供应链运营管理战略的生成和发展

供应链管理经过十多年的发展，现已在发达国家的企业中得到了初步的应用。随着人们对供应链管理认识的不断深入，供应链管理也从单一的运作技术向战略方面发展。供应链管理战略已成为规划和指导供应链管理活动的总纲，它处于供应链管理支撑体系中的核心与首要地位。人们逐渐认识到，要想进一步发挥供应链管理的潜在作用，就必须从战略的高度看待供应链管理。

4.2.1 供应链运营管理战略的产生

企业战略规划的开发和实施相对来说是一个较新的业务活动。

过去，尽管所有的企业都需要非常清楚地识别自己的产品、服务和顾客目标，并制定出完成目标所需要的战略，但这些业务计划往往仅关心企业实物和财务资产的计算，以便优化现有的产品和流程。

在大量生产、大量配送的年代，企业关心的是规模经济和范围经济，这可通过垂直集成、生产生命周期长且标准化的产品以及稳定的制造过程来实现，同时降低成本是企业管理的关注点。顾客不得不适应这种大量生产的方式，若需要定制化产品来满足自己的特殊需要，就不得不付高价购买。

20 世纪 60 年代中后期，尤其是 70 年代，美国企业内临石油危机、经济膨胀和不确定性，外临日本和欧洲的挑战，独占市场的情况已不复存在，因此不得不在优化运作以外，寻找新的取胜之道，其结果是企业对总体规划过程的兴趣越来越浓。总体规划过程不仅关注包括公司目标和资源分配在内的战略要素，还关注引导企业走出利润缩减、产品生命周期缩短、世界经济同步化、日益增加的劳动力和材料成本，以及寻求竞争优势。企业的制造和物流对环境变化快速反应的能力已成为公司生存的必需。

管理学界开始重点研究如何适应当时的市场环境，以对企业的管理实践提供理论指导。此时，来自军事的词汇——战争被引入管理界。这一阶段的管理理论主要有安索夫的《公司战略》（1965）、《战略规划到战略管理》（1975），劳伦斯与罗斯奇合著的《组织与环境》（1969），卡斯特与罗森茨韦克的《组织与管理——系统权变的观点》（1979）等。

安索夫《战略规划到战略管理》一书的出版标志着现代战略管理理论体系的形成。

战略管理是企业高层管理者为保证企业的持续生存和发展，通过对企业外部环境和内部条件的分类，对企业全部经营活动所进行的根本性和长远性的规划和指导。

战略管理与以往经营管理的不同之处在于面向未来，动态地、连续地完成从决策到实现的过程。

劳伦斯与罗斯奇认为，公司要有应变计划，以求在变化及不确定的环境中得以生存。

卡斯特和罗森茨韦克认为，企业管理中要根据企业所处的环境随机应变，组织应在稳定性、适应性、革新性之间保持动态平衡。

20 世纪 80 年代，由于大量生产和大量配送系统受到了更大的挑战，美国企业更加注重战略计划。几乎在一夜之间，公司的规划人员发现仅关注向市场渗透，有效地分配资源，减少额外成本，已不能使企业在急剧缩小的市场中处于领先地位。比如，施乐、RCA、Westinghouse、IBM 和西尔斯这样的全球巨人开始失去市场的绝对优势，而佳能、索尼、日立、Compaq 和沃尔玛这样的敏捷反应性公司从它们手中夺取了大量的市场份额。究其原因，主要是其竞争对手采用先进的信息技术和JIT、TQM、精细制造等管理思想和方法，通过缩减生产规模、重塑联盟伙伴的竞争力、按订单生产和大量缩短产品的上市时间取得了竞争优势。

在这一阶段，战略管理理论向前发展了一步。迈克尔·波特的《竞争战略》《竞争优势》《国家竞争优势》等重要著作对这一阶段的管理实践起到了积极的推动作用。

20世纪90年代，竞争环境更加残酷，企业不得不寻找新的竞争战略，寻找更加灵活的生产过程，要求在不增加成本的情况下，生产高质量和多样性的产品，并能利用现在的生产能力来生产变革性产品。

为了满足顾客对高质量、低价格定制产品和服务以及快速配送的要求，公司需要追求高度的灵活性。许多企业将再造技术作为取得竞争优势的法宝，放弃了制订战略计划。过去，公司花费了大量的时间和金钱来制订业务计划，以求获得企业的市场定位和竞争优势，但现在许多公司改变了这一做法。仅花费极少的时间来考虑自身的竞争优势，设计本公司必需的战略计划。

在这一阶段，对战略计划提出质疑的代表人物是亨利·明茨伯格。他在《战略计划的兴衰》一书中提出，战略计划只不过是例行公事，它总是缺乏创造力，没有真正的意义。企业放弃业务计划制订的原因是将计划与战略计划混合了起来。

事实上，传统的业务计划多数是战术或运作上的计划，而不是真正的关于战略方向的计划。因此，传统的所谓的“战略计划”并不能真正产生明确的、深思熟虑的战略，并指导企业在未来如何完成自己的计划。

在当今快速变化的环境中，关注企业运作管理技术的战略，如重构、再造、连续改进和全面质量管理等，可以使企业追赶市场领先者，但不能再造企业的竞争能力和产品，重塑技术和渠道联盟，以重新思考未来如何取得行业的竞争优势。

加里·哈默尔和C.K.普拉哈拉德在1994年合著的《为未来而竞争》标志着战略计划的复兴。这本书对企业痴迷于规模缩减提出了批评，并且对核心竞争能力重新下了定义。竞争日益激烈的市场环境和战略计划的复兴为供应链管理战略思想的形成起到了积极的推动作用。

4.2.2 供应链运营管理从单一战略层转变

尽管企业关注自己的核心运作策略对企业的生存非常关键，但它严重地限制了计划制订者的眼光。也许最关键的错误在于它基于的竞争模式已经在全球化的市场中不复存在。

在大规模生产的时代，竞争力指的是为特定的市场提供比竞争对手更好的、价格更低的标准化的产品。市场中的胜者通过面向顾客、持续减少额外成本，来巩固自己的竞争优势。由于产品和市场的变化不大，所以起步早的一些公司就可以在许多方面取得优势。但这种内部的以企业自身为中心的竞争的问题是，一些市场的竞争对手可以用一种非常规的方法对那些仍然热衷于运作策略的企业的市场优势产生威胁。其结果是一些拥有一流产品和忠实顾客的显赫公司（如 Westinghouse、Honeywell、IBM 等）发现自己在一些变革性公司的竞争面前，已失去了往日的行业领先地位和竞争优势。这些竞争者中有些通过克隆成功的产品、流程或组织结构挤入曾经稳固的业务环境中；有些则重塑它们的竞争力，违反传统的市场边界，与那些成熟的公司争夺市场；还有一些采用先进的技术和管理方式，不仅偷取业务，还提出废除竞争对手的知识产权。这样的变革性公司已经发现了重塑合作团体与破坏垂直和水平一体化的传统概念的方法。

鉴于以上讨论，当前竞争的重点开始从运作层向战略层转移，企业要想学会竞争，必须从两个方面加以考虑。

一是继续关注传统的运作计划，以便为企业提供日常目标和衡量绩效的依据。

二是必须关注企业的战略规划，以便为企业提供未来发展的方向，决定未来的顾客是谁，最有利润的市场在哪里，需要什么样的竞争力，什么是企业的机会环境，什么样的渠道网络对发展未来的业务生态系统是必需的，等等。

供应链管理战略正是在这样的背景下产生的。随着供应链管理的发展，供应链管理开始从单一的运作技术向战略方面发展，这是供应链管理自身发展的必然趋势。

根据 Deloitte 咨询公司的一项研究报告，虽然现在已有 91% 的北美制造企业将供应链管理列入关键或重要管理活动，但是只有 2% 的企业达到了世界级水平，差不多有 75% 的企业在平均及以下水平。一个主要的原因是，50% 的企业说它们没有正规的供应链管理战略，虽然大多数有供应链管理的计划。

当然，还有其他一些原因：①缺乏应用和集成技术的能力；②协调企业资源的权重不高；③改革关键流程的阻力；④跨职能的障碍；⑤缺乏有效衡量供应链绩效的评价指标。

以上情况反映出一个问题，即供应链管理对提高企业竞争力的重要作用和它在实际运作中表现出的绩效不成比例。产生这些问题的原因并不是供应链管理理论本身有什么大问题，而是企业没有把它看作企业战略的一个组成部分。从 Deloitte 咨询公司揭示的影响供应链管理绩效的几个原因看，需要一个从全局角度进行规划的战略性思考，才能彻底解决上述反映出的问题，因为所有这些影响供应链管理绩效的因素都不是哪一个部门能够解决的，也不是一蹴而就的。因此，从战略的角度考虑供应链管理的地位具有十分重要的意义，否则许多相关问题都无法得到有效解决。

4.2.3 供应链管理战略的关注点

1. 传统战略运营已经落后

传统的战略计划围绕预测、财务分析、市场和产品定位展开，其目的是寻求获得市场领先地位的最好机会，然后在业务单位和项目上分配资金和生产资源，来确保任务的完成。

20 世纪 90 年代，许多公司都以企业再造的方法来取得竞争优势，但收效甚微。因为这种方法常使公司过分关注战术和运作上的计划，而不考虑如何将公司引向未来。

传统的方法具有以下几个方面的缺点：

首先，它依赖的是大规模生产和追求规模与范围经济时代的工业模式。另外，计划的时间跨度很短，往往是几年，而不是十年、几十年。

其次，企业往往根据现有的产品和业务单位来制订计划，而不是根据整个企业或供应链制订计划。

最后，计划制订者倾向以现有的产品或服务与竞争对手展开竞争，而不是以面向未来的眼光，发展新能力，并与供应链成员密切合作，从而形成新的企业生态系统。

战略计划仍是一个正在发展中的概念。1980 年，迈克尔·波特提出公司的计划应当将在公司内部或外部市场中发现的竞争因素包括在内。加里·哈默尔和 C.K. 普拉哈拉德认为，竞争的焦点应放在加强和重塑企业的核心竞争能力。这极大地拓宽了传统的战略计划。他们对战略计划的理解有一个共同的特点，那就是其主要关注点是企业。但是，供应链管理战略要求计划制订者不仅关注企业本身，还要关注整个供应链。

供应链管理战略关注的重点不是企业为顾客提供的产品或服务本身给企业增加的竞争优势，而是产品或服务在企业内部和整个供应链中运动的流程所创造的市场价值给企业增加的竞争优势。

事实上，不论公司层次上的产品和服务有多好，组织结构多有效，资源和生产过程多优越，它们独自获得竞争能力都是有限的，不可能将这些联盟伙伴的优势结合起来，形成一种供应链管理战略所取得的竞争能力。20 世纪 90 年代那些抢先占有竞争优势和市场份额不断增长的公司得到了极大的发展，其最主要的原因就是它们实施了供应链管理战略，将它们的关注重点从内向能力转向将自己的能力与供应链成员中的生产资源和创新知识整合起来。下面将 IBM 和 Dell 的 PC 机销售进行比较。IBM 公司拥有多种新技术、新产品和多项专利，但 PC 机利润远不如 DELL 公司。其主要原因是 DELL 公司虽然在新技术和专利方面不如 IBM，但它能够根据客户需要，将供应链中成员的生产资源和创新知识整合起来，对价值链进行重组。

当今快速发展的第三方物流服务业是实施供应链管理战略最为成功的实例。比如，Ryder、Schneider 以及 J.B.Hunt 等公司最初都是单纯的合同运输商。20 世纪 80 年代，随着人们对 JIT 配送和增值服务要求的提高和人员的大量裁减，这些运输公司开始将精力集中于如何重塑它们的价值，提供廉价的、高质量的物流服务，以便获取更大的市场份额。通过将关注点放在提供全程物流服务，这些公司开始演变成提供从仓储、运输、物流、信息系统到增值处理、订单完成和补货等在内的全程物流服务提供者。它们的业务向这些领域的延伸标志着它们已不再仅是合同服务商，而是已与所服务的公司成了长期的合作伙伴。20 世纪 90 年代，随着对第三方物流服务需求的不断增加，第三方物流服务商发现自己已不能独自完成市场所需的服务类型与质量，于是开始建立物流联盟，以便拓宽它们的服务范围。当前，第三方物流联盟已得到快速发展。

2. 供应链运营平台已经崛起

如今，企业与企业之间的竞争本质上也是企业所在供应链之间的竞争，而要打造高效供应链，提高供应链的竞争力，不仅需要借助创新技术，还需要搭建一个全生态、全链协同的平台。

供应链运营平台是协同平台，也是科技平台、信息平台，搭建者必须充分熟悉行业痛点，拥有强大的技术支撑，打通生态圈上下游，将数据集中化管理，并驱动优化供应链服务。

它不是供应链上一两家企业运用 SaaS 就可以解决的，因为能否追溯商品全流程信息，才是协同的关键，而在新的技术推动、数据驱动下，供应链运营平台企业崭露头角，抢尽风头。

什么是供应链平台？2017 年 5 月 26 日，阿里巴巴参谋长曾鸣教授在阿里智慧供应链开放日、阿里供应链研究中心的成立仪式上发表了一次演讲，在这次演讲中曾鸣教授首次提出了 S2B（Supply Chain Platform to Business）的概念。

正如曾鸣教授所言：“S 代表着大的供应平台，它将更好地赋能给更多的 B，帮助其更好地服务自己的客户。这不是一个传统的加盟体系，而是一个创新的协同网络。只有在这个越来越广大、越来越紧密的协同网络的基础之上，才能走向 C2B 这个未来最重要的商业模式。”

下面探讨一下什么是供应链平台以及供应链平台应具备的典型特征。为了便于理解，我们结合一个典型的案例来展开讨论。

案例：7-Eleven 的供应链平台化经营。

曾任 7-Eleven CTO 的碓井诚将 7-Eleven 的发展归纳为三个阶段：价值链经营阶段、平台经营阶段、价值共创经营阶段。

第一个阶段是价值链经营阶段，时间从 7-Eleven 成立到 1991 年日本房地产泡沫之前。

在这一阶段，伴随着战后经济的复苏、人们生活水平的逐步提高、消费需求的急剧增长，与此对应的供应成了稀缺资源，由此形成了以少品种、大批量生产、大量消费为典型代表的卖方市场形态。

在这个阶段中，7-Eleven 通过提供“十人一色”或者“千人一面”的产品，站在品牌商、代理商的角度帮助它们销售产品来满足市场的同质化需求，并在这一阶段中逐渐构建了较为初级的供应链能力。

第二个阶段是平台化经营阶段，时间从 1991 年日本房地产泡沫之后到 2008 年金融危机前。

在这一阶段，大众对耐用消费品以及日常的“衣食住行”类商品的需求已经在很大程度上得到了满足，社会消费逐渐呈现出买方市场形态。为了激发消费者的需求欲望，应对高度消费社会里的“千人千面”或者“十人十色”，品牌商、生产商就需要设计和生产出能够满足多样化、个性化需求的产品。消费的主导权就从传统的供应端转移到了掌握信息的、有实力的需求端。

在此背景下，7-Eleven 及时将自己的定位从“品牌商的销售代理”调整为了“顾客的购买代理”，并以门店为触角，通过收集和分析个性化的需求信息，打通了下游需求链和上游供应链。

一方面联合原料商、制造商、品牌商、物流商等进行协同商品规划和供应，另一方面联合金融服务商、网络服务商、增值服务商等进行协同服务规划和供应，从而将 7-Eleven 打造成为集商品和服务于一体的综合经营平台，并在平台上不断扩充商品和服务的种类，尽可能满足顾客的个性化需求。

第三个阶段是价值共创型经营阶段，时间从 2008 年金融危机至今。

这是平台化经营的进一步升级，是从个性化、多样化需求的收集和满足到消费者主动参与到服务和商品的创造中去。如果说卖方市场是“十人一色”，买方市场则是“十人十色”，而到了价值共创型社会，则进一步演变成为“一人十色”，即从卖方市场的 B2B2C 到买方市场的 S2B2C，再到价值共创型社会的 C2B2B。

因此，在服务型社会里，7-Eleven 不仅需要从消费者的日常生活出发进行思考，通过提供商品和服务来满足他们多样性的需求，更要嵌入消费者的意见和创意，开拓在产业与消费者之间的符合适量生产、合理消费原则的共同创造型甚至是循环型社会。对于 7-Eleven 而言，这是一个正在进行和探索中的阶段。

从以上三个阶段的发展可以看出，7-Eleven 作为供应链平台化经营的代表有以下典型特征：

（1）所服务的市场需求具有个性化、多样化特点，具备买方市场或者价值共创型市场的特征，无法通过传统的 B2B 或者 B2B2C 的模式满足市场的需求。在卖方市场阶段，需求快速增长且呈现同质化特性，强势的卖方可以通过简单的、较为封闭的供应链模式获得丰厚的利润。然而，在买方市场或者价值共创型市场中，企业很难通过简易封闭的供应链满足海量的客户需求，因此需要构建协同化的供应链平台，借助平台的力量赋能产业上下游，协同上下游资源，为客户提供丰富多样的产品和服务。

（2）围绕个性化需求，基于全价值链的协同商品和服务开发。以 7-Eleven 为例，从商品企划、研发、原料、生产、物流、销售等全价值链出发，建立了以门店为需求起点、MD 商品开发人员全程参与、与制造商共同进行的协同商品开发。原创商品占比高达 55% ~ 60%，形成了强客户黏性、高复购率和高毛利，并与上下游分享利润。同时，通过门店、OFC（区顾问）

以及POS系统收集信息，掌握每件商品的销售动向，通过假设—验证的方式，及时、准确地对商品进行动态调整和管理。

（3）围绕价值流动，基于快速反应的协同物流系统。7-Eleven通过供应链与需求链的正确匹配和高效联动，提升需求的反应速度，提高周转，降低库存，同时与第三方合作伙伴相互配合，通过集中配送、共配中心来削减成本，提高物流运作效率。

（4）围绕信息共享，构建以数据为核心的供应链协同信息系统。在7-Eleven的发展历史上，其共进行了六次大的信息系统升级。第一次聚焦在电脑订货系统；第二次聚焦在POS系统；第三次聚焦在商品管理；第四次聚焦在综合信息系统的整顿；第五次聚焦在供应链平台的开放化；第六次聚焦在大数据运营。7-Eleven把IT的应用与业务流程的革新融为一体，IT部门的职责就是通过活用IT对公司运营提出与之匹配的解决方案。

综上所述，供应链平台的形成是市场发展到一定阶段的必然产物。要构建平台化经营的能力，一个典型的方向是围绕客户需求，架构协同商品开发与制造、协同物流运作系统、协同信息共享系统，通过供应链平台来聚合上下游资源，从而满足多样化的市场需求。

供应链全链协同是一个非常复杂的过程，它涉及IT工具、IOT设备应用，链主与上下游之间的打通，不仅需要物流业务的支持，更要洞察上下游企业的共性需求。

供应链运营平台是协同平台，也是科技平台、信息平台，搭建者必须充分熟悉行业痛点，拥有强大的技术支撑，打通生态圈上下游，将数据集中化管理，并驱动优化供应链服务。而长时间的行业积累让一些做供应链软件方案的公司孵化出了垂直行业的科创新星，其中专注做食品、医药、连锁餐饮及新零售的服务供应链管理运营平台的系统成为资本关注的热宠。

简而言之，晶链通平台是以技术和数据驱动的垂直产业互联网供应链运营管理平台。协同是晶链通平台的优势之一，为大企业打通了上下游、整合了资源，在为小企业赋能的同时，提升了其技术能力。五流合一是晶链通平台的另一优势，成功地勾画出了数据及其背后的逻辑，真正发挥出了数据的价值。晶链通平台的客户群是高价值的客户群，因为一个核心企业关联着其众多上下游企业，可以通过以点带面的方式，帮助企业走上数字化之路，逐步整合全产业的市场。

商业端的变化、驱动供应链的一体化运营的需求以及供应链平台运营者的产生、供应链运营平台之间的数字化供应链合作让传统品牌商在数字零售革命中获得了新赛道的入场券，也让供应链运营平台能够依托品牌商庞大的体量与需求不断完善平台的服务能力与网络。

4.3 供应链管理的战略运营体系理论

4.3.1 供应链管理运营体系

1. 培养企业的核心竞争力

核心竞争能力是企业赢得竞争的基础和关键，是企业的立足之本，尤其是对供应链管理来说，核心竞争能力是必不可少的，因此加强企业核心竞争能力的培养是企业实施供应链管理最重要的支撑条件。

（1）企业核心竞争能力理论的起源与发展。企业核心竞争能力理论最先源于现代企业理论的局限性。现代企业理论认为，企业作为一种行政协调机制或一种契约组织，强调的都是交易过程中的各种“规则”，忽视了企业作为社会经济组织所具有的独特的“生产”特性。以这一理论为指导，有些西方经济学家对企业决策机制、供应机制、生产机制、销售机制等都不再考虑生产成本，而仅关注交易成本，背离了现实，无法有效解释现实企业实践中的一些重要现象。

企业核心竞争能力理论的迅速兴起与战略理论发展也密切相关。

在管理科学的发展历程中，18 世纪中后期到 19 世纪末期是经验管理，20 世纪初至 40 年代信奉科学管理，20 世纪 40 年代到 60 年代风行行为科学，20 世纪 70 年代崇尚战略管理。到 20 世纪 80 年代初，迈克尔·波特的竞争战略理论成为战略管理理论的主流。这一理论的核心是迈克尔·波特提出的“五种竞争力”（进入威胁、替代威胁、买方侃价能力、供方侃价能力和现有竞争对手的竞争）、三种基本战略（成本领先、标新立异和目标集成）以及价值链分析等。迈克尔·波特的竞争战略理论通过对产业演进的说明和各种基本产业环境的分析，得出了不同的战略决策，在全球范围内产生了深远的影响。但是迈克尔·波特的理论没能突破把企业视为“黑箱”的局限，它实际上是以产业为研究对象，并没有很好地站在企业的角度分析企业竞争战略的制定和实施，不能有效地指导企业的实践。

20 世纪 80 年代后期，风行一时的业务流程再造曾一度使人们忽略战略，有些人开始怀疑战略计划的作用。

到了20世纪90年代，加里·哈默尔和C.K.普拉哈拉德的战略理论标志着管理战略的复兴。他们认为，战略是学习和发现的过程，是一个多面体。他们提议企业少说“战略”或“计划”，多谈“战略化”，关注自身的“核心竞争能力”。他们给核心竞争能力下的定义是“一门博采众长的学问，尤其是如何协调各种生产技巧，如何汇合各条技术分流”。他们号召企业把自身视为核心能力的组合，而不是经营单位的组合。加里·哈默尔和C.K.普拉哈拉德提出的核心竞争能力为20世纪90年代战略理论的发展做出了很大的贡献。

进入20世纪90年代，关于企业竞争力的研究开始逐渐转移到企业核心竞争能力领域，因为从长远考虑，企业竞争优势来源于比竞争对手更低的成本、更快的速度去发展自身的能力，来源于能够产生更高的、具有强大竞争力的核心能力。由于任何企业所拥有的资源都是有限的，它不可能在所有的业务领域都获得竞争优势，因而必须将有限的资源集中在核心业务上。

所谓核心竞争能力，就是企业在市场竞争中取得并扩大优势的决定性力量。例如，本田公司的引擎设计及制造能力、联邦航空公司的追踪及控制全世界包裹运送的能力都使它们在本行业及相关行业的竞争中立于不败之地。一家具有核心竞争能力的公司即使制造的产品看起来不怎么样，也能利用核心竞争能力使公司整体蓬勃发展。

（2）核心竞争能力的构成及其特性。构成核心竞争能力的要素包括企业员工拥有的技能、企业的技术体系、管理体系和在企业中占主导地位的价值观念。企业的核心竞争能力是上述四种要素构成的一个有机整体，反映了企业的基本素质与发展潜力。如果说企业在市场上的竞争短期内主要体现为产品价格与性能的竞争，那么从长期看这种竞争实际上是核心能力的竞争。

在构成企业核心能力的要素中，企业员工拥有的知识技能及融合在企业技术体系中的知识积累与物质条件是企业进行技术创新的基本资源。而创新活动的各个环节都需要相应的管理体系进行有效的计划、组织、激励与控制。

企业中占主导地位的价值观念是构成企业核心能力的一种无形因素。它强烈地影响着企业领导和职工的行为方式与偏好，并通过经营决策过程和行为习惯体现在企业的技术实践和管理实践中。在技术创新活动中，观念往往融合于构成核心能力的其他三种要素中，对决策的创新与实施产生影响。

2. 核心竞争能力的基本特性

（1）构成要素的互补性。尽管不同企业的核心竞争能力诸要素所起的作用有所不同，但从总体上看，构成核心竞争能力的诸要素是相互关联、相互影响、相互促进、相互渗透、相互制约的，企业的核心竞争能力是这些要素综合作用的体现。

（2）核心竞争能力的独特性。每一个成功的企业的核心竞争能力都具有自己的特点，不容易被潜在的竞争对手模仿，而且任何一个企业都不能靠简单地模仿其他企业，建立和发展自己的核心竞争能力。企业一旦形成了自己的核心竞争能力，就可能在某一领域建立竞争优势，不断地推出创新成果，极大地促进自身的发展。依靠自身的核心竞争能力，企业还可以通过技术创新将经营领域扩展到不同的行业。例如，佳能公司利用在光学镜片、成像技术和微处理控制技术方面的核心竞争能力，成功地进入了复印机、激光打印机、照相机、成像扫描机、传真机等 20 多个领域的市场。

（3）作用的二重性。一方面，核心竞争能力作为供应链管理的资源基础和支持系统，当它适应竞争环境和企业发展战略的要求时，能有效地促进创新和企业发展；另一方面，作为竞争优势基础的企业核心能力必须适应企业外部环境的技术、市场和社会条件的变化，如果企业核心竞争能力不能适应外部环境的变化，原来对企业创新与发展起积极作用的核心竞争能力就会成为阻碍企业创新与发展的消极因素。核心竞争能力的这种消极作用来源于核心能力刚性。

核心竞争能力是企业在发展过程中基于长期的经验积累形成的一种制度化的体系，具有相对的稳定性。当外部环境发生变化时，稳定性很容易表现为某种抗拒变化的惰性，这种惰性就是核心能力刚性。

供应链管理活动会对原有的系统带来某些变革，因此必须对此予以关注。由于企业核心竞争能力正是企业在其发展历史上所做的一系列创新决策和长期创新实践的衍生物，因此不断进行技术和组织上的创新是消除核心竞争能力刚性最有效的办法。

3. 核心竞争能力的形成

培养企业核心竞争能力应着重从以下几方面入手：

（1）锁定目标。要想培育独特的核心竞争能力，企业必须明确自身努力的方向和目标，只有目标、方向明确，企业的资源配置、使用才能做到有的放矢，加速核心竞争优势的培养壮大。企业核心竞争能力是一种独特的竞争优势。每一个企业都有不同的条件、情况，因此它所设置的目标方向也是不同的。

一般来说，选择核心竞争能力的目标定位主要应考虑以下因素：

①自身资源状况、以往的知识储备。

②行业现状及特点。

③竞争对手的实力状态及对比情况。

④关联领域的影响。

⑤潜在竞争者及替代者的演变前景。

由于核心竞争能力的形成所花的代价较大，且具有一定的刚性，会影响企业较长时期的经营运作，因此企业在选择核心竞争能力培养方向时都较慎重，常常将目标锁定在最能影响行业发展前景的领域，以使企业掌握更大的竞争主动权。

（2）集中资源。集中资源就是将资源集中于企业选定的一项或某几项目标业务领域，以发挥最大资源效用，增强特定的竞争优势，形成核心竞争能力。在市场竞争日益激烈、创新成本与风险越来越大的今天，任何一个企业都很难在所有业务活动中成为世界上最杰出的。事实上，相对于复杂多变的外部环境而言，任何企业的资源都是有限的，只有将资源集中起来，形成合力，才有可能在目标领域取得突破，建立核心竞争能力。即使是当今世界著名的大企业，它们也大都将资源重点集中于某些关键性业务工作，以求在特定领域达到领先对手的目的。例如，美国的微软公司，日本的本田公司、索尼公司等著名企业就分别集中资源致力于软件开发、复杂的芯片设计、小型发动机设计和微型电机系统开发工作，从而在各自的行业里取得了明显的竞争优势。对于我国企业来说，应该将有限的财力资源集中于适合自身条件的关键领域，建立独特的竞争优势。

坚持动态地、持续地学习，注重知识技能的积累和储备，是培养和增强核心竞争能力的关键。企业员工及组织所拥有的知识技能是重要的无形资产，是核心竞争能力中的主要因素。这种知识技能包含两个层次：员工个人的知识技能水平与结构和企业员工的整体素质与知识技能结构。

知识技能既包括现代科学技术知识与管理知识，也包括操作技能与实践经验。企业要建立与发展知识技能优势，就必须在人力资源开发与管理中将知识技能的学习、扩散、积累与更新放在重要位置上。体现竞争能力的知识技能要具有领先水平，往往需要员工通过创新实践去发现与创造。

因此，在实践中创造性地“干中学”，是全面提高职工素质，建立本企业知识技能优势的一种不可替代的学习方式。在科技飞速发展、知识更新周期大大缩短、企业外部环境不断变化的情况下，员工个人和企业原有的知识都会在不断变化中落伍，必须动态地、持续地学习，不断地更新、重组知识技能要素与结构，这样，才能维持和增强企业的核心竞争能力。

4. 业务外包

供应链管理战略需要不断地培养企业的核心竞争能力，强调根据企业的自身特点，专门从事某一领域、某一专门业务，在某一点形成自己的核心竞争能力，这必然要求企业将其他非核心竞争力业务外包给其他企业，即所谓的业务外包。

传统“垂直一体化”模式已经不能适应目前技术更新快、投资成本高、竞争全球化的市场环境，因此现代企业应注重高价值生产模式，强调速度、专门知识、灵活性和革新。与传统的“垂直一体化”控制和完成所有业务的做法相比，实行业务外包的企业强调将企业资源集中于经过仔细挑选的少数具有竞争力的核心业务，也就是集中在那些使它们真正区别于竞争对手的技能和知识上，而把其他一些虽然重要但不是核心的业务职能外包给世界范围内的“专家”企业，并与这些企业保持紧密合作的关系，从而使自己的整个运作提高到世界级水平。这样做，所需要的费用可能与目前的开支相等或有所减少，甚至可能省去一些巨额投资。更重要的是实行业务外包的公司出现财务麻烦的可能性仅为没有实行业务外包公司的 1/3。把多家公司的优秀人才集中起来为我所用的要领正是业务外包的核心，其结果是使现代商业机构发生了根本性的变化。企业内向配置的核心业务与外向配置的业务紧密相连，形成供应链。企业运作与管理也由“控制导向”转为“关系导向”。

企业实施供应链管理战略的成功与否不再由“垂直一体化”的程度高低来衡量，而是由企业积聚和使用的知识为产品或服务增值的程度来衡量。企业在集中资源加强自身核心业务的同时，通过利用其他企业的资源来弥补自身的不足，从而变得更具竞争优势。

通用汽车公司通过采用业务外包策略，把运输和物流业务外包给理斯维物流公司。理斯维物流公司负责把通用汽车公司的零部件运到 31 个北美组装厂的运输工作，通用汽车公司则集中力量用于其核心业务——制造轿车和卡车。这一始于 1991 年的合作节约了大约 10% 的运输成本，缩短了 18% 的运输时间，裁减了一些不必要的物流职能部门，减少了整条供应链上的库存，并且在供应链运作中保持了高效的反应能力。理斯维物流公司在 Cleveland 设有一个分销中心，处理交叉复杂的运输路线，通过电子技术排列它与通用汽车公司北美工厂的路线。这样可以动态地跟踪装运情况，并且根据实际需求实现 JIT 方式的运输。理斯维物流公司的物流系统可以保证运输路线组合的柔性化。如果一个供应商的装运落后于计划，理斯维物流公司可以迅速地调整运输路线的组合。理斯维物流公司采用的“精细可视路线”技术保证了通用汽车公司生产线上的低库存水平。

据美国《财富》杂志报道，目前全世界年收入在 5 000 万美元以上的公司都普遍开展了业务外包。《1998 年全球业务外包研究报告》表明，全球年营业额在 5 000 万美元以上的公司在 1998 年业务外包的开支上升值为 7%，比利时 1997 年业务外包的总开支增加近 2 350 亿美元。

尽管业务外包的速度在迅速加快，但没有迹象表明现在已经达到顶峰。迄今为止，全球的所有业务外包活动约有 60% 集中在美国。1998 年，美国的业务外包开支增加 21%，即增加 250 亿美元，达到 1 410 亿美元，而上年的增长率只有 15%。与此同时，欧洲的业务外包活动也在增加，其中最活跃的是英国、法国、意大利和德国。事实上，欧洲这方面开支的增长速度比美国还要快，增长率达 34%。到 1999 年年初，欧洲的业务外包开支已经超过 920 亿美元。

总之，实行业务外包是实施供应链管理战略的另一项重要基础。

5. 建立战略伙伴关系

建立战略伙伴关系是供应链管理战略实施的第三个支持条件。

从历史上看，企业关系发展大致经历了三个阶段：传统的企业关系阶段、物流关系阶段、合作伙伴关系阶段。

在传统的观念中，企业之间的关系是买卖关系。企业的管理理念就是以生产为中心，企业间很少沟通与合作，企业间的关系更谈不上企业间的战略联盟与合作。在 JIT 和 TQM 等思想的推动下，企业之间的关系从传统的以生产为中心的企业关系模式开始向物流关系模式转化。为了达到生产的均衡化和物流同步化，企业的各部门间以及企业之间开始合作与沟通。但这种基于物流关系的合作仅处于运作层或技术层。随着科技的飞速发展和市场竞争的日益激烈，企业物流合作关系已不能适应。企业需要从战略的高度来考虑企业之间的合作，于是产生了战略伙伴关系的企业模型。

供应链管理战略强调供应链企业之间的密切合作，这与传统的买方与卖方的对手关系不同。有两个原因推动战略伙伴关系的产生：

一是全球化。尽管供应链战略伙伴关系不是万能的，但它在重塑全球范围内的业务伙伴的知识、原料以及市场资源方面的能力可以使企业更容易地进入未来的市场。例如，产品的设计者、生产者、分销者和营销者通过信息技术和通信技术可以建立门到门的网络系统，形成全球化的联盟。

二是信息化。信息基础设施的不断增长促进了全球范围内市场的形成，信息技术的广泛应用增加了人们对以时间为基础的竞争战略的注意力，迫使企业不得不形成联盟，通过重塑供应链中的核心能力获得并保持市场优势，以减少与产品开发、生产和销售等有关的风险。

过去，竞争环境是独立的公司提供标准化的产品并追求较低的单位生产成本。如今，对顾客服务、低价格、快速配送和高度客户化的货物的要求使公司不得不形成各种联盟，以保持市场优势。有些通过利用伙伴的能力来创建规模经济，从而避免增加的成本。有些则寻求合并技术、设计和市场机能，以获得专门的竞争力并快速进入市场。还有一些与竞争对手形成暂时联盟以求得暂时的优势。例如，IBM 公司与苹果公司、Motorola 公司合作共同开发和销售 PowerPC 芯片和操作系统，以结束 DOS–Mac 软件的独占地位。

另外，还有一些公司利用业务伙伴免费的能力来完成垂直一体化或范围经济。不论用什么方法，伙伴关系有一个共同的目的：快速集合特定的技巧和技术来设计、生产配送产品并提供相关服务，以提供决定性的竞争优势。在当今的市场环境中，企业只有从战略的高度来看待供应链伙伴关系，才能保证供应链管理战略的成功实施。

4.3.2 生产运营技术

1. 企业资源规划

企业资源规划（ERP）的产生可追溯到材料需求计划（MRP）和及时生产（JIT）。

1970 年，Joseph A.Orlicky、George W.Plossl 和 Oliver W.Wight 三人在 APICS 的学术年会上首次提出了材料需求计划的概念和基本框架，并得到了该协会的大力支持和推广。材料需求计划是根据市场需求预测和顾客订单制订产品的生产计划，然后基于产品生成进度计划，组成产品的材料结构表和库存状况，通过计算机计算所需材料的需求量和需求时间，从而确定材料的加工进度和订货日程的一种实用技术。

实施 MRP 时，与市场需求相适应的销售计划是 MRP 成功的最基本要素。如果销售领域能准确、及时地提供每个时间段的最终产品需求的数量和时间，则企业就能充分发挥 MRP 的功能，有效地实现 MRP 的目标。从这一思路出发，人们把 MRP 的原理应用到流通领域，发展出营销渠道需求计划（Distribution Requirement Planning，DRP）。

1981 年，Oliver W.Wight 在材料需求计划的基础上，将 MRP 的领域由生产、材料和库存管理扩大到营销、财务和人事管理等方面，提出了制造资源计划（Manufacturing Resource Planning，MRPII）。

及时生产（JIT）方式最早由日本丰田汽车公司以“看板”管理的名称开发出来，并应用于生产制造系统，其后 JIT 方式的“及时”哲学被广泛地接受并大力推广。近年来，在供应链管理中，特别是由制造业和零售企业组成的生产销售联盟极其重视 JIT 哲学。及时生产、及时管理、及时采购等概念都是在 JIT 哲学的影响下产生的。

及时管理方式与材料需求计划在经营目标、生产要求方面是一致的，但在管理思想上是不同的。MRP 讲求推动概念和计划性，而 JIT 讲求拉动概念和及时性；MRP 认为库存必要，而 JIT 认为一切库存都是浪费。

随着全球化经济的形成、社会消费水平和消费结构的深刻变革，产品呈现出多样性、个性化、系统化和国际化特征，以面向企业内部信息集成为主，单纯强调离散制造环境和流程环境的 MRPII 系统已不能满足全球化经营管理的要求。因为随着网络通信技术的迅速发展和广泛应用，为了实现柔性制造，迅速占领市场，取得高回报率，生产企业必须转换经营管理模式，改变传统的“面向生产经营”的管理方式，转向“面向市场和顾客生产”，注重产品的研究开发、质量控制、市场营销和售后服务等环节，把经营过程的所有参与者（如供应商、客户、制造工厂、分销商网络等）纳入一个紧密的供应链中。

企业资源规划（Enterprise Resource Planning，ERP）就是在 MRPD 和 JIT 的基础上，通过前馈的物流和反馈的物流与资金流，把客户需求和企业内部的生产活动以及供应商的制造资源结合在一起，体现完全按客户需求制造的一种供应链管理思想的功能网链结构模式。

作为一项重要的供应链管理的运营技术，ERP 在整个供应链的管理过程中更注重对信息流和资金流的控制，同时通过企业员工的工作和业务流程，促进资金、材料的流动和价值的增值，并决定各种流的流量和流速。ERP 打破了 MRPII 只局限在传统制造业的格局，并把它的触角伸向各行各业，如金融业、高科技产业、通信业、零售业等，从而使 ERP 的应用范围大大扩展。

为使企业有更好的管理模式和管理工具，ERP 还在不断地吸收先进的管理技术和 IT 技术，如人工智能、精益生产、并行工程、Internet/Intranet、数据库等。未来的ERP将在动态性、集成性、优化性和广泛性方面得到发展。

若将ERP与卖方管理库存技术（VMI）相结合，可以开发出下一代的ERP产品，即供应链规划（Supply Chain Planning，SCP）。它可以将企业所在供应链中的所有职能都集成到一个单一的框架中，使整个供应链就像一个扩展企业一样运作。

2. 延迟策略

所谓供应链管理的延迟策略，就是指尽量延迟产品的生产和最终产品的组装时间，即尽量延长产品的一般性，推迟其个性实现的时间。这种技术基于这样一个事实：

一般情况下，随着预测点与需求发生点的接近，对需求量的预测就会越准确。这是因为随着时间的延迟，我们可以获得更多关于实际需求的信息，从而降低不确定性，提高预测精度，减少不必要的库存积压和缺货。

在客户需求多样化的今天，如果想满足客户的需求，就必须采用产品多样化策略。但是，产品多样化必然带来库存的增加。在过去的物流管理系统中，分销中心的任务是仓储和分销。当增加产品品种时，库存也随之增加，这对企业来说是一笔很大的投资，物流成本增加可能会削弱产品多样化策略的优势。为此，企业提出了延迟化策略。

在延迟化策略中，地区性顾客化产品是到达客户所在地之后以模块化方式组装的，分销中心没有必要储备所有的顾客化产品，只储备产品的通用组件即可，这样，库存成本将大为降低，分销中心的功能也会发生转变。为实现延迟化策略，物流系统中运输方式也必须跟着发生变化，如采用比较有代表性的通过式运输方式。通过式运输是将仓库或分销中心接到的货物不作为存货，而是为紧接着的下一次货物发送做准备的一种分销系统。

延迟策略有以下几种：

（1）形式延迟策略。改变产品的基本结构，重新设计某些零件或流程，使其标准化和简单化，也就是在使用时具有共性，以简化存货管理，使产品具有一致性、规模性的特点。

（2）生产延迟策略。尽量保持产品在一个中性及雏形的状态，由各地的分销中心做最后的生产或组装。

（3）物流延迟策略。在供应链中，尽量延迟产品的实物配送，只将产品储存在工厂的中心仓库中，接到订单后，采用直接配送的方式将产品送到零售商或顾客手中。

（4）完全延迟策略。对于单一顾客特点需求的订单，直接由零售店传送到生产工厂执行，并直接运送给顾客或零售商，顾客的订购点已移至生产流程的阶段，生产和物流活动完全由订单驱动。

为了实现延迟策略，需要具备以下几项条件：

（1）零部件标准化。将产品的零部件标准化，使产品生产时得以使用共同的零部件。其优点是降低了生产系统的复杂程度，增加了制品库存的弹性，并提升了服务水平。

（2）模组化设计。将产品分成几个子模块，使其可以容易地组装在一起，这使制造商可以延迟特定产品的组装，进而达到产品差异点的延迟。

（3）流程再造。将产品的所有制造流程分解成共同流程与差异化流程两部分，并将差异化流程延迟至下游的分销点进行生产。

延迟化策略在戴尔公司、福特汽车公司、惠普公司、耐克公司等得到了广泛应用。例如，惠普公司在台式打印机的供应链管理中，实施延迟策略，将台式打印机的最后组装延迟至各地的分销中心进行，取得了显著的效益：安全库存周期减少为5周，从而减少了库存总投资的18%，仅这一项改进便可以每年节省3 000万美元的存储费用。另外，由于通用打印机的价格低于同类客户化产品，因此又进一步节省了运输、关税等项费用。除了降低成本外，客户化延迟也使产品在企业内的生命周期缩短，从而对需求预测不准确性或外界的需求变化都具有很好的适应性。一旦发现决策错误，可以在不影响顾客利益的情况下，以较小的损失较快地加以纠正。

4.3.3 物流运营技术

1. 第三方物流系统

第三方物流系统（TPL）是一种实现物流供应链集成的有效方法和策略，它通过协调企业之间的物流运输和提供后勤服务，把企业的物流业务外包给专门的物流管理部门来承担，特别是一些特殊的物流运输业务。通过外包给第三方物流承包者，企业能够把时间和精力放在自己的核心业务上，提高了供应链管理和运作的效率。例如，有一家销售额达6 000万元的箱包企业总部位于北京，该箱包企业为了完成原料采购和产品分销等物流功能，可以有两种选择，即采用第三方物流或企业自营物流。公司根据各第三方物流服务的报价及自营费用的情况进行了计算，得到如下结果：公司自行承担物流功能需要占用车辆、仓库、办公用房等固定资产，要负担相应的维修及折旧费用，还要负担有关人员的工资、奖金，年物流费用为277万元，约占销售额的4.62%。而委托第三方采购全套物流服务，所需物流费用为200万元，约占销售额的3.33%。显然，采用第三方物流后，该公司的成本大大降低了。

第三方物流系统提供一种集成运输模式，它使供应链的小批量库存补给变得更为经济。因为在某些情况下，小批量的货物运输（非满载运输）是不经济的，但是多品种小批量生产的供应链环境必须小批量采购、小批量运输，这就提高了货物的供应频率，运输频率的增加就要增加运输费用。第三方物流系统是一种为大多数企业提高运输服务的实体，它为多条供应链提供运输服务，如当多家供应商彼此位置相邻时，就可以采用混装运输的办法，把各家供应商的货物依次装在同一辆货车上，实现小批量交货的经济性，这就是第三方物流系统提供联合运输（集成运输模式）的好处。

第三方物流系统还可以提供其他形式的物流服务功能，如顾客订单处理等。采用第三方物流系统，企业可以获得如下好处：

（1）降低成本。

（2）使企业更加集中于核心业务的发展。

（3）提高服务质量。

（4）快速进入国际市场。

（5）获得信息咨询。

（6）获得物流经验。

（7）减少风险。

2. 卖方管理库存

卖方管理库存（Vendor Management Inventory，VMI）是上游企业（生产厂家）对下游企业（零售商）的流通库存进行管理和控制。具体地说，生产厂家基于零售商的销售等信息，判断零售商的库存是否需要补充。如果需要补充，就自动向本企业的物流中心发出发货指令，补充零售商的库存。VMI方法包括POS、CAO和CRP等技术。

在采用VMI的情况下，虽然零售商的商品库存决策主导权由作为供应商的生产厂家把握，但是在店铺的空间安排、商品货架布置等店铺空间管理决策方面仍然由零售商主导。

VMI是在EDI/Internet、ID代码、条码、条码应用标识符以及连续补货程序支持下，将零售商向供应商发出订单的传统订货方法变为供应商根据零售商库存和销售信息决定商品的补给数量。为了快速响应零售商“降低库存”的要求，供应商通过和零销商建立合作伙伴关系，主动提高向零售商交货的频率，使供应商从过去单纯地执行零售商的采购订单变为主动为零售商分担补充库存的责任，在加快供应商响应零售商需求速度的同时，减少零售商的库存。美国达可海德服装公司把卖方管理库存（VMI）看作增加销售量、提高服务水平、减少成本、保持竞争力和加强与客户联系的战略性措施。VMI 经过一段时间的运行后，根据美国达可海德服装公司信息系统部副总裁的统计，分销商的库存减少了 50%，销售额增加了 23%，取得了较大的成效。

要实施 VMI，供应商和批发商先要一起确定供应商的订单业务处理过程所需要的信息和库存控制参数，然后建立一种订单的处理标准模式，如 EDI 标准报文，最后把订货、交货和票据处理各个业务功能集成在供应商一方。

库存状态对供应商是透明的，供应商能够随时跟踪和检查到销售商的库存状态，从而快速地响应市场的需求变化，对企业的生产（供应）状态做出相应的调整。

卖方管理库存的实施可以分为如下几个步骤：

（1）建立顾客情报信息系统。要有效地管理销售库存，供应商必须获得顾客的有关信息。通过建立顾客的信息库，供应商能够掌握需求变化的有关情况，把由批发商（分销商）进行的需求预测与分析功能集成到供应商的系统中来。

（2）建立销售网络管理系统。供应商要想很好地管理库存，必须建立完善的销售网络管理系统，保证自己的产品需求信息和物流畅通。具体来说，必须做到以下几点。

①保证自己产品条码的可读性和唯一性。

②解决产品分类、编码的标准化问题。

③解决商品存储运输过程中的识别问题。

（3）建立供应商与分销商（批发商）的合作框架协议。供应商和销售商（批发商）一起通过协商，确定处理订单的业务流程以及控制库存的有关参数（如再订货点、最低库存水平等）、库存信息的传递方式（如 EDI 或 Internet）等。

（4）组织机构的变革。这一点很重要，因为 VMI 技术改变了供应商的组织模式。过去一般由会计经理处理与客户有关的事情，引人 VMI 技术后，订货部门产生了一个新的职能，即负责客户库存控制、库存补给服务。

3. 计算机辅助订货

计算机辅助订货（CAO）是一个基于零售的系统，当货架上的存货低于预定水平时，或者根据 POS 数据产品销售量达到一定程度时，CAO 系统自动生成商店补货订单。计算机系统跟踪商店内所有商品的存货，调整进货与销售。CAO 系统通过使用计算机将下列信息集合起来，准备一份商店订单，主要包括以下内容：

（1）商店的基本情况。

（2）实际销售与预期销售。

（3）安全库存水平。

（4）有效订货数量。

（5）准确的商店库存水平。

（6）影响需求的特殊因素。

要充分理解 CAO 及其作用，就必须先了解传统订货过程的运作。当商店店员看到货架上的某一种商品少了或者空了，就要下订单。下订单要考虑的因素有再订货点、现有库存、交货周期、预期收货、销售预测和调整因素等。调整因素包括季节影响、地区影响及促销影响。下订单的过程被称为“按库存订货”。

订货大多由人工完成，而且非常复杂。虽然现金收款机可能装备了扫描器，但这只简化了购买交易，扫描器提供的数据并没有被进一步利用。根据产品种类和库存周转，在一星期内需要多次订货以至于大量时间被用在了订货上。这种劳动密集型工作延长了商店的补货过程。商店自动订货过程为这个问题提供了解决方案，由计算机生成商店订单代替人工订单。在一个 CAO 系统中，由扫描器采集销售数据，并储存在 POS 数据库中，由相应的计算机软件根据这些数据自动计算出补货数量，生成订单。这些订单由商店店员核对，并传送到 RDC 或零售商总部。通常每个商店都有下订单的最后期限。CAO 系统要处理的工作非常复杂。系统要处理各种产品，包括保质期很短的鲜活产品和订货后 9 个月才能交货的纺织品。

CAO 系统在订单中要考虑众多因素，如表 4-1 所示。

表4-1 CAO系统在订单中要考虑的因素

CAO 系统在订单中要考虑的因素	说 明
商店的基本情况	CAO 系统有每个商店基本情况的文件，包括商店的产品、价格和促销数据。这由自动空间管理系统确定
实际销售与预期销售	CAO 的奥秘在于它掌握了消费者的购物行为，以这些信息为基础，来决定何时向货架补货、补多少货。消费者的消费行为反映在销售数据上，保存在 POS 数据库中 为了计算商店的订货，CAO 系统先计算出下一个补货周期的销售预期，然后制定出适当的订货数量，确保库存不缺货。销售预期由预测系统以每个 POS 数据库中的单个产品近期的销售记录为基础计算得出。预测系统同样会考虑促销、季节和特殊因素。生成的订单反映了销售预期、目前的库存和先前已发出但还没有交货的订单
安全库存水平	CAO 系统还要计算并保持商店某个商品的安全库存水平，其为商店的最小库存，保证即便有销售波动，商店也不缺货。其根据 POS 数据库中各种销售记录由统计学分析计算得出。补货订单是为安全缓冲区补货，同时为下次补货间隔的预期销售提供存货
有效订货数量	CAO 系统先根据上述几点计算出理论数值，然后经调整计算出物流有效订货量（几层托盘、整个托盘、整个卡车等，或者满足贸易条款的要求）。这个物流信息保留在产品、价格和促销数据库中
准确的商店库存水平	为了解订货内容，CAO 系统需要知道库存中有何种产品。准确的商店库存水平（货架上的和仓库中的）应通过实时盘库系统或定期盘库系统来维持
影响需求的特殊因素	CAO 系统还需考虑特殊因素对需求的影响，如季节变化、促销、假期、气候条件、特殊事件等。当 CAO 系统计算出商店的订货时，商店店员要确认订单，如果需 要还可对订单进行人工更改。一旦确定，订单将通过 EDI 订购单报文自动传送给 RDC

CAO 带来了诸多便利。由于库存计算已经完全实现自动化，实实在在地节省了人力。同时，由于发货数量与货架需要的数量相匹配，补货程序简单了许多。

采用 CAO 消除了人工操作，缩短了订货至交货的时间，使货架上每种产品只保持少量库存，甚至实现了零库存。精确的订货提高了效率，减少了浪费。对零售商和供应商来说，商店中产品的可获得性是最为重要的，CAO

提高了产品的可获得性。由于现在订单由CAO系统做出，RDC能为补货做出更好的计划。RDC不再为不知道商店订货行为而苦恼，它可以进入每个商店的POS数据库，更好地对所有商店的总需求进行预测。因此，在提高对商店的服务水平的同时，仓库的库存也随之降低。

4. 连续补货程序

连续补货程序（CRP）将传统的零售商制作订单的补货程序改变为供应商与零售商建立伙伴关系，其根据零售商库存量和销售数据决定其补货数量。信息的交换通过EDI进行，CRP系统可直接由供应商或者第三方服务提供者操作。实施CRP的目的是减少库存，改善服务，提高运输效率以及为零售商节省人力。

5. 通过式运输

通过式运输是一个配销系统，仓库和配销中心接收货物不是用于储存，而是要马上配给到零售商店。通过式运输要求入库和出库各项活动高度统一。其通过消除放置、储存和取货的操作，极大地降低了分销成本。在托盘通过式运输中，所有托盘直接送到出口，与其他供应商运货车上类似的托盘集合在一起，无须再进行处理。托盘是由按商店订单预先挑选的、多个供应商的产品组成的。在包装箱通过式运输中，每个托盘被分解为多个卷型笼，然后卷型笼通过传送带被送到装运区，与装入其他卷型笼的货物一起送往商店。

通过式运输依赖商品入库与商品送货的同步进行。小批量的频繁交货取代供应商不经常的大批量交货，主要目的是减少甚至消除零售商配销中心（RDC）中的库存，同时提高运输效率。通过式运输的特点是交货周期非常短。

通过式运输实施起来可以多样化，在RDC可直接由托盘提供相应数量的产品，也可将托盘分解，按商店的订单将托盘或卷型笼组合在一起送至商店。显然，对于零售商来说，这样可使公司运作顺畅，减少资金占用。同时，由于RDC只用于商品配销而不储存，减小了仓库面积。这样，RDC每平方米的货物周转能力就提高了。另外，由于产品的运输时间缩短了，其货架寿命就增加了。产品到顾客手中更为新鲜，减少了产品到达保质期仍没有卖出去的情况。最后，采用RDC能够提高商店的管理水平。

对供应商来说，由于订单更多，少量送货的次数增加，货车不能满载，提高了运输成本。这些影响可以通过程序上小小的变化而减轻。如果所定的商品数量不能装满一个卡车，供应商可增加一些商品来填满卡车。这些多出的商品再从第二天的订单中减去，但其需要在 RDC 中存放。这种方式称为滚动库存，尤其适合快速送货。

6. 商店电子收货系统

在商店执行实时盘库系统之前，零售商必须安装一个商店电子收货系统以记录所有进货。这个系统能够消除所有的接收单证，并电子化处理所有接收信息。零售商也可以在其仓库安装电子发货系统，并假定商店接收的与仓库发送的相同，向商店电子发送必要信息。这样，就能消除重复操作和出差错的机会，并准确记录接收数据。

7. 仓库电子收货系统

除了在 RDC 外，仓库电子收货系统所做工作与商店电子收货系统几乎一样。当货车到达 RDC 时，零售商要用手持扫描器扫描托盘或包装箱上的条码，从而使这些信息进入仓库管理系统，与订单比较进行电子核对。

将来如果建立了相互信任的关系，仓库收货系统可由预先装运通知替代，此通知是供应商预先发出的对装运货物的详细描述。然而，RDC 的特征是自动分类，因此包装箱必须有条码。

由于产品的快速登记，其比传统的收货过程时间缩短了。由于信息无须重新键入，因此仓库管理的效率提高了。

8. 定期盘库系统 / 实时盘库系统

盘库系统应保持商店商品项目的目标存货水平。这个系统必须反映所有产品的物理移动、销售、交货等。定期盘库系统显示货架上每种产品每天的存货数量。最普遍和简单的方法是每天清点货架上的产品。数据可以采用货架边缘的条码和便携式扫描器扫描的方式采集。另外，还可根据商店的进出产品流，获得数据信息。进货流由交货通知记录，出货流由扫描器检查。每天营业结束，店员将每个 SKU 交货数量与前一天的存货数量相加，再减去已销售的数量，就能得到剩余的存货数量。

实时盘库系统与 POS 扫描系统和商店电子收货系统整合为一体，就可以使商店货架存货维持为一个定值，这个定值主要通过柜台销售数据和商品的接收数据获得。定期盘库系统以天为单位计算商店存货，实时盘库系统则实时更新。

由于操作中要使用柜台销售数据和商品的接收数据，所以这两个数据要准确，这对商店的实时盘库系统是很重要的。该系统运用这两个数据来保证商店的每种商品保持在一个基本数量上。

由于 POS 扫描和商店电子收货系统很少能做到 100% 准确，并且因为商店电子收货系统不能记录亏损，因此需要一个定期的循环计算程序来支持实时盘库系统。这样就可发现所记录数据是否出错和（或）亏损问题。

9. POS 数据库

消费者行为通过扫描器在 POS 数据中反映出来。一旦数据被记录下来，将长久保存在商店的 POS 数据库中。这个数据库与零售促销记录表相结合，记录以往促销数据的波动。POS 数据库用于有效补货系统，从而预测未来销售，制作建议订单，判断补货效果。POS 数据库有三种形式：

（1）本周记录。此记录是记录当前活动的最新信息。它提供需要补货的关键信息，并显示本周内每日产品销售进展情况。另外，也记录本周销售预测、安全存货等级和已脱销产品的详细情况。

（2）每周记录。此记录包含与本周记录相似的信息，以星期为单位进行分析。它显示某种产品进货后每周的销售情况。这对进行销售预测与订货决定很有价值。

（3）全部记录。它包括所有其他已有记录，以及最初的预测、缓冲库存和由 CRP 产生的一周内每天的订单数量。这些信息对单个产品是有用的，但对性能分析和未来补货调整没有价值。

10. POS 扫描

获得准确的销售数据的前提是能够准确扫描 EAN 条码。制造商必须对国际 EAN 和国家编码组织十分了解，以便编码和条码能够为有效补货提供基础数据。

11. 订单管理系统

订单管理系统（POM）处理零售商给供应商下的所有订单。订单管理系统有代表性的应用是管理零售 RDC 补货。其应从产品、价格和促销数据库中取出有关商品的必要信息，以减少出现定价等的错误。检查完 RDC 中的库存以后，订单管理系统通过 EDI 订购单报文向供应商的执行系统发送订单。订单管理系统还必须更新零售商应付款系统，为发票与订单进行比较提供必要的数据。

12. 卷型笼排序

卷型笼排序是一项旨在优化商店而非RDC的操作过程，以确保RDC的卷型笼是按照在商店过道的放置次序装货的。即使卷型笼不是满载，属于同一产品组的产品也要放置在一起。理想的情况是先卸的产品必须放在卷型笼的上部，后卸产品则放在底部，虽然这样操作会因有些产品易碎而变得比较复杂。

传统的方法是由RDC安排货物装卸的优化。这使装载货物的卷型笼与商店的货物布局不相匹配，导致商店运作的效率不高。通过了解商店布局，规划RDC卷型笼排序能解决这个问题。即使RDC为多个商店提供货物，也可以这样做。

计算机系统决定卷型笼中哪个位置放置哪些产品，并考虑产品重量，将最重的产品放在卷型笼的底部，较轻的产品放在上部。理想情况下，商店则是先卸比较轻的产品，后卸比较重的产品。

另外，给定项目的订货不再分放在几个卷型笼里，而是放在一起，即使有些卷型笼的空间未被使用。当有些产品脱销且不能装运时，卷型笼也为其保留空间，其他产品不能占用其位置。

在RDC，成本会稍微有所增加。缓冲空间增加了占用空间的成本，距离的增加导致员工增加了监管距离，而且由于卷型笼装载不满，运输成本提高了。

采用卷型笼排序的好处明显大于其带来的不利。主要的好处是由于缩短了商店向货架补货的距离，向货架补货所需的时间也随之缩短。

13. SKU 预测

准确预测是高效、准确补货的关键。在供应链的每个节点分别预测每个库存单元（SKU）的需求是非常重要的。

（1）预测方法。高效补货预测模型采用下列方法：

①基本预测。基本预测是一种短期补货预测，不是长期生产预测。通常在每周一根据上周的实际销售和预测来进行。

②日常监控。为了对消费者需求变化做出反应，高效补货必须能够应对日常需求的重大变化。这对计算每日订货至关重要。

③季节因素。通过POS数据库的数据、预测模型，能将过去每周的销售数据集合起来，对季节需求做出评估。统计学的方法能够克服需求变化带

来的困难，顺利地进行预测。将外部输入的数据存储起来用于制订补货计划，以防不能利用过去的数据。

④趋势分析。过去的数据也用于确定销售趋势。

⑤市场调节。调节预测来对特殊的市场因素做出反应，如营销战略、新产品引进或营销技巧。

⑥应对随机配销。按照预期的统计进行销售波动测试，如果销售超出了这些而反映出消费者对某——产品需求的非正常波动，那么就要将预测作为例外标记出来。

⑦评估。根据实际销售及其预期销售，可对预测与调节进行评估。评估预测的准确性可提高将来的预测。

（2）预测的计算。预测是每周对每个零售地点每项商品的需求进行计算。每周的基本预测通常以销售的历史记录为基础，根据最新的数据计算得出。一个修正因子能够决定当前销售与基于以往数据的预测的相对重要程度。提高该修正常数，则当前销售的重要性增加；降低该修正常数，则预测的重要性增加。

将季节因素和趋势分析用于每周的基本预测，以更加准确地预测消费者的需求。有些市场条件不为系统所了解，且需要调整，如在补货周期的任何时间所发生的需求变化。每星期的预测与每日需求监控结合，用于确定每日的订货量。

14. 安全库存的计算

采用不同的方法计算每个零售地点每个商品每周的安全库存。

（1）根据上周的预测错误和上周的安全库存计算而得。在这里同样采用了预测计算中的修正因子，目的是要更加重视上周的预测错误以对本周销售变化做出反应，或要更加重视上周的安全库存。

（2）由数量预测的日平均销售量乘以包含的天数计算而得。

（3）采用统计学方法自动计算安全库存。

15. 空间管理系统

以往货架空间与商店布局的管理是由商店的经营者根据一系列变化因素进行的，现在采用销售数据和库存周转数据就能进行。商店的经营者根据典型的空间管理系统实施空间管理，但该系统没有与POS扫描器相连。空间管理系统将POS数据库与产品、价格和促销数据库以及自动管理货架空间集合在一起。在理想的系统中，空间管理系统运用基于活动的成本模型为零售商计算每种商品的操作成本，并管理货架空间，使其每平方米收益最大化。

16. 供应商执行系统

接到订单之后，供应商执行系统实施随后的补货工作。具体来说，包括以下步骤：

（1）订单登录系统（登录、确认并编辑订单）。

（2）按订单分配产品。

（3）组织提货和交货。

（4）生成提货与交货文件。

（5）将被处理的订单传送到仓库管理系统。

（6）开始处理账单。

供应商执行系统根据其工作方式的不同而不同，工作方式包括传统工作方式、CRP 工作方式以及两种方式兼而有之。在传统系统中，进货订单是成批的，在某些特定时间将全部需求与现有的产品数量进行比较。如果没有足够的库存，就采用配给系统按消费者优先次序分配现有产品。这样，通常会忽视零售商配送中心的库存。这需要将零售商按优先次序划分来代替先进先出原则，其意味着按批量检查现有产品，这样，就会在供应链中造成订货至交货时间的延长。不能完整执行的订单将分批交货或者延期。

以 CRP 方式生产的订单进行在线的产品核查。如果产品的可获性差，则 CRP 零售商应优先获得，否则，可选择一个可替换的产品。目的是优化库存分配，从而使 RDC 库存缺货的可能性降至最低。

供应商执行系统的明显优势是不再对产品进行成批的可获性检查，因此缩短了补货过程中订货至交货的时间。其只需要较少的管理工作来对延期订单进行跟踪，以及对不完全交货的发票进行修改，减少了交货中出现的问题，进一步降低了重复操作。结果是问题被及时解决，完美的订单数量（交付给零售商的订单及时、完整，发票正确）大大增加了。

17. 车辆计划与线路安排

在传统供应系统中，车辆计划与线路安排主要涉及分配给卡车的订单，有时仅仅考虑行车线路。目的是达到最大车载和最小行程。效率不高的情况有以下几种：

（1）不完全的订单执行表明货车利用率较低。

（2）在 RDC 由于货车空间不够而拒绝交货，几天以后再发货。

（3）为了补充脱销产品不得不从 RDC 紧急发货。

由于 CRP 订单反映了运输的限制，并且其目的通常是从供应商的配销中心优化卡车装载，因此 CRP 能为重新组织运输提供机会。卡车满载导致了运输计划的简化。

CRP 可以保证比较稳定的交货数量，从而使固定装载和按预定时间交货相对简单（对于变化较大的小于货车满载的容量的情况，制定这样的运输计划非常困难，并且很难达到节省运输费用的结果）。

对于销售量较少的产品，为了达到卡车满载交货，而持有过多的产品库存，其库存成本超过了满载运输所带来的好处。对于这样的运输，位于相同地区不同零售商的 RDC 通过与 CRP 系统联合产生联合订单，以便进行满载送货。这种多重交货方式仅比单一交货方式稍微贵一点儿，却避免了 RDC 过多的库存。对于单一 CRP 订单，这样的交货组织工作相对简单，只需指派一个单一的公路运输车队，并告知运输要求即可。

18. 车辆载货优化

车辆载货优化围绕订单数量准备车辆，使其载货和运输最优化，用于 CRP 和零售商购货订单管理系统（POM）。

（1）计算基本订单数量，补充安全库存，并提供足够数量的产品来满足订货交货期间的产品需求。这一需求由 CRP 和 POM 系统的预测模型估算。

（2）在计算出零售商产品的基本订购数量之后，CRP 或 POM 确定订单在最大订货量和最小订货量之间的位置，运用三种技术来决定每种产品和全部产品的送货。

①物流单元。一种产品的基本订购量可以消费单元或贸易单元按供应商—零售商协议计算得出，并按特殊的物流单元包装箱、托盘来补货。CRP 或 POM 将围绕基本订货量配以最合适的物流单元。不同的产品可以不同的物流单元交货，不同的场所可能需要不同的物流单元。

②卡车装运。一旦计算出基本订货量并确定了相应的物流单元，就可根据最大重量、最大体积或根据库存脱销风险需要优先运输的特殊产品往卡车上装货。装货的标准应能反映制造商和零售商的物流环境。在制造商运货场所，由零售商收货地和产品包装层次指定卡车装货参数，并且在订单复查期间的任何时间都不能修改。

③卡车装载。优化送货的最后一步是优化装载次序。为每种产品分配

一个装载次序号码，以使所有相同种类的产品聚集在一起。产品的种类可根据物流要求来区分，如区分液体与固体产品、轻型与重型产品或每个托盘的层数。

CRP 或 POM 是动态的，并允许在复查期间对建议订单进行修改。每当对订单进行修改并准备装货时，整个装送优化程序要在订单被认可之前模拟执行一遍。

19. 仓库管理系统

在 RDC，仓库管理系统是所有配销活动的关键，能保证商品的进出和库存水平。所有挑选、包装和装运过程都要做到使 RDC 的服务水平和效率最高，并支持高效补货技术，如包装箱 / 托盘的通过式运输和卷型笼排序。系统的运输评估和运营参数，如仓库周转率、RDC 容量等，都是为了提高运作的效率和降低成本。

20. 待上架商品准备服务

待上架商品准备服务涵盖制造商在运输货物之前所进行的商品包装和标签标记活动。客户提供关于包装和条码标签的详细说明。根据这份说明书，货物无须重新包装就可以完成在供应链中的流通。通过这项物流运作技术，客户可以减少或者完全消除用于再包装和标签重复制作的费用，进而获得显著的经济效益。

21. 进店包装服务

进店包装服务是帮助客户减少配送处理成本的普遍做法。制造商根据客户的包装说明，按照零售商需要加工配送包装和运输包装。配送包装可根据每一个商店的运送需要来包装。在配送中心，货物还可以针对确定的货架包装，这样，新商品的进店处理就可以既快又好，而效率的提高和处理费用的减少正是实施 SCM 的驱动力。

4.3.4 供应链管理战略的实施

1. 供应链管理战略实施需要明确的问题

实施供应链管理战略必须明确企业的业务目的，形成可以与企业运作业务单位和供应链伙伴合作的战略。在企业制订业务计划和战略时，高层管理者必须先明确以下几项内容：

（1）企业的长远目标是什么？

（2）当前企业与供应链伙伴之间关系的优势是什么？需要什么样的新伙伴才能获得竞争战略的唯一资源？

（3）企业对自己所在行业的改变能力有多大？

（4）企业是否可以扩展自己的竞争边界，以获得新市场？

（5）企业是否可以生产出全新的产品，并进入新的竞争空间？

（6）企业的竞争优势和劣势是什么？

（7）企业的竞争结构如何？如何建立核心竞争能力，以增强竞争优势？

（8）为获得并保持现在和未来的竞争力应该做哪些改变？

（9）企业应如何有效管理自己的生产资产？为了完成利润目标和股东期望，需要什么投资回报？

在回答了上述问题之后，企业的管理者就应该将企业的目标、战略等与自身的经济实力、市场现实结合起来考虑。为了保持在竞争中的优势，企业必须不断地对自己进行再定位，以在市场和技术方面实现突破，并找出经济条件方面的变化。

2. 战略规划的要素

当今顶尖企业的业务战略规划包括三个既相互区分又相互联系的部分。

一是定义企业的目的。这里，目的是指长期的目标和态度，它既能够指导作为组织实体的企业的行为，也可以指导企业每一个成员的个体行动。根据彼得·德鲁克的理论，企业的目的形成了与企业业务本质有关问题的答案，包括目标、客户基础以及企业应当到达的目的地。定义企业的目的是一个相互作用的过程，企业的管理者通过这个过程提出有关企业健康运转的基本问题，并改变企业的运作策略，以迎接突然出现的挑战。

二是明确企业的战略性竞争任务。战略性竞争任务要面向未来，而不是现有的能力和市场。尽管企业的战略任务往往从企业现有的市场、运作结构、产品、流程以及顾客目标开始，但它的确是在新的竞争空间发现市场机会、指导企业激活变革性竞争力的有力手段，而这些竞争力存在于企业内部或者供应链中。战略任务是寻找公司所面临的问题，如谁是明天的行业领导者？将有什么样的技术会对市场产生重大影响？什么样的产品或服务组合可以赢得市场？哪一家公司将成为企业的关键伙伴或联盟？企业的技能和变革性精神如何重塑才能形成未来的新市场？

三是形成企业的核心运作策略。企业的核心运作策略关系到企业在现有的行业结构中如何对现有的产品、市场和业务进行定位与衡量。其中，最为重要的是决定采用什么样的产品策略、什么样的定价和促销方案、什么样的分销渠道，选择什么样的供应链伙伴，会为企业提供最好的市场份额和高利润。核心运作计划的关键活动包括对企业的资产、投资回收和全部净收目标等内容的预测，决定支持业务预测中详述的财务和市场目标所必需的现有资产和竞争力，将预测和资产计划分配到公司的业务单位中。

3. 建立供应链管理战略优势

建立竞争战略需要形成新观点，构建新的企业结构，以使企业获得新的市场机会，从而进入竞争对手尚未准备好或不敢进人的竞争空间。思考未来以及能够将企业带到未来的战略是一项十分复杂的工作，这比仅开发详细的能使企业追赶行业领先者的运作和流程重组的策略要难得多。因为它是研究竞争者，找出竞争差别，然后改进绩效和消除流程的缺陷。然而，开发战略规划需要一种洞察未来市场需求的能力。

建立供应链竞争优势，需要企业极大地扩宽企业的目标，明确目的和手段，改变以往仅将注意力集中在成本和市场方面的做法，着眼未来，弄清未来的顾客是谁，公司与供应链伙伴的竞争能力如何塑造才能占领市场的领先地位。建立供应链竞争优势，还要求企业改变以往对每年的例行计划、已存在的行业结构、业务单位预算和成本、竞争对手的标杆瞄准以及市场细分的过分关注，而去关注一个持续不断的过程，这一过程围绕核心竞争能力、新功能、渠道联盟、机会等构建，以使企业洞察在未来市场中获得领先地位所需的技术、竞争力和产品。最后，最具活力的竞争战略需要整个企业和供应链伙伴的积极参与，而不是仅由企业的管理者和几个职员组成的小组来完成。建立供应链战略需要从以下四个方面入手。

（1）执行有效的战略。在今天的全球市场中，只有那些能创造市场和充满活力的公司才能获得市场的领先地位。尽管核心运作策略仍是短期或中期绩效衡量的有效手段，但供应链管理战略却是创造未来优秀公司的有力武器。

（2）建立有效的业务渠道。以时间为基础的竞争和垂直一体化的解体使企业不能独自参加竞争。事实上，市场属于那些在构建供应链和供应链竞争方面比对手更强的企业，而不是那些仅以自己产品和市场为基础的企业。未来，机会属于那些能与其他企业（包括竞争对手）密切合作的企业。例如，未来某一天，微软可能会发现英特尔是它的供应商、买方（客户）、竞争对手或合作伙伴。目的并不是自私地发展周围的供应链伙伴，而是建立不可战胜的联盟，提供共同的竞争能力的源泉，以便成功进入对手行业或创造全新的行业。

（3）进行赢得市场的变革。随着产品生命周期的缩短，客户对个性化产品和服务的要求越来越高，企业不得不改变以往的仅满足以纯产品 / 成本为基础的市场做法。尽管企业继续生产出高质量、低成本的产品仍非常关键，但企业必须持续地将自己的注意力集中于追求大胆的跨企业的变革，以便为客户提供别人无法提供的解决方案。

（4）设计具有竞争力的企业。根据加里·哈默尔和 C.K. 普拉哈拉德的理论，有几种方法可以获得竞争优势。首先，公司可以在已成熟的行业改变游戏规则；其次，公司可以寻求重新勾画传统行业的边界，如迪斯尼收购 ABC 公司以重塑娱乐业的面貌；最后，真正的创新公司可以寻求发现全新的行业和市场，如微软在计算机软件方面仅仅痴迷于缩减劳动力成本、资产和流程的周期还不能获得市场的领先地位，而关注创造全新市场和重塑旧市场的战略才是成功的法宝。

4. 建立供应链管理战略计划的原则

（1）观察。今天的组织必须能够识别和收集市场、产品、技术和运作方面的信息。精确的信息能确保企业将竞技场看得清楚，识别潜在的问题和机会，并且在竞争对手形成威胁之前就制止它们。

（2）定位。执行者必须能以获得的信息为基础，持续地对公司进行再定位，以应对不断变化的竞争环境。其效果取决于是否存在灵活的组织和技术，以便能够重新定位，回击对手的进攻，并在竞争空间寻找机会。企业对生产过程重新定位和对资源再分配的速度与开发竞争机会的成功水平存在着必然的联系。

（3）决策。准确的信息、集中的目标和资源以及灵敏的流程与组织对执行有效的决策非常关键。目标模糊或不确定的信息会使决策变得困难，并且结果不确定。取胜的决策能够帮助企业获得对未来市场的远见，并弄清成功后会带来什么。

（4）执行。有效的战略规划不是一张指导日常活动的路线图，而是要识别在产品和市场方面取得期望的突破所必需的资源和竞争力，以使企业获得竞争的领先地位。当企业将战略转变为具体的产品或服务，或与顶尖的客户和供应商建立联盟，或与可能的竞争对手承担联合开发任务，或应用新技术的实际过程开始时，战略可能要调整，以适应新的市场机会。

4.4 “一带一路”背景下供应链发展战略

“一带一路”倡议是篇大文章，是我国自明清以来的第一个全球化倡议。能够提出这样的倡议，说明我国社会经济的发展已经具备了一定的实力，具备了一定的基础。我国实施“一带一路”倡议的目的在于通过中国来推动世界各国、各地区参与并促进全球化进程，而不是不能将“一带一路”倡议局限于我国的利益加以考量，我国采取的是包容、开放、共享、共建人类命运共同体的“王道”。面对当前全球社会经济发展所处的过剩环境，面对科技创新的平台期，我国进行商品与资本横向输出的空间十分有限。为更好地推进“一带一路”倡议，必须准确把握当今世界的发展格局与大环境，积极开拓新领域，在过剩环境中营造我国新的优势。我国不仅要发挥自身技术和产能优势，积极“走出去”，还要把握好自身庞大的市场优势，引导世界的方方面面“走进来”。而国家供应链作为我国“一带一路”倡议必不可少的支撑体系，对“一带一路”倡议的实施起着至关重要的作用，“一带一路”倡议推进的过程也是我国国家供应链形成与发展的过程。当前，能够融入全球发展新理念、新思维，充分支撑“一带一路”倡议有序推进的国家供应链应该是一个包容开放、高效有序、共享共赢、安全可持续的供应链体系。为规划和构建好“一带一路”倡议所需要的国家供应链体系，一要做好国家供应链战略布局，做好包括市场、资源、物流在内的整体布局，这是供应链战略实施的前提；二要做好对市场资源、产能资源、企业资源、物流资源等的整合，提高各国在全球化中的便利化水平，这是供应链战略实施的关键；三要确保供应链的共享性，借助这个供应链，既要输出我国的产能或产品，也要引进我国需要的产能或产品，这是国家供应链实施的基础；四要确保供应链能够创造新的价值，确保世界各国能够合作共赢，这是国家供应链实施的着眼点；五要确保供应链安全可持续，建立相应的全球治理机制，这是供应链战略实施的重要保障。

“一带一路”倡议既是一个大手笔，也是一篇大文章，已经成为当前世界各国、各地区与社会各界广泛热议的话题。“一带一路”倡议不仅在现实层面具有非常重要的意义，需要加大实施力度，还为全球未来发展提供了新的理念、新的思维、新的内涵，这是需要我们从战略层面加以深入思考和认真探索的。

4.4.1 对“一带一路”倡议的几点认识

可以说，“一带一路”倡议是我国第一个全球化倡议。从全球化概念来讲，近现代以来，或者说工业革命以来，真正推行全球化，把自己的国家推向全球的只有两个，一个是第一次世界大战以前的英国，另一个是第二次世界大战以后的美国。第一次世界大战以前的英国和第二次世界大战以后的美国曾经走过的全球化道路与我国现在所要走的全球化道路有何不同？在全球化道路中应当如何把握全球化发展的新理念、新思维呢？

第一，要理解并把握好“一带一路”倡议的目标定位。第一次世界大战以前的英国，其全球化是为了实现所谓的贸易全球化。当时的英国利用工业革命的成果，成为“世界工厂”，大量的工业品需要输出到国外，更需要攫取世界资源。为此，英国强力推行贸易全球化战略，采取各种不平等的贸易方式，输出低价的工业品，攫取全球资源为己所用。从这一点来看，当年英国全球化的目标就是以贸易全球化为目的去掠夺全球的资源。

美国全球化战略思维的产生实际上很早，可以追溯到1823年提出的门罗主义，但其真正实施是在第二次世界大战以后。这是因为第二次世界大战以后，美国才真正具备了实施全球化战略的实力。而美国全球化的目标是资本全球化，通过资本去控制全球的资源、全球的市场，这与英国的贸易全球化有所不同。

我国实施“一带一路”倡议所要推行的是一个什么样的全球化呢？笔者认为，我国实施“一带一路”倡议的理念和思维与第一次世界大战前的英国和第二次世界大战后的美国完全不同，是在我国的倡导下，各国、各地区共同参与、共同分享的全球化。我国所推行的全球化是利益的全球化，是为了追求利益共享和互利共赢，目标是实现全球资源的全球共享，让全球来共享全球的利益。与其说是中国在走全球化，不如说是通过中国来推动世界各国、各地区参与和促进全球化进程。我国所推行的“一带一路”倡议不是中国自己的全球化，而是各国、各地区的全球化，如果仅将“一带一路”倡议定位到我国自己的利益去考虑，就狭隘了。

第二，要理解并把握好“一带一路”倡议的实现之道。在推进全球化的过程中，目标不同，背景、环境不同，其所实现的道路自然也不相同。第一次世界大战以前，英国推行全球化所走的是殖民主义道路，即凭借其强大的军事、经济实力，推行炮舰主义，通过建立殖民地的方法进行直接掠夺，通过占有一个国家的土地去掠夺其资源。第二次世界大战以后，美国推行全球化所走的是霸权主义道路。当时，全球饱受两次世界大战的痛苦，尽管回避战争，但冷战思维盛行。这种冷战思维的核心就是竞争，而竞争的目标就是取得世界霸权。当时，美国作为最大的战争红利的受益者，趁机取得了军事、经济、贸易、金融、资本等方面的优势，极力推行以军事实力为依托，以经济、贸易、金融为主导的霸权主义。因此，美国在实现全球化过程中所选取的其实就是一条霸权主义道路。然而，世界发展到今天，各个领域都已形成多元化、多极化的格局。世界发展的理念、思维和思想潮流已经发生了根本性的变化，由过去的冷战思维转变成了一种包容、开放、共享的思维。不仅中国如此，世界各国、各地区都是如此。整个世界的思维正在发生变化，要极力摒弃冷战思维中的竞争理念、霸权主义，特别是殖民主义。因此，我国推进全球化所要选取的道路应该是包容、开放、共享、共建人类命运共同体的“王道”。如果说美国、英国所走的道路是“霸道”，那么我国“一带一路”倡议所推行的全球化就是“王道”。

第三，要认清并把握好“一带一路”倡议的发展环境和时代背景。推进“一带一路”倡议，必须准确把握当今世界发展格局与大环境。从经济领域看，目前我国推进“一带一路”倡议所面临的环境与过去的英国、美国完全不同。这种不同突出表现在以下两个方面：一是我国的“一带一路”倡议处在全球过剩时代，而英美的全球化处在全球短缺时代。英国当时处在一个极端贫瘠的时代，美国当时处在一个经济短缺的时代，各个方面都短缺，其商品输出和资本输出都很容易，也很受欢迎。比如，第二次世界大战刚刚结束时，百废待兴，整个世界都处在极为短缺的状态，而美国不仅没有遭到战争破坏，还成了战争最大的受益者，因此其资本横向输出具有非常广阔的空间，能够面向全世界输出。目前，我国所面临的是一个全球过剩的年代，属于社会经济发展的过剩期，各个方面都出现了过剩，商品与资本横向输出的空间十分有限。我国要推进“一带一路”倡议，无法参照美国的经验去进行资本输出。不能简单地认为，我们只要拥有大量的资金、大量的产能，就能够进行对外输出，这是不太现实的。二是从科学技术的发展环境看，科技创新目前正处在一个平台期，科技创新为人类社会或者说全球经济发展所提供的纵向空间非常有限。在科技创新的平台期，资本纵向延伸的空间非常有限，这样的时代背景与当时的英国、美国存在很大不同。无论英国还是美国，它们之所以能够实现全球化，除全球短缺的环境外，其背后最大的支撑就是科学技术。它们将本国的科学技术变成了国家综合实力，包括军事的、外交的、经济的综合实力，使自身具备了通过炮舰政策掠夺殖民地、掠夺资源的资本和能力，形成了冷战中的竞争优势和霸权地位。如今，我国推进“一带一路”倡议所面临的是一个全球过剩的环境和科技创新的平台期（或者说科技革命的孕育期）。在推进“一带一路”倡议的过程中，我国必须正视科技创新平台期、社会经济发展过剩期的现实，这是我国实施“一带一路”倡议必须面对的挑战。我国需要开拓新领域，在过剩的环境中营造我国新的优势。

第四，要营造并把握好我国实施“一带一路”倡议的优势。我国最大的优势就是拥有巨大的市场空间。在全球经济过剩的格局下，市场为王。当然，不只是中国，美国也意识到了这一点。正是基于此，美国提出了全球区域化战略，实际上这也是一种全球化战略。在过剩的环境下，谁抓住了市场，谁就能推动全球化的进程。在这方面，我国是有优势的，我国拥有庞大的市场，在市场整合方面，全世界首选的市场就是中国。从这个角度讲，我国推行“一带一路”倡议不但是我国需要“走出去”，而且世界的方方面面都需要“走进来”。我国进口贸易的空间非常大，我国既要为全球制造产品，也要做全球的消费者。用我国的市场去整合全球更大的市场，这是我国应当做的事情。

除了市场外，我国还具有国际产能方面的优势，而且我国的国际产能与国际市场需求在很多领域是互补的。当前，全球经济正处于过剩阶段，但全球基础设施方面的需求越来越明显。一方面，一些新兴国家经过一段时间的发展，具备了较好的产业基础，但基础设施的瓶颈开始显现；另一方面，欧美发达国家战后建设的基础设施已经开始老化，亟待更新。此外，非洲还有一些开始进入新的发展阶段的国家和地区也需要基础设施先行。在这些方面，我国不仅具有产能优势，还具有先进的技术优势。我国的工程技术不仅具有集成技术的优势，还具备效率和成本优势。

我国完全可以根据国际市场需要，扩大工程出口，由此形成建筑、钢铁、建材、物流等产业的集群化，充分发挥我国的国际产能优势。有人将之归纳为“三高七路”，即涉及交通、电力和通信的“高铁、特高压、高度信息化”和“铁路、公路、水路、空路、油气管路、电路、通信线路”。这就是优势，更重要的是通过这些优势形成产业集群，推动国际产能与国际市场对接。除此之外，我国更大的优势就是中国文化。中国文化源远流长，具有厚重感。中国文化最具吸引力的一点就是包容与和谐，它能够容纳、吸收所有先进的思想、理念，同化能力极强，最善于挖掘人类共同的本质，推动人类和谐发展。因此，随着包容性、共存共享成为世界思潮，并上升到文化认知的层面，中国文化的优势就会更加凸显出来。

总之，我国实施“一带一路”倡议具有新的时代背景，是将自身置于其中、全球共同参与推进的全球化，是包容开放、共享共赢的全球化，为未来的全球发展注入了新的理念、新的思维、新的内涵，将对中国乃至全球的未来发展产生十分深远的影响。

4.4.2 打造国家供应链，推动“一带一路”倡议的实施

供应链是一个企业微观层面的概念，但当一个国家强大到要走向全球化时，供应链就会上升为国家战略。第一次世界大战以前的英国就是这样，第二次世界大战以后的美国更是利用供应链去推动全球化。1823 年，时任美国总统的詹姆斯·门罗提出了试图在拉美地区创建以美国为盟主的体系，这被称为门罗主义，其最核心的理念就是布局。美国当时是怎样布局的呢？就是宣布美洲是美洲人的美洲，美洲的各个国家都是拥有主权的独立自主的国家，对美洲任何国家的侵略都是在侵犯美国人的利益。在这里，美国将其全球化布局讲得非常清楚，其全球化布局的第一步就是把美洲纳入自己的势力范围，任何国家都不能沾染，都不能碰触。第二次世界大战后，在全球化战略具体实施过程中，美国的布局意图是非常明显的。首先是市场的布局。一方面，进行资本输出，把全球的战略资源都抓在手中，最为人熟悉的就是中东的石油；另一方面，把当时的亚太地区（除中国外）控制在手中，现在叫重返亚太。其次是物流的布局。第二次世界大战以后，为推动全球化进程，美国将其全球的物流资源紧紧抓在手中。据媒体报道，美国以六把钥匙锁全球，控制了苏伊士运河、巴拿马运河、马六甲海峡、直布罗陀海峡、曼德海峡、霍尔木兹海峡，把整个世界都锁住了，整个世界的物流资源都被美国控制在手中。这就是美国之所以能够成功推进全球化非常重要的一个原因。

我国推进“一带一路”倡议也必须具有相应的国家供应链支撑体系，这一点已经受到中央有关部门的充分重视。事实上，“一带一路”倡议推进的过程也是我国国家供应链形成与发展的过程。但由于全球化的理念、目标、道路、环境不同，推动全球化的国家供应链战略的内涵也截然不同。笔者认为，一个能够融入全球发展新理念、新思维，充分支撑“一带一路”倡议有序推进的国家供应链应当是一个包容开放、高效有序、共享共赢、安全可持续的供应链体系。

国家供应链体系的理念应当是包容开放的，包容不同的市场、不同的体制、不同的国度，以存同化异来推动供应链面向全球开放，让更多的国家更

多的跨国公司参与到这个供应链体系中来。这样，我们建立的供应链才有活力。构建国家供应链体系的关键是高效有序，而高效有序的核心就是便利化。我们要通过物流的互联互通和信息系统的互联互通来带动金融贸易的便利化，使供应链体系高效运作。同时，应建立标准、有序的贸易机制和体系，推动供应链有序发展。国家供应链体系的着眼点是共享共赢。我们要通过供应链去创造新的价值、新的贸易机会和发展空间，实现利益的共享。只有创造新的价值，才有共享的机遇，才能实现供应链参与者的共赢。国家供应链体系的环境是安全可持续的，即在供应链平台之上，构建安全可持续的治理机制、制度设计、运行机制等能够支撑符合全球共同利益的供应链环境。基于这样的考虑，基于我国“一带一路”倡议的需要，国家供应链的规划或基本思路应当包括以下几个方面：

一是要做好战略布局，这是国家供应链战略实施的前提。一定要做好国家供应链战略的布局，这是供应链战略实施的前提。首先是区域布局，即做好经济发展区域布局。“一带一路”总布局是向西发展，这种布局包括中国境内与境外。仅从中国境内来看，“一带一路”倡议的实施将改变中国发展的空间坐标，即由现在以南北纵向发展为主转变为以东西横向发展为主，这将极大地扩展我国未来发展的空间格局。回顾我国社会经济发展的历史，可以看到，自秦至唐，中国基本上都是由西向东横向发展的，而自明清到现在，则基本上是以南北纵向发展为主。这种以东部沿海为依托的南北纵向发展抓住了面向蓝海、开放发展的机遇，推动了中国的崛起，也为中国进一步向纵深发展奠定了基础。如今，中国开始由东向西横向发展，这是历史的必然选择，将为中国的发展提供百年机遇。如果我们的目光进一步向西，越过边境，就可以看到广阔的西亚、南亚、中东，广袤的非洲大地将为全球发展提供更加广阔的空间。因此，国家供应链的发展必须先适应这种格局的巨大变化。其次是市场布局。通过对市场进行战略布局，挖掘需求潜力，实现供需互补，培育新的市场空间。比如，我国市场与南亚、东南亚市场进行整合，就能形成超过 30 亿人口的超级市场，就能释放出比当前各自分散的市场大得多的潜能。又如，我国市场与亚欧市场进行整合，就能实现先进技术与国际产能的对接，从而创造出新的市场需求。再如，我国与非洲国家进行合作开发，有利于为全球发展培育新的市场空间。总的来说，就是要在国家供应链的支撑下，通过带状的互联互通，实现彼此互补、彼此共享的市场板块整合，这是当今全球化的重要内容。再次是资源布局，由此实现资源利用的便利化。最后是物流布局，提高全球互联互通水平，使供应链组织变得更加高效有序。这样的布局并不是孤立的，是产业、市场、资源、物流的整体安排，只有如此，才称得上是供应链组织。

二是要做好整合，这是国家供应链战略实施的关键，包括对前面提到的市场资源、产能资源、企业资源、物流资源等的整合。但与英国、美国完全不同，我国进行整合的目的并不是为了整合后自己拿过来，而是要实现全球化进程中的便利化，是为了将便利化做到极致。通过整合来不断提高各国、各地区在全球化中的便利化水平，这才是我国进行整合的目的。

三是要实现共享，这是国家供应链战略实施的基础。我国的供应链是共享的，这是国家供应链战略实施的基础。因此，我国的供应链不是单向的，不只是为了通过这个供应链把我国的产能或产品输送出去，还要通过这个供应链把我国所需要的国外能够支持和提供的产能或产品更好地引进来。

四是要实现共赢，这是国家供应链战略实施的着眼点。我国的供应链一定是共赢的，这是供应链战略实施的着眼点。实现共赢，需要供应链创造新的价值，将蛋糕做大，而不仅仅是对现有蛋糕进行重新分配。只有如此，才能实现真正的共赢。因此，我国所要打造的供应链并不是把一些已有的投资、已有的贸易、已有的产业简单地搬到供应链上，而是要与世界各国一起，通过供应链来创造新的价值，进而在创造新价值的前提下与世界各国一起共享新的价值，这就是我国所讲的共赢。

五是要安全可持续，这是国家供应链战略实施的重要保障。各国对供应链安全可持续问题都非常重视。从美国的情况看，供应链安全是美国推行全球化或构建供应链非常重要的一项内容。国家供应链框架下的全球治理体系至少要包括三个方面：①政治体系。第二次世界大战后，国际联盟被联合国取代，美国借助联合国这个舞台建立了全球政治体系，掌握并控制着全球政治方面的话语权。②国际贸易体系。美国通过世界贸易组织（WTO）建立了全球贸易体系，在这个贸易体系中，绝大多数规则都是美国主导建立的，由此控制了全球贸易的话语权。③全球货币体系。布雷顿森林会议建立的货币体系使美元成为全球唯一的强势货币，控制了全球的金融。以上三大体系不仅影响了美国，对整个世界的治理体系也产生了非常重要的影响。但发展到今天，世界形成了多元化、多极化的格局，美国尽管仍然很强大，但其一家独大的局面正在改变。在联合国，美国的话语权越来越弱，其他国家的声音越来越强。世界贸易组织也是一样，自从有了中国的参与，世界贸易组织民主的气氛、多元化的气氛、利益全球化的气氛日益浓厚。于是，美国又开始寻求一种新的贸易治理体系，它通过跨太平洋战略经济伙伴协定和跨大西洋贸易与投资伙伴协议来应对自己在世界贸易组织中的尴尬局面。在保障国家供应链安全方面，美国于 2012 年发布了《全球供应链安全国家战略》，确立了美国政府强化全球供应链和国家经济发展的战略。2013 年，美国又对《全球供应链安全国家战略》进行了补充和完善，通过制度和措施来加强全球供应链系统的安全性、效率、弹性和活力。

我国和很多国家签署了自由贸易协定，如跟澳大利亚、韩国等签署的自由贸易协定。笔者认为，美国组织的跨太平洋战略经济伙伴协定并非完全将中国排斥在外，它既需要中国参与，又限制中国参与。全球化可以说是全球未来的百年趋势。从这个角度来讲，我国一定要建立一个全球贸易体系以支撑全球供应链的发展。当然，还有货币体系。目前，美元仍然强势，不过人民币也越来越强，已经正式纳入了特别提款权（Special Drawing Right，SDR）。我国需要建立一个全球治理体系，供应链的可持续发展也需要一个比较好的全球治理体系，全球治理体系的构建与完善是国家供应链安全可持续发展的基础，是推动全球化进程高效有序、共享共赢、安全可持续发展的前提。一个面向全球化的供应链需要以相应的治理机制、有效的制度设计、高效的运行机制、公平的利益共享机制为保障。未来，这种保障机制将越来越上升到文化层面。

总之，“一带一路”背景下的国家供应链应当是一个包容开放、高效有序、共享共赢、安全可持续的供应链，这就是未来我国“一带一路”倡议所需要的国家供应链战略。

第 5 章　网络零售供应链理论现状研究

5.1　网购供应链基础理论

5.1.1　网购供应链概念界定

新时代电子商务环境下产生了网购供应链，而对于这一领域，理论界的研究并不多，但还是存在一些理论可以借鉴和参考，学者们将这种新型供应链管理模式称作电子供应链管理（E-Supply Chain Management），对电子供应链管理，学术界暂时还没有统一的定义。Kim 等指出，E-SCM 是通过协调控制物流和信息流，使物质资源转化为增值性产品，为达到消费者利益最大化与满意度最高，通过流通向最终消费者的产成品的配送的流程。Lee 等认为，E-SCM 是通过 Internet 对供应链后台运营以及前段操作进行的计划与执行。Hausman 指出，E-SCM 是为满足消费者最终需求的新型供应链行为，包括商品保质保量及时送达消费者手中，以及为达到这些目标需要的供应链库存能力。

在国内，少部分学者对网购供应链的概念做出了诠释。包锡继认为，网购供应链是供应链中的一个特定行业，是网购活动过程中直接或者间接涉及的所有企业组成的网链或者网络的关系和过程，过程中涉及各级要素流的增值与流动。

朱道立等人对网购供应链做出了定义：网购供应链是指在电子商务发展的背景下，由制造企业、网商、快递服务商、消费者构成的，由电商平台提供产成品的资金流和信息流，由快递服务商提供运输产品的物流，由多条运营链组成的供应链。网购指在互联网上查询商品信息，经过比较后申请电子订单，网商看到电子订单后通过物流企业组织发货的过程。网购供应链是网购过程中涉及的所有企业构成的网络的过程与关系，此过程同时涉及要素的流动与增值。因此，笔者认为，网购供应链的概念与供应链概念没有不同之处，网购供应链仅是选取特定的网购背景下的供应链作为研究的对象。

经过文献的梳理与总结发现，网购供应链概念的研究并没有统一的定义。本书将网购供应链定义为在网购环境下，以消费者订单为开端，由电商企业、制造企业、物流配送商和消费者组成的供应链系统。下面，将对于网购供应链相关问题的研究做出梳理与总结。

5.1.2 网购供应链相关问题的研究

弗里贝格（Friberg）等人基于传统销售商和网络销售商的定价策略建立了博弈模型，并对书籍和 CD 方面的销售数据进行了实证研究。布莱恩杰尔夫森（Brynjolfsson）等人研究了网商与传统零售商竞争过程的定价策略，得出由于网商的零售价格变化成本较低，其降价频率高于传统零售商的结论。基姆（Kim）研究了协同网上购物，他指出，协同网上购物是朋友和家人在同一个购物网站同时产生购物和交流的行为。随着社交网络的普及，网络上的朋友经常分享网购体验，这种由朋友交流的网购体验新模式有助于网商业绩的提高，而实现协同网上购物新模式就必须改进媒体技术和网站运作方式。

国内网络供应链相关问题的研究大多是国外研究问题的推广，集中在网络销售渠道与传统销售渠道同存情况下供应链成员间最优决策问题的研究。胡一竑等假设网购消费者可以选择自提方式获得产品，也可以选择通过快递方式获得产品，并以此为基础建立了网购供应链的网络均衡模型。还有部分研究着重分析网络零售商与快递服务商之间的竞争与合作关系，如徐晓璇以网络零售企业与快递企业链为研究对象，分析了此种网购供应链的结构与特征，面对目前主流网络零售模式存在的问题，从供应链横向一体化和纵向一体化两个角度分析双方合作问题，探讨我国购物网站与快递服务发展转型过程中的双赢之路。还有部分学者关注网络零售商与网购消费者之间的关系，如下文良等研究了 B2C 网络零售模式下顾客对快递服务的感知、相关的产品价值感知、网购过程感知以及网络零售商形象感知等，分析这些因素与顾客满意度、顾客忠诚间的相互关系，建立了 B2C 网络零售模式的顾客物流服务感知等相关因素的假设模型，通过结构方程模型对某网络零售商做了验证性的实证分析。焦艳指出，网购订单的城市配送是在城市范围内，依据各订单的配送需求，以快递的方式，在城市物流站点进行订单的配送，完成网购订单的“最后一公里”运输。她还指出，网购订单城市配送主要存在以下三个问题：网购订单量虽小但是批次多、网购订单的分布较为广泛、产品配送目的地较为分散。邓添予从供应链管理的视角指出，电商企业出于获取更大利润的目的，会选择压低产品批发成本或者快递服务成本，此举容易造成网络供应链成员关系紧张，降低成员间合作的可能性。快递服务成本的减少会造成快递服务质量下滑，消费者的网购体验会随之降低，最终给网络零售商的利润带来不利影响。而且，物流服务是消费者获取商品的最后一个环节，物流服务质量的好坏直接影响消费者的网购体验。

可以看出，国外学者对网购供应链的研究集中于内部成员如何做出最优决策，大多采用的方法为实证研究；国内研究则是国外研究问题的推广，集中在网络销售渠道与传统销售渠道同存情况下，网络供应链成员最优决策问题，研究方法多为实证研究或者数理模型推理。本书将研究消费者网购行为影响下，网购供应链成员如何决策，使系统达到均衡状态，从而使内部成员达到利润最大化。

5.2 消费者网购现状和行为因素

5.2.1 消费者购买行为

消费者购买行为指的是消费者为获得某种需求时，发生的行为与活动，是消费者心理外在的表现，大致可分为四类：减少失调感的购买行为、复杂的购买行为、习惯性的购买行为、寻求多样化的购买行为。减少失调感的购买行为指的是由消费者迅速而简单地做出购买决策，但在购买行为发生以后会认为自己所购产品不如其他同类型产品好或者具有某些缺陷，由此产生失调感，并对购买决策的正确性产生怀疑。复杂的购买行为指的是消费者在做出购买决策时，经过产品信息收集、评估从而做出购买决策，并会对产品的好坏进行购后反馈等，此种购买行为消费者参与度较高，并且充分了解各品牌同类型产品间的差异。习惯性的购买行为指的是消费者不会深入收集相关产品信息或者评估相关品牌，仅习惯于购买熟悉的品牌，购买行为发生后对于产品评价具有随机性，消费者品牌忠诚度较高。寻求多样化的购买行为指的是消费者购买决策不专注于某一固定品牌，具有很强的随机性，能快速做出某一品牌的购买决策，但在下次购买时可能会选择其他品牌，消费者关注重点是产品的多样性而不再专注于产品带来的满意度。

学者们对消费者购买机制进行了分析，得出了三种具有代表性的理论：理性行为理论、计划行为理论与技术接受模型。理性行为理论源自社会心理学，本是用以预测个体行为、态度、意向的理论。它的基础假设是，人是完全理性的，在执行某种特定的行为前会分析自身的行为可能产生的后果以及该后果的意义。该理论依据个体行为意向推断个体的行为，认为个体行为的态度以及主观标准决定个体的行为意向。学者后来将感知行为引入理性行为理论，并由此提出了计划行为理论，该理论主要认为人不是完全理性的，态度、感知、行为控制三者决定行为意向，并且这三者间存在相互影响的关系。技术接受模型最初用以解释计算机为何被接受使用，该模型将感知易用性和感知有用性提出来作为决定态度的两个因素，该理论主张行为意向将对个体选择某个系统行为产生影响，使用系统的感知有用性和态度决定了个体的行为意向，而态度又由感知易用性与感知有用性决定，感知易用性由外部变量决定，感知有用性同时受外部因素和感知易用性的影响。

5.2.2 消费者网购行为的影响因素

消费者网购行为影响因素是综合多方面的，如网站设计、消费者自身特征、消费者行为习惯以及产品特征等。供应商诸多因素，如公司知名度、相关法律政策等，也会对消费者网购行为产生影响。现阶段，学者们对消费者网购行为影响因素的研究主要集中在消费者自身特征、网站平台特征以及购物过程三个方面。耶尔文佩（Jarvenpaa）通过对消费者网购行为与情感态度进行研究，发现积极的情感态度会降低消费者购买过程中的风险感知，促成消费者做出购买决策；时隔一年，又从感知风险、消费者信任与消费者网购行为的关系视角进行研究，研究结论表明，感知风险对消费者网购行为产生负面影响，消费者信任对消费者购买行为产生正面影响，并且网商的名望与规模影响着消费者的信任程度，消费者的认知态度与情感影响着消费者的风险感知。

约翰（John）通过实证研究得出，消费者网购行为的影响因素主要包括购买行为、不同的购买动机以及外部影响因素。外部影响因素包括社会阶层、个性、时间压力、经济状况、文化传统组织等。巴特纳格尔（Bhatnagar）通过实证法对消费者网购进行研究，结果表明，个人特征、产品特征、消费者感知风险以及网站的购物环境对消费者网购行为影响较大，其中网站的隐私性与快捷性正向影响着消费者的情感，能有效促成网购行为的产生，而当网站给消费者带来的风险感知程度提高时，消费者发生网购行为的可能性会减小。科罗恩卡（Koraonkar）指出，性别、年龄、家庭、收入、地域分布以及工作类型是影响消费者网购行为的主要因素。耶尔文佩（Jarvenpaa）指出，消费者感知风险、消费者感知信任、消费者态度对消费者的购买意愿有着显著的影响。考夫曼（Kauffman）指出，团购过程中消费者对价格公平的感知程度主要依据产品价格的折扣程度，而对价格公平的感知程度越高，消费者购买的可能性就越大。奇利斯（Chiles）指出，消费者为了完成网络交易而付出的成本称为消费者网购交易成本，即网购过程中花费的信息搜寻、知识学习、时间花费、支付价格、承担风险等成本的总和。

通过对文献的梳理，本书在此总结出消费者网购行为影响因素有卖家服务、产品自身品质、信息、网店规模与声望、安全性、便利性、消费者认知程度与情感。

5.2.3 消费者网购行为研究现状

国外学者对消费者网购行为研究很多，有的学者通过交易成本理论研究了消费者网络购物中对于不同产品的偏好性，研究过程中以书籍、牙膏、鞋子、鲜花以及微波炉为被测产品组合。研究结果表明，在相同的网络购物环境中，不同产品的消费者接受度却是不同的，消费者网购产品选择的意愿受到交易成本大小的影响，还可以看成受产品的不确定性以及资产的专用性影响，具有网购经验的消费者更关心网络交易平台中的不确定性因素，没有网购经验的消费者则对产品的不确定性表现出无显著差异的关注程度。

谢尔曼内塔（Shermaneta）指出，在线购物虚拟环境和传统实体店的现实环境一样，环境质量对消费者购物的心理和行为的影响一样，在线购物虚拟的环境质量对消费者的购买意图、行为结果以及各种后续的消费体验产生影响。现存的文献大多集中于研究网购消费者的购买意愿和购买决策。

菲什拜因（Fishbein）等人的理性行为理论因能广泛应用于解释消费者购买行为的态度模型，而经常被用以分析个体创新性对参与网购行为过程额外的影响。尽管社会因素的影响备受质疑，泰勒（Taylor）等人还是通过TRA 模型，创造性地将社会因素引入消费者购买行为的预测中。

还有的学者发现网上已有的消费者评论对消费者的购买决策有较大影响，部分网络零售商已经开始把消费者的评论用到广告中。基乌（Chiu）等人研究了消费者网上购物的购买意愿，通过引入电子服务质量维度信任和享受发展的理论模型，讨论了一定范围内网上购物的客户购买意愿。研究结果表明，购物网站服务质量的五个维度中最为重要的是消费者对网站的信赖，网络零售商应确保他们能向消费者提供足够好的产品和服务，而不是仅仅着眼于网站的建设和技术的开发。哈桑（Hasan）认为，心态和性别是影响消费者网购行为的重要因素，但学术界对网购者的心态仍然缺乏系统性的认识，现有的研究很少明确地分析消费者性别差异和网购心态之间的关系。

国内学术界对消费者网购意愿的研究多集中在网购意愿影响因素和相关模型构建方面。武星星将消费者网购意愿影响因素分为三点：网商因素、相关产品因素以及消费者自身因素。谢芳认为，价格、网购安全和产品的质量或服务是消费者最为看重的三个因素，通过建立技术接受模型，得出感知有用性和感知产品价格对消费者购买态度和意愿具有显著影响，购物态度也显著影响使用意愿。

5.3 网络消费者购买意愿

消费者购买意愿就是在购物过程中，消费者购买某种特定商品或服务的可能性。同时，消费者购买意愿具有很强的个人主观性，其不仅体现了消费者对待某种商品或服务的态度，还从另外一个角度反映了消费者做出购买决策的可能性。

5.3.1 消费者购买意愿的概念

消费者购买意愿是从消费者行为研究中发展而来的，消费者行为是消费者为了满足其需求，在商品和服务的购买过程中所表现出的购买及决策过程的一种行为。

巴戈齐和伯恩克朗（Bagozzi 和 Burnkrant）（1979）认为，购买意愿是指个人对某种商品或服务的行动倾向。购买意愿可作为预测消费者购买行为的关键指标，是消费者购买目的的主观倾向。[1]

莫维茨和施米特林（Morwitz 和 Schmittlein）（1992）提出购买意愿可用来预测购买行为的产生，并且购买意愿一直是营销人员预测消费者购买

[1] BAGOZZI R P, BURN KRANT R E. Attitude organization and attitude-behavior relationship[J]. Journal of Personality and Social Psychology,1979,37(1): 913-929.

行为最准确的前置因子。[1]

斯皮尔斯和辛格（Spears 和 Singh）（2004）在研究中指出，消费者购买意愿是个体有意识地去进行购买某商品或服务的一种努力。当消费者对某种商品或服务的印象与态度达到满意的程度时，就可能形成购买意愿，也就是说购买意愿是指消费者购买某种特定商品或服务的主观概率。[2]

西罗希、麦克罗克林和威丁克（Sirohi、Mclaughlin 和 Wittink）（1998）在研究中指出，消费者购买意愿的衡量标准是由多个变量构成的，其中以消费者忠诚度最为重要，包括未来购买更多商品或服务的意愿及向他人推荐的意愿。[3]

恩格尔、布莱克威尔和密尼亚德（Engel、Blackwell 和 Miniard）（2001）认为，消费者在购物过程中，其购买意愿是会改变的，且无法控制消费者是否会按照其购买意愿而行动。消费者的购买意愿与产品生存的价值有着直接的联系，当消费者的购买行为跟随其购买意愿发生后，消费者才能够进行重复购买与推荐行为。[4]

多兹（Dodds）（1991）在研究中将购买意愿定义为，消费者尝试去购买某种商品或服务的可能性，他认为消费者的购买意愿决定了其在购买过程中是否对某一特定对象采取行动。[5]

莫里特（Mullet）（1992）指出，在外在因素的影响下，消费者对商品或服务个人态度的集合构成了消费者的购买意愿。在企业的经营实践中，营销人员预测潜在顾客购买行为的最准确的衡量指标是购买意愿。[6]

赫利尔（Hellier）等人（2003）认为，消费者购买意愿是消费者在目前

❶ MORWITZ V G, SCHMITTLEIN D.Using segmentation to improve sales forecasts based on purchase intent: Which intenders actually buy[J].Journal of Marketing Research, 1992, 29(4): 391-405.

❷ SPEARS N,SINGH S N.Measuring attitude toward the brand and purchase intentions[J]. Journal of Current Issues and Research in Advertising,2004, 26(2): 53-66.

❸ SIROHI N, MC LAUGHLIN E W, WITTINK D R. A model of consumer perceptions and store loyalty intentions for a supermarket retail[J]. Journal of Retailing,1998,74(2): 223-245.

❹ ENGEL J F, BlLACKWELL R D, MINIARD P W. Consumer behavior[M].New York: The Dryden Press, 2001: 1-221.

❺ DODDS W B. Effects of price, brand and store information on buyers' product evaluation[J]. Journal of Marketing,1991,28(3): 219-307.

❻ MULLET A V. Decision ambiguity and incumbent brand advantage[J]. Journal of Consumer Research,1992(6): 34-76.

或可能即将发生情况的前提下，对某种商品或服务是否再次购买的判断。❶

综合上述学者们的研究结果可以发现，虽然定义不尽相同，但是都说明消费者购买意愿是消费者为了满足其需求，对于商品和服务所表现出来的消费活动，是消费者买到适合自己某种需要的商品或服务的主观倾向。笔者认为，消费者购买意愿能够预测潜在顾客的购买行为，是个人进行某特定购买行为的主观概念，消费者购买意愿越强，购买商品或服务的可能性就越大，反之亦然。

5.3.2 网络消费者购买意愿的概念

在网络购物环境下，消费者的网购意愿与传统环境下的购买意愿内涵基本一致，也是指消费者购买某种商品或服务的可能性。但由于购物方式和购物环境的变化，消费者主要是通过网店获得商品或服务的信息。因此，消费者网购意愿是指潜在消费者在浏览过购物网店，并对该网店提供的商品或服务信息有所了解的基础上，消费者购买某种商品或服务的可能性。

本书将消费者的网购意愿定义为，在网络购物环境下，消费者以互联网为媒介在“网络商店”购买某种商品或服务的可能性。消费者网购意愿越强，网上购买某种商品或服务的可能性就越大，反之亦然。

5.3.3 网络消费者购买意愿影响因素

网络经济在全球迅速发展，越来越多的消费者开始进行网上购物，网上交易所占的比例逐年增加。近年来，我国网络消费发展迅速，电商企业之间竞争日益激烈，同时随着时间的推移消费者对网上购物开始趋于理性。在这样的背景下，如何提高消费者的购买意愿一直是电商企业比较关注的问题。哪些因素会影响网络消费者购买意愿一直是学者们关注的焦点，这里将对国内外学者关于购买意愿影响因素的研究进行阐述。

耶尔文佩（Jarvenpaa）（1996）研究网络消费者信任对其购买意愿的影响，将信任分为善意、诚实、可作为以及可预见四个维度，四个维度均与网络消费者购买意愿有一定关系。耶尔文佩（Jarvenpaa）在研究中构建了假设模型，并且将MBA学员作为调查对象，对所搜集的数据采用了因子分析以及多元回归等统计方法。研究结果表明：网络消费者对购物网站熟悉程度

❶ HELLIER P K, GEURSEN G M, CARR R A, et al. Customer repurchase intention: A general strutural equation model[J]. European Journal of Marketing, 2003, 37(11): 176-180.

显著正向影响信任的建立；网络消费者与购物网站的交流显著正向影响建立信任关系；网络消费者对购物网站善意的认同显著正向影响其购买意愿；网络消费者对购物网站诚实的认同显著正向影响其购买意愿；网络消费者对购物网站可作为的认同显著正向影响其购买意愿；网络消费者对购物网站可预见的认同对其购买意愿有正向影响；网络的信任对其购买意愿有正向影响。根据研究结论，耶尔文佩（Jarvenpaa）提出购物网站在网页设计上应运用图片以及视频等手段吸引消费者，并通过购物网站与网络消费者进行互动交流，使网络消费者对购物网站产生一定的信任，最终有利于网络消费者产生购买意愿。❶

巴宾等人（Babin）（2001）认为，产品自身所表现的属性是消费者采取购买行为最主要的动力，对产品属性的评价是影响消费者购买意愿的最直接和主要的因素。对于服装来讲，属性主要是指服装的品质、个性、质量等；产品的外部线索是相对于商品的内部线索而言的，主要是指那些与商品自身属性无关但又能反映自身属性的因素，如服装的品牌、价位等外部线索。当消费者无法完全了解到某服装的内在信息，不能判断出影响购买意愿的直接因素即产品内部线索时，往往通过产品的外部线索对产品的内部线索做出判断。❷

杰芬（Gefen）（2002）基于 TAM 构建网络消费者购买意愿影响因素模型，通过实证研究得出结论，购物网站的可靠性、感知购物网站有用性以及感知购物网站易用性对网络消费者的购买意愿均有显著影响。❸

戴维（David）（2002）认为，信任是在双方长期沟通和交流中产生的，而且这种沟通和交流是频繁的，而消费者在网络购物模式下，不能与商家进行面对面的沟通与交流，所以很难与购物网站建立信任关系。❹

莎玛·阿伦（Sharma Arun）（2002）研究了网络消费者购买意愿的影响因素，认为除了产品质量和价格对网络消费者的购买意愿有显著影响之外，购

❶ JARVENPAA S L, TODD P A. Consumer reactions to electronic shopping on the world wide web[J]. International Journal of Electronic Commerce, 1996, 1(2): 59-88.

❷ BABIN B J, BABIN L. Seeking something different? A model of schema typicality, consumer affect, purchase intentions and perceived shopping value[J]. Journal of Business Research, 2001, 54(2): 89-96.

❸ GEFEN D. Customer loyalty in e-commerce[J]. Journal of the Association for Information Systems, 2002, 3: 27-51.

❹ GODES D, MAYZLIN D. Using online conversations to dtudy word of mouth communication [J]. Marketing Science, 2002, 23 (ysm304): 545-560.

物网站所提供的服务质量也会显著影响网络消费者的购买意愿，购物网站所提供的服务质量主要表现在响应时间、信息的质量、交易的可靠性、产品配送能力以及售后服务。他认为购物网站提供的优质服务能够减少网络消费者为获得自己喜爱的商品而付出的时间及精力成本，解除消费者在网上进行购物活动的后顾之忧。他在研究的基础上提出购物网站应该向网络消费者提供良好的服务，与网络消费者建立紧密的关系，提升网络消费者的感知价值。[1]

帕夫洛（Pavlou）（2003）认为，与传统购物模式相比，网络购物确实给消费者带来了一定的便利，使消费者以较低的价格获得所需的商品和服务，并享受其中的乐趣，但与此同时给消费者带来一定的风险，如产品质量难以保证、售后服务质量差、个人隐私容易被泄漏、付款后得不到货以及信用卡信息被盗等，这些风险负向影响消费者购买意愿的产生，同时阻碍了网络购物的发展。[2]

戴利（Dailey）（2004）认为，网络消费者在认可网络虚拟商店页面设计的基础上才会产生购买行为，所以网络虚拟商店网页设计水平会对网络购买意愿产生显著影响，研究结果表明网络虚拟商店应该设计美观的网页，提供消费者所需的相关产品信息，使网络消费者对虚拟商店产生一定信任感，进而产生购买意愿。[3]

金姆（Kim H M）（2006）建议从穿着者的角度提供服装产品信息的策略，以弥补消费者无法试穿网上服装的缺陷，从而提高消费者的购买意愿。因为很多服装网站并不能提供详细的适体度、尺寸和面料手感，所以让真正的消费者试穿然后给出试穿后的效果和感觉，很有可能会提供给消费者较真实的试穿感，帮助降低由信息缺失造成的不确定感。[4]

肯尼斯（Kenneth）等人（2005）研究了消费者网上购物的行为意愿，指出对有或者没有网上购物经验的消费者，服务质量、产品质量、产品新鲜度和节省时间是影响消费者进行网上购物的意愿的主要因素。詹姆斯（James）等

---

❶ SHARMA A. Trends in internet-based business-to-business marketing[J]. Industrial Marketing Management, 2002, 31(2): 77-84.

❷ PAVLOU P A. Consumer acceptance of electronic commerce: integrating trust and risk with the technology acceptance model[J]. International Journal of Electronic Commerce, 2003, 7(7): 101-134.

❸ DAILEY L. Navigational web atmospherics: Explaining the influence of restrictive navigation cues[J]. Journal of Business Research, 2004, 57 (2): 795 - 803.

❹ KIM H M. The effect of salience on mental accounting: How integration versus segregation of payment influences purchase decisions[J]. Journal of Behavioral Decision Making, 2006, 19(4): 381-391.

人（2005）在研究酒店网站的购买意愿时，指出价格水平、网站安全性和网站特色是影响消费者购买意愿的重要原因。Chang H H 等人（2005）研究了网络环境（网站质量和服装品牌）对消费者购买倾向的影响，发现品牌比网站质量更能影响消费者的购买意愿。❶

戴安娜（Diana）等人（2005）认为网络购物模式与传统购物模式相比，网络消费者要求购物网站向其提供更为优质的服务，因此网站服务质量会对网络消费者购买意愿有很大的影响。购物网站所提供的服务包括基础服务，如购物网站提供详细而完整的关于产品的信息、及时答复网络消费者在购买过程中产生的疑问、设计有吸收力的网页等。除了上述服务外，购物网站还应该提供产品的配送服务，在网络消费者下完订单后，及时将商品送达到消费者手中，如果商品出现问题，还要提供完善的售后服务。❷

杰芬（Gefen）（2006）通过研究认为，网络消费者可以通过对购物网站逐渐熟悉和了解而使其对购物网站产生信任感。杰芬（Gefen）构建了包含熟悉、交流、信任以及购买意愿之间关系的研究模型，以一个美国著名购物网站作为研究对象，对高校大学生进行问卷调查，采用因子分析等统计方法进行实证研究，研究结论表明网络消费者对购物网站的熟悉程度，网络消费者与购物网站之间的交流对信任的产生以及购买意愿有显著的正向影响。刘宏、黄小刚等人（2004）构建了服务质量影响网络消费者购买意愿的模型，其中购物网站的服务质量包括网页合理性、互动交流、订购便利性以及配送速度等方面内容，通过问卷调查，并对数据进行多元回归，研究以上四个方面对网络消费者购买意愿的影响，结果表明网页合理性和配送速度对网络消费者的购买意愿有正向影响。❸

吴佩勋、黄永哲（2006）以中国电信一个实际的网站——广东电信互联星空网站为研究对象，从网站使用的简易性、网站的服务质量、产品质量、产品文档和网站客户化等几个方面对客户购买意愿的影响做了实证研究，其中产品文档是指包括产品功能说明文档、使用说明文档和常见问题处理文档等各类文档在内的各类说明资料；网站客户化是指电子商务网站根据用户不

❶ CHEN M C, CHIU A L, CHANG H H. Mining changes in customer behavior in retail marketing[J]. Expert Systems with Applications, 2005, 28(4): 773-781.

❷ YE DIANA W, EMURIAN H H. An overview of online trust: Concepts, elements, and implications[J]. Computers in Human Behavior, 2005, 21(1): 105-125.

❸ 刘宏，黄小刚，刘振涛，等.B2C 模式下网络消费者满意的研究[J].商业研究，2004(18): 143-144.

同的喜好提供不同的交易环境和产品（服务）。[1]

武星星（2008）认为，网络环境下消费者购买意愿影响因素分为消费者特征、产品或服务的特征、网络零售商特征。网上购物时消费者需要进入网络零售商界面进行购买，基于互联网的网上零售商作为购买中介，它的一些特质，如网站设计、网络零售商信誉、网上商店气氛、网络零售商的信誉等，都会对消费者网上购买意愿产生影响。[2]

张刚（2008）探讨了C2C交易中感知风险对顾客购买意愿的影响，以及人口统计变量和网络经验对感知风险和购买意愿的关系的调节作用。[3]

潘煜、高丽（2009）结合上海手机市场，做了中国儒家文化价值观通过消费者的生活方式对顾客购买行为的影响研究，研究发现来自相同的亚文化群、社会阶层的人们各有不同的生活方式和价值观，因此对产品或服务也有着不同的需要，其购物需求和购物意愿也存在着明显差异。[4]

陆霞、庄小将（2010）从B2C网店技术因素的角度研究了与消费者网购意愿的关系，指出B2C网店的网页表征、在线评论、网页使用的安全性和便利性都会影响消费者的网购意愿。[5]

刘晓（2010）认为，网络消费者选择不同类别的商品时，其购买意愿的程度也是不同的。根据上述推断，将商品划分有形和无形两个商品类别，研究发现网络消费者无论购买哪个类别的商品，感知便捷、感知有效以及感知风险均对网络消费者购买意愿产生显著影响。在此基础上建立网络消费者购买意愿影响因素模型，通过问卷调查进行实证研究，研究结果显示对网络消费者的购买意愿影响最显著的因素是感知风险。[6]

李玫（2010）认为，影响服装商品消费者购买意愿的因素包括服装产品的一般属性特点，如颜色、板型、尺寸、面料，还包括对服装商品进行的延伸属性描述。服装商品的延伸属性包括该产品的洗涤方法、适用人群、使用场合、产品联想、品牌介绍、流行资讯、色差说明、商品细节特点，以及在

---

[1] 吴佩勋，黄永哲．电子商务网站客户购买意愿影响因素研究——以中国电信电子商务网站为例[J].中山大学学报（社会科学版），2006,46（3）：112-117.

[2] 武星星．基于SEM的网上购买意愿影响因素研究[D].成都：电子科技大学，2008.

[3] 张刚.C2C交易中顾客感知风险对购买意愿影响的研究[D].杭州：浙江工商大学，2008.

[4] 潘煜，高丽．生活方式对中国消费者购买行为的影响——以上海手机市场为例[J].上海管理科学，2009（2）：30-34.

[5] 陆霞，庄小将.B2C网店的技术因素对网上消费者购买意愿的分析[J].江苏商论，2010（5）：51-53.

[6] 刘晓．网络环境中的体育用品营销的透视[J].中国商贸，2010（26）：28-29.

网络环境下涉及的物流配送方式和售后服务等方面。[1]

贺天龙（2011）将零售店购买意愿的商品影响因素概括为两个方面：商品的内部线索，是指与商品的使用价值、价值、性能等相联系的内在属性；商品的外部线索，是相对于商品的内部线索，指那些与商品自身属性无关的，如品牌、价格等。[2]

张玉鲁（2011）认为，影响网络消费者购买意愿的因素主要有三个方面：消费者特征因素、产品特征因素和网络零售商特征因素，以上三种分类基本上涵盖了国内外学者对网络消费者购买意愿影响因素的研究，每个研究基本都会涉及消费者特征因素。[3]

李琪、于珊珊（2011）以交易成本作为研究视角，建立网络零售业中消费者购买意愿及其影响因素的相关研究假设，运用 PLS-SEM 模型的研究方法。研究表明，消费者的交易成本对其最终购买意愿有显著的影响，购买频率和网络零售商的不确定性通过影响交易成本，对购买意愿产生显著的影响。[4]

张燕（2013）研究了价格心理影响因素和网购服装意愿之间的关系，研究结果证实了购物环境因素、服装商品因素、购物体验因素三个维度对网购服装购买意愿具有显著性正向影响。施卓敏、李璐璐、吴路芳（2013）运用框架理论研究了网上促销对消费者购买意愿的影响，通过实验研究发现消极促销框架比积极促销框架更能促进消费者的网上购买意愿。并且，消费者的调节定向特质和产品价格的高低对网上促销框架效应起到调节作用。王孟萍（2014）以消费者行为的一般模式（“刺激—有机体—反应”模式）为基础，研究了在线评论对消费者网上购买意愿的影响，结果表明在线评论数量、在线评论质量、在线评论态度以及在线评论的情感线索对可信度感知和消费者购买意愿的影响显著。[5]

涂于蓝（2015）先从包邮的角度提出了网络消费者购买意愿的影响因素，如有用性、易用性、货币成本、时间成本、未知性、损失性，再通过网络消费者的感知价值作为中介变量对购买意愿产生影响。实证结果显示，包邮的有用性和易用性对网络消费者的购买意愿有显著的正面影响，包邮的货币成

---

[1] 李玫．商品描述对网购服装感知价值影响的研究 [D]. 北京：北京服装学院，2010.

[2] 贺天龙．零售店顾客购物体验对购买意愿的影响研究 [D]. 广州：暨南大学，2011.

[3] 张玉鲁．基于 S-O-R 模型的服装网络购买意愿影响因素实证研究 [D]. 上海：东华大学，2012.

[4] 李琪，于珊珊．网络零售业中消费者购买意愿的影响因素研究——基于 PLS—SEM 方法对交易成本的分析 [J]. 产业经济研究，2011（5）：86-94.

[5] 王孟萍．在线评论对消费者购买意愿的影响研究 [D]. 太原：太原科技大学，2014.

本和时间成本对网络消费者的购买意愿没有显著影响，包邮的未知性和损失性对网络消费者的购买意愿有显著的负面影响。

5.3.4 感知价值对购买意愿影响研究

Fishbein 和 Ajzen（1975）研究认为，顾客对待商品的态度来自顾客的收益信念和感知结果。收益信念是顾客对未来收益的感知和看法，即感知利得，是顾客对产品性能、质量以及企业服务所感知到的利益，感知结果是顾客对可能发生的决策结果的预期。

蔡特哈姆尔（Zeithaml）（1988）认为，顾客对产品或服务的感知利得越高时，对于价值的感受也就随之提高，而高的感知价值则会提高顾客对产品的购买意愿。多兹（Dodds）（1991）研究指出，购买意愿和感知价值呈正相关，而感知价值则受感知利得和感知的货币牺牲影响。帕萨姆（Parasuraman）（1994）认为，顾客感知价值对顾客的重复购买意愿有直接的决定作用。[1]

布莱克威尔（Blackwell）等（2001）认为，当顾客产生心理需求后，便进行信息收集、选择评价。在这两个阶段，顾客对收集到的产品、企业等相关信息进行感知、权衡。顾客基于自己的主观标准经过对信息进行分析、权衡，形成对待商品的态度。顾客的态度反映了顾客的感知价值，是基于对感知利得与感知利失之间的权衡形成的，即顾客购买产品可能获得的利益与需要付出的成本。

陈明亮（2003）认为，顾客感知价值对重复购买意愿产生直接正向影响，通过顾客满意产生间接正向影响，顾客满意对重复购买意愿产生直接正向影响，顾客感知价值对重复购买意愿的影响要大于顾客满意。[2]

李东进（2007）认为，顾客感知价值、顾客满意、转移成本对重复购买意愿有正向影响，而消费时间间隔对重复购买意愿并无显著的影响。[3]

王崇、李一军和叶强（2007）研究结果表明，消费者对产品利益及风险的感知会影响到消费者的感知价值，最终影响消费者的购买决策。消费者感知到的价值和风险不同，购买意愿也就不同。其中，感知价值和购买意愿

---

[1] PARASURAMAN A, BERRY L L. Reassessment of expectations as a comparison standard in measuring service quality: implications for further research[J]. Journal of Marketing, 1994, 58(1): 111-124.

[2] 陈明亮. 客户重复购买意向决定因素的实证研究[J]. 科研管理,2003,24(1): 110-115.

[3] 李东进，杨凯，周荣海. 消费者重复购买意向及其影响因素的实证研究[J]. 管理学报,2007,4(5): 654-659.

之间的相关程度特别显著，其相关系数达到 0.001 的水平，而且路径系数是 0.62，说明两者之间呈正相关，即感知到的价值越多，购买意愿越大。感知风险和购买意愿之间呈负相关，在 0.01 的显著水平上路径系数达到 -0.38，即消费者感知到的风险越大，购买意愿越小。从相关程度看，感知价值对购买意愿的影响程度要强于感知风险对购买意愿的影响。[1]

郑永秀（2009）根据健康管理服务的现状，构建了健康管理服务顾客感知价值与顾客购买意愿关系的概念模型，研究认为，健康管理服务的顾客感知价值越高，顾客的购买意愿越强烈。[2]

杨宜苗（2009）在研究中证实了感知价值与交叉购买意愿之间的显著性正向关系，实用价值、社会价值和享乐价值对交叉购买意愿都有显著的正向影响。分析结果还表明，感知价值对店铺形象与顾客交叉购买意愿关系的中介作用。其中，实用价值对商品、声誉与交叉购买意愿的中介作用显著，而且实用价值对声誉与交叉购买意愿的关系具有完全中介作用。[3]

陶鹏德、王国才、赵彦辉（2009）从感知价值角度出发，研究了自有品牌功能价值、社会价值、情感价值三个利得维度和感知价格、感知风险两个利失维度对自有品牌购买意愿的影响，并分析了零售商形象对感知价值与购买意愿关系的调节作用。研究发现：自有品牌的情感价值和功能价值对自有品牌购买意愿有显著的影响；自有品牌感知价格、感知风险和社会价值对自有品牌购买意愿没有显著影响；零售商形象对自有品牌感知价格与购买意愿间的关系有显著的调节作用。[4]

杨宜苗（2010）研究发现：在错过价格促销情境下，消费者感知价值损失因价格促销的类型不同、幅度不同而有显著差异，价格促销类型和价格促销幅度对消费者感知价值损失有交互作用，消费者感知价值损失对负向购买意愿存在显著的正向影响。[5]

陈洁、王方华（2012）在感知价值对消费者态度及购买意愿的研究中，

---

❶ 王崇，李一军，叶强．互联网环境下基于消费者感知价值的购买决策研究 [J]. 预测，2007,26(3)：21-25.

❷ 郑永秀．健康管理服务的顾客感知价值与顾客购买意愿关系研究 [D]. 南昌：江西财经大学，2009.

❸ 杨宜苗．店铺形象对顾客感知价值与交叉购买意愿的影响研究 [D]. 大连：东北财经大学，2009.

❹ 陶鹏德，王国才，赵彦辉．零售商自有品牌感知价值对购买意愿影响的实证研究 [J]. 南京社会科学，2009(9)：40-45.

❺ 杨宜苗．错过价格促销情境下消费者感知价值损失及其对负向购买意愿的影响 [J]. 商业经济与管理，2010(2)：52-60.

通过实证研究得出了以下几条结论：对于快消品来说，在感知价值的因素中，品质价值和价格价值对消费者的态度的影响显著，并且通过态度对购买意愿产生正向影响；对于耐用品来说，除了品质价值、价格价值以外，延伸价值和自我享乐价值对消费者的态度影响也显著，并且通过态度对购买意愿产生正向影响；对于奢侈品来说，品质价值、价格价值、自我享乐价值、炫耀和社交价值对消费者态度的影响均显著，并且通过态度对购买意愿产生正向影响；对于服务来说，除了品质价值、价格价值和自我享乐价值以外，社交价值对消费者态度的影响显著，并且通过态度对购买意愿产生正向影响。❶

杨华（2013）通过实证研究得知感知价值除了本身可以影响购买意愿外，还可以通过消费者态度这一路径影响购买意愿。❷

高鹏（2013）构建了顾客感知价值和购买意愿模型，实证结果表明顾客感知价值的四个维度都与购买意愿有着显著的正相关关系。❸

钟凯（2013）在借鉴国内外学者相关研究成果的基础上，通过对网购服装鞋帽类产品的消费者进行问卷调查，结果显示感知价值（功能价值、情感价值和社会价值）对购买意愿有显著正向影响，在线口碑在感知价值与购买意愿之间起到调节作用。❹

季文静（2013）研究指出，在网络购物的环境下，感知利益、购买成本、感知风险和感知价值都对消费者的购买意愿产生一定的直接或间接影响，其中对购买意愿的直接影响程度最强的因素是感知价值。❺

陈颖（2014）通过对农业保险、顾客感知价值理论与模型和购买意愿理论与模型进行分析总结，表明农业保险感知价值中的功能价值、情感价值及价格价值对农业保险购买意愿具有正向影响。❻

董园园（2014）以转基因食品为研究对象，通过实证研究指出消费者对转基因食品的感知价值显著影响消费者的购买意愿，感知价值越大，购买意愿越强。❼

---

❶ 陈洁，王方华．感知价值对不同商品类别消费者购买意愿影响的差异[J]．系统管理学报，2012，21(6)：802-810.

❷ 杨华．感知价值、消费者态度与零售商自有品牌购买意愿关系的研究[D]．杭州：浙江理工大学，2013.

❸ 高鹏．基于顾客感知价值的新能源汽车购买意愿研究[D]．杭州：浙江工商大学，2013.

❹ 钟凯．网络消费者感知价值对购买意愿影响的研究[D]．沈阳：辽宁大学，2013.

❺ 季文静．网络消费者购买意愿影响因素研究[D]．济南：山东大学，2013.

❻ 陈颖．基于感知价值视角下的农业保险购买意愿研究[D]．安徽财经大学，2014.

❼ 董园园．转基因食品感知价值对消费者购买意愿的影响研究[D]．武汉：华中农业大学，2014.

刘好强（2015）通过研究指出，感知获得价值和感知交易价值在调节定向与沟通策略对游客购买意愿的影响关系中具有部分中介作用。❶

学者们虽然是从不同的角度研究顾客感知价值与顾客购买意愿之间的关系，所用的研究方法也各不相同，但是这些观点都说明了，顾客感知价值与顾客购买意愿呈正相关，感知价值对顾客购买意愿的形成有着重要影响，而感知利得与感知利失作为感知行为控制既对顾客的购买意愿产生直接影响，又作为影响因子直接影响顾客的感知价值。❷

5.4 消费者网购行为和购买意向关系研究

5.4.1 行为意向的含义

阿杰恩（Ajzen）等指出，意向是行为表现的必要前提，是行为表达前的决策层。哈里森（Harriosn）等人（1997）则认为，行为意向是“从事某一特定行为的自发性计划的强度”，在不存在任何别的特定的环境因素影响单个个体的行为预设时，单个个体实现该设定的特定行为的意向越强烈，那么从事这种行为的可能性越大。菲什拜因（Fishbein）等人（1975）在他们研究出的行为意向模式中，指出意向是“单个个体执行某特定行为主观可能性”。在该研究中，其认为行为意向是指“消费者在以后期间与网店卖家继续保持互动的心理倾向和行为的反应”。多数著名的关于行为意向的理论模型都把意向当作某一行为的重要的前导变量。例如，在消费者的购买的决策行为中，理性行为理论指出行为被个人从事这一行为的意向影响，而意向由主观的规范和态度决定。这个理论最开始是在社会心理学研究领域中受到承认的，后来被广泛应用到消费者的行为决定的领域范围中。

计划行为理论首先有着“行为意图”和“感知的行为控制”影响着“行为”的假设，而“主观的规范”“感知的行为控制”以及“态度”综合影响着行为意向。主观的规范指具有重要性的参考人群对单个个体是否从事行为的意见，感知的行为控制指单个个体有没有机会、资源、能力来从事该行为，态度指对某一行为喜欢与否的感受阿杰恩（Ajzen，1991）。德瓦西（Dvasi，

❶ 刘好强．调节定向与沟通策略对游客购买意愿的影响——感知价值的中介作用[J].旅游学刊,2015,30(12)：74-84.

❷ 郑永秀．健康管理服务的顾客感知价值与顾客购买意愿关系研究[D].南昌：江西财经大学,2009.

1989）在他的科技接受模型中，认为“态度”和“感知的有用性（Perceived Useufness）”直接作用于最后的结果变量——行为的意图。

5.4.2 行为意向的维度

怎样评价消费者的行为意向，博尔丁（Boulding）等人（1993）通过是否有再次购买的意向和愿意推荐与否两个方面来衡量，而米塔尔（Mittal）和拉萨尔（Lassar）（1996）曾通过是否愿意推荐和转换与否等多项指标来衡量消费者接受企业的继续服务的意向。

帕萨姆（Parasuraman）等人（1996）在探究服务质量的高低对消费者行为意向的影响程度时，进行了一份含有 13 个项目的行为意向调查量表，其包含五个层面：①忠诚度，指消费者和服务或产品的提供者间关系的易破度，消费者进行后续交易的概率；②转换的倾向，指消费者将交易从原有的供应者转向同业竞争者的概率；③支付更多，指提高产品或服务价格时，消费者保持继续交易的概率；④外部反应，指消费者在购买商品或服务遭遇问题时，向他人抱怨或终止交易转向其他卖家的概率；⑤内部反应，指消费者在购买商品或服务遭遇问题时，对服务提供者或卖家抱怨。

根据帕萨姆（Parasuraman）（1996）的探讨，行为意向分为正向的和负向的。顾客在怀着正向行为意向时，一般会称赞公司、偏好该企业的商品，增加购买量，使企业和消费者的关系得到强化。但顾客在怀着负向的行为意向时，离开公司或者降低购买量等的可能性比较大。所以，行为意向常常作为顾客存留的重要衡量指标。

布莱克威尔（Blackwell）等人（1995）提出的消费模型认为顾客购物后有满意与不满意两种态度。购物后满意指消费者对消费的产品的品牌形成的一种信任和偏好，从而对该种品牌有一定的忠诚度，提高再购买意愿。

布莱克威尔（Blackwell）等人（2001）认为顾客的行为意向有以下几种模式：购买的意向，即顾客对是否愿意购买此种产品的强度；再购买意向，即顾客是否继续购买此种产品的强度；采购的意向，即顾客事先执行此购买的行为的强度；支出的意向，即顾客预定支付产品货币的强度；消费的意向，即顾客执行行为的强度。

5.4.3 顾客感知价值、消费者网购行为和购买意向的相关研究

1. 顾客感知价值和行为意向的关系

Zeithaml 指出，质量高难以直接促使消费者购买的行为的执行，中介变量——顾客的感知价值才是左右消费者行为的相关因素。换句话说就是，顾客的感知价值直接作用于消费者的购买活动。而且之后的许多专家在后来的实践研究中证实该结论是正确的。

威廉詹（WilliamJen）等人（2007）对台北市的巴士上的消费者的顾客的感知价值进行调查，发现顾客的感知价值对消费者的再购买意向有直接的作用。

Couchen Wu 和 San-san Hsing 在研究感知的利得利失时，认为顾客的感知价值对消费者的购买意向有影响，并最终作用到顾客是否购买的意向上的模型。该模型的结果表明，顾客的购买意向受顾客的感知价值的正向影响，且该影响具有显著性。

海默（Haemoonoh）（2000）为研究顾客的感知价值和行为意向的关系，以两家高档的饭店作为研究对象。在他的研究中得出，顾客的感知价值、顾客的满意度两个因素都会对顾客的再购买意向产生影响，其中消费者的价值借助顾客的满意度这一中介变量，才作用到顾客的行为上。

赵晓煜、曹忠鹏（2010）研究时选取的背景是休闲餐厅（享乐型消费），从情绪、认知两个层面上来研究服务的环境对消费者的情绪表现、感受的服务质量、感受的服务网购的消费者参与、感知的价值和行为意向，结果说明，影响行为的意向最为显著的是感知的服务价值，且其在情绪的反应与行为的意向间的关系中有着不可替代的中介性。

对上述学者的研究总结，我们得知，学者主要研究的顾客的感知价值与顾客的行为意向间的关系，对两者间的直接和间接关系都有大量深刻研究。

2. 消费者网购行为和购买意向的关系

凯利（Kelley）和戴维斯（Davis）（1994）指出在俱乐部的会员制前提下，因为消费者的参与程度高，则大幅度增加了其再一次光顾此俱乐部的概率。结果表明，在服务的传导中，会员制的组织形式和消费者的参与程度高都会出现组织承诺。

瑟马克（Cermak）等人（1994）提出消费者参与这一环节对消费者的再购行为有促进作用，降低了其转换卖家的概率。

卡萨洛（Casalo）等人（2010）利用TPB、TAM和社会识别理论，调查研究了在线的旅游社区。调查结果表明，消费者的行为倾向显著受到消费者的参与意向的影响，并认为在在线的旅游社区中，消费者可以感受到更多的感知价值。

易英（2006）对家装行业的消费者参与、服务的质量、消费者的满意度与行为意向的相关程度进行了研究调查，得出消费者的参与对其行为的倾向具有直接的正向影响。与此同时，服务的质量和消费者满意度两个中介变量间接对行为的倾向产生一定的影响。在她实证研究了家装行业后，认为消费者的再购买倾向和推荐倾向显著受消费者四个方面的影响：付出努力的成本、搜寻信息的成本、人际沟通的互动、对工作的认知。

贾艳青（2008）在调查研究饭店服务时，指出消费者在享受服务时表现出来的参与程度与其消费行为呈正向的相关关系，换句话说就是消费者的消费行为受信息的提供的正向影响。饭店服务中的信息分享越到位，人际关系调节得越好，那么消费者服务的质量也就相应越优质。

娄雪燕（2010）通过调查电信行业中的拆机业务来研究消费者参与、服务的质量与消费者行为倾向间的关系。调查表明，消费者的参与对其行为的倾向有着显著的作用，产生正作用的因素是消费者参与过程中得到的“信息的分享”以及“人际间的互动”，产生负作用的因素是“付出的努力成本”。

赵菁和陈信康（2010）对美发行业进行调查研究，建立了以消费者参与为自变量，行为倾向为因变量的关系模型。模型结果表明，消费者参与的合作程度与行为倾向有显著的正相关关系，但是人际的互动和信息的分享与行为的倾向间的关系不显著。

岑成德和钟燈维（2010）以生态旅游者作为研究对象，研究结果表明在消费者参与包含的三个维度中，精神与情绪的参与和行为倾向（再次购买倾向和推荐倾向）有显著的正相关关系，但是体力的参与无显著的相关性。

5.4.4 消费者网购行业和感知价值的关系

顾客在参与服务的过程中，无意识地就和服务的供给者进行了信息的共享和交流。首先，服务的供应者能够更加清晰明了地掌握消费者对服务的期望值，从而更有方向性地提高服务质量。其次，消费者在参与过程中，也接收到了来自供应商的信息，消费者能够更加理性地看待服务提供者的服务，实现其对产品或服务合理的期望。最后，消费者的参与最终也会对消费者的心理情绪产生积极影响。消费者作为理性经济人，具有趋利避害的本性，对不确定性也是躲避的。

File 等人（1992）觉得消费者的参与过程会使风险减少。

达布尔卡（Dabholkar）（1996）也认为，即使在缺乏金钱或其他的激励动机的情况下，趋利避害的天性会促进消费者参与到服务中。

拉皮埃尔（Lapierre）在研究加拿大的 IT 产业中的服务部门时，得出对于信息、通信、娱乐服务方面的部门而言，消费者定制是影响顾客的感知价值的重要因素之一。

范秀成和张彤宇（2004）认为服务型企业的绩效直接和间接影响着消费者参与。直接影响指把消费者也作为一种生产要素，考虑到企业的服务生产中，对一个企业的效率有直接的影响；间接的影响则是在消费者参与服务的过程中，通过顾客的感知服务的质量和成本这一中介变量，最终作用到消费者的感知价值上，影响其购买的行为。

张庆伟（2007）对消费者的参与和消费者的感知价值间的关系进行了深入研究，价值的生产和转移构成了生产活动的两个环节，而价值的交换和感知则是生活活动的两个环节。消费者在参与生产或生活的活动过程中花费的时间、精力是一种感知的利失过程，但这些活动也会让消费者得到感知利得，如知识的获得、减少货币支出等。

李靖华、范钧、赵文斌对规模上的定制产生的对服务或产品的消费者价值的驱动作用进行了研究，得出消费者的参与和构件的模块化这两个规模性定制的重要因素对消费者的成本降低、产品质量的提升有积极作用，最终能提高顾客对服务产品的感知价值。

刘文波、陈荣秋（2009）以 B2B 模式下的建筑材料装饰业为研究对象，实证研究了消费者——建筑材料的分销商这一供应链中的下游角色对作为供应链中的上游角色的建筑材料的供应商的参与程度与消费者的感知价值程度间的关系。结果说明，消费者在参与过程中的“努力成本”和“对工作的认知”两个因素与消费者的感知价值有正相关关系，且相关性是显著的，但是“搜寻信息的成本”“人际沟通互动”则与其的相关性不大。

刘文波、陈荣秋（2009）研究了消费者的参与程度与消费者的感知价值的关系，并提出消费者的参与能在 7 个角度影响消费者的感知价值，分别如下：①消费者的参与会把产品或服务的价值提高，对产品或服务的感知得到加强；②消费者的参与对减小消费者对产品或服务的质量的风险感知有促进作用；③减少获取产品付出的成本，降低消费者的感知利失；④把体验价值直接带给消费者；⑤加强了消费者与企业间的关系；⑥将学习价值带给了企业；⑦消费者参与还提高了消费者的心理价值。

消费者购买意向指的是消费者对某种产品发生购买行为的可能性或主观概率，受消费者对该产品的态度、外界因素两个条件共同影响，消费者购买意向同时可以看作消费者愿意购买该产品的主观意向。

蔡特哈姆尔（Zeithaml）等人对消费者购买意向进行分析，得出消费者购买意向存在正向购买意向与负向购买意向，正向购买意向会增大消费行为发生的可能性，负向购买意向会减小消费购买行为发生的可能性。

阿杰恩（Ajzen）指出意向对行为发生具有决定性作用，是发生行为的必经过程。由此可以推出，消费者购买意向能够作为预测消费者购买行为是否发生的指标。在此继续做出假设：网购环境下购买意愿与购买行为呈正相关关系。

图 5-1 为消费者网购行为影响因素关系图。

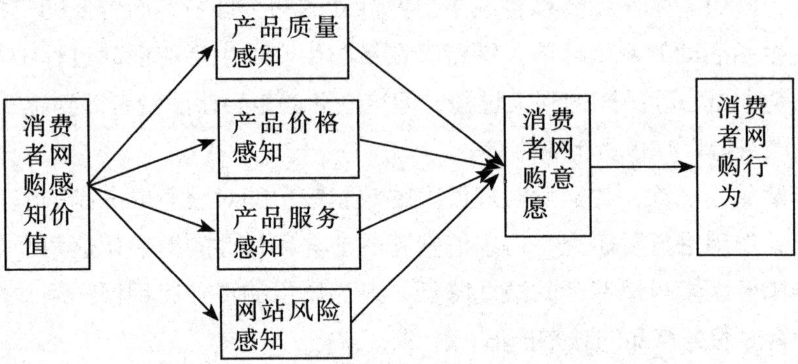

图 5-1　消费者网购行为影响因素关系图

第6章 网络零售下供应链网络构建

网链结构是供应链运作与管理的基础，也是物流基础设施网络、组织网络和信息网络等集成管理的基础。公共型物流服务可能集中于某一点，也可以辐射到区域，而供应链物流却必须面对整个网络，支持整个流程，这是供应链管理与一般功能性物流服务最明显的区别。

6.1 网络零售下供应链网络基础问题

供应链网络是产业关系链的体现，也是企业关系链的依托。政府主管部门在供应链网络构筑中主要起两大作用：建立硬件环境和软件环境。供应链网络建设与运营的主体是企业。

6.1.1 供应链环境、经营主体与基础网络

1.供应链环境建设

供应链环境建设主要包括硬件环境建设和软件环境建设。

硬件环境建设是指支持供应链商流、物流、信息流、资金流的基础设施规划、建设。政府通过直接投资或给予政策支持公路、港口、铁路、航空等运输基础设施的建设，以及与多种运输方式相互衔接的运输枢纽、物流中心建设，公共物流信息平台建设，推进国家信息化，形成由信息流与线型和点型基础设施构成的动态网络。其中，国家信息化包括政府信息化和企业信息化。政府的信息化建设要与产业结构调整相结合，以信息化带动工业化和现代化。

软件环境建设是指为供应链经营主体提供运作良好的体制环境和规则环境。政府要集中力量抓住对产业发展有重大影响的核心技术，加大研究开发力度，推进产业发展；改革传统部门管理体制对供应链物流跨行业、跨区域、

跨企业运作的制约和阻碍；建立和制定竞争规则，规定供应链物流市场准入资质，维护竞争秩序，使企业能够通过技术创新、组织创新和管理创新获得生存与发展空间。

供应链环境建设要面向市场，按照供应链平台构建的客观需求推进信息化和基础设施建设，杜绝各种网络、系统和基础设施的重复建设。

2. 供应链经营主体

供应链构建和经营管理主体是企业。支持供应链物流市场的经营主体包括供方企业、需方企业和第三方物流企业，以及相关的运输企业、仓储企业、包装企业、装卸企业等。运输企业还可以分为铁路运输企业、公路运输企业、内河运输企业、海洋运输企业、航空运输企业、邮政企业、管道运输企业等。各经营主体具有自己的经营特色，供应链主导企业具有一定控制能力。

推进供应链管理涉及连锁经营、物流配送、代理制、多式联运经营模式，需要改造提升传统流通业、运输业和邮政服务业，需要健全综合运输体系，要求铁路运输、公路运输、内河与海洋运输、航空运输、管道运输、邮政业的发展协同运作，要充分发挥各种运输方式的优势，发展和完善城市间快速运输、大城市运输、集装箱运输、大宗物资运输和特种货物运输系统。需要引入竞争机制，加快电子、铁路、民航、仓储、公用事业等垄断性行业管理体制改革。

供应链理论和运作网络形成初期，在生产力和消费水平处于较低的阶段，在供应链网络中具有著名品牌产品的制造商通常作为最有实力的供应链成员存在，主导着产品生产、原材料需求，并最终使消费者买到其所生产的产品。现代供应链是由客户推动的，客户决定着需求的品种、需求的数量和时间，客户需求是牵拉供应链网络的原材料、协作件、零配件、在制品、制成品、商品的原动力，而各类企业主体构筑涉及物品流动的节点、流经的网络和相关管理活动。供应链网络的构筑涉及供应链管理诸多的基本理论和实践问题。

3. 制造商与供应链网络

制造商面临的供应链物流问题是与原料、配件供应紧密联系，与最终消费者息息相关的。其原因在于：

（1）客户都在追求个性化的商品，这种追求导致商品种类增加，变换加快，数量难以把握。

（2）客户获取商品信息的渠道更多、更快、更便捷，客户获取商品资讯更加容易，有了更多的比较、鉴别和选择的机会。

（3）要求制造商把握市场需求更准确。不仅要产品质量好、成本低，还要求产品上市周期短，制造系统必须以更敏捷的方式去应对和满足市场需求。

在供应链网络中制造商关心的主要问题是销售网络部分：应该在什么时候生产什么产品；选择什么样的方式、什么样的渠道把生产好的商品按照客户的要求在适当的时间交付到客户手上。

4. 分销商与供应链网络

供应链网络中分销商大致可以分成两类：一类是纯粹为某一个生产厂商做分销的企业，具有强烈的排他性，像欧莱雅化妆品就是和当地的分销商合作的，这类分销商只起中间分销产品的作用；另一类是为多个厂商做产品分销，销售网络具有兼容性，同时满足不同产品需要。对供应链分销渠道来讲，分销商们所关心的问题主要有以下几个：

（1）商品分销业务开展得越大越好，分得多的前提就是分销商必须了解下游零售商的要求，零售商到底要什么货，什么人、什么地区会要这个货，才可以组织做分销。

（2）分销商的商品存货量越少越好、销售周转越快越好。

这些问题无不与供应链物流系统的需求、供应、仓储、销售中转配送和各项作业运作协同、效率和效益水平有关。

5. 零售商与供应链网络

零售是供应链网络中经营主体和客户交互的最末端环节，零售商所关心的是产品的销售和使用主要包括以下几点：

（1）应该进什么样的商品，应该卖什么样的商品，选择的商品的组合不仅能带来营业额还要带来效益。

（2）怎样使客户所需要的商品能够适时适量地得到，货进早了进晚了也不行，都无法满足客户的需求。

（3）零售商向什么样的厂商、什么样的分销商去采购更合适。货进多了成本就高，可能卖不出去等。

（4）实行连锁经营的企业通过大批量采购和销售来降低成本，需要了解每个分散的连锁店每天动态的销售情况和缺货情况，从而在其物流中心选择给不同的商场补货、配货，并保证成本最低。因为零售商出售多个厂家的商品，采购环节相对来说对其更重要，哪家的商品好卖，哪家的商品提供得及时，这是零售商最关心的。

6. 物流商与供应链网络

第三方物流商是供应链物流专业化、网络化、高级化的服务提供者。由于第三方物流商本身没有货物、商品经营，必须依托于客户的供应链提供其所需要的系统的、个性化的物流服务，注重与客户建立长期合作关系才能获得生存与发展。因而，其关心的问题主要有以下几个：

（1）客户后勤保障的主要问题是什么，如何利用第三方物流服务的长处满足客户需要。

（2）解决物流成本攀升的关键问题是什么，高库存产生的费用、规模经济物流管理过程质量差造成的损失等，原因是什么。

（3）客户满意度下降的原因是什么，不能准时交付商品、库存缺货等原因以及如何去解决。

（4）客户销售停滞不前对应用什么方式协助解决分销渠道不畅，供应链缺乏竞争力，对新的区域市场缺乏渗透力的问题。

在解决上述问题时，第三方物流网络怎样与客户销售网络协调一致的问题显得十分重要，需要对生产商产品进行具有成本效益型的分发。

以家电业为例，现在国内家电企业按照行政区划均匀分布的格局已荡然无存，取而代之的是经过市场优化组合后形成的具有集聚效应的区域产业基地。中国明显地出现了胶东半岛、长江三角洲、广东珠江三角洲三个大的家电产业集聚圈。有数据显示，三大家电集聚圈的销售额已经占到全国整个家电产业的 80% 以上。其中，胶东半岛家电集聚圈的销售额基本接近 80 亿美元，长江三角洲与珠江三角洲的销售额都已超过 120 亿美元。家电业三大集聚圈的形成是产业供应链网络集聚效应充分发挥的结果。

家电品牌竞争的最终结果是 90% 以上内陆品牌生产厂家倒闭或被沿海的家电品牌生产企业兼并，强势品牌生产企业在沿海集中并快速发展之后，加上外资家电企业进入中国市场选择的落脚点基本上集中在东部，家电业的上游散件企业在全国范围内进行了一次大的迁移，主要是将生产厂搬到了品牌家电企业的附近。随着家电品牌的急剧减少，三大家电产业集聚圈随之而出现。

三大家电产业集聚圈的出现标志着家电企业大面积、长距离采购散件的现象的减少或结束，因为上游配套企业都成了自己的邻居。供应链采购成本、运输成本大大降低，以品牌家电企业为中心的家电集聚圈已经生成了良好的产业链关系：家电散件制造商—品牌家电商—家电流通渠道商，以及像会展业等其他行业服务体系以最短的距离组成了完整的产业链条。

三大家电集聚圈是市场机制这只无形的手造就的，地方政府这只有形的手也正在按照市场规律刻意培植这些良好的集聚圈。胶东半岛圈内主要是海信、海尔、澳柯玛北方三大家电巨头。长江三角洲圈内主要有飞利浦、春兰、熊猫、小天鹅、西门子、荣事达、三菱、惠尔普等著名企业。康佳、TCL、科龙、容声、格力、美的、格兰仕等国内南派巨头则位于广东珠江三角洲圈内。由北到南，三大集聚圈都处在中国的东部沿海地带，加上跨国家电巨头落户圈内，集聚圈起到了一个很好的内引外联的作用，技术、产品、市场、资金等行业要素都在这里形成良性交流，物流、人流、资金流、信息流在产业圈内生成了最经济的互动，集聚圈为圈内家电企业提供了前所未有的市场竞争力。三大集聚圈不仅是中国家电走向国际市场的主阵地，也成为世界最大的家电生产基地。因为有良好的产业集聚效应作用，位于家电集聚圈之内的企业相对圈外企业在供应链的发展中面临的市场压力可能要小一些。

国内除了上述三大家电集聚圈以外，还有一些小的家电集聚圈，如围绕长虹电器、新飞电器的产业集聚圈，一些中小企业为核心企业提供辅助原料、材料的供应服务，产业集聚圈简化了供应链物流流程。

6.1.2 构筑供应链网络的要点

产品从生产者经物流企业以及从销售商到达消费者手中的过程，其实质是产品在供应链上流动的过程。

1. 供应链的核心内容

将客户需求与制造商、分销商、零售商共同的需求和问题抽象出来，就构成了物品供应链管理的核心部分及运作要件。

（1）监控整个供应链上的库存。从压在零售商手里存货是多少，每天的销售量是多少，可以知道需要补货的量是多少；从分销商的库存可以判断他的货是不是可以补足零售商之需，是不是需要到生产厂去采购新的货。假如说有一个系统，它能够让生产厂商看到从零售到分销的各个商品供应链上所存在的每件商品库存的数量，动态地知道每个商品的出货情况、销售的情况，它就可以比较准确地判断某项商品未来的需求是多少，什么时候会需要多少，从而适当地安排生产和供应的过程。分销商也是这样，如果其知道他的下游每天分销的情况，当然就可以适时地向供应商去采购。对零售业来讲，如果其能够知道每个零售店动态的销售情况，就可以为每个零售店自动补货、配货，有计划地组织采购过程。

（2）有效控制物品流动成本。在供应链的整个过程中，每一个环节都会牵扯到物品的流动，无论是从供应商到生产商的原材料、配件供应，还是从生产厂商的成品仓库出货，通过运输商送到分销商的库房，再由分销商的库房发送到零售商的物流中心，从零售商的物流中心发送到最终的零售店里面，甚至从零售店送到客户的手上。如何有效地控制商品的流动过程和成本始终是整个供应链核心的内容。

（3）订单整个执行过程的管理。不论是最终的客户到零售商的订货，零售商到供应商的订货，还是供应商到生产厂商的订货，或者是其他更直接的订货方式，这个订单将是牵扯供应链的指令，其处理过程决定了供应链物流的整个过程能不能满足订单在商品数量、到货时间和质量等方面的要求。

2. 供应链的运作控制

供应链经营主体与供应链网络的关系在很大程度上取决于供应链运作信息的反馈、供应链过程的控制、供应链联盟的合作等供应链管理核心问题的解决情况。

（1）供应链过程信息反馈。供应链信息及时、准确地反馈很有必要，但实时反馈信息成本显得太高，有时需要因商品而异。有的商品可能需要掌握每天的信息。比如，牛奶过一天可能就过期变质了，有些可能是一个星期，有些可能更长些。再如，男式西服款式可能半年、一年都不会变，而女士时装最长可以流行一个季度。

（2）供应链商品供应控制。从生产厂家到分销商到零售商到最终客户，商品在这个流动的过程中需要物流服务公司来承担存储、运输、加工、包装等服务，这是一个全程的作业，任何一个环节断掉，商品供应都是无法完成的。零售商每天不能够给分销商提供相应的每天卖多少的数据，如果运输部门不能告诉你在什么时候到货，那么就意味着商品的整个供应过程失去控制。

（3）供应链管理动态联盟。供应链上的企业之间要达成协同作业。其实，很多企业都了解协同作业的重要性，但在过去，因为缺乏相应的管理软件，很少有企业能够监控上下游企业间协同作业的情况。

（4）互联网信息技术利用。信息技术的发展给供应链上的企业带来了变革，但大部分企业的管理软件和应用系统都是各自为战，主要用于解决本企业内部的作业流程处理问题，较少考虑为上下游的客户提供更多的服务和支持。在供应链的诸多环节中，假如每个环节都拥有自己独立的系统，每个企业都配备很强大的计算机网络的话，成本未免太高了。即使有了互联网，不同企业各个系统之间的信息交换也存在相当大的困难，无法为最终的客户提供一套完整高效的服务。

供应链物流信息平台可以全程、高效地管理供应链上各个环节，提供解决供应链上所有企业的物流问题的工作平台，从而廉价快捷地完成商品的流动。由于供应链的各环节之间总是存在一定的时间延迟，加上供应链上的不确定因素，供应链中的各个环节必须经过仓储和运输来保证供应链的连续性。供应链管理的灵活应用贯穿整个经济发展过程中。

3. 发展现代物流对供应链的支持

我国发展现代物流的总体目标是，积极采用先进的物流管理技术和装备，加快建立全国、区域、城镇、企业等多种层次的，符合市场经济规律、与国际通行规则接轨的，物畅其流、快捷准时、经济合理、用户满意的社会化、专业化现代物流服务网络体系。

现代物流发展对优化供应链资源配置、调整经济结构、改善投资环境、增强综合国力和企业竞争能力、提高经济运行质量与效益、实现可持续发展战略、推进经济体制与经济增长方式的根本性转变具有非常重要而深远的意义。

6.1.3 供应链网络构筑需解决的问题

能够全面支持供应链运作的经营主体的关键不仅是有“点”，还必须有“网”。供应链网络构筑包括基础设施网络、运输网络、组织网络、信息网络。供应链网络节点的确定是基础，包括区位选择等方面。企业可以通过两种方式组成供应链。

1. 相关企业集成方式形成供应链

由处于供应链不同阶段的物资企业、生产企业、销售企业以及物流企业等通过战略联盟等集成方式形成一个整体，形成一个供应链，从形式上看它们是各自独立经营的企业，但实际上它们之间构成了一条极具竞争力的网链。

2. 物流集成运作方式形成供应链

具有不同功能的企业在商流、物流、信息流、资金流等这些流向上进行集成运作，客观上是按照集成物流功能运作形成的供应链。

在这些集成中比较困难的是物流的集成。物流在供应链中起着基础性作用，物流高级化实际上就是从整个供应链的角度来考虑物流的。在我国，物流配送业务一直是整个供应链中最大的问题，不论是在连锁经营过程中，还是在电子商务过程中，这个问题都十分突出。

6.2 网络零售下供应链网络节点的确定及布点方法

6.2.1 供应链网络的类型

从设施网络建立依托的对象划分，供应链网络分为产品型、市场型、工艺型网络；从物流功能的运作划分，供应链网络类型有运输、仓储、组织和信息等网络。

1. 设施网络类型

（1）产品型设施网络。产品型设施网络是指以企业某一种或某一系列产品为中心，分别建立不同的设施体系。例如，家电公司的冰箱厂、电视机厂等，日用化学品公司的化妆品厂、洗涤用品厂等。这种类型设施的主要目的是进行大批量生产，各个厂分别面向所有的市场区域，运费是其次的。这种类型的设施在选址时较注重接近原材料产地或供应商，在可能的条件下，也应考虑产品外运的方便和低成本。

（2）市场型设施网络。市场型设施网络是根据企业产品面向各个市场区域销售的设施体系。这种设置方法主要考虑的是运输问题（运费、运输时间），常用于体积、重量较大的产品。例如，造纸、塑料、玻璃、管道等制造业，这些产品在每一地区均有需求，因此对于规模较大的企业来说，往往以区域需要为中心来设置不同的生产设施。此外，为了以“快速交货”为主要竞争重点，有时也采用这种方式布置设施。例如，承诺“30 分钟以内送货上门”的比萨饼店，其选址自然选在目标市场附近。

（3）工艺型设施网络。工艺型设施网络是指以企业整个生产工艺过程环节中的某一或某些环节为中心，分别建立不同的设施或工厂。每个厂有各自的生产工艺和技术，分别负责整个生产过程的某几个阶段，然后把其产品供应给装配总厂。这种设址方法使各个不同厂的生产均可达到一定批量，以取得规模经济效果。这种设置方法的各个设施之间的相互作用、相互依赖性是最强的。

2. 功能网络类型

供应链经营主体在物流一体化解决方案中，涉及构筑四大功能网络以实现供应链物流运营体系，即运输网络、仓储网络、货源网络、信息网络。供应链主导者应当掌握四种网络的集成运作与管理。

（1）运输网络。运输网络是由运输通道、中转枢纽（站点）、配送据点和运输车辆等构成的车辆调度、跟踪网络，包括铁路、公路、集装箱、船舶、飞机、港口、机场、管道仓库、配送中心、物流中心等，没有它们，供应链物流无法进行。运输是完成供应链物流过程最重要的环节，因而畅通的运输通道，充足、完备、良好的运力车辆是保证运输质量的前提。

（2）仓储网络。仓储网络是由供应链节点的仓库等物流据点通过计算机管理系统形成的库存控制网络体系。公司信息系统将通过综合物流信息系统与全国各省市的货运交易中心、货运站的仓库、专业仓储中心等信息中心合作、联盟，从而构成自身的仓储网络（包括虚拟仓库），逐步解决、实现制造商、大型零售商的零库存管理。仓储网络与运输网络的交融，如通过与异地货运交易中心省运站的信息交换，可以解决加盟运输车辆的返程货源问题，提高物流资源利用效率。

（3）组织网络。组织网络是由各经营主体通过战略联盟、动态联盟形成的业务经营、资源整合等经营伙伴关系的网络组织体系。通过经营组织网络可以沟通协调供应链关系、整合供应链物流资源，与具有良好物流服务意识、高质量的服务水平、先进的物流技术、合理的物流流程的经营主体进行合作，可以实现跨区域乃至全球供应链物流运作。

（4）信息网络。信息网络是基于 Internet 连接组织网络、运输网络、仓储网络的信息通道和技术手段构成的网络体系。在信息网络中包含两个主要内容：一是基于经营主体网站互联网络的服务系统，在此系统中加盟的货源单位和运输公司、仓储公司，将为其提供无偿的企业宣传、货物跟踪查询市场调查等服务；二是基于供应链物流业务的运营管理信息系统，将该系统布设在所有加盟到供应链物流协作网的货源单位和运输单位，利用公共平台进行网络互联，通过这套系统可以完成供应链货物的组织、车辆的调度、仓储的安排和管理、在线的查询和运费的结算等功能。

6.2.2 确定供应链网络节点

1. 制造企业确定供应网链的节点

制造企业供应网链的节点包括供应商的仓库，制造商的工厂，销售商的商店、仓库、零售商店等，在外包物流条件下，还包括第三方物流商的仓库、中转仓储、配送作业点等。企业在确定销售网络时，往往是根据产品销售市场的定位、各地的销售量确定业务点。制造商将产品定位于高档产品优先选择大城市时，则销售网点以中心城市为网络节点；若定位于中低档产品，则销售网络以中小城市为销售网络节点。一些大型企业自办物流，中小企业则利用第三方物流商的公共物流设施为节点。

由于供应网链由消费者驱动，所以首先要考虑的是销售网络节点选择、布局与运作。为了形成较大且稳定的销售网络，有的制造厂家还在相关中心城市设置分公司管辖业务点。

2. 销售商连锁经营确定节点

连锁经营是把若干商店联合起来进行统一经营，实行统一进货、统一运输、统一储存、统一形象的商业经营模式。销售商主要根据销售量分布状况再结合其他因素确定节点。配送中心从事配送业务的物流场所或组织是这类经营网络中典型的节点。它一般符合如下要求：主要为特定的用户服务；配送功能健全；具有完善的信息网络；作业辐射范围小；主要进行多品种、小批量物流配送作业；以配送为主、储存为辅。

连锁企业网络的核心技术主要包括采购技术、配送技术和信息技术三个方面。

（1）采购技术是使采购成本最低的同时选择理想的商品结构，包括商品预算和计划技术、商品下单技术、商品分类技术、商品组合技术、跨国跨区域采购商品技术、供应商整合与组织技术等。

（2）信息技术表现为信息管理能不能支撑不断延伸的区域市场，能不能满足和追踪瞬息万变的商品结构，能不能快速地形成准确有效的决策。

（3）物流配送技术关系到能否快速准确地把握和满足各门店的需要，同时能否用最低的物流成本来支撑物流配送体系。

连锁经营通过配送中心与供应商、制造商和连锁店的关系支撑起完整的供应链网络。上海华联、联华、农工商超市集团等都建立了自己的配送中心，并利用外部力量形成连锁经营供应的配送体系，支持连锁经营的供应链运作。

3. 第三方物流网络

狭义的第三方物流网络是经营主体面向客户需求提供以契约为基础的个性化的物流服务，支持客户市场开拓或产品生产。第三方物流网络要能够解决供需双方物流业务无缝链接问题。由于广义的第三方物流范畴较宽，从服务的性质看，除了有全程化、个性化的物流服务以外，许多经营者还经营公共型的物流服务。

第三方物流网络节点一般有三层结构：全国物流中心、区域物流中心（或配送中心）和客户销售（仓储）点。其典型的网络节点是物流中心。物流中心是从事物流活动的场所或组织，一般应符合如下要求：主要面向社会服务；物流功能健全；完善的信息网络；辐射范围大；进行少品种、大批量物流作业；存储、吞吐能力强；物流业务统一经营、管理等。

4. 网络节点布局的考虑因素

对于以制造企业为主导的供应链而言，当公司总部、制造工厂、零售商的位置一定，销售网络节点的选择、布局与运作就成为供应链网络建构的主要内容。从物流费用节约的角度分析，它应当集中或接近于销售量最大的作业节点——仓库，另外从便于管理的角度还需考虑其分公司的地理位置。这一问题可以由不同条件下的权衡决策来决定。表 6-1 为对于仓库一般情况需要考虑的主要问题。

表6-1　对于仓库一般情况需要考虑的主要问题

确定服务功能与成本水平	战略层上能够满足客户所需品种、数量、时间等要求，战术层上能满足中转、集配和仓储需求，并且降低供应链物流运作成本
确定合适的仓库数目	满足供应链战略前提下的战术要求，包括仓库的基本功能定位，如快速中转或定期保管，涉及仓库的区位选址与仓库空间布局
确定每个仓库的位置	根据仓库功能定位选择恰当位置
确定每个仓库的规模	仓库规模与数量一般成反比，仓库规模大，所需数量就少。大多数情况下，仓库规模大能产生规模经济效应
确定仓库提供的商品	一般商品，或特殊商品，有无恒温、冷藏等要求
确定仓库的空间分配	便于物流其他作业

5. 布点成本问题

供应链各类主体运作涉及运输费率、仓库成本等因素。

（1）运输费率因素。应当将长途运输费率和短途配送费率分别进行考虑。运输费率一般呈递远递减规律，但运输费用一般与运输距离呈正比关系。短途配送费率一般比较高。

（2）仓库成本因素。仓库或配送中心成本主要包括作业成本、固定成本和仓储成本。其中，作业成本是劳动力、作业设备、作业消耗等构成的变动成本，与仓库年作业量（吞吐量）有密切关系。仓储作业主要是货物进出搬运装卸，其成本计算相对简单。固定成本是仓库设施折旧、管理人员工资、设备等形成的费用，一般与仓库吞吐量无线性比例关系。

6.2.3 网链节点一般布点方法

1. 区域物流系统网络结构

依据活动的范围可以将物流划分为企业物流、区域物流、全国物流和国际物流，其中区域物流超出了单一企业的活动范围，是全国物流、国际物流活动的基础。第三方物流经营者在此有着明显优势并拥有极为广泛的活动领域。

（1）区域物流网络构成。区域物流系统是为实现既定区域社会经济目标，由一定区域物流固定设施、移动设施、通信方式、组织结构及运行机制等要素形成的多层次人工经济系统。

区域物流系统化是物流系统化较高的层次，其内容主要是规划、建立和完善区域物流网络体系。

构筑区域物流系统的主要内容包括区域间通道（干线公路）、城市道路等与区域物流设施、城市集配中心、企业仓库等联合组成的物流网络体系。

货运枢纽站场是区域物流设施，其规划与布局对区域物流系统合理化有重要的作用。从区域经济发展的观点考虑，货运枢纽站场或城市间物流中心、城市内集配中心等物流据点的运营应当按综合集成方法规划布局，实现功能分配合理、运行机制兼容，能够协同运作。

城市物流（配送）据点的确定可从两方面综合考虑权衡：从提高物流活动效率方面分析，要求对物流设施进行集约化布局，以便于实施集中调度与控制；从提高物流服务水准方面分析，则要求对物流设施实行分散化布局，以满足实时响应用户需求的要求。在物流链运作的同时要加强物流信息和综合控制能力，从而达到削减库存量、提高销售能力、减少物流总费用的目的。

（2）区域物流系统一般运作模式。区域物流设施是构造区域物流系统的核心，具体形式是多种多样的。典型的形式是区域物流中心，它是处于枢纽或重要地位的、具有较完整物流环节，并能将物流集散、信息和控制等功能实现一体化运作的物流据点。物流功能的绝大部分作业可以在物流中心或以物流中心为基地的延伸服务过程中完成。

所以，高层次物流中心应当在区域物流系统化中，有效地履行货物集散中心、物流信息中心、物流控制中心的全部功能，是实现物流高级化的基础功能。

区域物流系统主要由公共型物流经营者运作，其运作的一般模式可以概括为以干支线合理布局的公路网及相互兼容运行的物流基础设施为依托，以现代企业制度、集团化机制运作的第三方物流经营组织为主体，运用现代营销理念并结合现代电子通信及计算机网络为技术手段，与用户结成长期稳定的战略合作伙伴关系，形成既具有经营活力又能够实现全过程物流链实时控制的区域物流系统。

（3）交通运输网对区域物流系统的影响。供应链物流网络节点可划分为四个层次：

①国际物流枢纽。国际物流枢纽主要承担国际货物运输，就我国具体情况而言，主要是海运通道、过境陆路通道。所以，国际物流枢纽布局建设主要集中于具有国际运输功能的海港或公路、铁路货运站。在国际物流枢纽周边往往设有保税区、保税仓库、海关监管仓库等区域，能够提供方便的“一关三检”等服务。

②区域物流设施。区域物流设施是物流网络的重要节点，其布局与其功能层次有关，一般邻近于高速公路或干线公路布设。深圳、上海等城市规划建设的物流园区基本上属于区域物流基地这一层次，主要解决区域间（包括国际间）和区域内部物流运作问题。

③城市配送中心。城市配送中心是城市物流集配节点，多分布在城市边缘、邻近城市干道，货车能够进入，便于轻型货车城市内配送的交通方便地区。

④商店、连锁店、仓库、超级市场。大型商店、连锁店通常布局于商业区，交通便利处。仓库式商店一般布局于距离市中心较远且交通方便的地区。

物流链运作的绝大部分功能的实现都与物流设施功能的发挥密切相关。若将物流网络节点的仓储、包装、配送、装卸、流通加工、信息服务等功能与运输过程等形成一体化管理，就可以实现物流链的全过程控制。在实现全程控制的过程中，现代通信技术、计算机网络技术是最重要的技术基础，同时需有相应的组织运行机制和管理体制作为保证。

从物流国际化、物流高级化发展的要求分析，各类货运枢纽站场属于典型的区域物流基础设施，在布局中与干线公路的关系更为密切，而城市的集（货）配（送）中心、仓库等与城市干道的关系更为密切。

随着物流高级化的引入，货运枢纽站场经营理念、技术基础与经营方式将随之发生变革。多数情况下，区域物流系统规划是在现有运输网络或拟建运输网络基础上，完善区域物流设施、物流据点规划与布局。公路运输经营者承担运输与配送等核心业务。

全国交通建设以“三主一支持”的发展设想为目标，即公路主骨架、水运主通道、港站主枢纽和现代化的支持保障体系。它是公路、水路运输网建设的核心内容，也是对全国及区域性物流系统的规划、设计和运作与管理重要的支持。公路主枢纽中的货运站场系统本身就是区域物流系统的重要组成部分，具有运输组织管理、中转换装、装卸储运、多式联运、通信信息和生产辅助设施六项基本功能。

公路运输站场规划主要涉及集装箱货运站和公路运输零售货运站，两者都属于区域物流设施，应当与城市集配中心、各种仓库、商店形成配套体系。

作为区域物流设施的货运枢纽，规划的主要内容包括确定其在区域物流系统中的主要功能，确定其布局、选址与建设规模，设计良好的运行机制，与现有集配中心、仓库功能匹配、兼容运作。

2. 设施网络选址分析方法

设施网络中的新址选择比单一设施选择问题更复杂，因为在这种情况下决定新设施的位置时，还必须考虑到新设施与其他现有设施之间的相互影响和作用。如果规划得好，各个设施之间经济活动将会相互促进，否则就会起到负面作用。

（1）设施网络选址方法。现实中的设施网络的选址影响因素很多，比较复杂。例如，考虑一个大型制造企业的选址，需要考虑通过多个配送中心把其产品分别送往不同的需求地点或配送中心，要决定这些配送中心的数量、规模，产品向各个配送中心的分配方式以及每个配送中心的位置，一般称其为销售网络。企业产品的需求中心可能有几千个，应该考虑设置的配送中心也许是几百个或几十个，而企业所用的生产中心及生产设施可能只有几个。解决这样的问题通常需要利用计算机来建立数学模型求解。有些情况下，可求出最优解，有时则难以求出最优解，需要用到一些其他方法，做到定量与定性分析相结合。

设施网络选址方法有以下几个：

①启发式方法。启发式方法又称启发式算法，是一种只寻找可行解，而不是最优解的方法。早在 20 世纪 30 年代，就有人提出了用启发式方法解决

大型设施选址问题。其中，负荷距离法中的重心法就是一种典型的启发式选址方法。启发式方法已经广泛地应用于很多场合。

启发式方法的基本思路是，决定在一个地区建多少配送中心以及在哪儿建的问题时，目标是要使顾客到各配送中心的总成本最小。一旦选中在该地区某个区域建一个配送中心以后，就要对顾客到各配送中心的总成本进行新的调整，从而利用调整后的数据对选择新的区域建立新的配送中心进行决策。

②模拟方法。模拟方法是通过建构动态模型来描述供应链网络系统的行为或活动的选址方法。采用模拟方法不必实地去建造并运转一个系统，或根本没条件实地去进行运转实验。模拟方法在选址问题中有很多种应用，模拟方法可以使分析者通过反复改变和组合各种参数，多次试行来评价不同的选址方案。

这种方法还可进行动态模拟。例如，假定各个地区的需求是随机变动的，通过一定时间的模拟运行，可以估计各个地区的平均需求，在此基础上确定流通中心、生产中心的分布，还可通过需求的变动模拟出库存的变动水平，用于帮助决定生产规模，生产、运输、仓储费用等。

这种方法常用来求解较大型的、无法手算的问题。例如，某公司有 137 个需求中心，5 个地区性的配送中心，4 个生产工厂，通过动态模拟计算分析，得出的结论是如果把现有的 5 个配送中心归并成 3 个，可使总成本最小。该方案得到了实施，实施后每年可节约 13 万美元。

③优化方法。解决运输问题的运输表法实际上就是一种优化方法，只是解决某一方位问题的最优。这种方法求出的是最优解，即在所有可能的方案中，该方法可求得最优解。但是由于这种方法要从理论上证明是最优解，所以它在使用上有两大局限性：一是模型必须较抽象、较简单，否则得不出解，但由此删去许多因数而使模型的描述与实际相差较远；二是很多定性因素被忽略了，因此不可能得出在考虑定性条件下可能得出的很多重要结论。

④聚类布点方法。根据制造商、销售商的需要分析，供应链网络节点均衡布点的一般的思路是，节点尽可能接近市场、接近客户。根据物流商的需要分析，供应链网络节点可以分若干层次，即国际物流节点、区域物流节点、城市配送节点或仓库等。根据均衡原则布点的一般步骤如下：

第一，搜集销售数据。记录企业在各个销售点的销售数据。

第二，进行数据汇集。将相关范围的销售数据进行汇集整理。

第三，进行聚类分析。一般将距离较近的数据源点进行合并，结合地理、行政区划初步确定供应链物流网络节点。

第四，确定合适的节点。根据供应链物流网络节点所处的地位、层次、基本功能和有关选址要求确定具体位置。

在供应链节点设施选址中，还有很多方法可以应用，特别是计算机技术的发展使设施选址的方法更加多样化了，但这些方法只是用来支持决策分析，使决策更方便、更有效，也更节省时间、费用，不能完全依赖它们，还需结合定性分析决策。

（2）单一设施选址问题。单一设施选址是指独立地选择一个新的设施地点，其运营不受企业现有设施网络的影响。在有些情况下，所要选择位置的新设施是现有设施网络中的一部分，如某物流公司要新建一个仓库，但仓库是与现有的其他仓库独立运营的，这种情况也可看作单一设施选址。

单一设施选址问题常出现于以下几种情况：

①在大网络节点已定的设施选址。当某企业在全国各地的网络节点（中心城市）已经确定，在所确定的城市中选择新增加的独立经营单位。在这种情况下，设施选址基本不受企业现有全国网络经营因素的影响，在进行选址时要考虑的主要因素与一般企业设施选址考虑的因素相同。

②企业扩大原有市场设施。这种情况下一般可先考虑两种选择：原场地扩建和另选新址。原场地扩建的益处是便于集中管理，避免生产运作的分离，能充分发挥规模效益。另选新址的主要益处是，企业可以不依赖于唯一的设施场地，便于引进、实施新技术，可使生产组织方式特色鲜明，还可在更大范围内选择高质量的劳动力等。

③企业网络中的部分节点迁址。由于企业市场的变化，原网络中的一些节点位置不适宜，需要进行调整，而考虑重新选择一处更适宜的设施空间，这种情况下的新选位置不会离原有位置太远，以便仍能利用现有的人力资源。但在某些特殊情况下，也会遇到一些大企业迁址的问题。

（3）定性分析法。根据设施的性质、要求在选址方面必须遵循原则进行，适宜区域物流设施选址和其他设施选址应与定性分析结合应用。根据所在城市、城镇的社会经济、城市规划、运输通道、交通条件等情况，在综合分析的基础上进行选址决策，这很多情况下是经济实用的。

许多选址决策中虽然应用了一些复杂的数学模型，但也只是从理论上验证了选址的依据。

3. 城镇布点方法

家电、日用品等商品的销售情况与人口密度、消费水平等因素相关，而这些因素又与中心城市、中小城镇经济消费水平及地理布局有关。根据运输、配送等物流作业效率、效益要求，供应链网络通道在中心城市、大城市、中小城镇的畅通情况依次减弱。

供应链网络结构的重要节点可以考虑在中心城市并结合均衡分布的原则选择。供应网链节点城镇布点方法的思路是，网链节点在相对均衡的条件下，尽可能接近城镇交通方便的地方。

供应网链布点一般步骤如下：

（1）选择中心城市或重点城镇。根据中心城市、重要城镇销售量分布情况设置分公司。在均衡布点前提下，选择恰当的城镇作业点；在城镇布点前提下，选择均衡布点方法。

（2）选择适当区位设置作业点。根据城市功能、交通、环境等条件，选择适当区位设置物流运作点，应结合销售量分布情况选择作业点，使总作业成本最低，还应结合竞争、交通、环境、人文等其他因素最后定位。

（3）综合其他因素确定具体区位。根据城市规划、人文环境、作业要求和地价等因素确定具体仓库区位，制造商、物流商和销售商都存在仓库区位决策问题。仓库的区位一般要考虑选址的定性约束、仓储策略设计和优化配送方案。

在供应链网络布局中需要分析商品的去向分布和季节波动情况，分析集散点选址和全局优化原则和要求。新选址有利于拟定产品配送方案、制定最优的输送路线、选择合适的运输商、规划物流配送跟踪系统等，因此往往是多种方法的综合运用，根据实际经验，定性分析是十分必要和重要的。

以宝供的物流网络为例，宝供物流企业集团有限公司的客户绝大多数都是外资企业，宝供提供这些企业在中国地区的全程物流或区域物流。通过信息系统的建设把物流优势集中到客户服务和减少流通环节这一方面是宝供成功的要点。宝供的利润产生于提供全程物流合同价格与内部控制实际分项成本（仓储、运输、配送）的差额，由于它有健全的物流网络，使客户的商品在不同的地域受到相同的对待，所以许多外企客户宁愿多花一点钱委托宝供去管理。

因此，宝供储运向客户灌输现代物流观念和帮助他们规范管理流程是需要一个长期过程的。根据客户业务量和区域消费水平，将物流运作网点分为两个层次：在北京、上海、广州、武汉、成都、沈阳 6 个中心城市设立分公司；在福州、厦门、深圳、香港、海口、长沙、贵阳、昆明、重庆、合肥、西安、郑州、济南、苏州、杭州、南京、青岛、大连、长春、哈尔滨、天津、石家庄、太原、兰州、乌鲁木齐，以及南宁、宁波、襄阳、齐齐哈尔、烟台等城市设置物流运作点或办事处。

根据供应链物流管理信息系统要求，把物流管理中的货物运输系统分解为接单、发运、到站、再发运、再到站、接收等环节进行操作。在运输方式方面分为短途运输、公路运输、铁路运输等，使系统能够涵盖所有的运输方式。

针对宝供物流企业仓库面积大、分布广的特点，把仓储部分分为仓库管理和货品仓储管理，通过综合物流信息系统将总公司、分公司和 40 多个物流运作点或办事处融为一体，实现了能够支持供应链管理集成化的物流网络。

第7章　网络零售环境下现代供应链运营及管理策略

7.1　现代供应链整合与响应策略

7.1.1　推式供应链与拉式供应链的整合策略

1. 推式与拉式营销理念

由“我能为客户提供哪些物流服务”思路表现的是“推”式营销理念，而“客户要我提供哪些服务”则体现“拉”式营销理念。在供应链物流营销理念经历着由“推”到“拉”式的变革之后。第三方物流应更多地考虑越来越多的服务项目，而不是仅仅考虑最初提供的通用的、基本的物流功能服务，如干线运输服务等。当第三方物流派人到生产厂家“驻点”，直接为客户调度车辆、制订发货计划与监控时，越来越多的生产厂家就会把所有物流工作全部委托第三方物流提供商去做，从根本意义上讲，这时第三方物流的工作已延伸到生产厂家的内部供应链了。

2. 推式供应链

推式供应链企业通常预测生产，依靠生产成品多少满足客户需求。供应链运作方式以制造商为核心，产品生产出来以后从分销商逐级推向市场，分销商和零售商处于被动接受地位，会产生“牛鞭效应”。企业间集成度低、库存量高、提前期长、快速响应市场能力差，但它能利用制造和运输的规模性，能为供应链上的企业带来规模经济的利益。

3. 拉式供应链

拉式供应链上的企业通常按订单生产，客户需求激发最终产品供给，生产是由需求驱动，生产是根据实际客户需求信息传递给制造机构，供应链集成度高，可以根据客户需求实现定制化服务，这种运作方式与推式相比，减轻了“牛鞭效应”，缩短了提前期，降低了库存量，以至提高市场占有率和服务水平，发挥范围经济优势，但难以形成规模经济。

为了提高整个供应链的效率和竞争力，供应链可以将推式和拉式两种供应链结构进行策略整合，从推的市场营销策略转变为拉的市场营销策略，同时引入快速响应或有效的客户响应策略，这样以客户为导向、按订单生产的供应链管理，既可以实现客户的合理化要求，又可以降低存货，减少生产过剩情况的发生，提高运输、包装、信息处理等物流活动的规模和效率。通过改革产品生产工艺等措施可以缩短生产周期、缩短供货时间，实现柔性和按需求量生产，通过对链上每个成员信息处理行为和产品处理行为的检查，可以鉴别出整条链上的冗余行为和非增值行为，从而提高整个供应链的运作效率和竞争力。

7.1.2　产品与供应链类型的匹配策略

1. 功能性产品与创新性产品

我们可以将供应链主导企业的产品划分为功能性产品和创新性产品。功能性产品的市场需求可以预测，产品生命周期较长，如两年以上；而创新性产品的市场需求不可预测，产品生命周期较短。

2. 产品与供应链类型的匹配

实物效率型供应链与反应灵敏型供应链适应的产品不同，在供应链管理中选择的策略也不同。实物效率型供应链与功能性产品是相匹配的，反应灵敏型供应链与创新性产品是相匹配的。较少出现灵敏型供应链与功能性产品匹配的现象，原因是生产功能性产品的企业大都明白这样的道理：若投资在提高供应链的灵敏度比投资在供应链的实物效率的回报通常要高得多。所以，生产功能性产品的企业一般都知道需要一条实物效率型供应链，如果产品是功能性的，而且企业也十分愿意保持效率型供应链，那么拥有一条实物效率型供应链是必要的。但是，实物效率型供应链与创新性产品一般是不匹配的。

考虑一种典型的创新产品，利润贡献率为 40%，平均产品脱销率为

25%。若对市场反应不灵敏，仅由脱销而损失的利润就占到销售额的10%（40%×25%）。可见，减少产品脱销和多余存货的收益非常大。所以，对于创新性产品企业而言，在供应链灵敏度上进行投资是十分划算的。通常提高供应链反应灵敏度在很多情况下对功能性产品是不适用的，主要表现是不值得在供应链灵敏度上大量投资。例如，一种功能性产品，利润率为10%，平均产品脱销率为1%，因脱销损失的利润占销售额的0.1%（即10%×1%）。

3. 快速响应

快速响应也称快速反应，是指物流企业对多品种小批量的买方市场，不是储备了“产品”，而是准备了各种“要素”，在客户提出要求时，能以最快速度抽取。物流企业通过“要素”及时“组装”，为客户提供需要的服务或产品。快速响应法（QR）是目前应用较多的一种供应链管理方法。要想建立快速响应系统需要以条形码扫描和EDI等信息技术为基础，将供应商、制造商、分销商、零售商和物流商、运输工具等有机地联系起来，将有关的决策过程集成在一起，目的是在供应商和零售商之间建立一个准时的供应补充系统。

（1）快速响应的技术要素，包括以下几个方面。

①获取零售点的销售数据。一般通过使用联网的扫描条形码等方法掌握产品的销售情况。

②对每个产品实行管理和监控。应用功能强大的预测软件和库存管理软件对成百上千种产品逐个地进行严格控制和管理。

③快速信息交流。通过EDI技术，在供应链各组成元素（如供应商、运输工具、零售商等）和各交易环节（如接收并完成订单、运输等）中，成功地进行信息交换。

④发展合作关系。尤其是要与供应链中关键的贸易伙伴发展合作关系。

⑤企业最高领导层的允诺和支持。

（2）建立快速响应系统。近年来，快速响应的发展速度很快，越来越多的企业已经实施或计划在近期内实施。可选择的主要策略有信息技术领先策略、管理技术领先策略和仓储技术领先策略，主要内容与步骤有：

①进行快速响应系统。开始进行公司业务重组和相关系统集成，实现产品开发、购销、管理系统集成。主要内容有EDI系统、购销系统、价格与品种管理系统等。

②联合进行产品开发试销，跟进新产品发展动向。生产者、零售商联合开发和试销新产品。

③构建先进购销系统。安装计算机设备、标签设备和计算机软件，利用系统数据，建立快速补货联盟和先进的购销系统。

④利用快速响应技术。利用条码、扫描、EDI、POS 和运输包装标志等快速响应技术的收益非常显著。

对于零售业而言，实施快速响应技术的主要成本在信息系统建设、设备和人员培训，关键信息系统一次性投入的成本大致占企业年销售额的 0.75% ~ 0.10%，基本设备与软件占大型综合超市总销售额的 0.7%，占百货商店的 1.1%，管理人员、采购人员、配送人员培训费用大致占总销售额的 0.3%；而成本节约额却为销售额的 4.9% ~ 5.3%。统计数据分析，在供应链管理过程中发展和实行快速响应技术可以大大提高产品的可获得性，如降低 40% 的库存，降低近 35% 的交易和管理成本，将补充库存的提前期降至原来的 30%，并且降低所有供应链成员的操作成本。

7.1.3 有效客户响应（ECR）策略

1. 有效客户响应的含义

有效客户响应（ECR）也称有效客户反应，是指以满足客户要求和最大限度降低物流过程费用为原则，能及时做出准确反应，使提供的物品供应或服务流程最佳化的一种供应链管理战略。有效的客户响应是全面的和以客户为导向的角度审视有关的物流过程，包括所有加工范围，所有中间流通过程，通过降低和消除供应链上的无谓浪费使消费者价值增值。

有效客户响应是 20 世纪 70 年代末美国食品杂货业面临激烈的市场竞争，为了提高竞争力而采取的一种新战略。ECR 的核心是要求供应商和零售商共同关注消费者的需求，把精力转移到了解消费者的需求上并为之做出努力，使消费者少付出金钱、时间、精力和风险而更加方便地获得更多信息，并得到更好的品质、更新的创意、更新鲜的商品。实现有效客户响应需要工商之间合作，尽可能有效地以合理价格关注有效供应，物流在期望的领域、期望的时间到达，目的是改善物流过程，使其最优化，通过运输合理化，节约中间仓储，顺利地实现供应。由此，供应商和零售商双方都能成为市场的赢家，也就是说力求将消费者、供应商和零售商联结在一条链上，结为利益共同体。

2. 有效的客户响应策略

（1）有效的空间布局。通过有效地利用商店、仓库空间布局最大程度地提高商品获利能力。例如，零售商可通过计算机化的空间管理系统提高货架的利用率。

（2）有效的商品分类。它要求将商店储存的商品限制在高销售率的商品上，这样可以提高所有商品销售绩效。

（3）有效的商品补货。它旨在将正确的商品在正确的时间和正确的地点以正确的和最有效的方式交付客户。

（4）有效的商品促销。通过简化贸易关系，将经营重点从采购转移到销售。

（5）有效的新产品导入。它是创造价值的业务。

由于 ECR 工作区域涉及工商企业储运经济合理化和加速，需要利用条码、电子数据交换（EDI）、射频扫描等技术进行有效的储存分类、货物跟踪与咨询指导。根据一些企业 ECR 策略成功运作的经验，主要因素包括适应市场变化、承诺和领导能力、能与合作者共事、强有力的推动力，还包括组织预测、特殊信息掌握、高专业水平的参与者（合作者）等因素。

为了对准区域、时间、需求特点组织生产、进行有效的促销活动，需要物流资源计划以及商品维护处理系统，计算机辅助订货系统或电子订货系统、采购订单管理等子系统进行组织与管理支持。

有效客户响应不仅表示为以客户为中心，还包含分销商和供应商新的经营方式，核心是品种管理。品种管理是分销商或供应商的一种业务过程，通过把品种作为战略业务单位进行管理，有效地满足客户需求，从而提高分销商或供应商的品种运营效率和盈利能力。参与品种管理的经营者涉及经纪人、批发商、连锁店、独立店、使用中间商品牌的制造商以及自有品牌制造商。可见，有效客户响应与供应链共生。有效客户响应的核心是通过品种管理向消费者传递价值提高经营业绩，在未来不断增长的全球物流过程形成整体链接体系。

因此，实施有效的客户响应策略必须要有改善经营绩效的目标，改变自己的知识结构、树立新的经营理念，加深生产、物流工艺理解，使自己成为物流管理专家或与物流管理专家紧密合作，敢于用物流一体化思路进行过程重新设计，明确自身业务可能的切入点，考虑加速供货速度。

3. 实施 ECR 的主要障碍

在供应链企业中，实施 ECR 不同主体需要解决的主要问题也不同，如在操作上遇到的困难包括动态分配问题、各种不同需求和预测、缺乏过程合理化经验、信息技术不兼容、缺乏物流管理合作伙伴、数据的获得等，制约力最大的可能是流程重新设计过程中的利益调整障碍。据有关调查，在实施ECR过程中，制造商方面主要是客户分类管理培训不足、优先权的冲突、信息系统不灵活等；经纪人方面主要是客户对分享信息的迟疑、客户能力不足、制造商能力不足等；批发商方面主要是信息系统不灵活、优先权冲突、技术人员短缺、对现状的自满等；连锁零售店方面主要是优先权的冲突、供应商能力不足、信息系统不灵活等；独立零售店方面主要是缺乏指导、投资短缺和对投资的迟疑等。

4. 实施ECR能带来的利益

实施ECR能够增强客户的忠诚度，开拓新的战略领域，并能带来企业成本的节约：损耗降低、制造费用降低、包装成本降低和有效的原材料采购等减少商品成本措施；产品导入失败的可能性降低，促销费用降低；采用先进系统提高效率，提高单位面积销售额，购销现场费用减少，管理程序简化；减少业务人员、管理人员，降低了管理费用；抓住了物流和营销的关键，集中在高速运转消费品、进行运输与工商业合作，能更有效地利用仓库、载货车等物流设施、设备，仓储面积减少等，降低物流费用。

7.1.4 构建数字化供应链

1. 什么是数字化供应链

数字化让供应链具备了即时、可视、可感知、可调节的能力，让传统的“链式或网状供应链”向“生态集成的供应链”转变。

这两者的区别在于前者基于的是点对点的连接。从供应商到制造商、到分销商、再到最终的客户，这种链式的或网状的、分散的连接方式产生了我们熟知的牛鞭效应，也让供应链变得VUCA（不稳定、不确定、复杂且模糊）。

而后者“生态集成的供应链”则把线下的、物理的供应链要素数据化、线上化，确保了供应链的可视化。当然，仅有可视化是不够的，还通过集成化的供应链控制塔实现供应链的可感知和可调节能力的构建。

我们需要强调供应链控制塔的重要性。因为，许多企业对于数字供应链的理解仅仅停留在了供应链的数据化、可视化上，却忽略了这个供应链控制塔对于供应链的集成和管理控制的重要性。数字供应链缺少了供应链控制塔，数字供应链就没有了抓手，大量的信息让企业不知所从，反而还有可能变成企业的累赘。

数字化的集成供应链控制塔就好比机场的地面塔台。它是关键信息的汇聚点、关键数据的处理点、关键决策的发起点和关键绩效的展示点。它通常需要具备对以下各个供应链模块的信息进行整合处理，对关键指令进行下达、对于行动效果进行反馈的能力，表现为以下几点。

（1）实时的需求感知和预测模块：通过抓取与消费者相连的POS数据、用户APP数据、历史销售数据、外部生态环境数据等，对用户需求提前感知、提前预测。

（2）端到端的计划管理模块：供应链生态中的企业的计划总控，包括原材料生产商、组装厂、分销商等的端到端计划统筹。

（3）端到端的库存管理模块：全链路上的库存实时可视，根据计划进行动态调整和管理，对库存在网络上进行实时有效的配置管理。

（4）端到端的物流管理模块：物流的可视化，物流网络上的运力的调配、库存的调拨等。

（5）端到端的资金和成本管理模块：全链路资金流的可视可控，资金的风险管理，以及供应链的全链路成本的监控和管理等。

（6）端到端供应链风险控制模块：风险评估、风险监测、风险预警、风险规避等。

每一个模块都需要相应的子控制台，对数据进行实时监控和反馈。子控制台汇总成为了集成控制塔，对供应链进行全方位描述和管理控制。

所有这些都是基于供应链的数字化，通过大数据、BI、机器学习、人工智能、区块链、自动化等技术手段进行集成，实现供应链的集成总控。这在传统供应链模式下根本不可能完成。

伴随供应链的数字化发展，供应链的组织模式也将同样发生改变。其主要表现为以下几个方面。

首先，供应链上的人工运营岗位将逐渐减少，转而会有大量为了应对VUCA的供应链架构岗位的出现。这些人员具备了数字化供应链的相关技能，了解供应链的运作规律，懂得供应链模式的架构或优化，能够借助大数据、BI、AI、ML、区块链等驱动和构建供应链的自动监控、自动反馈、自动处理体系。

其次，供应链的组织不会“去中心化”，反而会通过“集成控制塔”强化供应链的总控能力和集成能力。供应链管理的宽度和深度都会大大加强，以此面对日益增加的 VUCA 格局。

最后，传统供应链管理的工具同样有效，如精益六西格玛、TOC、JIT、MRP 等，但是组织在运用这些工具的同时会更加关注如何将其反应在数字化供应链上，使其变得可视、可知和可调。

因此，切勿空谈供应链的数字化，缺少了集成供应链控制塔，缺少了足以面对 VUCA 的供应链组织模式，以及相应的数字化供应链人才，一切都是镜花水月，空中楼阁。

2. 构建数字化供应链特点

（1）体验至上。企业须通过电商式平台与移动端等数字技术，简化客户与企业的交易模式，确保更具弹性的端到端用户体验，提高客户的满意度和企业内部运营效率。

数字化环境下，企业运用 B2C 电商模式的概念，通过云、大数据分析、物联网等新兴技术打造 B2B 协同平台，在与客户间的无缝互动和协同过程中，建立起以客户为中心的运营模型，并实现从线下到线上的转型。

（2）主动感知。大数据与认知运算等数字技术使企业提供的产品和服务更加精准，实现从“描述需求”到“预测需求”的转型，确保所有的合作伙伴都在一个共同的计划体系下运营。

认知技术与人工智能的应用，让企业可以提前感知需求，进而主动且智能地根据感知的需求调整计划；结合移动端与网络社交等互联网技术，可建立企业内部跨部门的共享互动的集成供应链计划机制与平台，有效提升供应链整体运作效能。

（3）实时可视。企业可通过大数据、物联网等技术，构建具有实时可视、智能分析、决策执行三层架构能力的新时代智能塔台，从共享服务中心的视角协调整个供应链，促进供应链完成从分散到集中的转型，实现整个供应链协同、敏捷、一致的智能运营。

（4）完全透明。大数据与云储存技术可以帮助企业清晰、透明地勾勒出供应体系全景图，展现出与各个关键部件供应商的层级关系，从而识别出关键的供应路径。

在企业与多级供应商信息交互的过程中，对供应商的库存、产能、质量等信息进行监控，实现主动风险管理。同时，我们可以用云、物联网、社交媒体等技术对全球事件进行扫描，结合认知技术识别相关风险事件，及时对风险做出响应，保证供应的连续性。

通用汽车与专业的供应风险软件包进行合作，将供应链延伸到多级，建立多级供应网络，并且识别出关键供应路径，曝光潜在的弱点和单点故障，通过云技术建立起了供应链端到端的风险管理机制，主动采取规避措施。

同时，我们可以建立起 24×7 小时的全球监控机制，通过对云端多种数据源的扫描，实现对全球风险事件的实时预警，为其提供可扩展的、连续的可视平台，帮助其对风险事件快速做出响应，取得竞争优势。

（5）卓越可靠。精益管理，即运用云储存与物联网等技术，结合精益生产的理念，不断优化产品质量和运营效率，实现制造和物流体系从自动化到智能化的转型，将成本效能最大化，加速产品不断的创新，打造可靠、高效、低成本、高满意的生产运营体系。

通过机器学习、大数据分析等技术构建以客户为中心的、动态弹性的生产和物流流程，深度挖掘出现质量问题的根本原因，用预测性分析主动管理设备维护，提高整个生产和物流的可靠性，打造可靠、高效、低成本、高满意的生产运营体系。

（6）即插即用。建立起即插即用的供应链网络，完成整个供应链从固定到弹性的转型，以应对全球化背景下日益复杂的环境并支持多市场分类，促使企业对其端到端运营建立起准确的模型，对成本、服务、风险和持续性等多方面进行优化，在成本和客户满意度之间找到最优的平衡点，打造敏捷、快速响应、持续改进的供应链。

数字化技术异军突起，并且将带来巨大经济收益。然而，数字化时代引领的趋势只是在一定程度上给予企业转型的方向，生搬硬套解决不了根本的问题。

企业一定要积极思考如何将数字化技术真正融入到供应链运营中，找到适合自己企业发展的趋势，并以此制定配套的转型战略与供应链方案实施步骤。

这才是改变运营模式的“药方”。针对每套供应链方案及其运营效益，进行详细的评估并贯彻执行，方能对症下药。只有对症下药，才能成功地实现企业数字化运营的变革目标。

未来的供应链依赖围绕客户而构建的制造商、供应商和服务提供商网络，以实现新的体验、服务和价值。

3. 数字化供应链技术

数字化转型近年来获得人们越来越多的关注。我们发现，在供应链领域的数字化很早就开始应用实践了。比如，在仓库管理中使用无线条码扫描及自动化设备、与客户的EDI电子数据交换等。这些都是数字化应用场景，构造应需而变的数字化供应链，应对激烈的市场变化，需要更加创新的技术。

（1）云技术——驱动供应链对话的引擎。传统供应链中，许多运营数据被存在本地造成信息孤岛，削弱了供应链伙伴间的有效协作，加大了问题发生的可能性，也限制了及时响应与反馈。云技术让供应链有“网络化”的思维，将信息与流程统一起来，提供了可视化、协同性和创新性驱动新的工作方式。

云技术的网络连接性，还提供了IT系统架构优势，如动态配置、多租户、服务器利用率以及数据中心效率的提升。以往研究表明，云解决方案与同类的的本地部署应用相比可以降低30%能耗和碳排放。

云技术驱动新型供应链，意味着：

①实时可视化：供应链变得更动态、安全和互动。②无缝协同：供应链能力超越了物理边界。③高度进化的运营模式：产品迭代及服务交付得到指数级的提高。

（2）可视化工具——及时响应、防范风险。ARC对可视化工具的定义，是一种能够提供订单全流程（从下单、订单调整、分配、执行到确认）、在库跟踪与库存可视，能发现供应链风险，并能提供分析或事件管理的解决方案。可视化工具分为三个层次。

①数据大屏。借助于图形化手段，清晰有效地展示供应链关键信息，进行流程监控。企业可定义各环节的管控要点及绩效指标，并且能够以图形化方式，轻松搭建数据大屏，实时洞察业务，出现异常及时发现。

②事件管理。我们可以建立消息规则机制，一旦监控点或异常被触发，可自动生成预警，并通过短信、网页端或微信客户端，及时推送给业务相关者或供应链上下游合作伙伴，达到对异常的事前及事中监控的目的。

③BI分析。基于自身业务及合作伙伴物流数据，通过大数据分析工具，企业可以制定各种供应链相关的指数及仪表盘，进行业务模拟、数据挖掘并持续改进。

供应链网络下，企业更需要与端到端的伙伴紧密协作，而没有一个可视化解决方案，这种紧密、实时协作将不可能。企业只有通过协作才能提升服务水平，才能进一步降低库存水平。

（3）移动与社交技术，让沟通更高效。凯捷与GTNexus在数字化转型调研中发现，有48%的被访问者承认他们与供应链合作伙伴的沟通仍在用电话、邮件等传统方式，它使沟通非常低效，因此带来更多的错误，就需要更多时间去核查并纠正。

移动与社交技术使用户能够方便、实时获得他们想要的数据，让供应链中的信息更流畅。移动技术的广泛运用，使用成本的逐渐降低，不论多大规模的企业，都可以因此提升自身的能力。

仓库执行：移动设备能够把仓库中各环节连接起来，通过收集到这些信息做出更明智的决策，使运营更有高效。这对仓储管理至关重要，因为订单交付不准确及延迟交付可能会丧失客户。同时我们可以利用手机 App 加蓝牙扫描枪的作业，可以省去仓库建 VPN、架构无线网络及 RF 设备等的投入，极大地节约使用成本。

运输在途：货车司机通过使用移动端 App 或微信，进行收货确认、节点到货、送货签收，并带来在途盲区的可视化。通过移动端预约，司机就可以像医院挂号一样，提前预约仓库月台，准时到达并直接提送货，这样极大地减少了等待时间。

客户跟踪：Forrester 研究公司曾在报告中指出，客户对你企业的印象会受其数字化体验的影响，因此你的供应链是否能提供快速、方便地获取信息的入口至关重要。移动应用带来的全程可视，使客户能实时了解货品在库操作、配送情况，是否能按时到达，电子签收与确认等，这些都极大地提高了客户的体验。

（4）库存与网络优化工具——优化运营、降低成本。每个企业都面临着供需平衡的挑战，在恰当的地方有恰当的库存能在恰当的时间交付是非常重要的能力。供应链网络优化、路径优化、资产优化等技术，通过优化运营，改进仓储及配送掌控能力，带来显著的成本降低，同时它还实现：

①库存水平的优化。②客服水准的提高。③库存费用的降低。④仓配网络的可视及敏捷。⑤越来越多的客户要求一个浑然一体的可视化库存，它包括商场 POS、企业 DC、经销商、第三方物流甚至供应商等多节点实时库存数据。除了掌握整个供应链网络的库存，许多企业开始使用网络优化与线路优化工具，优化库存以降低成本。网络优化通过作业成本法制定设计决策，包括最优仓库、工厂数量与位置及运输模式等。配送线路优化则帮助企业以最低成本最短路径，执行运输任务。上述优化工具同样需要通过强大的云技术及集成的数据可视化解决复杂的供应链优化问题。供应链网络越复杂，这些优化工具能带来的价值会更显著。

（5）IoT（传感器与自动识别技术）应需而变的供应链基石。IoT 技术，通过网络把物理设备（智能设备）互联后进行信息的传输。它是供应链创新技术应用的基础。IoT 概念的提出是在 20 世纪 80 年代，随着互联网的发展于 20 世纪 90 年代部分实现，而这 2 年因为连接的设备成指数级增长。2017 年 MHI 的调研中显示已经有 49% 的企业运用了传感器和自动识别设备，并且有 38% 的人预期他们在未来 5 年会运用这一技术。

供应链管理要应对的一大挑战就是波动，当识别到波动，再进行干预已经滞后。通过 IoT 技术，让实时、高效地响应成为现实。可视化与可控性，对于供应链负责人有着很高的优先级，应用这一技术将会带来如下实质的改善：

①更优化的绩效。②更低的风险。③更快的交付时间。④更低的成本。⑤更优化的流程。

连接的设备越多，获得的数据也越多，从这些数据中可获取有价值的信息也就越多，这是传统供应链不可企及的。

（6）机器人与自动化设备——节省人力，提高生产力。数字化的供应链将利用机器人与自动化设备进行传统人工的任务，如货物拣选、分类、检验、存储等提高整体运作效率。随着自动化设备更智能、更安全、更快速及更准确，并随着这些技术不再昂贵，人们对这种自动化设备的接受度也会不断提高。目前，我们对机器人与自动化设备的运用率是 37%，在接下来 5 年，预测这个比率将飙升到 71%，因为供应链专家们认为，智能机器人设备会为企业带来竞争优势。另外，随着该技术准入成本降低，企业能节省大量人力成本并提高生产力，带来的投资回报也会是更显著。此外，移动型智能机器人也为供应链自动化带来了灵活性，并符合新型供应链中的全渠道模式的发展趋势。

（7）预测性分析——支撑智慧决策。预测性分析通过对历史数据运用统计建模和数据挖掘产生准确的前瞻洞察，而不是对已发生的事件进行事后评估。过去几十年已经有不少企业运用了这种预测性分析技术，如用历史销售数据预测未来市场需求。未来随着供应链数据的增加，无论从数据指标来源还是从数据指标量上都可以进行更深度、更广泛的应用。我们可以预测客户行为与风险，也可以用来改进供应链运营中的效率。

在供应链领域，通过建立供应链控制塔，我们不仅可以提供数据可视化，数据分析决策，还能提供强大的预测性分析和机器学习能力进行预测型及规范型分析，指导企业将优化落地。利用这一技术，供应链负责人除了能回答“为什么会发生”，也能回答“接下来会发生什么？”及“我们该如何改进”。

4. 数字化供应链的未来趋势

（1）数字化供应链融合。随着供应链越来越全球化和复杂化，消费者的需求越来越高，市场竞争越来越激烈。企业的发展需要更智能、高效的供应链作支撑。一个解决方案是供应链执行融合，这是 Gartner 在 2009 年首次提出的一个概念，后来他们将此概念定义为供应链融合，它代表更为广泛和深远的意义。

供应链融合在 2018 年 Gartner 的制造业创新技术成熟度曲线中处于泡沫破灭的谷底期：在历经前面阶段存活的科技，经过多方扎实、有重点的试验，逐渐明确了客观、与实际相符的使用范围及限制情况，并成功应用到企业经营模式中，这些要经过十年以上的努力才能真正成为供应链的主流方式，这说明了供应链融合的复杂性和实现的艰难性。

（2）供应链数字孪生。Gartner 描述数字孪生是真实物体的虚拟表示。数字孪生旨在优化资产运营或业务决策，包括模型、数据、与对象的一对一关联以及监视的能力、实体或系统。

数字孪生包括以下数据：

①从数字孪生外部接收的外部数据。②从物理事物接收到的观测事件。③从其他来源收到的数据。④衍生数据——由数字孪生内的逻辑计算的数据。⑤指向链接数据的指针——如有关事物环境或与事物间接相关的对象的数据。

从上面的描述可见，数字孪生与供应链有很多关联，并导致供应链数字孪生（简称供应链孪生）应运而生。它实质就是一种数字孪生与供应链的融合。

（3）运营模式转型是企业数字化转型成功的基础。多家有名的研究机构，如埃森哲、IDC、德勤等指出运营模式的转型是数字企业成功的基础，尤其是数字化供应链成功的基础在传统供应链中存在一些传统的运营模式，其中最有名的是供应链运营参考模型，英文简写为 SCOR。

SCOR 是由管理咨询公司 PRTM（后被 PwC 普华永道收购）和 AMR Research（后被 Gartner 收购）于 1996 年发布的，并得到供应链委员会（SCC）的认可，是 APICS 的一部分。

（4）人工智能和算法将成为数字化供应链的大脑。Gartner 指出，2018 年八大供应链技术趋势（人工智能、高级分析、物联网、智能的东西、会话系统、机器人过程自动化、沉浸式技术、区块链）。供应链领导者必须评估其对公司的风险，以确定他们是否准备好探索和采用这些新兴数字技术产品。

人工智能及算法将成为数字化供应链的核心和大脑，是因为：

①人工智能具有巨大的潜力，可应用于增强自动化决策、重塑商业模式和生态系统以及重塑客户体验的能力，革新供应链流程。②人工智能中认知计算是下一代智能计算系统的核心。③算法是人工智能三大关键基础基石（算法、算力、数据）之一。④尽管目前的人工智能解决方案能够找到相应的模式并预测未来的场景，但它们仍然缺乏决策能力。

数字化供应链研究院（DSCI）为推进人工智能和算法成为数字化供应链的核心和大脑，特别成立了算法委员会。同时，它还指出能快速开发和管理专有智能算法的公司将更具竞争力，并有能力获胜。

（5）分析技术为供应链数字化转型奠定基础。高级分析是另一个重要的变革供应链的技术。wiseguyreports.com 发布了一份《供应链分析、市场分析、战略评估、趋势展望和商业机会（2019—2023）》的市场研究报告。此外，大多数企业家和专家都认识到，将人工智能与供应链分析相结合可能是一种有效的增长战略，可以预测未来可能的结果，并在处理库存管理方面提供积极的行动计划。

预计到 2023 年，全球供应链分析市场将达到约 88.9 亿美元，在 2017—2023 年预测期内复合年增长率为 13.7%。然而，公共云部署缺乏数据隐私和企业间的货币约束，可能会阻碍供应链分析市场在预测期内的增长。

哈克特集团研究了供应链分析的现状并对 2018 年及未来做了深度的洞察分析，研究报告分析指出，其研究可为供应链数字化转型奠定基础。供应链领导者为企业 2018 年及以后制定目标和战略时，数字化转型应是首要考虑的问题。

下面简介此研究报告的重点：

① 66% 的供应链领导者表示，先进的供应链分析对他们未来 2 ～ 3 年的供应链运营至关重要。②提高预测准确性、优化运输性能、改进产品跟踪和可追溯性、分析产品回报是为分析增长提供最大潜力的例证。③优化生产和采购以降低总落地成本（56%），是未来 2 ～ 3 年高级供应链分析最重要的例证。④ 44% 的供应链领导者正在增强其企业资源规划（ERP）系统的功能和集成，以获得更大范围的企业和供应链可视性。

纵观中国企业供应链分析状况，本书认为，大部分企业还处于初级阶段；

少数优秀企业，如阿里的菜鸟，京东物流，华为，美的等的供应链分析成熟度处于中级阶段或以上。

（6）区块链支持构建可信的数字化供应链。区块链是一种分布式账本，它有望通过实现信任，提供透明度和减少业务生态系统间的摩擦，重塑行业，从而降低成本，缩短交易结算时间并改善现金流。区块链提供了另一种信任模式，无需中央机构仲裁交易。因此，区块链有可能用于构造可信数字化供应链。

Gartner 指出，某些高度分散的供应链管理功能，是区块链的主要候选应用。

从 2017 年开始，区块链技术就被 Gartner 列为十大战略技术之一，并预测区块链是一个万亿级的市场，但是 2019 年加特纳指出“目前的区块链技术和概念在任务关键型、规模化的业务运营中尚不成熟，人们对其知之甚少且未经证实，对于支持更复杂场景的复杂元素尤其如此。”因此，供应链领导应当采用 DSCI 的区块链适用性指数或类似的指南审视区块链技术，看它是否能对供应链带来实际的价值。

此外，我们要注意到一个新的发展趋势，单独采用区块链技术并不能在供应链中取得最好的效果，只有当把区块链与物联网及人工智能技术融合在一起才能发挥其最大的价值，帮助建立可信的数字化供应链。

（7）数字化采购。我们曾在《数字化供应链综合研究报告》中介绍了数字化供应链中的采购变革趋势，特别介绍了德勤数字化采购框架和理特咨询顾问公司采购 4.0 框架。

数字化采购技术正趋于成熟，人工智能、区块链和物联网改变了用户与技术的互动方式。它们正在聚合，形成完全自主的采购工具，支持从采购到支付全流程的系统化，包括合同生成。当智能系统开始独立执行事务时，数据输入和分类将变得更加准确，一些公司已经使用 AI 技术对支出进行分类。

卡特尼的报告预测数字化技术将在未来 3 ～ 5 年变革采购。人工智能、高级分析和其他新技术的融合，目前将实现手工流程的自动化，并且通过相应的工具和信息，让用户自主完成采购。

自动化提高了采购效率并创造了新的机会，采购经理则如同一个数字化工厂的产品经理，以战略眼光和长期价值策划安排端到端的采购流程。

（8）数字化供应链控制塔。在《数字化供应链综合研究报告》和《数字化供应链控制塔 4.0》中，介绍了数字化供应链控制塔的概念、一般技术架构、成熟度等级以及案例。许多控制塔技术的供应商争先推出各种控制塔产品，但其中不少产品是不务供应链之实的炒作。Gartner 在《Don't Believe the Control Tower Hype》中指出了其中之谬误，澄清了控制塔的概念，并给供应链的领导采用控制塔技术提出了一个指南。

此文的主要论点包括：

①控制塔这个词广泛被提及，它的模糊概念产生了不少误解。②端到端（E2E）可视化、信息中心、数字孪生是控制塔的三大支柱。③ Gartner 将控制塔视为一个概念，它通过适当组合的技术元素将人员、流程和组织结合在一起。④供应链成熟度背景下的控制塔，可以在不同的供应链成熟阶段控制塔应支持不同的功能组合。⑤重塑在市场上的控制塔技术产品，对负责供应链运营技术和解决方案的供应链领导者的建议。

Nucleus Research 对供应链控制塔的规范化和价值最大化有多年的研究。他最近发表的研究报告《2018 控制塔的价值矩阵》选出了 14 家优秀的供应链控制塔的供应链商，为企业供应链负责人在选择合适的控制塔产品及供应商方面提供了一个参考指南。

IBP 提供了端到端的供应链计划业务流程，支持对数据实时分析以及与合作伙伴的快速协同。作为企业供应链协同计划平台，将丰富的财务指标内嵌于企业计划流程，为企业提供以下 5 个相对独立又紧密集成的模块：

①供应链控制塔提供供应链网络的整体可视与供应链绩效管理。

②销售与运营衔接企业战略战术决策流程，为企业提供协同统一的产销平衡平台。

③需求借助统计预测与机器学习技术提升需求管理准确率。

④库存为企业优化全供应链网络库安全库存的设定。

⑤响应与供应为企业提供订单级别供应计划、调拨计划等，提升对客户的快速响应能力。

（9）5G 助力数字化供应链。伴随第四次工业革命，许多尖端技术越来越依赖移动网络，5G 网络是机器之间、枢纽以及管理者和设备之间即时数据传输的核心“促进者”。5G 网络能够有多快？德勤的研究指出“通过估算，表明 5G 网络可以提供高达 10 Gbps 的最大理论速度，是 4G 网络速度的 100 倍以上”。❶ 就工业物联网而言，5G 网络的核心价值主张直接对应智能设备

❶ 唐隆基 . 数字化供应链的进展和未来十大趋势 .（2019-03-05）[2020-2-18].http://www.logclub.com/articleInfo/NDI4NiljNzc5ODZmMC0yOQ==.

与人工智能机器之间的实时数据传输需求。通过提供稳定和可预测的延迟，5G 网络允许传感器在 1 毫秒内处理和响应信息。

根据华为的《5G 应用市场潜力与准备就绪矩阵》研究报告，5G 网络将在几乎所有的领域里提供高速连通和增值机会，可以在工厂层面实现连接和自动化，并达到前所未有的规模，这将改变制造业。同样的逻辑，家庭和其他地方的 M2M（机器对机器）交互也将变得更快、更安全、更能够存储和传输越来越多的数据。

德勤预测到 2035 年，“5G 将在多个行业领域实现 12.3 万亿美元的全球销售活动”，应用程序的运行速度比当前的移动网络快 7 倍，下载速度快 12 倍。尽管仍难以想象，但数据可访问性的提高将使公司能够以更快、可控的方式做出决策并对意外问题做出反应。

数字化供应链是 5G 的一个大应用市场，特别是供应链的数字化物流。

下面是 5G 助力数字化供应链的另外三个方面：

①加强供应链管理。②智能包装。③边缘计算结合 5G 网络，可以重塑智能供应链。

5G 网络在近边缘也具有优势。专用的 5G 网络为整个制造工厂或园区内提供强大的连接功能，并且可降低成本和复杂性，简化管理，易于扩展。园区内可以拥有一个集中控制和管理的专用 5G 网络，而不是通过以太网连接拼凑的 Wi-Fi 网络。5G 网络还提供固有的安全优势，可以在边缘（包括远程位置）收集，存储或分析数据类型。

那么 5G 网络将如何改变供应链的价值方程？

一个有巨大潜力的领域是 in-transit 应用。5G 网络能够帮助在供应链的各个阶段实时收集和分析数据，具有提高入站和出站运输效率的巨大潜力，5G 网络的实时性可以改进目前这种以某种雏形存在的应用程序，并可以更广泛、更快速和更具成本效益地扩展。

边缘计算和 5G 网络可以弥合供应链中的一个最大的差距——生产者和消费者之间的分离。2019 年 5G 网络技术将走向商用，超过一半的人认为，5G 网络将在两年内成为主流。供应链领导应当重视 5G 网络技术对供应链的变革，把 5G 网络作为数字化供应链的基础设施之一。

（10）从传统 ERP 走向智慧 ERP。ERP 是供应链管理系统中核心系统之一。但是传统的ERP体系庞大不够灵活，并且大多只是一个数据的记录系统，缺乏现代商业智能，它不适应于数字化转型的需求。埃森哲的 2019 年趋势分析确定了五项关键行动，无论是采取一项或多项行动，每个企业都有能力借此显著地改变其业务模型，理解它们可能会帮助用户更有效地指导用户的数字转型。

①将云视为现代化的门户。②让用户的业务核心智能化和易于扩展。③与云计算供应商合作，而不是与传统服务公司合作。④个性化。⑤通过融合数据增强洞察力。

将数据视为资产，释放ERP系统中的数据，并聚合不同的数据源以获得更深入的洞察能力。这五个趋势非常重要，它们可以使用户的技术和业务实现变革。

数字化供应链转型将变得更加务实。

数字化供应链在经过几年的概念炒作、理论形成、企业实践之后，2019年和未来供应链数字化转型将更加务实。其实在本书的前面部分也都是强调这个最重要的趋势——数字化供应链转型要实现以客户为中心，改善客户满意度，为企业降本增效，创造价值。

当然，并不是所有企业的数字化举措都会成功。Forrester预测，四分之一的公司将完全停止数字化转型，并失去市场份额，同时表示只有15%的企业“通过采用以现代开发和架构为后盾的基于客户驱动的快速交付模式，成功跨越数字化桥梁。”

IDC预测IT将在组织成功或失败方面发挥重要作用。“到2022年，75%的成功数字战略将由一个转型的IT组织构建，具有现代化和合理化的基础设施/应用程序和数据架构”。

数字化供应链研究院的George Bailey在2019年1月发表了文章《2019年供应链领导者的五项决议》，揭示了这种务实变革的趋势。

中国企业供应链的数字化尚有较长的路要走，但技术的逐步成熟与发展，将加快这一进程，我们也衷心期望看到更多企业的创新探索，以及为中国物流与供应链带来的变革发展。

7.2 构建现代化供应链战略联盟

7.2.1 供应链联盟

供应链联盟包括战略联盟和动态联盟。供应链的供需联盟是一种动态联盟，在提供第三方物流服务期内，双方是风险共担、收益共享的利益共同体，但合同一结束，双方又变成各自追求自身最大利益的单独经营者。

联盟是供应链或子链。按照采用的管理理念，我们可以将第三方物流的需求主体划分为供应链企业和传统企业。如果需求主体采用供应链管理，第三方物流企业通过为它提供服务而融入其所在的供应链，双方结成的联盟就成为供应链中的一个部分，可以称之为子链；如果需求主体采用传统管理，双方结成联盟后，尽管需求主体与它的其他相关企业间仍然是联系微弱的传统关系，但第三方物流供需联盟企业均强调集中自身核心能力，强调双方的信息共享和运作协调，可以说联盟双方构成了一条供应链。另外，我们就实际运营管理看，两种情况没有多大区别。

联盟是一种节约交易费用的制度安排。物流交易是一种高频率的交易，如果每次都采取市场交易的方式，则相关的信息收集、协商、冲突调节和监督费用都是很可观的，而第三方物流供需联盟的建立，由于合作伙伴之间经常沟通和协作，可以使搜寻交易对象方面的费用和协商费用大为降低，还可以减少由于在服务过程中产生冲突而产生的费用。另外，出于长远利益考虑，有利于减少双方的投机现象及相关的监督费用。为了节省交易费用，第三方物流供需联盟作为一项有效的制度安排产生。

7.2.2 供应链物流需求方动机与风险规避

研究如何通过获得较强的竞争优势提高其竞争业绩的市场能力理论认为：企业应采取的战略是为了使其在市场中占据更有利的地位。第三方物流供需联盟强调联盟企业间合作关系，以实现提高用户服务水平和降低产品总成本及这两者之间平衡的目标。双方结成第三方物流供需联盟，是为了共享资源、共担风险，以便能够以最低的成本、最快的速度、最好的产品和服务满足用户的需求，取得竞争优势。可见，获取“竞争优势”是企业结成第三方物流供需联盟的一般动机和根本目的。

以制造企业与第三方物流企业间的供应链物流供需联盟构建为例进行说明。

1. 物流需求主体的动机

当生产（销售）企业采用了第三方物流时，生产（销售）企业与第三方物流企业间就建立起联盟关系，驱使生产（销售）企业采用第三方物流的因素主要包括：

（1）提高核心竞争能力。通过采用第三方物流，可使企业管理层集中精力于核心业务的管理，集中资源于企业的核心业务，如企业产品的品种、更新换代、质量和生产成本以及市场供需情况的变化和客户需求的变化等，以便提高企业的核心竞争能力。

（2）提高服务质量。一般认为，第三方物流企业拥有较多的物流管理人才和专业化的设备，物流服务及管理是其核心业务，它们可以提供更高质量的物流服务，从而从整体上提高企业的服务质量。

（3）降低物流成本和总成本。与单个企业自营物流相比，第三方物流企业具有规模上的优势和在市场上获得质优价廉物流成品的能力，可以优化物流作业方案，降低企业物流成本，进而降低总成本。

（4）节省投资。采用第三方物流，需求企业可以大幅度减少或完全节省在物流设施、设备、物流作业队伍的工资，培训费用等软、硬件上的投资。

（5）快速进入新兴市场。与企业自建进入新兴市场所需的物流网络相比，采用第三方物流供应商已建好的网络，不但可以节省大量投资，而且可以赢得大量的时间，使企业可以缩短响应市场需求的准备时间，有利于企业把握发展的机遇。

（6）保持弹性。若企业自己提供物流服务，企业必须拥有专业物流设施和队伍，否则物流服务难以随物流业务量的大小和业务范围进行适时调整。若企业采用第三方物流，企业可以只拥有最基本的物流设施和人员，其余所需设施和人员可以根据业务量、业务范围由第三方物流企业提供，企业自身可以保持高度的弹性。

（7）降低投资风险。采用第三方物流，需求企业可以节省在物流作业软、硬件上的投资和保持高度弹性，还可以加快响应市场的速度，从而降低投资风险。

2. 需求主体的风险

由于采用第三方物流，需求企业面临的风险主要有：

（1）第三方物流企业的能力限制，这种风险主要来自两方面。

一是承担任务时，第三方物流企业对其能力估计过于乐观，如乐观估计企业的筹资能力，对企业在市场获取运输、仓储等设施的成本估计过低，对企业管理能力估计过高等，而用户企业因信息所限也没能准确评价物流企业的能力。在双方结成联盟后，物流企业的服务质量达不到规定标准。

二是在合同期内，物流企业因资源受到较大损失，如企业内某些重要管理人员或技术骨干突然辞职等，导致其实力大损，结果在余下的期限内无力提供规定的服务。当然，这一点在用户企业自营物流时也存在，但企业自营物流时，对自己的物流则具有更多的控制和可见性，对企业内部情况变动也更易了解，故风险也较小。在我国，这种风险还有另外一个来源，就是物流企业实力普遍不强，现代物流运作经验缺乏，好的物流管理、技术人才也不多。

（2）第三方物流企业的败德行为。这是指签订物流服务合同后，第三方物流企业为了自身利益而不惜损害用户企业利益的行为。比如，为了降低成本而不按规定的时间配送，在配送过程中故意要挟，为了满足能带来更多收益的用户而降低其他用户的服务质量等。

（3）企业信息外泄与失误。采用第三方物流后，企业的很多信息势必让第三方物流企业知晓。同时，企业的很多信息也是让第三方物流企业提供的，且这些信息范围极广，如企业的用户情况、市场范围、销售量、年产值、产品价格、原料来源等。企业信息传递范围的扩大，无疑使信息更易外泄。采用第三方物流后，企业的相关信息将大幅增加，同时流通渠道也很可能会延长，这有可能导致更多的信息传递失误。

（4）企业内部的反对。面临这种风险的企业主要是那些原来自营物流的企业。企业采用第三方物流后，本企业原来的物流作业、管理人员和物流设施设备势必出现富余，若相关人员安置不当，采用第三方物流的决策和作业容易招致他们的阻挠和反对。

（5）协调的困难。物流承包合同不可能将一切都清楚、明了地写出来，在物流运作中可能有大量的问题需要双方协商解决，但第三方物流企业毕竟是另一个企业，其价值取向、企业文化都可能与自己有冲突，这时与其协调起来可能有困难，特别是当可能引起双方较大的利益冲突时更是如此。

3. 需求主体风险回避措施

需求主体构建供需联盟时回避风险可采取以下措施：

（1）需求主体分析企业物流活动，确定外购物流服务的具体内容、要求。（2）需求主体科学、认真地选择第三方物流供需联盟伙伴。（3）需求主体建立现代管理信息系统。（4）需求主体建立预警和意外事故处理程序。（5）在与第三方物流供需联盟伙伴签订的合约中，需求主体可以建立科学的激励机制。（6）在合约中，需求主体尽量将第三方物流供需联盟伙伴的服务内容、质量详细陈述。（7）需求主体建立科学的评估第三方物流供需联盟伙伴服务质量的评价体系。（8）需求主体建立双方对有争议事件的有效的协调和仲裁机制。

7.2.3 供应链物流供给方动机与风险规避

1. 物流供给需求主体的动机

物流供给需求主体推出第三方物流服务，与需求主体结成联盟的动机主要有：

（1）获得稳定的用户。由于与需求主体结成联盟，第三方物流企业在合同期内就拥有了稳定的用户，不用时时为寻找用户发愁。

（2）更好地满足市场需求和降低风险。出于集中自身核心能力的考虑，企业产生了外购物流服务的想法，但同时也提出了提高服务质量和降低成本的要求，第三方物流企业要想满足这些要求，就必须整合各项物流功能。另外，出于双方沟通和提高效率的考虑，第三方物流企业还常常需要进行专项投资，这使第三方物流企业一方面希望推出集成化物流服务；另一方面又希望与需求主体结成较为固定的关系以降低投资风险。

（3）获得较好的经济效益。将物流各项功能集成后，在降低用户企业的成本基础上，第三方物流企业也能获得较好的经济效益。

2. 第三方物流企业的风险

与用户企业结成战略联盟后，第三方物流企业面临的风险主要有：

（1）专用资产投资的风险。第三方物流是根据用户需求为其规划、设计、运营的个性化服务，这要求企业要经常根据用户情况投资建设某些专用物流设施或购买某些专用物流设备。由于在合同期内用户企业可能在激烈的市场竞争中失败，导致产品产销量大幅下滑，甚至破产倒闭。此时那些针对该用户投资的专用资产就可能大幅贬值。

（2）企业运作成本上升。首先，第三方物流企业降低物流运作成本的一个重要方面是配载多个用户的产品，这可能导致其中某个或某几个用户的原材料来源、产品种类、销售区域、各区域销售量、包装、产量的变动将影响到企业的配载作业，使企业运作成本上升。

其次，用户企业的销售是不均衡的。因此，物流企业要么储备一部分服务能力以满足用户企业产销高峰期的需要，要么在用户企业产销高峰期自己再大量外购物流服务，这也可能造成企业运作成本的上升。

最后，为达到响应用户企业服务的及时性，也可能造成物流企业的外购服务，导致运作成本上升。

（3）企业缺乏物流运作经验。物流服务不是运输、仓储、包装与装卸、配送、流通加工等的简单组合，而是它们与包括现代信息管理、营销策划在内的多功能的综合集成。我国的第三方物流企业多数由运输或储运企业转变而来，它们虽然在运输或仓储等物流单项功能方面拥有丰富的经验并拥有众多熟悉这些职能的人员，但由于从事第三方物流服务的时间很短，非常缺乏物流运作与管理经验。

（4）企业缺乏高素质物流管理、技术人才。目前，很多第三方物流企业都是由原来的运输、储运企业转变过来的，一般员工素质、知识水平不高。企业在他们中间选拔一批具有深刻理解并能灵活运用物流管理、运营知识的高级管理人员难度颇大，而从高等院校、有关研究所或政府部门等外部组织引进人才，由于效益、工作环境等方面的原因也有一定难度。

（5）缺乏理论指导。自 20 世纪 60 年代物流概念传入我国以来，我国的物流研究已取得了很大进步。直到目前，我国的物流理论还存在很多方面的不足。无论是同国外先进水平相比，还是从我国经济发展的客观要求出发，理论研究的水平都显得相对落后。一方面，由于历史和管理体制等方面的原因，不同部门对物流概念理解的不同，导致了理论研究的本位主义和发展物流产业指导思想上的不和谐，严重影响了我国物流产业的发展；另一方面，对我国物流实践中急需指导的很多方面，理论研究却还是空白或研究的领域，可操作性不强。

3. 第三方物流企业风险回避措施

第三方物流企业可采取的风险回避措施主要有：

（1）第三方物流企业与用户企业商量分担专用资产投资风险。（2）第三方物流企业注重引进人才和内部员工的培训。（3）第三方物流企业注重培养企业内的物流业务学习气氛。（4）第三方物流企业建立现代化物流综合信息系统。（5）第三方物流企业建立预警和意外事故处理程序。

7.2.4 构建供应链战略联盟

供应链管理战略联盟往往基于供应链成员信息系统的集成，特别是供应链管理一体化方案等，如 ERP 等。ERP 已不再局限于企业内部供应链的管理，而是拓展到整个行业的原材料供应、生产加工、配送环节、流通环节以及最终消费者，即整个供应链的管理。参加战略联盟的企业最关心的就是对战略联盟投入多少，能够得到多少回报。在战略联盟机制下，企业间就商品在流通过程中发生的各种管理活动加强相互间的合作，是在连锁中加强合作。

通过信息的共有化、需求预测的共有化等，明确物流机能的分担，实现商品运动过程的效率。供应链增值创新一定要通过供应商和厂商之间的某种机制才能够得到。跨国公司在同供应商的创新合作时探索出三种模式：交易型、服务型和伙伴型。

1. 交易型

直接采购供应商的技术成果或创新产品。这种合作最为简单，甚至在双方没有任何合作历史的情况下也可以进行。一般来说，进行这种交易不涉及企业之间其他方面的联系。该技术或创新产品的价值已经得到验证，风险较小。

2. 服务型

供应商根据厂家的要求进行技术创新。这种合作一般建立在双方供货合同的基础上，以技术创新作为增值服务。其内容多是在现有产品的基础上改变产品设计，创新并不复杂，风险较小。客户可以付费，也可以不付费。有些精明的供应商甚至主动向客户提供这种服务。跨国公司与国内企业的合作多属于这种类型。

3. 伙伴型

供应商与厂家结成创新伙伴，双方的研究人员组成技术创新小组直至成立专门的研究机构进行深度合作，成果共享，风险共担。

一般来说，双方具有长时间的合作历史和深厚的合作基础，技术的互补性很强，技术成果对双方都具有重要意义。

7.2.5 构建全球化供应链网络

1. 跨国公司大举进军国内市场

随着中国加入 WTO，跨国公司进军中国市场的步伐加快。特别是那些国际著名的企业已纷纷抢滩登岸。世界 500 强中绝大多数都已在我国设立机构、开展业务，国际物流前 10 名企业中 UPS、FedEx、TPG 在中国都设有机构，有的合资企业已成立多年，独资企业在 3 年左右就会出现。例如，联合包裹（UPS）目前在中国专门成立物流公司，从事第三方物流业务；澳大利亚梅茵物流公司正与上海的一家大公司谈判合资事宜。来势凶猛的国外公司是中资物流公司的主要竞争对手。外资企业进军中国市场的秘诀，大多是针对内资企业的弱点。其表现主要为以下几点。

（1）降低客户供应链物流成本。物流是策划、执行和控制从原产地到消费者有效的产品流动、存储、服务和相关信息的过程，目的是为了满足客户的要求。第三方物流公司要做的是为客户提供物流解决方案，降低成本。

（2）为客户提供一条龙服务。许多国内物流公司的作用大多是在于运输货物。然而多家外资物流公司提倡的却是为客户提供一条龙的服务。它们强调将中国物流从传统、基本的海陆空运输重点转向供应链管理。客户采购生产资料以及客户产品从厂房到最终消费者的全过程，外资物流公司都要参与。

（3）重视高科技的运用。UPS、FedEx 等速递公司先后花巨资研发货件追踪器。从事物流业务的外资公司，无不把高科技的信息、通讯、IT 技术作为公司参与竞争的利器。对客户来说，对自己货物的追踪了解是非常必要的，特别是生产高附加值产品的客户更是如此。

2. 构筑全球化供应链网络

全球供应网络是供应链管理模式发展的一个新动向。由于世界范围内的国际贸易和投资的政策性壁垒的减少，国际运输和通讯成本的持续降低，使世界各地的市场变得更加容易进入。许多跨国公司逐渐改变了传统上集中于一国或少数几国选择原材料供应伙伴并组织生产，在全球部分范围内销售产品的跨国经营模式，放眼全球寻找合作伙伴，把他们的生产流程（尤其是制造过程）分解成为不同的阶段，根据“比较优势”外包给不同的国家。例如，依托廉价的制造成本，OEM 生产方式在国内已十分普遍，也出现了一些驰名企业，中国已经成为世界最大的产品制造加工基地。

3. 全球化供应链网络的优势

许多公司也把他们在国内的特许经营扩张到国外，以寻求新的收入来源，组成更为强大的全球化供应链网络体系参与全面竞争。企业采用全球化供应链网络有诸多优点：

（1）成本。全球化供应链可以选择最优的供应商、设计人员、生产企业、销售伙伴，充分利用合作伙伴在特定地区的文化和自然资源、地理位置、人力资源、设备、服务、公共关系等方面的竞争力，降低在供应、运输、仓储、服务等方面的支出。

（2）响应速度。全球化供应链可以达到接近顾客的目的，更快地了解客户需求，更迅速地利用全球化供应链网络完成订单，更高效地提供优质服务，从而成倍提高效率。

（3）灵活性。全球化供应链可以选择多种供应、设计、生产、销售、服务的优化组合，满足客户在设计、生产、运输、销售、服务等方面的各种苛刻要求。

（4）规避风险。全球化供应链可以提供多套供应链过程组合，减少企业跨国经营中可能面临的政治、经济风险和自然灾害带来的损失。

（5）投资。跨国公司可以减少在新办企业上的巨额投入，加速资金回收，避免特定国家政府对资本市场和特殊行业的管制。

全球化供应链作为企业参与国际市场的新形式，符合各国企业高效、迅速地成为国际型企业的要求。由于全球化供应链网络的诸多优点，可以预见它将会在未来很长时期内成为跨国公司主要的企业形态。

4. 强化国际物流效率

全球化供应链网络较传统的基于特定区域内的供应链管理模式复杂，它增加了供应链内部各企业对物流、资金流和信息流的控制难度。对于跨国公司来讲，有效的国际供应链设计和表现可能会成为重要的区别因素和竞争力来源。现有的供应链管理技术对建立全球化供应链网络的满足程度是不平衡的。其中，通过 Internet 等方面的技术建立全球供应链需求信息网络，需要将商流、物流、信息流和资金流一体化运作，诸如使用跨国银行、国际金融市场，并通过现代信息技术完善信用制度及金融体制，可以满足企业对资金流和信息流控制的要求。

从全国供应链到全球供应链增加的物流系统的特殊性，如把分销渠道发展到供应链功能千差万别的国外，以及国际运输中不同国家的进出口规则、分销方式的差异等，无疑使企业对其进行有效控制的难度体现得更加突出。可以说，建立全球化供应链最大的瓶颈就在于如何有效地管理复杂的物流。

7.3 重构弹性供应链

当今企业处于不确定、动荡的市场环境中，供应链的脆弱性成为企业头疼的大问题。随着供应链越来越庞大复杂，供应链风险也就越来越威胁到企业的生存和供应链的正常运作。企业只有通过构建弹性供应链，才能更好地管理和规避风险。

7.3.1 供应链弹性

自然灾害、事故、人为破坏毫无疑问都会严重地甚至长期地影响到企业及整个供应链的正常运作。现有的技术不可能完全地预测和防范风险的发生，尤其是影响大的风险，如SARS或者口蹄疫、恐怖袭击等，没有足够的历史数据和经验可以用来有效地阻止这些风险的发生。

面对供应链风险，有的企业可以做得比别的企业更好，并不是它们有比其他企业更多的秘方或者诀窍，而是因为它们的供应链更具有弹性。

组织弹性并不是一个新的概念，它一般是指一个组织成功地处理非预期事件的能力，这已经成为企业成功的关键因素之一。而随着供应链中越来越多、越来越大的风险的存在，弹性在获得供应链竞争优势的过程中扮演了越来越重要的角色。

供应链弹性不仅仅是指管理风险的能力。它指的是供应链作为一个复杂系统，在风险发生后，能快速恢复到初始状态，或者进化到一个更有利于供应链运作的状态能力，而且涉及如何在供应链中断的环境下比竞争者更好地重新定位。

7.3.2 提高供应链企业弹性的途径

在材料力学中，弹性代表了材料恢复到原始状态的能力。而对于企业而言，弹性体现了企业在大的供应链中断后快速反弹的能力，如快速恢复到之前的绩效水平（产量、服务水平、客户满意度等）的能力。

企业可以通过以下几个方面提高自己的弹性：增加冗余、提高柔性、树立正确的企业文化。

1. 增加冗余

理论而言，供应链上的企业能够通过设置冗余产能提高弹性。比如，企业可以保持一定备用库存量、维持设备的低利用率、选择多个供应商、设置备用的运输工具保证物流能力，等等。这些冗余资源都可以使企业在供应链中断时有足够的缓冲空间。显然，这是一种非常费钱的方法，多余的库存必然占用更多的资金和能力，导致总成本增加、利润下降等。所以，通过增加冗余提高弹性需要全面权衡企业的收益和成本，再加以取舍。

2. 提高柔性

相对而言，企业提高供应链的柔性，不仅有助于企业在供应链中断时稳住阵脚，还可以更有力地对需求波动做出快速响应。

要实现内在的柔性，企业可从以下几个方面入手：

（1）采取标准化流程。企业需要在分布在全球的工厂之间实现产品部件的可替换性和可通用性。有的时候甚至需要实现全球产品的设计和生产流程统一，并且大多数时候需要多技能员工的支持。这些都可以帮助企业快速地对供应链做出响应。举例来说，英特尔公司在全球建设统一模式的生产工厂，包括车间布局和生产流程都实现全球统一，这种标准化的生产设计使英特尔可以快速地在不同工厂之间进行产量的调整，以应对不同地区产生的供应链风险。

（2）采用并行流程。在生产、分销、配送过程中，我们采用并行流程这种模式，帮助企业加快供应链中断之后的恢复过程。朗讯技术公司通过集成化的供应链组织实现这种并行性，不同的组织职能分布在这个集中化的供应链中。因此，企业可以同时观测到不同职能部门的同步运作，快速地评估不同运作流程的状态，并且在紧急事件发生时通过协同快速地应对。

（3）采用延迟制造的生产组织方式。产品、流程以及决策的最大化延迟可以提高企业的运作柔性。让产品处于半完成状态，可以实现产品在过多和不足市场之间的调拨，从而实现供应链的柔性。这不仅可以提高满足率和服务水平，还可以控制库存成本。比如，意大利服装制造和零售巨头贝纳通，就是通过重新设计生产流程保证企业能够达到最大限度地延迟，以满足客户的不同需求。

（4）加强供应商关系管理。如果企业依赖少数的关键供应商，这些供应商的任何事故、风险都会给企业带来灾难性的影响。而通过有效的供应商管理，通过相互之间更多的沟通和了解，企业就可以更好地掌握供应商的内部运作情况，并且对产生的各种风险做出快速的响应。即使企业不是依赖少数的关键供应商，庞大的供应商网络也需要企业对自己的供应商伙伴有足够的了解，通过紧密的合作关系化解各种风险。例如，路虎公司就是因为它的唯一的车身底盘供应商 UPF-Thompson 在 2001 年突然宣布破产，而不得不支付大量的资金确保车身底盘的供应。

3. 树立正确的企业文化

从诺基亚、丰田、UPS、戴尔、美国西南航空公司的成功中，我们可以发现，在供应链中断之后能够快速应对、快速恢复的企业，往往在企业文化方面具有特殊之处。这些企业在文化方面具备一些共性。

（1）保持高效的员工之间的信息沟通。高效的消息沟通可以使企业所有员工清楚理解企业的战略目标，掌握企业日常运作，甚至每分每秒的进展。

例如，戴尔公司的员工可以获得产品生产和运输方面的大量信息。因此，当供应链风险发生的时候，员工可以很清楚地掌握当前状况，快速地运用掌握的信息做出快速的判断，制定准确的应对措施。

（2）员工授权。这样可以保证在供应链风险发生的时候有适当的员工可以快速地做出响应。丰田公司的总装线就是一个典型的例子，总装线的任何一个员工都可以按下一个特定的警报按钮，以快速地解决装配过程中出现的故障。在这些风险通过一层层的上报被高层管理人员意识到之前，风险已经被员工处理。这样的权力分散机制保证了在风险发生或者供应链中断的早期，企业就可以快速做出响应。

（3）工作激情。成功的企业往往取决于员工。美国西南航空的CEO认为，要使自己的员工意识到自己是在搭建房子，而不仅仅是在堆积砖块。激励措施可以保证企业员工的工作激情，避免风险的发生或者对产生的风险做出快速的响应。

7.3.3 构建弹性供应链的工作重点

1. 供应链设计（重构）

传统的供应链更多地侧重优化成本和客户服务，很少在目标函数中把弹性作为考虑因素。现代供应链则更加强调供应链弹性。越来越多的学者和企业人士强调，要在供应链设计过程中考虑弹性。

（1）供应链理解。这是改进供应链提高弹性的前提。通过更好地理解供应链网络结构、供应商以及供应商的供应商，或者客户及客户的客户，都是我们进行有效的供应链设计和重构的基础。因果图法和关键路径法都有助于识别供应链中的关键点和关键路径。关键点一般认为是供应链的瓶颈所在，能力的约束可能导致整个供应链风险的产生。关键路径是网络和供应链的一个特征，在一个供应链中，可以有一条或者多条关键路径。关键路径一般具有以下特征：提前期长、单源供应、可视性差、高风险。供应链风险识别的结果一般与关键点和关键路径相关，因此监控关键点和关键路径就成为风险管理的重点。

（2）供应商战略。本书的前面章节提到供应商群的发展趋势：减少供应商实现单源供应。但这同时带来相应的风险。单源供应的好处在于质量和服务的保证，但是降低了供应链的弹性。因此，企业在确定采购策略和进行供应商选择的时候，就应该将潜在的风险考虑进去。供应商是否具有风险监控和应对机制成为选择供应商的一个标准。同时，企业应该与供应商紧密合作，对上下游的潜在风险进行监控和防范。

（3）供应链设计准则。在供应链风险激增的市场环境下，产生了一些新的供应链设计准则。比如，选择供应链战略时确保有其他后备可选项，重新思考效率和冗余之间的权衡，尤其是对于关键点和关键路径。

2. 供应链协作

供应链脆弱性是一个网络范围的概念，因此供应链风险管理也从企业的范围扩展到整个网络的范围。毫无疑问，高水平的供应链协作有助于控制和减缓风险。传统的供应链还是偏重自身企业的管理，但是越来越多的行业开始展开企业之间的合作，尤其是快速消费品行业。制造商和零售商之间在合作计划、预测和补货方面都实现了很高层次的供应链协作。

供应链协作的关键之一就是通过信息共享降低供应链的不确定性。因此，供应链共同体的形成就是为了在企业成员之间更好地实现信息共享，从而降低供应链风险。同时，它的目标也是达到更高水平的供应链智能。这里所谓的供应链智能，是指供应链形成的在成员之间分享知识的过程，这些知识可以是战略层次的，也可以是运作层次的。

3. 供应链敏捷性

供应链敏捷性可以定义为快速响应不可预知的需求或者供应变化的能力。企业存在风险的原因很多时候在于不能快速对变化做出响应。敏捷性有很多维度，并且与供应链网络结构密切相关，而不仅仅是与单个企业相关。敏捷性的两个主要维度是供应链可视性和供应链速率。

（1）供应链可视性。这里的可视性可以简单定义为一个渠道从头到尾的能见度，包含对库存、需求、供应状况、生产计划、采购计划等信息的清晰掌握。可视性的实现依赖企业和上下游合作伙伴之间的紧密协作。与客户的协作计划是确保需求可视的关键，与供应商之间的协作计划和时间管理逻辑是确保供应不会中断的关键。一个明显的可视性障碍来自核心企业内部组织结构，职能化的组织结构容易导致部门之间沟通的缺乏。这相应地导致与企业外部合作伙伴之间沟通的困难。跨职能部门之间的流程团队的存在是一个很好的解决途径。

（2）供应链速率。速率一般定义为距离和时间之间的比率。因此，为了提高速率，时间必须缩短。与敏捷性相关的不仅仅是从源头到终点的总时间，更重要的是加速度。也就是说，供应链有多快的速度响应需求的变化。流水线流程、缩短上游提前期、缩短非增值时间是三种主要的提高速率和加速度的方法。流水线流程是基本，流程的重构和并行设计可以减少活动的数量，在小批量的基础上可以更好地提高柔性和经济批量效应。选择具有快速响应能力的供应商是保证缩短上游提前期的关键，并且相互之间基于共享信息的同步计划也可以确保供应商具有更高的敏捷性，而不是通过库存实现快速响应。从客户的角度而言，在供应链中减少非增值活动的时间可以大大提高供应链的敏捷性。

4. 供应链风险管理文化

众所周知，全面质量管理的实施有赖于企业文化的培养。同样，供应链风险管理的实现，也需要在企业形成相应的供应链风险管理的文化，并且这样的文化应该是跨企业的，而不是局限在企业内部的，从而形成整个供应链的连贯性管理。和所有的文化变革一样，没有来自企业高层的支持，任何文化变革都是不可能成功的。同时，供应链风险评估应该成为每一层次的决策过程中应该考虑的部分。供应链风险管理团队的设置也是非常必要的，而且这个团队应该是跨职能部门的。

参考文献

[1] 杜晓英 . 基于供应链视角下的企业营运资金分析 [J]. 现代盐化工，2020，47（1）：112–113.

[2] 许晓华 . 基于供应链的企业采购管理思考 [J]. 现代营销（信息版），2020（2）：139.

[3] 李宁 . 我国零售市场空间网络关系特征分析——基于零售引力模型 [J]. 商业经济研究，2020（3）：30–33.

[4] 陈书扬，许刚全，刘瑞强 . 多渠道供应链定价策略研究综述 [J]. 商业经济研究，2020（3）：69–73.

[5] 刘双军 . 物流效率对我国网络零售发展影响实证研究 [J]. 商业经济研究，2020（3）：107–110.

[6] 辛宝江 . 关于供应链金融融资模式的风险分析及控制策略探讨 [J]. 中外企业家，2020（4）：10.

[7] 张俊芳 . 基于循环经济模式下的供应链管理研究 [J]. 商讯，2020（3）：150–151.

[8] 谢迟，龙燕妮，叶胥 . 网络零售业态发展的多维消费效应及优化策略研究——一个基于文献梳理的框架 [J/OL]. 消费经济： 1–10[2020–02–20].http：//kns.cnki.net/kcms/detail/43.1022.F.20200119.1704.002.html.

[9] 李庆 . 网络零售对我国百货业转型发展的影响及对策 [J]. 商业经济研究，2020（1）：37–40.

[10] 田博文，高潇潇 . 如何实现新零售布局：一个网络视角的单案例研究 [J]. 中南财经政法大学研究生学报，2019（6）：68–79.

[11] 王硕，淦苏美 . 新零售时代大型零售企业营销模式分析和研究 [J]. 福建电脑，2019，35（12）：20–22.

[12] 肖菲 . 网络零售平台、第三方支付及快递业共生关系分析 [J]. 商业经济研究，2019（24）：99–101.

[13] 陆华章，朱玉杰 . 网络零售市场发展对我国商贸流通业发展的影响效应实证研究 [J]. 商业经济研究，2019（24）：5–8.

[14] 万小燕 ."新零售"背景下基于 Elman 反馈型神经网络的企业风险评价 [J]. 商业经济，2019（12）：130–131，142.

[15] 杨丹，薛立玮 . 双渠道零售商主导的双回收闭环供应链利益协调 [J]. 武汉理工大学学报（交通科学与工程版），2019，43（6）：1140–1146.

[16] 聂规划，王礼易，左宛琴 . 网络渠道对传统零售企业财务绩效的影响研究——以国内零售上市企业为例 [J]. 北京邮电大学学报（社会科学版），2019，21（6）：58–67.

[17] 杨兴夏 . 我国零售业创新的经济效应研究 [D]. 太原：山西财经大学，2019.

[18] 郝艺 . 实体零售商转型升级中网络渠道构建研究 [D]. 南京：南京邮电大学，2019.

[19] 高洁，官倩宁 . 全渠道零售服务聚合对消费者信任的影响研究 [J]. 商业经济研究，2019（23）：53–56.

[20] 张艺 . 电子商务对我国市场零售模式变迁的影响 [J]. 商业经济研究，2019（23）：90–92.

[21] 颜晓斌 . 传统零售商的新零售之路 [J]. 财富时代，2019（11）：74.

[22] 洪芳华，王立峰，郑嘉舟 . 替代性需求下多区域网络零售品类管理及库存控制策略 [J]. 物流技术，2019，38（11）：51–57.

[23] 高雯钰 . 网络零售市场发展对我国商贸流通业影响实证研究 [J]. 现代营销（下旬刊），2019（11）：73–74.

[24] 王祯钰 . 新零售视角下零售业的转型探讨 [J]. 中国商论，2019（21）：3–5.

[25] 赵趁 . 新形势下开启河南省农村网络零售市场策略研究 [J]. 企业科技与发展，2019（11）：266–267.

[26] 李鹏，马鸿鑫. 从传统零售到新零售：电子商务冲击的视角 [J]. 郑州航空工业管理学院学报，2019，37（5）：55-65.

[27] 吴杰. 我国零售业技术效率影响因素的区域差异分析[J]. 商业经济研究，2019（20）：41-44.

[28] 李佳雯，于畅. 新零售背景下零售企业渠道融合的多案例研究 [J]. 未来与发展，2019，43（10）：65-70.

[29] 于天懿. "互联网+" 背景下新零售演变影响因素探究 [J]. 中国商论，2019（19）：1-2.

[30] 刘向东，张舒. 网络销售到家模式与实体零售：挤出或溢出？[J]. 消费经济，2019，35（5）：43-52.

[31] 陈健美，罗少强. 我国网络零售、快递及第三方支付产业共生关系探讨 [J]. 商业经济研究，2019（18）：84-87.

[32] 刘东钰. 网络零售对我国居民消费升级的影响研究 [J]. 科技经济导刊，2019，27（25）：245.

[33] 谢启. 实体零售与网络零售业务协同发展决策管理体系研究 [J]. 商业经济研究，2019（17）：111-113.

[34] 薛楠，齐严. "新零售" 背景下北京市零售业发展现状与趋势探究 [J]. 商业经济研究，2019（17）：17-20.

[35] 何承芳，高捷闻. 新零售下营销类人才培养模式研究 [J]. 北京印刷学院学报，2019，27（8）：67-70.

[36] 狄蓉，焦玥，赵袁军. 新零售背景下零售企业供应链整合创新机制 [J]. 企业经济，2019（8）：60-67.

[37] 张建军，薛晓芳，蔡小东. 电子商务发展对零售企业的影响及区域差异 [J]. 商业经济研究，2019（16）：109-112.

[38] 朱煜. 网络零售物流的流程设计 [J]. 营销界，2019（34）：100-101.

[39] 支海燕. 网络零售及物流投资对物流业发展的影响 [J]. 物流工程与管理，2019，41（8）：42-44.

[40] 张馨元 . 基于 scp 范式分析我国网络零售业现状 [J]. 现代商业，2019（22）：32–33.
[41] 颜谢霞 . 出口跨境电商对我国进出口贸易影响实证研究——基于 B2B 模式和网络零售模式的比较 [J]. 商业经济研究，2019（15）：136–139.
[42] [49] 周帮扬，郭双嘉 . 关于网络零售平台垄断行为的法律问题思考 [J]. 知识产权与市场竞争研究，2019（1）：89–100.
[43] 王亮 . 网络零售提高了制造业集聚吗？——基于动态 SDM 的时空效应分析 [J]. 中国经济问题，2019（4）：68–81.
[44] 范小军，王俊斌，刘艳 . 考虑网络零售商自主销售模式下的线上平台收费策略 [J]. 系统管理学报，2019，28（4）：731.
[45] 任俊玲，杜惠英，王兴芬 . 面向网络零售的感知风险与购买意愿相关性 [J]. 中国流通经济，2019，33（7）：63–72.
[46] 曹东明 . 商贸零售市场运营态势与突破瓶颈的发展战略研究 [J]. 价格月刊，2019（7）：82–87.
[47] 孙娟娟 . 网络零售主导下的“食品私法”及其新发展 [J]. 中国市场监管研究，2019（7）：5–9.
[48] 陈栋 . 新零售驱动下流通供应链商业模式转型升级 [J]. 商业经济研究，2019（13）：29–32.
[49] 李逸平 . 互联网渗透、物流效率对线上零售的影响 [J]. 商业经济研究，2019（13）：68–71.
[50] 李玉洁 . 网络零售对实体零售发展的影响效应——基于不同类别零售市场的实证分析 [J]. 商业经济研究，2019（13）：33–36.
[51] 胡计虎，梅海峰，陶星宇 . 新零售时代线上线下和物流整合策略研究 [J]. 武汉商学院学报，2019，33（3）：23–27.
[52] 凌玲，陈淮莉 . 考虑参考效应的网络零售商配送时隙定价研究 [J/OL]. 计算机工程与应用：1–8[2020–02–20].http：//kns.cnki.net/kcms/detail/11.2127.TP.20190624.1718.004.html.

[53] 郭泉，贺光辉，吴多康．零售商主导的流通供应链商业模式创新——基于“新零售”背景[J]. 商业经济研究，2019（12）：5–8.
[54] 任丽娟．我国零售企业的效率比较与转型策略——实体店、网络店与多渠道零售视角下[J]. 商业经济研究，2019（12）：23–26.
[55] 辛文．新业态未纳入统计框架 网络零售总规模被低估[N]. 经济参考报，2019–06–12（007）.
[56] 王岩．网络零售市场发展对区域经济的影响——基于省级面板数据的实证[J]. 商业经济研究，2019（11）：88–90.
[57] 杜鹏，周语嫣，徐津．新零售背景下全渠道供应链整合实现路径[J]. 商业经济研究，2019（11）：20–23.
[58] 杨茜．我国零售业上市公司线上线下融合研究[D]. 太原：山西财经大学，2019.
[59] 王春冬．新零售形式下双渠道供应链库存控制研究[D]. 北京：北京交通大学，2019.
[60] 陈媛媛．基于消费者行为的双渠道供应链决策分析[D]. 阜阳：阜阳师范学院，2019.
[61] 章乃荣．双渠道供应链下零售商信息共享决策研究[D]. 哈尔滨：哈尔滨工业大学，2019.
[62] 韩港．模糊环境下B2C网络零售产品需求量影响因素定量研究[D]. 长春：吉林大学，2019.
[63] 陈嘉男．电商平台价值共创模式探析[D]. 南昌：江西财经大学，2019.
[64] 李婷婷．京东新零售商业模式创新研究[D]. 南昌：江西财经大学，2019.
[65] 扈莹悦．“新零售”驱使下企业商业模式的创新路径[D]. 南昌：江西财经大学，2019.
[66] 李黎明．基于种群生态学视角的新产业成长研究[D]. 南昌：江西财经大学，2019.
[67] 王钰，李伟，张维今．网络零售对传统零售商创新的影响机理研究[J]. 管理评论，2019，31（5）：139–146.

[68] 郑宜恒 . 随机需求下“新零售”全渠道供应链库存——配送联合优化研究 [D]. 北京：北京交通大学，2019.
[69] 田俊峰，田劲松 . 有限期无理由退货条件下网络零售产品与运费的联合定价 [J]. 系统工程，2019，37（3）：16–23.
[70] 唐潇 . 新零售趋势下即时物流配送模式的优化问题研究 [D]. 青岛：青岛科技大学，2019.
[71] 赵忠霞 . 财务视角下网络零售业和快递业跨界经营中的问题分析 [J]. 科技经济导刊，2019，27（15）：237.
[72] 褚筠 . “互联网 +”时代城市零售商业空间发展趋势研究 [J]. 江苏科技信息，2019，36（14）：77–80.
[73] 梁烨 .“互联网 +”时代下商贸流通业的重塑研究 [J]. 中国商论，2019(9): 1–2.
[74] 熊月 . 网络零售交易第三方平台提供者连带责任司法实证研究 [D]. 重庆：西南大学，2019.
[75] 万迎迎 . 移动互联网时代的新零售商业模式 [J]. 中国商论，2019（8）：1–2.
[76] 陈倩 . 电子零售下的供应链销售策略选择研究 [D]. 兰州：兰州理工大学，2019.
[77] 舒良友，王义宝 . 考虑交叉销售的 O2O 供应链合作广告策略研究 [J/OL]. 计算机工程与应用：1–9[2020–02–20].http：//kns.cnki.net/kcms/detail/11.2127.tp.20190508.0835.002.html.
[78] 郭杰 . 快消品物流服务供应链中物流供应商选择与任务分配 [D]. 郑州：郑州大学，2019.
[79] 陈帆，李怀政 . 新零售视阈下传统零售企业提升顾客忠诚度研究 [J]. 中国经贸导刊（中），2019（4）：102–104.
[80] 韩启超 . 新零售商业场景下 A 公司的供应商绩效研究 [D]. 成都：电子科技大学，2019.
[81] 路景仪，莫茵桐 . 基于 logistic 模型分析传统零售和网络零售的关系与发展 [J]. 现代商业，2019（9）：7–9.
[82] 苗青 . 新零售供应链的数字化研究 [D]. 合肥：安徽大学，2019.

[83] 田冬雪 . 跨境电商供应链管理研究 [D]. 长春：吉林大学，2019.
[84] 韩俊德，宋俊杰 . 新零售背景下商贸型供应链转型升级研究 [J]. 商业经济研究，2019（4）：14–17.
[85] 马迎莹 . 新零售时代传统物流向现代供应链管理转型研究 [J]. 中国商论，2019（2）：17–18.
[86] 渠胜男，胡一竑 . 不同权力结构下的网络零售供应链研究 [J]. 上海管理科学，2018，40（6）：32–36.